苏 州 市 社 科 联 重 大 委 托 项 目
中国人民大学人文经济苏州研究中心　研究成果

THE

HUMAN

ECONOMICS

OF

SUZHOU

MIRACLE

苏州奇迹的 人文经济学

中国人民大学人文经济学研究课题组　著

中国人民大学出版社
· 北京 ·

中国人民大学人文经济学研究课题组

总顾问

  张东刚 中国人民大学党委书记

  林尚立 中国人民大学校长

总协调

  郑新业 中国人民大学党委常委、副校长

总执行

  刘伯高 苏州市委宣传部副部长、苏州市社科联主席

  王小虎 中国人民大学苏州校区管委会常务副主任

课题组组长

  刘守英 中国人民大学经济学院教授

课题协调

  王明国 苏州市社科联副主席

  伍 聪 中国人民大学党政办公室主任

  唐 杰 中国人民大学苏州校区党委书记

  陈 翻 苏州市社科联科研处处长

  徐星美 中国人民大学苏州校区管委会副主任

课题组成员

吕冰洋	中国人民大学财政金融学院教授
刘瑞明	中国人民大学国家发展与战略研究院教授
祝坤福	中国人民大学经济学院教授
徐星美	中国人民大学国际学院副教授
杨　成	中国人民大学经济学院助理教授
林　展	中国人民大学清史研究所副教授
胡羽珊	中国人民大学经济学院副教授
胡思捷	中国人民大学经济学院助理教授
游五岳	中国人民大学经济学院助理教授
翟润卓	中国人民大学农业与农村发展学院助理教授
熊雪锋	中国人民大学农业与农村发展学院助理教授
颜嘉楠	首都经济贸易大学经济学院助理教授

目　录
C o n t e n t s

总　论
苏州奇迹的人文经济学

2023 年 3 月，习近平总书记在参加江苏代表团审议时首次提出"人文经济学"的重大命题，指出"文化很发达的地方，经济照样走在前面"的研究主题。

2023 年 7 月，习近平总书记亲临苏州考察时又指出："苏州在传统与现代的结合上做得很好，不仅有历史文化传承，而且有高科技创新和高质量发展，代表未来的发展方向。"①

苏州正成为人们读懂中国式现代化、读懂人文经济学的一个实践样本。

本书是一部基于苏州历史和实践的人文经济学研究著作。

一、人文与经济

（一）问题的提出

改革开放四十多年来，中国实现了从农业社会向工业社会以及从计划经济向社会主义市场经济的转型，经济总量自 2010 年起稳居世界第二，制造业规模连续 14 年居世界首位，被称为"中国经济增长奇迹"。另外，中国在社会大局保持长期稳定的同时实现了社会经济结构的顺利转型，并带动基数庞

---

① 在推进中国式现代化中走在前做示范　谱写"强富美高"新江苏现代化建设新篇章. 人民日报，2023 - 07 - 08.

大的农村人口脱离了贫困陷阱。因此，中国的发展被看作经济增长与社会稳定的"双奇迹"。

苏州是中国奇迹的奇迹。20 世纪 80 年代以乡镇企业为主体的乡土工业化，开创了农民"离土不离乡"的"苏南模式"，避免了现代化转型过程中的城乡矛盾和工农矛盾；20 世纪 90 年代，在经济全球化背景下，苏州借助国际市场条件和要素成本相对低廉的优势，引进外国资金、技术、经验，改造传统乡镇企业模式，建设工业园区，大力发展外向型经济，创造了著名的"新苏南模式"。如今，苏州已是世界最重要的制造业中心之一，并逐步向以高端制造业和服务业为主的"创新高地"转型，在绿色发展、城市建设与城乡融合方面的水平均处于国内前列。

为什么是中国？苏州为什么会成为优等生？当代苏州的乡土工业化模式是否与苏南地区人多地少、农工相辅的传统有关？当代苏州产业发展中的精致和工匠精神，是否与明清苏州的制造业文化积淀有关？[①] 当代苏州的对外开放和市场意识，是否与其传统时期的包容和政府行为有关？概言之，苏州这一轮的奇迹创造是否与其优越的人文因素有关？但是，如果人文占据支配地位，曾经作为世界经济中心的苏州为何在近代落伍了？更进一步地，中国大量拥有好的人文的地方为何没有成为幸运者？这就是以苏州为样本回答"经济发展好的地方，人文也发展得很好"这一人文经济学之问的意义所在。

（二）传统理论的局限

早期观点把"中国奇迹"类同于高投资、高储蓄拉动的经济高速增长。随着改革开放的深入，主流理论融合制度视角，认为市场化和产权改革等一系列体制改革推动了中国的权利开放，实现了快速的工业化和城市化。然而，这些解释中国奇迹的努力，对中国独特性的关注不够，具有很强的主流理论暗设，难以避免主流理论的局限。

一是理性主义。自亚当·斯密分离了理性与感性[②]，新古典主义者运用边

---

① 李伯重. 工业发展与城市变化：明中叶至清中叶的苏州（下）. 清史研究，2002（2）：9-16.
② 亚当·斯密. 国民财富的性质和原因的研究. 北京：商务印书馆，1972.

际分析和数学方法，试图使经济学进入一个尽善尽美的逻辑世界①。新古典经济学侧重于最优个体选择和有效资源配置，将偏好和技术视为外生因素，缺失了人性的深度和丰富度。改革开放以后，随着西方经济学的大规模引进，中国经济学分析直接迈入理性主义和实证分析，将经济增长看作单一、匀质的过程，因此难以解释一个具有悠久历史、主流价值独特、变迁复杂的中国故事。②

二是制度主义。20世纪90年代以来的发展研究关注产权制度与制度变迁对社会创新、财富积累和经济增长的影响。③ 但是，制度研究同样避免不了新古典经济学中制度优劣论的单一现代化发展路径。事实上，仅仅依赖西方有效制度移植并没有带来落后国家的腾飞，只有那些为现代因素寻找到适植文化土壤的经济体才创造了赶超壮举。自然地理条件和早期历史因素作用于代际传承的社会风俗、习惯、信念和价值观等人文因素，进而影响当代经济④，而制度主义忽视了这些重要因素的作用。

三是文化决定论。马克斯·韦伯作为人文经济研究的先驱，认为资本主义精神的出现以及随之而来的对企业家成功美德的强调是工业革命的主要推动力。在他那里，传统中国的宗法儒学严重抑制了创新进取文化。⑤ 好在新近的文化经济研究显示，节俭、努力工作、坚韧、诚实和宽容等人文特质也是推动国家经济成功的重要因素。文化企业家和思想市场等重要机制也被理论发掘出来。⑥ 但是，这些研究依然难以撼动已有文化研究和主流经济学的假设。中国现代化所依赖的整体人文环境的现代转化，是西方学者难以理解和难以量化的，因而也没有得到界定和论证。

中国式现代化是物质文明和精神文明相协调的现代化。以苏州的发展为

---

①　高德步. 西方世界的衰落. 修订版. 北京：中国人民大学出版社，2016.

②　蔡昉. 理解中国经济发展的过去、现在和将来：基于一个贯通的增长理论框架. 经济研究，2013，48（11）：4-16，55.

③　罗纳德·科斯，等. 财产权利与制度变迁：产权学派与新制度学派译文集. 上海：格致出版社，2014.

④　Nunn, N. "Culture and the Historical Process." *Economic History of Developing Regions*，2012，27（sup-1）：108-126.

⑤　马克斯·韦伯. 新教伦理与资本主义精神. 上海：上海人民出版社，2018.

⑥　乔尔·莫基尔. 增长的文化. 北京：中国人民大学出版社，2020.

例，相较于江南以外拥有同样或更好政策环境的地区，苏州经济表现更为优越，如何在新的条件下把传统经济中有效的因素加以利用是一个不可忽视的问题。[①] 在中国的崛起过程中，传统的优秀人文精神一直扮演着重要角色。因此，需要基于中国本土自主性发展出关于经济兴衰的人文经济学，才能对"中国奇迹"和"苏州奇迹"做出更为合理的解释。

（三）人文经济学的研究视角

解码"中国奇迹"的理论钥匙，正在于理解从传统向现代转型过程中经济与人文的结合。人文经济学需要研究人文特质的历史来源、转化过程与演化路径，以此得出人文精神结构是如何影响经济发展的。

一是经济视角。经济发展的根本原因包括地理、制度和文化等因素，其中，有益于形成良好经济发展环境的人文特质，是人文经济学的主要研究对象。人文经济学需要分析人文因素如何影响个体选择行为，进而影响社会资源配置，需要从整体上讨论文化如何反映了社会价值观，形成人文环境，并反作用于经济基础。

二是历史视角。许多发展理论仅涉及二战以来的现代史，没有将历史视角拉长，而长期经济史研究往往对非西方社会缺乏关照，因而都缺乏解释力。作为融入经济社会深处的基因性特质，文化是由自然地理条件、资源禀赋、制度渊源等历史因素决定的，并长期存在和演化，进而内化为人们的自觉要求与行动，影响集体行动和社会发展。因此，人文经济学必须研究中国社会人文因素的历史演进。

三是转化视角。现代化意味着历史文化与现代文明的融合。虽然现代化不排斥对世界优秀文化的学习和交流，但它绝不是全盘西化。改革开放以来，中国正是在保持传统文化优势的基础上发展体现时代和科技特征的社会主义现代文化。因此，对"中国奇迹"的研究必须讨论"旧事物中可以生长出来的新东西"[②]，指出传统人文因素发生了什么转化，以及什么样的变革导向了

---

① 李伯重. "江南经济奇迹"的历史基础：新视野中的近代早期江南经济. 清华大学学报（哲学社会科学版），2011，26（2）：68-80，159.

② 费孝通. 小城镇大问题（之三）：社队工业的发展与小城镇的兴盛. 瞭望，1984（4）：11-13.

有益的文化转化。

四是发展视角。现代化转型进入新的阶段，中国经济面临着高质量发展的转型困境，如何促成更高质量文化的形成，推动经济的可持续发展，是人文经济学未来研究的主要方向。对于现代社会而言，创新是推动经济可持续发展与经济高质量发展的不竭源泉，但创新文化不是现成的，它必须由良好的社会经济条件孕育而成。在面向世界的前提下，需要研究如何在经济发展的同时增加文化投入、文化供给，推动教育引领科技创新。

（四）经济发展的人文精神特质

基于"中国奇迹"与"苏州奇迹"提炼出的人文经济学，将围绕一个核心观点展开：一国或一地之经济发展，一定是因为有一种有利于其经济发展的人文环境，形成其人的行为特质，产生人文企业家，促进人文市场经济，加快其现代化进程。

1. 人文基因

人文基因构成了人文环境底蕴，培育出地方气质，在长期变迁中或是留存延续，或是出现转化，成为构成当代人文环境、影响人的全面发展的人文精神。重要的人文基因包含如下几类：

一是教育和知识。教育水平和知识传播会对人们的知识储备和技能掌握产生重要影响。良好的人文基因重视教育、重视提高人的修养、重视精神上的追求，从而能够提供高质量的教育资源、培养出具备创新精神和实践能力的人才、推动技术创新和经济增长。

二是价值观和道德观念。价值观和道德观念影响人们在经济活动中的行为选择。勤劳、诚信、合作、包容等价值观有利于提高生产效率，降低交易成本，吸引人才与移民，进而推动经济增长。

三是社会风气和公平正义。公平正义有助于激发人们的积极性和创造力。当社会风气健康时，人们会更愿意通过自身努力来实现成功，从而提高社会竞争力和经济活力。

四是创新意愿与能力。在一个尊重创新、鼓励创业的人文环境中，人们更愿意投身于创新创业活动，从而带动新产业和新业态的发展，推动经济增长。

鼓励以社会责任为出发点进行创新，也有助于科技进步服务于社会公平与和谐。

2. 人文基因的转化与创新

人文基因或许长期不变。但是，任何国家从传统向现代的转型，都需要人文基因的转化与创新。当既有文化受到现代化冲击，已有人文精神在转型的同时保留自身的优秀特质，是一个国家现代化成功的关键。

在西方现代化的过程中，人文转化对于资本主义发展具有重要作用。文艺复兴、启蒙运动、商业革命等变革共同促进西方人的自由解放、理性价值与进取精神，使得西方世界的经济发展发生根本性转型。否则，单纯的经济激励并不足以使得企业家突破既有秩序。与之相反，一些后发国家在从传统向现代转型过程中，简单移植西方价值和制度，抛弃本国文化基因，导致人文精神缺失，损害经济发展。

改革开放以来，中国经济发展的外在环境发生了变化，全球化与科技革命带来了要素流动，现代市场经济的影响加深。其间，政府、企业和居民之间的良性互动促进了传统优秀文化与外来的有利因素的结合，推动了市场化、经济现代化和治理现代化，使得转化后的人文基因扎根并发挥作用。如果人文环境中具有开放、包容、实用的人文基因，就能够使得社会中各经济主体更强烈地追求技术创新。创新氛围能够促进传统商人的转型，催生现代企业家，推动现代市场不断扩大。与此同时，现代市场所需要的普遍信任引致了对现代法治的需求，现代政府将更深入地影响经济，为社会治理和市场环境保驾护航。现代经济也将不断产生对创新人才的需求，推动现代教育不断发展。由此，历史人文环境转化产生现代人文环境，促进经济转型与升级。

3. 人文如何影响经济

人文基因与现代环境的结合，产生了人文市场经济，成为现代经济发展的本底。社会崇文重教的风气能促进丰富人力资本的积累，企业家开拓与责任兼备的精神能促进创新，政府的善治得以保证各要素的优化组合，有序透明的市场规则能够保障要素充分涌流。由上述因素共同形成的人文环境是经济奇迹的基础。

一是人文人力资本。在基本经济理论中，人力资本代表劳动者的健康、知识和技能。人文人力资本强调一个社会进行科学技术创新，以及对先进方法和技术进行模仿和利用的意愿和能力。崇文重教的传统使得整个社会表现出对知识和学问的极高尊重，加上现代教育制度的影响，人力资本培育不仅成为一个家庭维系生存、长期存续的重要投资选择，更是为科学知识和创新技术的传播提供了良好的土壤，成为整个社会长期发展的关键要素。

二是人文企业家精神。企业家特质赋予了经济主体逐利、创新的精神，鼓励人们尊重契约，人文企业家精神则赋予了企业家特质以文化内涵。例如，包容、开放、亲商等民间文化促成了以社会信任为基础，又在特定群体界限内具有熟人社会性质的契约精神。结合现代法治和市场环境，人文企业家精神既能容纳逐利的动机和创新的激励，又包含家国情怀，充满对社会大众的关注和利他主义，有利于在经济发展的同时维持社会的和谐秩序。

三是人文政府治理。产权保护、市场秩序和营商环境是国家提供的最重要公共产品。人文政府治理包含了制度与文化所形成的良性互动关系，使得人文基因性的公序良俗和"国家-社会"关系构成现代法治最为深层次的社会支撑。对公序良俗予以法律保护，加上对创新和市场的因势利导，使有为政府与有效市场的作用相得益彰，就能够推动市场不断壮大、经济不断发展。

四是人文市场规则。市场是一种合约安排，但不一定具备理性与最优特性。人文市场规则以社会伦理和市场伦理为基础，首先具备特定的信息传递机制，保证了市场信息的真实、准确和及时广泛传递；其次，市场壁垒很小或几乎没有，市场主体在竞争过程中享有平等的权利和机会；最后，生产者与消费者建立起有效合约，社会还在一定程度上认可非正式合约的约束效力。人文市场规则提供了各类人文特质发挥作用的渠道，更有利于促进人文人力资本的积累、人文企业家精神的发扬和人文政府治理作用的显化。

二、从大分流到苏州奇迹

（一）苏州之谜：穿越历史的透视

1. 曾经的世界经济中心：工业革命前的苏州

在16—18世纪期间，苏州曾是世界经济的核心区域之一。从宋朝到清朝中期，中国的 GDP 占全球的三分之一以上，稳居全球经济首位。作为中国最繁荣的地区，江南的经济地位尤为重要。在 1800 年之前，全球的经济重心位于中国，而中国的中心则在江南。苏州作为江南地区最大的工商业城市，凭借其人口密度和财富的高度集中，成为当时中国最重要的经济枢纽之一。但在繁荣的外表之下，实际上苏州的经济从 18 世纪下半叶开始已逐渐陷入停滞。与此同时，位于地球另一端的英国——这个在中世纪并不显眼的岛国——成功崛起，成为全球新的经济中心。

这一"财富的逆转"现象引发了我们对"苏州之谜"的思考：历史上的苏州是如何成为世界中心的？又是什么原因导致了它的衰落？

苏州城始建于公元前 514 年，是一座拥有悠久历史的城市。从西周时期太伯（又作泰伯）奔吴，到宋代全国经济中心南移，苏州的地位日益提升。伴随着城市不断扩张的进程，苏州逐渐成为中国南方的文化和经济中心。到明清时期，苏州已经发展成为中国最大的工商业城市，商业化程度达到全国之最，成为商品流通、丝绸和棉布生产、粮食运输以及金融和文化出版中心。苏州的经济成就与其深厚的文化底蕴息息相关。崇文重教的传统不仅造就了苏州在科举考试中的辉煌，也为苏州手工业和商业的繁荣奠定了坚实基础。[1]明人徐有贞曾如此感慨："吾苏也，郡甲天下之郡，学甲天下之学，人才甲天下之人才。"苏州的手工业工匠传统与学者文化的结合，大大推动了手工业技术的进步与创新。[2]

2. 大分流：错过工业革命潮流的苏州

从 18 世纪开始，英国的工业化进程使其在全球经济中占据了主导地位，并引发了一场全球经济格局的重新洗牌。[3]英国通过工业革命，成功摆脱了马尔萨斯陷阱，推动了人均收入的快速增长，并在 18 世纪率先进入以工业化为核心的现代化进程。工业革命不仅带来了生产力的大幅提升，还彻底改变了英国的经济结构。蒸汽动力的广泛应用、纺纱和织布机械的发明以及煤炭取代木材和水力作为主要能源，推动了英国纺织业和其他工业部门的飞速发展。

---

① 范金民. 清代苏州城市工商繁荣的写照：《姑苏繁华图》. 史林，2003（5）：104 - 115，124.
② 李伯重. 江南的早期工业化（1550—1850）. 修订版. 北京：中国人民大学出版社，2010.
③ Pomeranz, Kenneth. *The Great Divergence：China，Europe，and the Making of the Modern World Economy*. Princeton University Press，2000.

这一系列技术革新使得英国迅速崛起，成为全球经济的引领者。

与此同时，尽管在明清时期达到巅峰，苏州的经济在 18 世纪后期却逐渐走向衰退。当时的苏州虽然仍是中国最繁荣的城市之一，但由于人地矛盾加剧，人均耕地逐年减少，苏州被迫走上了以劳动密集型为主的发展道路，未能突破经济内卷化的困局。所谓"内卷"，是指单位劳动的边际回报递减，经济增长依靠的是大量的劳动力投入，而非技术创新或资本积累。[①] 这一发展模式在短期内能够维持经济增长，但从长远来看，必然会遇到瓶颈。

要突破这一瓶颈，则需要根本性的技术创新或资本投入，但伊懋可（Mark Elvin）认为，当时的苏州已经陷入"高水平均衡陷阱"。[②] 尽管中国的商业活动广泛，市场规模巨大，科学知识水平也不低，但这些进步仅能勉强维持人口增长与资源消耗之间的平衡，人均收入长期停滞不前，缺乏能够带来根本性变革的技术突破。相较于创新和资本同时扩张的英国，苏州则未能抓住这一历史机遇，缺乏革命性的技术创新，从而错失了工业化转型的机会，这导致其在全球经济中的地位逐渐下滑。

3. 人文特质的转化差异：苏州与英国何以出现不同的命运

苏州与英国的命运分歧在很大程度上源于两地人文特质的转化差异。苏州历史上以崇文重教、开放包容的文化著称，这些特质促成了苏州的繁荣。然而，在 18 世纪，苏州的人文传统未能实现创造性转化，未能推动经济转型。相比之下，英国通过文艺复兴、启蒙运动和科学革命，激发了社会中的理性思维和实验精神，这种转变促进了"有用知识"的产生和传播。英国社会中兴起的实验主义和怀疑主义促使人们挑战传统，追求创新，并推动技术进步。这种文化氛围为工业革命奠定了基础，使英国在 18 世纪成为全球经济的领头羊。

一方面，苏州在传统时期虽然培养了大量文人雅士，但这些人的关注点更多地集中在儒家经典的研究上，而非推动技术创新。儒家思想的核心是对传统的尊崇，强调社会的稳定与和谐，而缺乏对个人创新和科学探索的鼓励。

① 黄宗智. 发展还是内卷？十八世纪英国与中国：评彭慕兰《大分岔：欧洲，中国及现代世界经济的发展》. 历史研究，2002（4）：149‑176，191‑192.

② Elvin, Mark. *The Pattern of the Chinese Past: A Social and Economic Interpretation*. Stanford University Press, 1973.

因此，尽管苏州在文化上取得了巨大成就，但在推动技术进步和经济增长方面，苏州的文化传统却未能提供足够的动力。另一方面，在知识的用途上，英国的"有用知识"推动了技术创新，而苏州的知识传统则更多地服务于维持现有的社会结构和秩序。苏州未能在关键时期形成一种创新的文化氛围，未能为技术革新提供足够的支持。

总而言之，苏州与英国在18世纪的经济分流，是由多重因素共同作用的结果。英国通过工业革命实现了经济腾飞，苏州则因缺乏技术创新和经济转型而逐渐落后。苏州未能抓住工业革命的机遇，未能在全球经济中保持领先地位。苏州的历史教训在于，尽管其人文传统曾为其带来辉煌，但如果这些传统未能与时俱进，未能实现创造性转化，过去的优势也会逐渐成为阻碍经济发展的桎梏。苏州的故事不仅是中国历史的一部分，也是全球经济史的一面镜子，反映了人类社会在面对技术变革时所面临的选择与挑战。

（二）苏州奇迹：勇立潮头的力量

伴随中国改革开放和融入全球化，苏州独特的人文精神得以重新焕发，并且在全球化环境下吸收有利于现代化的人文和制度，实现本土人文精神的转化与创新，紧抓信息技术革命的机遇，取得举世瞩目的成就，重新崛起于世界经济潮头。

1. 经济快速高质量增长

自1978年改革开放以来，苏州GDP快速增长，从全国第15位升至1987年的第7位并保持稳定。1992年邓小平南方谈话后，苏州放开手脚，积极吸引外资，市场经济迅猛发展，GDP增速高达45.8%。2001年中国加入世界贸易组织（WTO）后，苏州对外贸易进一步繁荣，2001—2012年GDP保持两位数增长，GDP水平在全国和江苏省均居前，分别是南京的1.42倍和无锡的1.61倍。2021年苏州规模以上工业总产值超4万亿元，成为中国经济最强地级市和世界最重要的制造业中心之一。苏州总人口超过一千万，但其人均GDP在全省、全国居前，2017年达2万美元，成为继深圳、无锡后第三个迈入发达国家人均收入水平行列的中国主要城市；2022年增至18.6万元（2.7万美元），与北京、上海和深圳等城市处于第一梯队，达到世界中等发达国家水平（人均 GDP 3 万美元）指日可待。苏州居民收入增长显著，2022 年人均可支配收入达 7.1 万元，居全国第五。1985—2022 年，苏州城乡居民收入大幅增长，城镇和农村常住居民的人均可支配收入分别从 1985 年的 918 元和 739 元跃升为 2022 年的 79 537 元和 43 785 元。

2. 经济结构转型升级

改革开放四十多年来，苏州经历了从农业到工业、再到服务经济的转型升级，形成了三次产业协调发展、区县一体化的新格局。在农业方面，苏州依托丰富的水网资源和绿色发展理念，打造了人文与自然和谐发展的高质量新农业。在工业方面，苏州在继承传统工匠精神，发扬传统轻纺产品加工优势的同时，大力发展高端装备制造等产业，形成以电子信息、装备制造、生物医药、先进材料等为苏州经济发展主导、居世界领先地位的高科技产业。依靠高度发达的高科技工业平台，不断升级上下游配套的生产性服务，第三产业发展后来居上，2016 年首次超越第二产业成为经济主导产业。从全球同等人均收入水平来看，苏州第二产业占比显著，第三产业有进一步发展潜力。目前，苏州正逐步形成以第三产业为主、第二产业高质量发展的经济格局。改革开放以来，从 20 世纪 80 年代苏州乡镇企业的发展创造了举世闻名的"苏南模式"，到 20 世纪 90 年代苏州外向型经济的发展创造了著名的"新苏南模式"，再到数字经济时代苏州产业创新集群融合发展，苏州从以低端制造业为主的"世界工厂"向以高端制造业和服务业为主的"创新高地"转型。苏州规模以上工业总产值超 4 万亿元，国内领先，跃居世界工业城市之首。2022 年苏州高新技术产业产值占苏州规模以上工业总产值的 52.5%。高新技术产业的蓬勃发展，为苏州工业保持领先贡献了绝对力量，创造了从"世界工厂"迈向"创新高地"的苏州工业。

苏州还发展出城乡一体、区县互补的地区经济。市区和周边县城经济水平相近、优势互补，避免了地区间资本竞争导致的中心城区虹吸现象，实现了经济的高质量协调发展。并且，苏州尤其注重新旧城区的协调，从"古城新区，东城西市"到"东园西区，古城居中，一体两翼"，再到"一核四城，四角山水"，既保护了古城风貌，又拉开了城市框架，形成"一城多中心"的格局。

3. 积极融入经济全球化

自 20 世纪 90 年代以来,凭借长三角的区位优势,苏州抓住国家对外开放和浦东开发的机遇,大力推行对外开放政策,推动外贸、外资、外经"三外"齐上,合作、合资、独资并举,实现了开放型经济的全面腾飞。外资的进入带动了苏州制造业的发展,使苏州成为经济和工业强市。苏州对外贸易在近三四十年来实现快速增长,形成了规模巨大、高速增长、技术密集和外部市场发达的高度开放经济。进出口总额从 1990 年的 1.88 亿美元增至 2022年的 3 866 亿美元,高居全国第四。2022 年机电产品和高新技术产品在苏州进出口中的比重分别达到 66.8%、78.5% 和 52.2%、49.4%,实际使用外资从 1985 年的 1 070 万美元增至 2022 年的 74.2 亿美元,占江苏省的 24.3%。主要集中在高技术制造业和知识密集型生产性服务业,占比约六成。从外资规模、增长和行业结构各方面来看,苏州经济的高质量发展得益于其高效吸引和利用外资的能力。

4. 可持续的包容式增长

苏州的包容文化是其经济发展的源泉,并助其成为推动实现共同富裕的先锋。城市的包容性首先体现为对民生的重视,其次体现为对外来移民和企业的包容。注重普惠性、基础性、兜底性民生建设,增进群众的获得感和幸福感,是城市包容性的最好体现。在当代语境下,这样的包容性就反映为对共同富裕的追求。

在收入分配方面,苏州致力于分好蛋糕,确保发展红利惠及民众。随着苏州经济快速发展,苏州城乡人均可支配收入获得大幅提升。2022 年苏州居民人均可支配收入达 7.1 万元,与北、上、广、深一起位居全国前列。人均可支配收入增速近年来持续超过 GDP 增速。苏州城乡人均 GDP 和人均可支配收入差距较小。2022 年苏州城乡人均可支配收入比为 1.82∶1,远低于全国平均水平 2.45∶1。

在乡村发展方面,近年来,苏州依托地理和文化优势,以产业化思路推动现代农业发展,把农业产业振兴作为乡村振兴的重中之重。通过发展特色农业品牌、旅游观光和乡村度假等"农业＋新产业"的新业态,苏州推动了农村产业升级和农民收入的迅速增长,缩小了城乡收入差距。

苏州的包容文化在促进其产业结构发展方面也展现出极大优势。在营商环境方面，苏州以优越的口碑吸引了大量企业，拥有 7 家全球"灯塔工厂"、76 家国家级科技企业孵化器、2.5 万家国家科技型中小企业，均居全国第一，并连续五年获评营商环境最佳口碑城市；苏州工业园区获"全球杰出投资促进机构"；在全国纳税人满意度调查中居首，充分展现了苏州在产业发展中的包容精神。在企业结构方面，苏州优秀的营商环境催生出大量私营企业，也吸引了大量外资进入。2022 年苏州私营企业占比高达 90.2%。外资企业占比为全国 3 倍。

苏州在改革开放和融入全球发展格局中强势崛起，当然得益于融入全球化。同时，不能忽视的是，如果没有优秀的人文精神的激活与融入中的转化创新，苏州就无法在这轮浪潮中勇立潮头。

三、人文经济学：苏州奇迹的根本力量

（一）苏州的人文基因特质及其创造性转化

1. 苏州的人文基因特质

"上有天堂，下有苏杭"，苏州这座中国历史文化名城，以其钟灵毓秀的人文环境，成为文人墨客心中的理想乡。历经岁月的积淀与洗礼，苏州孕育出了独特的文化基因：崇文致远、求精务实、开放包容、诚实守信、心系天下。

崇文致远的文教传统。苏州，历史上的人文渊薮、贤哲之乡，文教事业深受重视，文化名人纷纷来此兴办教育，使苏州在明清时期科举中独占鳌头。这种对文化的重视，不仅体现在精英阶层的观念里，也渗透到日常生活与平民文化中，使苏州成为高雅文化的代表。在此基础上，苏州人借助通达的交通网络和商品市场，拥有了通晓世界的远见，吸取各地先进经验，培养出广阔的视野和高远的抱负。

求精务实的工匠精神。苏工苏作是苏式文化的鲜明标识，包括苏州园林、古琴、宋锦等，这些以人为本的工业模式，孕育了求精务实的工匠精神。苏州手工业的最大特征是凝聚工艺巧思、服务精致生活，由此孕育的工匠精神具有浓厚的人文关怀性。苏州府学首开"治事斋"与"经义斋"分而教学，为苏学的经世致用打下了基础，顾炎武所倡导的实学思想进一步强化了苏州的务实人文气质。运河漕运的枢纽地位给苏州带来的重商守信文化，奠定了江南经世致用的人文环境和高效专业的能吏作风。

开放包容的城市气质。苏州借助水运网络成为全国性市场中心，大量商品和人口的吞吐，使苏州文化呈现出开放性和多元性，为文化嬗变带来了无数可能。对不同文化元素的耳濡目染，使苏州人养成了平等交流、求同存异的包容心态。移民与本地人的界限逐渐模糊，每个苏州人在融入苏州文化的基础上相互信任、互惠互利，营造了开放包容的苏州文化环境。

诚实守信的契约精神。在以文化认同为基础的半普遍信任与民间契约中间人责任保障下，苏州的市场行为有序发展，形成了注重守信与互惠的契约精神。以范仲淹于苏州创设的范氏义庄为代表，契约自发形成、共谋福利，社会资源契约式的"财之聚合"特征获得了"义"的回报。契约精神不仅包括订立契约的宽容条件，更强调对契约的遵守和履行，为市场秩序的稳定与苏州经济的繁荣奠定了坚实的信任基础。

心系天下的士人担当。苏州人士如范仲淹、顾炎武等，以"先天下之忧而忧，后天下之乐而乐"的精神，寄托家国情怀，形成了以责任担当使命、以使命践行共同的集体价值观。苏州有"三离三留"的清官况钟，有"山塘始祖"白居易，有治水兴学设义庄的范仲淹等，形成了独具特色的"政德文化"。

高雅文化、务实精神、开放联系、包容态度、天下情怀，构成了苏州得天独厚的人文基因结构。在这种环境的濡染下，苏州人培养了卓越的人文品质，推动了苏州传统经济的长久繁荣。崇文致远的知识基础赋予苏州人以卓越的认知与判断能力，求精务实的行为风格为苏州带来了丰厚的技术积累与人力资本，开放包容的性格特征使苏州人得以利用丰富的经济要素与社会关系，心系天下的道德关怀更使得苏州经济具备了全国层面的表率意义。

在高度适应经济发展的人文环境中，苏州人展现了异彩纷呈的优秀文化品质，共同塑造了这一地域经济体的持久繁荣。苏州农民形成了"因地制宜、因势利导"的农业精神，苏州工匠形成了"细化专精，追求品质"的工匠精神，苏州市场形成了"文商荟萃，履约守信"的市场精神，苏州绅商形成了"崇文重道，求实致用"的绅商精神，苏州士人形成了"天下兴亡，匹夫有责"的士人精神，苏州市政府形成了"廉洁奉公，惠民利民"的开明政府精神。这些文化基因，是苏州历史长河中积淀的宝贵财富，也是苏州未来发展的不竭动力。

2. 优秀传统人文基因的转化与创新

得益于全球化与科技革命、改革开放与思想解放、现代国家法治体系等外部契机，开放、包容、务实、创新等苏州传统文化基因实现了创新性发展，被赋予崭新的内涵。苏州的优秀人文特质在转化与创新中进一步发展，形成了有利于创造经济奇迹的现代人文经济环境。

以科教孵化创新，以创新驱动发展。苏州崇文重教的基因一直在延续，当代中国教育的优先目标是培养创新型人才。在现代社会，科技是第一生产力，人才是第一资源，在政府引导的推力和民众内生的动力的共同作用下，现代苏州愈发重视科教，以科技赋能产业；并且，深厚的历史底蕴使得苏州在追求技术的同时不忘人文，文教科教兼修。对人才的全方位培养和引进，为苏州的经济奇迹提供了深厚的人力资本积累。

以匠心追求卓越，以诚信实现共赢。苏工苏作所体现的细化专精、追求品质的工匠精神，不仅在以纺织业为代表的苏州传统产业的发展中得到了很好的传承，也因为这种精益求精的品质而在长期的历史发展中，由一个特定群体逐渐扩散到整个苏州群体，使得工匠精神也传播到了苏州的各行各业中，尤其是技术创新重要性突出的产业。与此同时，苏州良好的法治建设、优越的营商环境、守信的社会氛围等造就的社会普遍信任，减少了交易成本，使得经济主体在苏州实现了合作共赢。

以开放勇立潮头，以包容共塑认同。历来开放包容的人文特质使得苏州更容易借鉴外来的先进事物，形成了源远流长的开放型经济。改革开放以来，苏州开放型经济主要指标位居全国、全省前列。开放包容的苏州，从古至今都持续吸纳着大量移民，移民又反过来不断强化苏州的开放包容。这份开放包容的气质一直延续到当代，早在2012年，苏州就已经成为全国仅次于深圳的第二大移民城市。深厚的文化积淀、包容的社会环境，也使外来者对苏州产生了认同与归属感，自觉成为新苏州人。

以责任担当使命，以使命践行共同。苏州的士人担当影响着无数社会精英，"达则兼济天下"的观念已成为苏州人的精神底色，这也使得新时代的苏州政府精神和企业家精神都带有浓烈的家国情怀。"天下"概念原先只限于华夏体系之内，如今延伸到了世界范围。各国的联系程度远超前现代社会，"黑天鹅""灰犀牛"等风险冲击具有外部性和传导性，人类的命运已然休戚与共，一荣俱荣，一损俱损。在这样的时代大环境下，苏州社会不只关心自身的发展，也在助力其他地区的发展。

传统与现代经济的巨大差异使得人文在经济方面的体现有着显著的不同。在经济主体上，士人和绅商已不再存在，但其人文精神仍保留了下来。全民教育使"士人"的概念走入历史长河，却也使士人的担当被更多的人传承，已不再是少数人的特权。具有平等权利的市民登上历史舞台，成为推动经济发展和社会进步的基础力量。"绅商"的概念被"企业家"取代，现代经济的特点使企业家的重要性远大于绅商，成为经济社会进步的主导力量。因此，新时代苏州的文化基因体现在农村、工业、市场、市民、企业家、政府这六个方面，形成了"重教求新、务实平衡、集体致富"的新农村精神、"开放包容、开拓创新、精益求精"的新工业精神、"竞争合作、开放共赢"的新市场精神、"文教科教兼修、物质精神并重"的新市民精神、"行创新之举、尽儒商之责"的企业家精神、"勇做创新家、甘为店小二"的新政府精神。

3. 苏州的现代人文精神结构与人文环境

苏州文化植根于吴地区域文化（简称吴文化），吴文化以先秦吴国文化为基础，经过不断发展，到明清时期达到鼎盛。近代以来，随着中国封建社会的衰落，吴文化开始从传统文化向现代文化方向转变。植根于吴文化的苏州文化较其他地方文化有更强的开放性，更易于吸收和融汇外部优秀文化，这种开放性、融汇性的文化基因赋予中国式现代化苏州样本的实践以强大的内生动力。改革开放和融入全球化，不仅激活了苏州优秀的传统文化基因，而且在与现代文明的交融中形成强大的人文精神结构。

第一，崇文致远。苏州人传承着尊师崇文重教的传统，塑造了追求知识、通晓世界的文化氛围。从"状元之乡"到"院士之城"，这种文化传统培育了大量优秀人才，为苏州的繁荣与发展奠定了坚实基础。

第二，求精务实。精致，是苏州文化的重要标签，是农业的精耕细作、手工业的精雕细琢，抑或文艺创作中的巧思与雅致。对精致的追求反映在生产活动中，为苏州的各行各业带来了卓越的产品质量；反映在公共管理与组织中，使苏州的市场与政府得以有条不紊地运行。务实，是苏州人行为方式的另一大特征。不同于多数其他地区精英阶层普遍脱离生产、坐而论道，苏州的官员、士绅和富商群体，普遍对基础的工农业生产活动表现出高度的热情和密切的关怀，使人力资本成为苏州的核心竞争力，奠定了苏州社会繁荣的物质基础。

第三，开放包容。水陆交通便利的地理优势以及与政治、文化中心的长期联系使苏州成为一个开放包容的全国性市场中心，为苏州带来了远见卓识与知识开放。市场中心地位带来了普遍的竞争合作意识，吸引了大量外来人口，促进了文化包容性的历史积累。

第四，诚实守信。在开放包容的文化氛围下，苏州市场的参与者得以保持社会纽带，融入吴文化，构建普遍信任，成为市场契约基础。市场的发展也促使契约精神成为苏州文化的一部分，重商文化带来优越的市场秩序和诚实守信的商业氛围。

第五，心系天下。苏州人注重家国情怀，关心国家大事。"天下兴亡，匹夫有责"体现了苏州人的责任担当和使命意识。同时，苏州还涌现出许多清官能吏以及文学艺术领域的杰出代表，他们共同构建了苏州特有的"政德文化"。

这些独特的人文精神特质通过长期积淀内化为人的自觉规范和行动准则，昌盛时期成为"加速器"，衰败时期成为"避震带"。比如在繁荣昌盛时期，苏州的人文精神在苏工苏作（园林、丝绸、家具和装裱等）中体现到极致：精工细作的工匠精神、追求雅致的审美品位、求真务实的科学素养。而在受到外部冲击时，苏州的人文精神则具有文化韧性与复兴潜力，比如苏州在太平天国期间受到非常大的破坏，但这并未使其一蹶不振。更为重要的是，这些文化特质通过以文化人实际上在苏州形成了一种独特的人文环境，这种人文环境构成了苏州在改革开放中敢为、敢闯、敢干、敢首创的精神基底。

（二）苏州奇迹的人文经济学

经济增长受到物质资本、人力资本、技术进步、制度等因素的影响。这些因素与地方人文的结合，产生了不同的经济绩效。好的人文特质有利于促进物质资本和人力资本的积累，推动技术进步，打造好的人文环境，因而能够促进经济发展。因此，人力资本、企业家精神、政府作用与市场制度是作用于经济发展的主要力量，但是不同的人文精神会使其表现不一。好的人文与好的经济结合形成好的人文经济学，好的人文与坏的经济结合形成坏的人文经济学。理解苏州奇迹必须从人文和经济的互动中寻找答案，必须解释苏州经济增长中哪些因素起到了关键作用，进而解释苏州人文特质如何影响了这些有利于经济增长的因素。苏州奇迹的创造本质上是苏州人文特质在改革开放的背景下经过创造性转化成为有利于经济发展的因素，形塑了苏州的人文市场经济，由此奠定了苏州再度崛起、创造现代文明的基础。苏州提供了一个好的人文与好的经济结合形成好的人文经济学的成功范本。

1. 苏州的人文人力资本

人力资本是推动经济发展的主要动力，而人力资本表现为人所拥有的知识、技能、经验和健康等，教育对人力资本的形成起了重要作用。新人力资本理论以能力为核心，强调非认知能力对劳动者的影响，但非认知能力只关注个体的特质，却没有考虑文化对群体的塑造作用。在他们看来，文化对人格特质的影响并不大，因为有着相同文化的人依然有着多样的人格特质。然而，文化虽然没有影响个人的性格或能力，但却可以通过观念的形式使人的特定行为不断重演，进而对经济产生影响。在我们看来，无论是传统人力资本理论，还是新人力资本理论，都是从个体行为人的角度出发关注能力，忽略了人文影响的方面和深层结构。文化既包括对个体行为形成约束的习俗惯例规则，也包括被群体内成员认可并遵从的观念（比如诚信）。若某一群体由共同观念所产生的精神品质对经济发展有积极影响，则可被称为人文人力资本。

自古崇文重教的风气，培养了苏州人注重教育的人文特质；与外来文化碰撞融合的经历，培养了苏州人的创新意识和创新能力；精益求精的工匠精神，蕴含着重视技术的人力资本基因；发达的经济条件，为苏州人接受更多教育、享受更好医疗创造了条件；开放包容的社会环境，开阔了苏州人的眼界和思维，增长了苏州人的知识和能力。这一切都使现代苏州积累了深厚的人力资本，为经济崛起打下了扎实基础。苏州悠久的历史积淀着深厚的文化底蕴，并在当代继续发展，与苏州的具体实际相结合，吸收融合了现代文明，形成了独具苏州特色的新时代人文人力资本，尤其是开放包容、开拓创新等人文人力资本，是诞生苏州奇迹不可或缺的重要力量。

开放包容的人文人力资本使苏州广泛吸收先进的技术、资本、理念等一切值得学习借鉴的事物，走在时代的前列。这使苏州很好地抓住了中国对外开放和外资大量涌入中国的历史机遇，形成了开放型经济。先进技术、资本的涌入使苏州迅速完成了资本的原始积累，改变了比较优势，推动产业从劳动密集型转向资本密集型。同时，开放包容的苏州接纳了大量移民的到来，苏州 1 600 万的实有人口中，外来人口和户籍人口各占一半，为苏州的经济发展提供了源源不竭的人力资本。苏州作为中国经济发达地区之一，吸引了大量新苏州人，他们在苏州的融入和发展为创造苏州奇迹做出了重大贡献。早在 2012 年，苏州就已经成为全国仅次于深圳的第二大移民城市。在苏州，可以看到一批高水平的学校和科研机构。这些学校不仅在本地培养和造就了许多优秀人才，还吸引了国内外顶尖人才前来就读和从事研究工作。

人力资本是创造苏州奇迹的重要因素，2010—2020 年，苏州人才总量年均增长率达 7.8%，高层次人才占总人才的比重由 5.6% 增至 9.0%。苏州人力资本雄厚，一方面是因为受到崇文致远的文教传统的影响，对文教的重视提高了苏州的人力资本水平；另一方面是因为开放包容的城市特质弥补了苏州人口红利优势逐步消减的困境，苏州在人才引进、落户、住房、生活服务等方面推出引才政策，吸引了高人力资本人才向苏州集聚。苏州全方位培养、引进、留住和用好人才，以人才集群引领创新集群，为产业发展提供了深厚的人力资本。苏州的产才融合程度也很高，98% 的领军人才集中在战略性新兴产业，创办了全市六成以上的科创板上市企业、独角兽培育企业，有力推动了新产业、新业态、新模式和新技术的发展。

2. 苏州的人文政府治理

苏州奇迹离不开政府的有为作用，苏州市政府在每一个关键时期均制定了恰当的城市定位，促进了苏州在对外开放和经济转型中主动抢跑，为苏奇迹的创造奠定了坚实的战略基础。同时，苏州在发展过程中形成的"三大法宝"不仅展现了苏州市政府敢于担当、敢为天下先的魄力勇气，也体现了一种打破旧规则、创造新规则的改革创新精神，为"苏南模式""新苏南模式"奠定了制度基础。苏州推进现代化建设中的人文政府和创业干部的出现，离不开苏州传统的"政德文化"，也离不开心系天下的士人担当。

一是市场创造。在中国经济转型时期，苏州市政府率先通过解除计划经济体制的束缚发展了乡镇企业，靠着"四千四万精神"①，借助市场的运营模式和管理模式，为后期民营经济的强劲与快速发展奠定了基础。乡镇农民以集体所有制的经济形式注册创办由私人创办并由私人实际控制的乡镇企业。进入改革开放新阶段后，苏州市政府抓住对外开放的重要机遇，与新加坡合作打造了苏州工业园区。苏州工业园区的打造只用了二十年，是政府的市场创造能力制造了这一奇迹，这也与苏州市政府"重商且亲商"的文化基因有着千丝万缕的联系。为充分给予苏州工业园区借鉴新加坡先进发展模式的空间和机会，政府由命令型方式转变为服务型方式、由管制角色转变为服务角色，打造出政府与企业之间坦诚相见、双赢互利的"好邻居、好伙伴、好朋友"的新型政商关系；同时按照"精简、统一、效能"的原则设置管理机构，提高了苏州工业园区内企业工作运行的效率。

二是市场增进。政府通过提供市场无法有效提供的公共产品、投资基础设施建设、制定和维护产权制度等来确保市场在公共利益和社会公正的框架内运作。第一，生产性服务。政府支出是政府发挥职能的重要手段，也是政府对市场、经济产生作用的重要机制因素。基础设施是支撑经济运行的基础产业，决定着其他产业的发展水平。自改革开放以来，苏州市政府持续增加基础设施建设投入，取得了显著成效，政府的基础设施建设在苏州经济发展中也真正起到了市场增进的作用，让苏州的经济搭上了发展的"快车"。第二，产权保护。产权和合同制度是市场经济中确保资源有效配置、促进交换和鼓励经济活动的重要制度和机制。"苏南模式"下的乡镇企业以集体所有制的经济类型诞生和存在，乡镇政府天然地具有对集体财产的支配权和管理权，

① "四千四万精神"：踏尽千山万水、吃尽千辛万苦、说尽千言万语、历尽千难万险。

因此乡镇企业出资者所有权与企业法人财产权并没有分离。产权不明晰带来的问题日益凸显，20 世纪 90 年代中期乡镇企业扩张受挫和财务状况恶化，这一境况内生性地要求苏南乡镇企业在产权制度上进行重大调整。自 1996 年开始乡镇政府作为启动者和推动者与乡村人民共同推动了乡镇企业的产权制度改革。① 各乡镇政府"因厂制宜，分类指导"，出现"一厂一策""一厂多策"的改制做法，乡镇企业产权制度的改革优化了企业的治理结构，调动了乡镇企业的发展积极性，为后续企业经济市场的发展奠定了良好的基础。

三是社会保护。在社会发展的进程中，市场自发力量的扩张引起的变革会导致市场经济的动荡，而政府可以通过积极的社会政策来缓解社会的不安定和不适应以保护社会，同时赋予社会新的发展动能，发挥社会保护"从问题到办法，从包袱到动力，从社会到经济"的作用。在传统社会保障制度转为新型社会保障制度的过程中，苏州市政府本着"以人为本"的精神，做出了诸多"敢为人先"的尝试，为苏州社会保障制度发挥更强的社会保护功能奠定了重要基础。苏州自 1984 年启动养老保险试点，1985 年对市区企业实施离退休基金统筹，2012 年实现城乡养老保障制度并轨。面对医疗费用上升，1996 年苏州成为全国医疗保障试点城市，2000 年正式启动医疗保障制度。在失业保险制度方面，苏州于 1986 年建立失业保险制度，2006 年实现全市覆盖。在工伤保险制度方面，苏州于 2001 年实施工伤保险，2005 年将农民工等纳入范围。在生育保险方面，苏州于 1989 年探索生育社会保障，1997 年正式建立生育保险制度。

四是合理分权。苏州的合理分权包括政府体系内分权和地区间发展的差异分配。政府体系内分权是对财权、事权的划分。分税制通过"税收分享"集中财政财力，使得中央收入占比提高，同时也普遍调动了地方政府进行自主发展的积极性。然而在分税制的大背景下，苏州市政府体系展现出更为强劲的主观能动性、政府间呈现良好的竞争关系，这得益于江苏省政府对市级政府更为充分的激励。地区间发展的差异分配则是政府基于不同发展定位目标，对不同产业经济发展权利的划分，是政府对经济发展的合理布局。

---

① 参见锡委发〔97〕44 号《中共无锡市委无锡市人民政府关于进一步推进乡镇企业产权制度改革的意见》，1997 年 12 月 11 日。此文件是对"乡镇政府是启动者与推动者"的有力注解。

3. 苏州的人文企业家精神

以企业为市场经济的微观主体。企业是推动经济增长和社会发展的核心力量。企业家通过赋予资源以财富生产的能力[①]，成为企业生存和发展的关键。马克斯·韦伯认为，工业革命的主要推动力是资本主义精神的出现，以及对企业家成功美德的强调，包括追求利润、勤劳、节俭等方面。苏州的企业家精神，融合了实用主义、诚实守信、竞合意识、精益求精、本土情怀和商业向善等多重元素，形成了一种独特的"人文市场经济"。

立足实业的苏州实用主义精神。苏州的人文特质中包含着经世致用的实用主义精神，这助力苏州历史上形成了较好的工商业发展基础，并形成了苏州企业家对于发展实业的长期偏好。苏州的苏工苏作代表着对科学原理、技术技艺以及审美品位的综合性要求，为"苏州制造"积累了厚实的文化基础。苏州是制造业门类最齐全的城市之一，实业是经济活动的基石，注重技术创新和产品研发有助于增强企业的综合竞争力和科技创新实力。在经济增速放缓后，张家港沙钢、亨通光电等许多苏州企业的企业家仍然加大研发投入、攻克科技创新难题，体现的是对实业的情怀。苏州企业家无论本地还是外地，在资本扩大和企业做大后，都坚持做实业，大多在自己熟悉的产业和产品深耕。

以诚实守信构建的苏州市场经济基础。苏州企业家历来重视契约精神与诚信文化的培育，社会信任度普遍较高，形成一流的营商环境，促进企业的发展。始创于1914年的中华老字号企业"李良济"，百余年来坚持"以专制药，以诚为人"的经营理念，积极发挥中医优势，整合优质中医资源，举办义诊活动，承载的是中国传统文化的诚实守信内涵。苏州坚持学法用法相结合的原则，把各项工作纳入法治轨道，成为全国最早提出"依法治市"的城市之一。自1993年4月取得地方立法权以来，苏州始终把规范市场主体行为、营造良好的市场竞争秩序、服务保障经济高质量发展作为地方立法价值追求的重要目标；为了打造国际一流营商环境，制定了《苏州市优化营商环境条例》。在全国工商联发起的调查中，苏州近五年来连续被评为"营商环境

---

① 德鲁克将企业家定义为能带来财富生产能力的人。

最佳口碑城市"。

由竞合意识缔造的苏州开放包容特质。 苏州的商业中心和交通要道地位，有助于苏州人养成求同存异、借鉴圆融的开放胸怀和包容心态，形成开放包容的企业家精神特质。苏州企业在 20 世纪 80 年代初期即开始探索把开放共享与竞争合作相结合，如昆山最早开始的企业与上海市各部门各单位的横向联合，促进了昆山企业成长。苏州多元的文化、技术、资本、人才汇集于此，在交流融合中锻造了苏州的创新能力，锤炼了开放包容的精神品质，孕育着更多的可能性，使苏州人不排外、不狭隘、不极端，始终与时俱进、革故鼎新，吸纳有利因素不断发展。苏州吸引了全国各地以及海外的大量创业者和企业家前来创业和发展，涵盖了各个行业和领域，为苏州的经济发展注入了新的活力和创新动力，推动了城市经济的不断增长和升级。

精益求精的渐进式创新改进。 对苏州企业家而言，注重对历史的传承和转化，基于历史发展脉络进行精益求精的渐进式创新改进，构成其人文企业家精神的典型特征。改革开放以来苏州在丝绸、轻纺等传统产业科技攻关方面始终坚持渐次推进、做到最好最精。截至 2023 年末，苏州企业已建立了完整的产业链，并在传统优势产业中形成了世界 500 强企业。这种精益求精的精神，使得苏州的企业能够在传统产业中不断创新，提升产品的品质和竞争力。

满含着本土情怀的集体主义价值观。 苏州人文特质中的集体主义价值观以及经世致用精神，引导本土企业家等社会精英通过本地办实业、就地办教育、捐资助困等实现个人价值。传统人文特质在新时代进一步延续，注重企业效益的同时重视社会责任，注重个人利益的同时追求共同富裕。本土企业家更兼顾本区域的社会福利，而不是仅仅追求企业自身的利润最大化。本土企业家立足于本土社会，通过优化配置本地资源、充分利用当地社会资源进行资源内置化经营，并将收益再次投资于区域内的经济建设和社会发展，形成良性循环。

以商业向善为旨归的慈善公益事业。 苏州工商群体的认知和行为体现了商业向善的精神。明清时期，当地碑记中就有洞庭商人从事慈善公益惠及乡里的大量记录。苏州还是最早成立商会的城市之一，商会建立了市民公社，在经济、政治乃至社会文化生活中发挥重要作用。这种商业向善的精神，不仅体现了苏州企业家的社会责任感，也为社会的发展和进步做出了积极的贡献。

4. 苏州的人文市场经济规则

苏州的人文经济既反映了市场经济的普遍特征，又展现出深植于其丰富人文传统的独特风貌，这种经济模式可以被称作"人文市场经济"。在这一模式下，市场经济的运作不仅遵循通行的市场规则，而且有着强烈的人文底蕴衬托。人文市场经济强调以人为本，关注人的全面发展、人的价值追求以及道德、伦理、文化和心理等因素在经济行为中的重要地位。

具体来讲，人文市场经济的核心理念包括：第一，以人为本，即强调人的全面发展和福祉是经济发展的根本目标，关注人的需求、利益和权益，充分尊重和保障人的尊严和价值；第二，社会公平与正义，即重视在市场经济中实现社会公平与正义，通过合理的收入分配、社会保障和福利制度等手段缩小贫富差距，促进社会和谐与稳定；第三，道德与伦理，即强调在市场经济活动中遵循道德和伦理原则，培育诚信、公平、合作、责任等价值观，以实现经济行为的道德化和市场秩序的规范化；第四，文化与心理，即在市场经济中关注人的精神、文化和心理需求，重视人的心理健康和文化素养，提升人的生活品质和幸福感；第五，可持续发展，即在市场经济中实现经济、社会与环境的协调发展，关注资源的合理利用和环境保护，以实现人与自然的和谐共生。

苏州的人文市场经济深受其文脉传统和人文精神影响，以下人文特质在其形成过程中起到关键作用。第一，包容的城市特质。苏州开放包容的氛围和历史文化传承，使得来自不同地区和国家的人能够更好地融入这座城市，形成共同的价值观和文化认同。第二，雅致的生活追求。苏州的生活环境、休闲娱乐设施和社会服务等非物质因素，使得在苏州生活和工作更具吸引力。江南水乡的环境，苏州优美的自然环境、旅游资源等对人们的生活品质和心理需求产生积极影响。第三，担当的家国情怀。苏州商人和企业家自古以来就具有担当责任、造福乡梓的传统，在追求利润的同时，也关注自身的社会责任，如环保、社会福利、员工关怀等，这些因素也对企业形象和市场竞争力产生影响。第四，服务的治理传统。受到历史传统的影响，苏州市政府和社会组织历来重视各类公共服务的提供，包括教育、医疗、文化、环保等领域。公共服务的提供有助于满足人们的基本需求，增进苏州社会公平和福祉。由此，建立于享誉世界的人文精神之上的苏州人文市场经济深受其悠久人文传统的滋养，在兼具市场经济一般特征的基础上，又内含了发轫于人文特质的特殊元素，这一兼具一般性和特殊性、效率性和人文性的包容性特征充分体现在市场发展、市场规则、政务环境以及市场环境四个方面。

（1）繁荣昌盛的人文市场发展是人文市场经济的主要表征。

苏州市 1 600 多万居民与 280 多万市场主体共同推动了市场的繁荣。2023年初苏州新增市场主体达到 29.2 万家，地区生产总值达到 2.4 万亿元，规模以上工业产值超 4.4 万亿元，居全国前列。苏州在中国消费者协会发布的《2023 年 100 个城市消费者满意度测评报告》中排第四名，社会消费品零售总额保持全省第一。苏州的境内外上市公司总数达到 241 家，高新技术产业快速发展，成为人文与创新、创新与产业、产业与资本相结合的典范城市。

（2）竞合有序的人文市场规则是人文市场经济的核心支撑。

市场规则是市场主体生存发展的土壤，苏州自 1993 年 4 月获批地方立法权以来，始终把规范市场主体行为、营造良好的市场竞争秩序、服务保障经济高质量发展作为地方立法价值追求的重要目标。苏州不断加强政府自身建设，推出多项改革措施，打造国际一流营商环境，着力破解市场主体关切难题，激发市场主体活力。

（3）高效便捷的人文政务环境是人文市场经济的关键基石。

苏州市政府着力营造市场化、法治化、国际化一流营商环境，让国企敢干、民企敢闯、外企敢投。苏州深入实施"一网通办"改革，推出高频"一件事"服务，实现市场主体登记"全城通办通取"。苏州全面推广重大工程建设"拿地即开工"模式，在国内率先探索开展"审管执信"闭环管理。苏州持续做优"12345"热线、政府网站等平台，积极回应市民关切，加快建设数字政府样板城市。

（4）开放包容的人文市场环境是人文市场经济的孕育载体。

苏州开放包容的人文环境和历史文化传承，使得来自不同地区和国家的人能够更好地融入这座城市，形成共同的价值观和文化认同。苏州的教育、文化遗产、社会风气等非物质因素，使得在苏州生活和工作更具吸引力。苏州的人文环境吸引了许多热爱文化和艺术的外地人，同时也帮助苏州凝聚创新力量，加速集聚海内外高层次创新创业人才。

总之，在苏州的人文市场经济中，苏州充分考虑人的需求、利益和福祉，强调社会公平与正义、道德与伦理、文化与心理以及可持续发展等方面，以实现经济与社会的和谐发展。这一模式在苏州得到了成功实践，为其他地区提供了借鉴和启示，展示了人文市场经济的巨大潜力和价值。

四、苏州文明新形态

（一）现代农业农村文明

1. 悠久的农业文明底色

苏州的农业农村发展历史悠久，其发展模式在中国乃至全球都具有重要的示范意义。自古以来，苏州便是中国的农业经济中心之一。历史上以苏州为代表的江南地区的农业农村发展水平在同时期的中国乃至世界上都是领先的存在。棉花、蚕桑、茶叶、水果、花卉、蔬菜等经济作物的种植不仅提高了农产品的附加值，也为当地经济的发展打下了坚实基础；农村产业的多元化发展也领先同时代，棉纺织、碾米、酿酒、榨油、家具制作等手工业形成了独具特色的农村产业链，产业结构的多元化使得苏州农村不再仅仅依靠传统的农业生产维持生计，而是通过农村工商业的发展实现了农业、手工业、商业的有机融合；士绅与农民生活高度融合嵌入产生的基层农村自治形式，不仅促进了农村社会的稳定与和谐，也为农村经济的发展提供了有力支撑。

2. 农业农村现代化

新中国成立后，特别是改革开放以来，苏州的农业农村实现了从传统向现代的过渡，走向并逐渐实现农业农村现代化之路。根据江苏省统计局的统一核算，2023 年苏州全市实现地区生产总值 24 653.4 亿元，按可比价格计算比上年增长 4.6%。其中第一产业增加值为 195.2 亿元，增长 3.1%；第二产业增加值为 11 541.4 亿元，增长 3.6%；第三产业增加值为 12 916.8 亿元，增长 5.5%。2023 年，苏州三次产业结构比例为 0.8∶46.8∶52.4。百年间，苏州的农业经济比重从 40% 的水平下降到如今不到 1%。新时期苏州农业农村的发展从传统时期的"高数量农业"转向今天的"高质量农业"。

第一产业增长速度虽不及二、三产业，但也不算低，高增长潜力的背后是现代化农业体系的构建。苏州农业农村致力于打造现代农业生产体系，"三高一美"（高标准农田、高标准蔬菜基地、高标准池塘和美丽生态牧场）建设是苏州长期坚持的农业经济发展目标，目前基本实现区域内全覆盖。2022年，苏州粮食亩产量达到960市斤。优良品种水稻覆盖率约为90%。南粳46、宁香粳9号和常香粳1813等水稻品种亩产量约为1 180市斤，常优粳10号亩产量甚至达到1 673市斤。亩产量水平最直接反映了农业生产的革命性变化，相比传统时期数个世纪长期稳定的亩产水平呈现质的飞跃。

农业现代化也反映在高质量的投入和产出组合上。2023年，苏州农业信息化覆盖率超72%，主要粮食作物耕种收综合机械化率达98.2%，绿色优质农产品比重达82.3%。从事农业规模化、标准化、集约化生产经营的现代家庭农场发展迅速。特色、高质量和农业文化遗产品牌打造日趋成熟，阳澄湖大闸蟹、碧螺春、水八仙等已经享誉全国。苏州对于农业农村现代化的建设有目共睹，2022年昆山入选国家乡村振兴示范县，吴江入列国家现代农业产业园。

苏州乡村建设基于一、二、三产业融合的基本原则，以片区化的方法建设宜居宜业和美乡村，以多元化的渠道促进农民农村共同富裕。全市乡村振兴片区化发展已全面启动，2023年底，全市近1 000个行政村全部纳入片区。农业产业化发展和乡村旅游并举，将苏州的自然人文资源与农业发展有机结合起来打造新型乡村产业体系。2023年苏州有乡村休闲旅游农业精品村57个，乡村旅游精品线路70条，乡村旅游精品民宿100家。2023年，苏州农村常住居民人均可支配收入达46 385元，是全国平均水平的2.14倍。城乡收入比缩小至1.79∶1，是全国城乡收入比的75%。

很显然，苏州已经在短短半个多世纪成功实现从传统农业农村发展模式向现代化农业农村发展模式的转变。苏州农业农村现代化之路是历史积淀和现代化思潮结合的产物。没有历史上传统时期几乎最高水平的农业农村发展作为基础，苏州无法快速实现农业农村现代化的目标；没有新中国成立之后的一系列对传统农业农村的现代化改造，苏州的农业农村也很难如此顺利、高效地摆脱传统时期的"高水平均衡陷阱"模式,实现从"大分流"到"大合流"的转变。劳动、资本、技术、制度等要素是帮助苏州农业农村实现现代化的直接原因,而纵览整个历史进程我们发现,有一个无法忽略的要素在悄然直接或间接影响着这些经济增长要素。作为吴文化圈的核心地区之一,苏州数千年来传承、革新而最终凝练出的人文基因内核在不同时期都推动着苏州农业农村的发展,并最终助力苏州走上今天的农业农村现代化之路。

3. 苏州乡土文明的人文基因

苏州的人文基因内核并不是一成不变的,而是在数千年的历史中与苏州独特的吴语文化和耕织一体、江南鱼米的乡土文明以及 20 世纪出现的现代化思潮相碰撞而不断自我完善形成的。对于苏州数千年形成的别具特色的乡土文明中的人文基因内核我们可以总结为四点:粮农为本、守正务实、勤勉传家、和谐包纳。

第一,粮农为本。中华农耕文明的一大特质就是重农和民以食为天。农业发展和粮食安全是保证文明顺利存活的基石。苏州自古以来均为中国粮食生产基地之一。早在"苏湖熟,天下足"时期,粮食和农业是社会发展根本这样的理念就深深刻在苏州历代人民的心中。第二,守正务实。粮农为本的本质是一种守正思维,但是只靠守正思维很难彻底摆脱传统发展模式的束缚。只有根据不同环境和约束,实事求是,随时更新思维方式和发展模式,才可以在现代化进程中迎头赶上。第三,勤勉传家。苏州的勤勉本质上是一种与时俱进、实事求是、理性精神的勤勉。将勤奋品质在正确的地方发扬并不断传承,是苏州农业农村克服发展路上的困难的智慧结晶。第四,和谐包纳。农业农村现代化的道路需要打破传统的城乡藩篱思维观。现代农业不一定非在农村,而现代农村也不一定非做农业。只有将农业农村纳入现代经济发展体系,与城市生产和文化圈有机结合,鼓励人才自由流动,打破对乡村的刻板印象,才可以高效实现现代化发展。

4. 苏州农业农村现代化的人文经济密码

千百年中苏州的农业农村与不同时代外部环境的不断碰撞形成独特的人文基因内核"粮农为本、守正务实、勤勉传家、和谐包纳",对经济增长中的各个要素产生显著而持久的影响,从而推动苏州农业农村顺利走向并成功实现现代化。

第一，多层次人力资本。新时代高水平新型农民的培养和农业高科技人才的引入一直是苏州农业农村事业的重要关注点。务实和勤勉的思想作为指导也保证人才体系的建设会兼具实事求是的理性精神和吃苦耐劳的优良品质。和谐包纳思想则保证人才藩篱被打破，让高层次人才不再畏惧农村，让移民人力资本也不再畏惧本地化隔阂，使得农业和非农业、农民和非农民的各层次人才都发挥最大热情投身到苏州农业农村建设和乡村振兴事业中，享受苏州农业农村发展成果，因成为苏州乡村振兴的参与者而深感自豪。

第二，健康高效的制度和市场环境。打破 20 世纪 80 年代以前的体制枷锁并构建新的适应市场发展的新体制、新环境是苏州农业农村走入现代化过程的重要转折点。苏州各级政府发挥实事求是的务实精神，坚持稳中求进，形成的"三大法宝"体现出推陈出新的魄力和改革精神。同时，在苏州的发展过程中，引导苏州及周边城市形成竞合有序的良性关系背后也蕴含了苏州和谐包纳的大气和慷慨。

第三，与时俱进的技术和模式革新。苏州的农业农村发展从传统模式到现代化模式，一个最直观的表现就是技术和经营模式的不断创新。本着求真务实的态度，苏州各级政府、企业家和农民通过持续引入资金和技术改善苏州农业发展的原始禀赋结构，让苏州在禀赋结构上更有利于实现自主技术革新。在改革开放初期因势利导的政策扶助下，基于和谐包纳的思想，苏州的技术革新走上迅猛发展的道路。博采众长、为我所用，苏州的企业和农村不断革新技术、经营理念和模式，最终使得苏州农业农村发展走上持续创新的发展道路，实现自我创新的正反馈之路。

（二）现代工业文明

苏州的工业现代化包含了优秀传统文化产业的现代化和顺应经济全球化发展的高科技制造业（现代工业）的现代化。如何理解工业现代化，明确苏州人文与文化有利于传统工业现代化和现代工业发展，是推进苏州文化建设和人文发展不能回避的重要问题。

1. 悠久的工业文明

苏州工业文明源远流长，明清时期就以手工业和商业著称。这一历史底蕴使得苏州的工业文明在传统与现代的融合中展现出独特的魅力。在传统手工业的基础上，苏州通过技术创新和工艺升级，使传统工艺更贴合现代市场，不仅弘扬了苏州独有的制造传统，也使其更具竞争力和生命力。在传统工业向现代转型的过程中，苏州人既尊重传统，又勇于创新，这种独特的人文精神在工业现代化的进程中发挥了积极作用。因此，苏州的传统工艺现代化不仅是技术的升级，更是对地方文化的传承与发扬，使其在现代工业中独树一帜。明清时期，苏州的手工业以纺织、食品、服装、日用品、造纸和印刷为主。其中，纺织业尤其是丝织业占据核心地位，使苏州成为当时全国最大的丝绸产地。苏州府吴江县的震泽镇与盛泽镇（今属苏州市吴江区）都是当时丝绸生产的专业市镇，盛泽镇更有"日出万匹"的美名。在19世纪之前，丝绸是中国最重要的出口品，中国也是世界第一出口丝绸大国。而苏州丝织业不仅在产量上领先世界，更在生产技术上不断创新。丝织业的生产过程包括纺经、络纬、练槌、染色、牵经、接头（或结综）和丝织等关键环节。明清时期，苏州丝织业就已实现专业化分工，生产逐渐从乡村家庭向城内集中，东城尤以丝织业的发达闻名。19世纪中叶，意大利和法国利用现代科技改良养蚕技术，并采用蒸汽机取代手工缫丝，提高生丝均匀度和质量，增强了国际竞争力。早期，由于机械动力在丝织产业的生产力提升不如棉纺织业显著，且考虑到江南地区的廉价劳动力和丝绸生产劳动密集型的特质，江南在丝织产业中仍具备比较优势。19世纪中叶至晚期，中国仍是世界上最大的生丝出口国。

近代以来，苏州丝绸业完成了一场引人注目的转型。大量资本雄厚的商家将业务从传统手工业转变为现代化丝绸厂，并广泛引入电力生产。到1936年，苏州拥有89家现代丝绸厂，在长三角地区排名第三；共引进了2 100台电力织机，占当时长三角地区电力织机保有量的12%。

2. 传统工业的现代化

改革开放后，苏州凭借传统产业的殷实基础和敏锐的经商概念，深挖丝绸传统文化元素，依托丰富的文化资源，引入一系列新兴业态，在传统手工业和文化产业均实现了突破。

第一，传统手工业在新时代的发展。苏州在丝绸、棉织、艺术品等传统手工业领域拥有深厚的历史优势。改革开放后，凭借坚实的产业基础和敏锐的商业洞察，苏州传统手工业飞速成长。仅苏州高新区，就有缂丝、苏绣、玉雕、核雕、木雕等 33 个非遗项目，包括 5 个国家级项目、2 个省级项目，以及 55 名非遗传承人。其中，苏州高新区镇湖有 2 200 多年的刺绣文化，先后获评中国刺绣艺术之乡、国家级非遗生产性保护示范基地和国家级文化产业园区。苏州工匠园发扬玉雕、核雕、木雕等传统技艺，形成以村镇为单位的手工业聚集地，并实现了半机械化的量产和市场化。依靠悠久的蚕桑丝绸文化和现代科技，太湖雪在蚕丝被生产外，还创新了蚕丝花等系列蚕丝产品，深化其专业化生产优势。盛泽镇华佳集团则依托缫丝工艺优势，通过"规模化、集约化"的产业链纵向整合，从传统单一的缫丝工厂转型为集研发、设计、制造为一体的全产业链集团，并加大研发投入，取得了一系列专利和荣誉。这一系列举措使苏州传统丝绸业焕发出新的生机，成为推动民族丝绸品牌崛起的重要力量，并在当代焕发新的光辉。

第二，文化产业现代化。苏州文化资源丰富，传统文化产业领先全国，拥有平望·四河汇集、石湖五堤、水陆盘门、枫桥夜泊等众多传统文化旅游资源。苏州自古是我国江南宝地，气候宜人。历朝历代，无数达官贵人、富商巨贾、文人墨客在此安度晚年，因而留下众多历史遗迹和文化遗产，包括苏州古典园林和中国大运河苏州段等世界文化遗产，以及昆曲、古琴、苏州端午习俗、苏州宋锦、苏州缂丝、苏州香山帮传统建筑营造技艺、碧螺春制作技艺等世界非物质文化遗产。除各朝代的文物建筑以外，各博物馆还收藏了书画、陶瓷、工艺品、铜器、太平天国忠王府彩画（苏州博物馆）等珍贵文物。

苏州市政府建立了涵盖重大项目、市场主体、文化载体、原创内容、人才和金融支持的全面政策体系，通过政策扶持和引导，促进文化产业的高质量发展和倍增计划。主要呈现为：第一，企业规模和用工人数快速增加。2014—2022 年苏州规模以上文体娱业法人单位数量和用工人数持续增长，且近年来增速加快；第二，营业收入平稳增长。苏州规模以上文体娱业的营收虽有短期波动，但长期呈平稳增长之势，并在 2021 年前后出现快速增长；第三，营业利润存在波动。与企业规模和营业收入的稳步增长不同，苏州文化类企业的营业利润存在波动，且多个年份出现亏损，表明营收的增长伴随着营业成本的不断膨胀，常年亏损问题难以得到有效解决。第四，产业格局剧烈变化。以资产划分的文化产业内部格局，不同产业的占比在近些年变化剧烈，显示出产业的持续升级，但也可能对长期平稳发展造成影响。在数字化时代，苏州文化产业实现转型，形成了以文化艺术、文化旅游和建筑设计等传统产业为主，动漫游戏、影视娱乐、创意设计等新兴数字文化产业快速发展的新格局。

3. 苏州高科技制造业的现代化

苏州继承传统工匠精神，不仅继续发扬老字号手艺，还勇于追求科技创新。通过融入全球化新市场，吸收先进科技与人才，苏州构建了工业结构全面的新时代产业体系。电子信息、装备制造、生物医药和先进材料等高科技产业占据苏州经济主导地位，领先世界。作为极具代表性的中国特色新型工业化城市，苏州工业发展积极贯彻了新发展理念，为中国现代工业化指明了道路。

苏州工业化水平长期领先全国。在总体规模上，2021 年全市规模以上工业总产值突破 4 万亿元，苏州成为全球第一大工业城市。苏州高技术制造业[1]占比不断提高，2022 年产值达 15 735.5 亿元，占规模以上工业总产值的36.1%，成为苏州工业现代化的一面旗帜。

苏州高技术制造业优势离不开创新思维和技术。苏州在保持传统文化优势的同时，积极引入新思想和技术，形成了创新与传统结合的发展模式，推动企业在尊重传统的同时不断探索新技术和市场策略。2022 年苏州高新技术企业数量占全省 34%；新认定高新技术企业 5 531 家，有效高新技术企业数达 13 473 家，居全国第四。截至 2022 年，苏州拥有 172 家国家级和 804 家省级专精特新"小巨人"企业，居全省第一；拥有科创板上市企业 48 家，居全国第三。在全市创新投入方面，2022 年苏州社会研发投入达 948.75 亿元，约占GDP 的 4%，居全省第一。在创新产出方面，苏州万人发明专利拥有量达江苏

---

① 不同技术水平制造业的划分采用经济合作与发展组织（OECD）标准。

平均水平的 2 倍。高新技术产业产值占比达 52.4%，高于全省约 4 个百分点。

4. 人文精神与苏州工业现代化

苏州是中国历史上工商业最为发达的城市之一，其"崇文致远、求精务实、开放包容、心系天下"的人文特质为其传统工商业的繁荣奠定了深厚的文化底蕴。改革开放后，苏州抓住全球化机遇，将自身人文特质与西方先进工业化相结合，经过创造性转化，形成被称为苏州"三大法宝"的时代精神，推动苏州实现工业现代化。

第一，高质量的人力资本积累。苏州崇文重教的传统形成了崇尚知识、创新的社会风气，培育了大量人才。在改革开放中，这一传统使苏州对教育的重视超乎其他地区，大力投资科教，提升人力资源水平；并通过落户、住房、生活服务等引才政策，吸引人才集聚。苏州的开放包容和发展成果的普惠均衡，大大提升了外地人才的归属感，极大减少了人才外流。

第二，精益求精的创新追求。传统苏州手工业以凝聚工艺巧思、服务精致生活著称，由此孕育的工匠精神具有浓厚的人文关怀。这种精致工艺背后，是求精务实的技术底蕴的支持，本质上是一种技术导向的创新精神。这种对质量的极高要求不仅体现在制造或服务过程的每个细节上，也深刻影响着企业的经营理念和文化。苏州企业从产品设计、生产、检验到售后服务的各环节都力求达到最高标准，确保产品和服务的卓越品质。这种对质量的执着和创新精神，赢得了消费者的信赖，帮助企业在竞争激烈的市场中建立起高效的供应链和良好的品牌形象。

第三，开放包容的市场环境。作为历史悠久的经济文化中心，苏州拥有深厚的开放包容文化。苏州人乐于接受新事物和新移民，使得苏州在改革开放之初就敢于创新，大办乡镇企业，招商引资，推动外向型经济和信息化，发展高科技制造业。其开放包容也吸引了大量移民，促进了社会和谐与经济持续发展。

第四，关注并重视社会责任。秉承"天下兴亡，匹夫有责"的精神，苏州人具有强烈的责任感和使命感。这一苏州传统文化的重要方面促成了以责任担当使命、以使命践行共同的人文精神和具有高度社会责任感的企业家文化。苏州企业家不仅追求优质产品服务，积极参与社会公益，还关注环境可持续发展，推动环保和高附加值产业发展，致力于提升社会福利和环境质量，增进社会福祉。

（三）现代城市文明

作为全球首个"世界遗产典范城市"的苏州，是世界眼中的江南名城。苏州在城市文明上具有如此地位，不仅因其赓续古城根脉的文化内核，因其江南改革创新奋发的精神标识，还因其久蕴于江南文化中心的独特物质文化景观。改革开放以来，苏州推动城市空间治理传统创造性转化，正确处理了定位与融入、保护与发展、经济与生态和生产与生活四对关系，形成了以名城特色、发展引擎、水乡底色、职住协调和韧性城市为主要特征的现代城市文明，承载了新时代苏州奇迹，具有明显的以城促经的特征。

1. 悠久的城市文明传统

自公元前514年吴王阖闾筑都城开始，苏州城市空间历时2 500多年之久，历经秦汉休整、六朝开发、隋初搬迁、盛唐拓展、平江兴旺、元末重建、明清外扩、民国计划和新中国成立以来的城市规划建设。尽管城郭几经战火，几番重建，反复兴衰多次，但城市空间主体仍然是基于公元前吴国都城的城基范围。并且，从历史来看，城市形态的主体未发生太大变化，形态范围基本局限于古城之内，呈团聚状。从世界城市历史来看，苏州古城面貌的保存程度之高是极为罕见的，曾被著名历史学家顾颉刚先生评价为"苏州城之古为全国第一，尚为春秋物"。

同时，苏州城市空间治理格局演进中呈现出以文化城、空间承载、天人合一和以城促经等人文基因，为苏州现代城市文明的形成与发展奠定了深厚基础。

一是以文化城的文脉传统。苏州文脉中，与城市治理紧密联系的是脱胎于农耕文化、繁衍于商业文化的市民文化。在苏州人精明强干、开拓求富等精神特质造就的经济繁荣和物质丰富基础上，苏州市民文化中闲适安逸、体面考究的精致追求转变为了城市营建和城市文明的文脉内核，进一步建构形成了独具特色的城市形态和文脉传承的城市形象，表现出了独具特色的"以文化城"演化特征。

二是社会变迁的空间载体。苏州古城的城市格局随着社会变迁而发展演化，社会变迁对苏州城市应当承载的功能提出了新的要求，例如政治、经济、军事、文化等功能。苏州城市空间、功能分区和城市规模等均会做出相应的调整以适应新的需求，实现与社会变迁条件下功能需求的匹配性，成为社会变迁的空间载体。

三是天人合一的城市规划。三吴古地的自然环境与交通条件在苏州城市的发展过程中留下了鲜明的印记，苏州地处江南水乡，逐步形成了"小桥流水人家"的水城特色和水乡城市风貌，而且造就了天人合一的苏州城市规划设计，体现出依水建城以构建水陆双棋盘格局，据水治园而诞生苏式园林文化，因水兴商而形成江南商贸重镇的典型特征。

四是以城促经的城市特质。城市文明并不孤立存在，并不简单体现为空间上的延展和格局上的演进，而是形成了城市文明和经济发展的良性互动关系，城市文明是经济发展的空间载体。苏州传统城市文明中的据水筑城造就了苏州的交通运输优势，形成了"城"和"市"的良性格局，都为现代苏州的崛起播下了基因。

2. 城市空间秩序现代化

在前工业时代，苏州传统城市文明支撑了苏州的经济繁荣，造就了中国首屈一指的富庶之地的江南中心。随着现代化进程的推进，苏州城市发展面临着新的变化，对苏州的空间善治提出了新的需求。苏州传统城市文明中根植的空间善治人文基因，在新的历史条件下得到了创造性转化，协调了定位与竞合、保护与发展、发展与生态、生产与生活四对关系。苏州通过错位发展、超前规划、古城保护和四角山水等新形式，回应了现代化进程中的空间善治需求，形成了更加适应工业化时代甚至是数字化时代经济发展需求的城市文明形态，为描绘中华民族现代文明中的人文性空间秩序提供了样板和示范。

第一，城市区域定位。苏州从中华优秀传统文化中汲取发展的理念和智慧，在"一域"和"全局"、国内和国际之间找到了苏州的城市区域定位。一方面，对接世界打造开放枢纽门户。苏州充分利用全球化发展机遇，全方位、大规模融入全球产业链，依托以外贸加工为主的外向型经济实现跨越式发展，形成连接全球、融通全球、覆盖全球、影响全球的开放枢纽门户。另一方面，立足区域共建长三角世界级城市群。苏州积极推动沪苏同城化、苏锡常都市圈和沪苏通跨江融合发展，共建长三角世界级城市群。苏州以连接促进融合、以融合撬动红利的发展观念实现了聚天下之英才、汇全国之资源，服务百姓民生、引领经济发展，苏州得以人心汇聚、百业兴旺。

第二，市域城镇格局。改革开放以来，苏州经历了从点状发展、布局均衡城镇格局，到"丰"字形（三横一纵）加一线（环太湖）城镇格局，再到强化中心服务功能、形成城镇分工合理的"一心两轴一带"城镇格局，由此形成了相对均衡的空间布局模式。同时，苏州聚焦市内全域一体化，以"空间缝合、资源整合、发展聚合"为抓手，串联四市六区十个板块，加强市域内的统筹，推动了空间重构、资源重组和品质重塑。由此，苏州不断优化市域城镇格局，逐步形成了空间分布均衡的"多中心、组团型、网络化"城市形态，为描绘中国式现代化的城市图景提供了样板和示范。

第三，城市空间结构。改革开放以来，苏州不断创新在历史文化保护传承中协调保护与发展矛盾的实践，从"古城新区，东城西市"到"东园西区，古城居中，一体两翼"，再到"一核四城，四角山水"，在保护古城风貌的同时拉开了城市框架，逐步开创了一城多中心的城市空间架构。尤其是新世纪以来，苏州城市空间中四角山水等城市绿楔，有机分隔各个城市片区，形成了多个产城人融合发展的城市组团，并逐步形成了多层次的均衡发展优势。

第四，城乡融合形态。进入新世纪，为解决城乡发展中"只长骨头不长肉、富 GDP 不富民"的问题，苏州在农村集体资产、农村承包土地、农村生产经营方面推进"三大合作"改革，率先探索"三集中""三置换""片区统筹"等方式创新。苏州推动城乡空间格局的新一轮重构优化，实现了空间利益的再分配和生产效率的进一步优化，破除了户籍、社保、就业、公共服务等影响城乡之间要素流动的制度藩篱，使农村居民更好地享受到城镇化红利，城乡之间的均衡发展程度不断提高，让城市与乡村各美其美、美美与共。

3. 苏州空间秩序的人文经济密码

相比于单中心、"摊大饼"等高度集中的城市结构，苏州现代城市文明中催生了产城融合、区域竞合、宜居包容、空间盘活和现代治理等特质，这些特质诞生于和转化于传统城市文明人文基因，是"以文化城"的结果。苏州现代城市文明的"以文化城"特质，不仅优化了产业发展空间，为经济增长提供了创新引擎、人才集聚和消费场景，而且提升了城市韧性，在空间秩序上为苏州现代经济增长起到了重要的支撑作用。苏州以其深厚的文化底蕴和独特的城市魅力吸引了大量投资和人才，使得苏州成为中国的高新技术产业基地和重要的经济中心。

第一，产城融合促进了产业发展。苏州城市发展选择了"跳出古城，建设新区"的思路进行建设，有效缓解了保护与发展的矛盾。苏州借鉴吸收新加坡等国际先进城市空间治理经验，以城市、园区为单位进行资源配置，通过高水平规划、集中投入、高标准建设基础设施，以用地优化保障产业空间。同时，苏州将"亲商理念"引入园区建设，以亲商环境促进产业投资。

第二，县域竞合提供了创新引擎。苏州市不仅对外开放，而且坚持对内放活，通过赋予下辖市县充分自主权，保证各个板块能够按照自身的比较优势发展，形成了苏州市域内部各市县之间的竞合关系，因地制宜、错位发展、比学赶超，促进了县域经济的发展，成就了今天的苏州。苏州的县域竞合还有力促进了苏州的创新分工，形成了苏州"中心-外围"创新空间结构。

第三，宜居包容实现了人才集聚。苏州把创造优良人居环境作为中心目标，通过蓝绿空间成网成链、构建多层次公共服务体系、保护传承苏州古城和大运河文化带等重点工作，提升城市的通透性和微循环能力，在组团内实现基本的职住平衡，不断提升城市宜居水平。城市宜居水平的提高，能够吸引人才、留住人才，推动人力资本提高。

第四，空间盘活丰富了消费场景。苏州在历史上就是一个具有高级消费品质的城市，现代苏州时尚潮流消费和人文价值体验并行不悖。苏州通过盘活苏州古城空间，激活苏州大量人文资源，提升消费的高品质感和体验感。通过建设现代购物中心，打造现代城市消费场景，多层次提档城市消费空间。通过改善消费服务品质，打造具有高消费品质城市，推动苏州城市消费繁荣。由此，苏州正在成为一个具有高消费品质和独特消费品位的城市。

第五，现代治理提升了城市韧性。苏州在快速城镇化和走向特大城市的进程中运用先进理念，进行了前瞻性规划布局，形成了"多中心、组团型、网络化"的城市结构，有效避免了"大城市病"。组团型城市结构保护了重要生态廊道，"全面设防、重点防御"的综合防灾空间结构增强了城市韧性和抗风险能力。治理主体多元参与、治理过程互动合作和治理成果利益共享的社会治理贡献了"共建共治共享"基层秩序。由此，苏州建成了令人向往的宜居城市、韧性城市。

（四）现代社会治理文明

1. 苏州历史上的治理传统

"广土众民"以及地区间的巨大差异，始终是我国在国家治理中所面对的基本国情。历史上，传统中国一方面借助自上而下的、中央高度集权的官僚体制实现偌大国家的整合统一，另一方面则将一种柔性的、以"乡绅"与"宗族"权力为核心的基层自治模式融合于正式的治理制度之中，以适应不同地区多样化、灵活化的治理需求。

地处太湖流域的苏州及其周围地区，自六朝以来，随着经济重心的南移和长江三角洲基本经济区地位的逐渐确立，文教事业也兴盛昌隆起来。文教事业的兴盛和充足的学额保证了沉淀在基层社会的本土精英的质量和供给，而高级士绅（进士、举人）数量众多又使得苏州本土社会与国家的官僚体系之间始终有着密切的关联，塑造了苏州"上通下达"的政治人文禀赋。这种精英结构和政治禀赋为官僚系统与本土精英在苏州的社会治理中的相互渗透与互助奠定了基础。

苏州基层社会治理的制度化、民间自治组织与官方组织的互相渗透配合早已发育。社仓、社学，义田、义庄，善会、善堂等这些以济贫、教化为目的，以士绅为创建捐助主体，由官府来倡导监督的民间组织在明清时期的江南地区是最为集中和发达的[①]；近代以来，尤其是随着晚清"实业救国"思想的广泛传播，在经济最为发达的江南地区，基层社会治理中"绅""商"角色的合流最为突出。知识分子对公共事务的责任感和商人的雄厚财力相互加持，使绅商聚集的谘议局、议会、商会、教育会等地方自治机构、法团组织在社

---

① 梁其姿. 施善与教化：明清的慈善组织. 台北：联经出版事业股份有限公司，1997.

会治理中的作用大大增强，促进了当地经济、政治、教育、财政、法律、军事、治安、公益等事务的现代化。①

这种"官""绅""商""民"在治理中的良性互动，以及基层治理的制度化，不仅得益于苏州的文教传统和政治禀赋，也受惠于苏州优越的自然禀赋和生产生活条件。正因如此，不管是低级士绅，还是退休赋闲的高级官员、商人，苏州都是他们和他们的家庭愿意长久生活、扎根的地方，从而这些社会精英与当地民众有着长期休戚与共的紧密联系，这使得他们更愿意承担起当地长远的公共责任，参与到公共治理的制度化建设中来。

进一步地，这种社会治理的制度化与良性发展，反过来又促进了苏州人文环境的发育成熟。民间社会因为有了以士绅、绅商为代表的社会精英的扎根与尽责而有了持久的组织力和生命力，并在对市场和公共活动的持续参与中积累起相互信任的、开放的、包容的社会资本。这种社群组织的壮大和集体行动能力的增强，以及人文环境的良善熏染，进一步成为对社会精英行为的有效约束，使他们更多地成为担当本地责任、谋求民众福利的角色。

2. 现代苏州的包容性社会秩序

城乡社区治理现代化是国家治理体系和治理能力现代化的基石，加强和创新社会治理，推动社会治理重心向基层下移，构建城乡社会新秩序是其重要内容。近年来，苏州着力打造以社区为平台、以社会工作者为支撑、以社会组织为载体、以社区志愿者为辅助、以社会慈善资源为补充的"五社联动"基层社区治理模式，这正是对包容性治理方略之合理性与优越性的实践验证。

第一，市民社会风尚形塑了苏州包容性社会秩序的内核。近年来，苏州坚持村（居）民在基层群众自治中的主体地位，持续深化以"五民主两公开"为核心的村（居）民自治实践，不断发展全过程人民民主，全市村（居）委会依法自治达标率分别达 99.2%、98.3%。苏州高新区广泛开展"微自治"试点，村（居）民议事会、恳谈会、协商共治小组等城乡社区议事组织覆盖面超 90%。张家港市"民生微实事"、吴中区"幸福微实事"等项目有效引导村（居）民通过协商议事方式参与村（社区）微更新，基层民主自治深度有

---

① 萧邦奇. 中国精英与政治变迁：20 世纪初的浙江. 南京：江苏人民出版社，2021.

效延伸。

第二，开放融合特质构成了苏州包容性社会秩序的基底。针对传统基层治理主体能力相对薄弱、人员数量相对匮乏、工作内容繁杂琐碎等实际问题，苏州市积极引导以社会组织为主体的社会力量实质性地参与到治理之中，打造共建共治共享的基层社会治理新格局。例如，"五社联动，多元聚合"就是在过去基层社区、社会组织、社会工作者"三社联动"机制基础上，将社区志愿者和社会慈善资源纳入其中，扩充了公共服务供给所需要的各种资源，实现了社会力量的整合优化。截至2022年末，苏州全市持证社工已累计达到2.1万人，获评省级社工"领军人才"18人、省级"最美社工"26人，在此基础上，全市建成基层社工站99个、社工室2 172个，实现了基层社工全覆盖。

第三，政府与民众的互动传统对苏州包容性社会秩序赋予活力。近年来，苏州聚焦扶弱济困、社区治理、疫情防控、生态环保、应急救援等领域，推出"暖·帮扶""优·治理""助·防疫""美·家园""急·救援"五大行动，先后投入政府购买服务资金1.25亿元，实施专业服务项目569个，服务清单涵盖社会福利、社会救助、社区建设、困境儿童帮扶、残障康复等诸多领域。为促进和扩大政府、企业、社会组织跨界合作，扩大社区治理资金来源渠道，苏州探索建立"政府主导＋社会参与"多元资金筹措机制。2019年全市登记成立各类基金会127个，融资近6亿元，其中，社区（村）发展基金会11个，撬动社会资金超亿元。

第四，社会规则意识筑牢了苏州包容性社会秩序的屏障。苏州出台了全省首部平安建设条例，制定政法机关保障"企业敢干"十项举措等，面向291万户市场主体，将涉企矛盾纠纷调处化解纳入多元矛盾纠纷化解体系，致力于打造规则统一、可以预期的制度环境，公开透明、包容审慎的执法司法环境。2017年1月至2023年5月，知识产权、国际商事、破产、劳动、互联网等5个国家级专业化法庭相继落地苏州，为市场主体从事经营活动、产权保护、科技创新等提供了全方位的行为规则和法治保障。

3. 苏州包容性社会治理的人文经济密码

苏州历史上的文教发达、地方自治和官民良性互动传统，以及近代的经济繁荣和商会发展，为苏州包容性社会秩序的形成奠定了基础，这些条件在现代苏州仍然发挥作用，是解构苏州包容性社会秩序的人文密码。

第一，文教的发达奠定了包容性社会秩序的人文思想基础。苏州是江南地区的文化重镇，有深厚的崇文重教传统，知识分子的思想言论对当地社会氛围的形成有重要的影响。明末清初苏州思想家顾炎武率先提出了"乡官论"，成为"近代中国地方自治话语的发端"；1903 年前后，苏州等地的进步知识分子如柳亚子、陈去病等人宣传爱国思想，倡导地方自治，并设立教育支部、体育会等谋求革新的团体，引起了苏州商人的广泛共鸣；清政府于1905 年取消科举考试后，苏州的部分读书人也转而经商，"绅商"成为在地方具有特殊地位和势力的社会力量。

第二，经济繁荣为包容性社会秩序提供了物质和人力资本支撑。传统的苏州曾一度是江南的中心，商业贸易和手工业非常兴盛，在全国首屈一指。晚清的苏州作为口岸城市，吸引了大量从事进出口贸易活动的新式商人，成为重要的对外贸易活动区。具有一定人力资本和商业资本的商人在苏州的不断聚集，既塑造了苏州开放融合的基本特质，也为包容性社会秩序的形成奠定了物质和人力资本基础。

第三，地方自治传统为包容性社会秩序提供了政治实践。苏州在晚清的地方自治中便已先行一步。1909 年，苏州官绅将原谘议局筹办处之一部合于自治局，统称江苏省苏属地方自治筹办处。在此前后，苏州城郊及所属州县也纷纷成立自治机构。其中，苏属地方自治筹办处具有半官方色彩，而其下的地方自治公所则完全是一个民间自治机构，其职员禁止由现任地方官吏及军警担任。在现存的苏商总会档案《长元吴自治公所成立会公启》上面落款的 28 人，几乎全部是苏州民间的头面绅商，可见其自治程度。1909 年夏，苏州观前大街市民公社成立，其以商人和城市手工业者为主体、隶属于苏州总商会，之后近二十年间，在苏州各街道及周边乡镇陆续出现了近三十家市民公社。农村中则有些地方主动实行村庄自治，要求建设自治模范村，还有的实行家族自治。总之，晚清以来的苏州地方自治传统，在社会自治民权基本建设方面迈出了第一步，是包容性社会秩序形成的政治实践。

第四，契约规则为包容性社会秩序提供制度保障。繁荣发达的经济条件和开放融合的社会环境，使得苏州的社会治理规范化进程早早启动。晚清的苏州市民公社均订有完备的章程，这些章程已经反映出一定的民主精神和现代契约精神。其一，每个社员均有选举职员及被选举为职员之权。其二，市民公社内部实行多权分立、相互制约的工作原则，正副干事、评议员、调查员、会计员、查账员及一般社员的权利与义务在工作章程中规定得清清楚楚，相互监督，任何人都难以绕越他人而独断专行。市民公社的各项重要事务，也必须经集体"会议"或投票表决。其三，市民公社在行政关系上不隶属清朝地方衙门，而隶属苏州总商会，这种特殊隶属关系表明了苏州地方治理中官权的弱化和商权的强化，说明社会形态从传统向现代的转型。

五、人文经济学与中国式现代化

（一）经济和文化共同繁荣是中国式现代化的重要表征

中国式现代化是物质文明和精神文明相协调的现代化。物质贫困不是社会主义，精神贫乏也不是社会主义。中国式现代化就是要促进物的全面丰富和人的全面发展，人的全面发展重要的是人的现代化。人文经济学是文化与经济的相互交融、相互促进和相得益彰。一个达成现代化的国家和地区，不可能还是文化沙漠，一个人若在物质上富有但在精神上空虚，就不可能成为现代的人。人文发展需要经济基础，经济发展需要人文支撑。中国式现代化不仅表现为我们进入世界经济强国，而且表现为我们建成文化强国。经济现代化有一个追赶西方发达国家的问题，而文化现代化虽然不排斥对世界优秀文化的学习和交流，但它绝不是追赶发达国家的问题，更不是学习西方文化的全盘西化。中国拥有5 000多年的文化底蕴和积淀，它有条件在保持传统文化优势的基础上，高起点发展体现时代和科技特征的社会主义现代文化，推动中华优秀文化的传承，包括创造性转化、创新性发展。文化现代化既要继承历史文化，又要融合现代文明。历史文化必须融合现代文明才能够传承，同时需要实现马克思主义基本原理同中华优秀传统文化的结合。

（二）以人文经济学推动中国自主经济学体系构建

文化是一种道德观和价值观，它会影响一个社会的深层结构，也会影响

其制度选择与变迁，是一个社会发展与不发展的底层逻辑。

中国式现代化是从物回归到人，回归到人文。中国文化传统一是"天人合一，以人为本"，二是"文以化成，文以载道"。文以载道，指的是文化带来的是道，是道德、义理，是价值观。"文"一定是有民族性的，有历史性的，是代表不同群体的。把"人"和"文"加进来，是标志民族差异的。经济学人文转向人的方面。所谓"天人合一，以人为本"，即人文中的"人"，是本体意义上的，强调人的本质、人与物或人与自然的关系。人文经济学是一种关于人文精神影响经济增长的发展观。人文经济学要解决经济学的人文悖论问题。西方经济学在它创建的时候，人文主义已经衰落，理性主义兴起，西方经济学沿着这一路径走上科学主义道路。它的缺陷是去价值化，亚当·斯密的《国富论》以人的理性为基础，而其《道德情操论》以人的本性为基础。现代经济学知识沿着理性进行抽象和理性假设，把感性抽象掉。人的发展是全面自由的发展，把这两个东西分开首先是经济学在起点上的问题。李嘉图把逻辑方法与历史方法分开，将经济学专注于纯粹抽象演绎这种方法，使经济学成为非历史的。古典自由主义经济学家穆勒把实证和规范分开，经济学开始摆脱道德伦理等价值判断，使经济学成为实证的。新古典主义以自然科学为榜样，运用边际分析和数学方法，认为经济学跟实验科学是一样的，甚至跟物理学和工程学是一样的，经济学由此走进一个尽善尽美的逻辑世界，甚至走进一个由数据模型构成的公式化世界，从而导致人文价值的缺失。

中国的经济学在引进的时候，直接引进的是新古典经济学范式，因此在起点上我们就存在先天不足，抛开价值问题的技术分析偏离甚至背离中国的独特性和底层逻辑。高质量发展是中国式现代化的首要任务，高质量发展就是要从"以物为主的发展"转向"以人为中心的发展"，中国的经济学必须进行人文重构。经济学的人文转向一定要解决在经济发展中如何强调人的问题。第一，要解决人在社会经济中的位置问题，即是以人为本还是以物为本。这决定了经济学是人的经济学还是物的经济学。第二，人的方面不仅要回答"是"的问题，还要回答应该的问题。这不仅要讲实证，还要讲规范。经济学应当成为研究人与人关系的规范的经济学，当然，科学与人文两者都不可或缺。第三，经济学不能单纯研究物质资料生产的效率问题，还要考虑精神文化的需求。第四，既然是人的经济学，就要考虑经济学人性假设的创建，要建立全面人性的三维结构——理性、感性和信仰。第五，经济学应体现善，也就是经济学要有道德判断。中国的传统文化是以人为本的基本理念。孔子所讲的人的问题，核心概念就是仁，这就确立了中国传统文化的伦理本位。经济学的人文转向就是要恢复经济学的伦理性质，主张从人性出发，建立人性秩序，用价值来矫正和规范理性，处理好"义"和"利"的关系。

人文经济学既关注经济高质量发展，也强调文化繁荣，蕴含着深刻的方法论。人文经济学关注的是人、文化、经济三大要素，研究的是物质与精神、传统与现代、效率与公平、自立与互鉴的辩证关系，回答的是发展为了谁、发展依靠谁、发展成果由谁共享的根本问题，超越了西方主流经济学的狭隘视野，打破了经济增长的"人文悖论"，具有丰富的理论与实践内涵。开展人文经济研究是一个推动高质量发展的大机遇。科学把握人文经济的本质特征和发展规律，有助于解决人口规模巨大国家如何实现均衡发展、共同富裕，避免发展不平衡、不充分的难题；有助于推动物质文明与精神文明协调发展，打造平衡普惠的发展模式，交出破解全球发展赤字的"中国答卷"和"中国方案"。

（三）以苏州为样本探寻中国式现代化的人文经济密码

"一座姑苏城，半部江南诗。"苏州有 2 500 多年建城史，地理位置得天独厚，自然条件优越，享有"上有天堂，下有苏杭""天下粮仓"等美誉。春秋时苏州就已经成为吴国的政治、经济中心，随后逐渐发展成秦汉时的"江东一都会"、隋唐时的最大商业都会，南宋时成为仅次于国都杭州的大城市。明清时苏州经济作物种植面积扩大，推动农产品商业化，进而催生资本主义萌芽。明清时江南商品经济发达，江南的经济和政治地位较之以往任何时候都更加重要，此时的苏州既是江南的中心城市，也是全国的中心城市。鸦片战争至辛亥革命期间，上海作为通商口岸兴起，取代了苏州的经济中心地位；后续一系列战争的冲击使苏州经济濒临崩溃。改革开放以来，从 20 世纪 80 年代苏州等地乡镇企业的发展创造了举世闻名的"苏南模式"到 20 世纪 90 年代苏州等地外向型经济的发展创造了著名的"新苏南模式"，再到数字经济时代苏州产业创新集群融合发展，苏州从以低端制造业为主的"世界工厂"向以高端制造业和服务业为主的"创新高地"转型，凭借超 4 万亿元的规模以上工业总产值，不仅在国内独占鳌头，更是荣登全球第一大工业城市的"宝座"。苏州奇迹是以新发展理念推动高质量发展的实践样本。

苏州的崛起不仅与客观条件相关，而且与苏州内在的文化基因有深层关联。苏州拥有优秀的传统文化，特别是崇文重教的文化传承、开放包容的江南文化和精巧雅致的生活追求等，植根于吴文化的苏州文化较其他地方文化有更强的开放性，更易于吸收融合外部优秀文化。这些独特的人文特质，使得苏州能够在中国改革开放融入全球化的过程中，紧抓经济全球化和信息技术革命的机遇，崛起于世界潮头，成为以人文经济实现中国式现代化的实践样本。

苏州以悠久的历史文化传承，在经济发展中充分体现了人文力量和人文追求，呈现出新时代的苏州人文经济发展特征，具体体现在农村、工业、市场、市民、企业家、政府六个方面，形成了各具特色的人文精神，这些人文精神在经济发展中发挥了重要作用。

现代苏州形成了"重教求新、务实平衡、集体致富"的精神。重教求新以"崇智尚学，吐故纳新"为核心，主要体现为农民沐浴教化成为新型职业农民，以最新理念与技术施于农业，人力资本积累于农民，科学技术浸润于生产，农业生产力得以提高。务实平衡以"因地制宜、功能平衡"为核心，主要体现为因地制宜打造特色农村，追求农业生产、生活、生态功能的平衡，构筑起生态宜居、美丽多样的现代乡村，实现了可持续发展。集体致富以"公平分配，共同发展"为核心，主要体现为农村推进公共福利和服务建设，村民可从集体经济组织定期分红，其节物亦风流，其人情亦和美，提高了农民的生活质量，缩小了城乡收入差距，促进了城乡融合。新农村精神的形成是人文基础、政府推动、经济条件等因素共同作用的结果，有利于拉动苏州的经济增长，提高社会流动性，促进共同富裕。

现代苏州形成了"开放包容、开拓创新、精益求精"的精神。"海纳百川，融通互鉴"的开放包容精神发端自文化融合、市场繁荣的古代传统，成形于改革开放的实践，体现在"引进来"和"走出去"两个方面。劳动力、资本、技术、商品在相当大的程度上实现了自由流动，同时也锻造了创新精神。"敢为人先、锐意创新"的开拓创新精神锻造自文化碰撞融合的历史，成形于万众的奋斗，在苏州工业发展的过程中处处可见。技术创新使工业始终保持竞争力，推动经济高质量发展。"追求高端、专精特新"的精益求精精神传承自苏工苏作的工匠精神，发展于产业革命，体现为在价值链上往更高端发展、在具体行业做到专精特新。精益求精的追求推动着苏州工业从低端制造业走向高端制造业，推动着产业链向更高端发展，为创新提供不竭动力。

现代苏州形成了"竞争合作、开放共赢"的精神。古代超区域市场中心地位带来的历史自信，推动苏州以开放的姿态融入国际市场，使苏州成为信息汇总基地，有利于发挥比较优势，适应全球化浪潮。同时，苏州各区县错位竞争，且苏州市政府为区县合作提供平台，促使区县间优势互补，形成了竞争合作的区县关系。各区的竞合关系不但驱动了良性竞争，而且加快了技术传播，培养了各区自主研发能力，达成共赢。对苏州的文化认同也催生了合作开放的市场精神，这种认同体现在本地居民对地域文化的坚守、外地人对苏州的普遍认知上，成为苏州开展城市合作的基石。此外，得益于市场传统，苏州早已建立起半普遍信任，现代苏州市政府通过法治使半普遍信任过渡到普遍信任，吸引了大量优质企业入驻，产生了集聚效应，引领苏州经济稳步向前。

现代苏州形成了"文教科教兼修、物质精神并重"的精神。教育传统在新时代的延续促进了苏州文、理学科的人力资本积累。苏州市政府也致力于普及科教，引进高校、推广职业技术教育，以适应向高新产业转型的需要。民众科学素养的提高，使得创新的主体范围不断扩大；科教普及与创新精神引领劳动者在生产中积累经验、渐进创新，推动了技术进步。文教科教兼修之下，苏州市民物质精神并重。坚实的经济基础为苏州人提供了享乐的资本，集体主义理念使苏州人的追求物欲扩展到实现共同富裕的层面；充裕的物质条件、自古以来的雅致生活激发了苏州人对精神享受的追求。物质文明与精神文明的有机结合促进了产品市场和文旅市场的转型升级，避免了粗放式经济增长，实现了经济结构的平衡发展。

现代苏州形成了"行创新之举、尽儒商之责"的精神。步入近代，部分士人群体转变为商人，将传统儒家精神渗透进商业领域，使今天的苏州企业家仍然具备"士魂"而"商才"的特质。经世致用的观念影响着企业家经营的价值旨归，使企业家在逐利的理性之外还抱有富民的价值追求。苏州企业家注重文化传承，具有反哺精神，既有子承父业、传承老字号品牌的传统，也有出走又归来、将企业建在故乡、将财富捐赠给故乡的义举。进入新时代，企业家精神也在古代士绅的基础上呈现出新特点，形成了"敢为、敢闯、敢干、敢首创"的四敢精神，具体表现为守正创新，更加注重市场需求、技术创新和国际竞争力。此外，在企业内部文化建设中，儒家德治传统和礼治方法亦为企业管理变革和创新提供了极具启迪意义的经验和资源。

现代苏州形成了"勇做创新家、甘为店小二"的精神。苏州市政府始终秉持传统社会治理思想中的"政府理性"精神和"以人为本"理念，发扬新时代"制度企业家"的创新精神和"百姓店小二"的服务精神，在地方发展中扮演着领路人和服务者的角色。化身"制度企业家"，苏州市政府敢为人先，推进制度创新，积极探索适应本地的制度框架和发展道路，形成了具有苏州特色的地方经验，使苏州始终走在改革开放的前沿。作为"百姓店小二"，苏州市政府以人民为中心，物质文明和精神文明两手抓，保障民生福祉。植根于共同富裕的大同观，苏州市政府"行天下之大道"，积极推动人类命运共同体的构建。

新时代苏州六种精神的形成，是政府、企业、居民这三大经济主体在不同经济环境下相互作用的产物；苏州经济奇迹的诞生，也是这三大经济主体共同努力的成果。苏州市政府以务实主义为原则，根据经济发展状况灵活调整目标和手段，敢为人先，积极进行制度创新，不断探索适合自身的发展道路；以人为本，始终秉持发展为了人民、发展成果由人民共享的初心，构建服务型政府；以天下为己任，高瞻远瞩，提前为经济布局，引导市场主体的行为，引领苏州经济走在时代的最前沿。苏州企业是创新的主体，推动着生产组织创新、技术创新和市场创新，提高了生产效率，推动经济高质量发展；勇于承担社会责任，崇德重道，不忘强国富民，在增加就业、改善民生等方面发挥重要作用，是实现共同富裕不可或缺的力量。苏州居民崇文重教，具备良好的科学素养和创新意识，为经济增长提供了深厚的人力资本积累；勤劳肯干、诚信守法、敢于尝试、追求卓越，是推动经济发展和社会进步的基础力量，支撑着苏州经济的繁荣。

第一篇

理 论

第一章
人文经济学：一个研究框架

"文化的力量，或者我们称之为构成综合竞争力的文化软实力，总是'润物细无声'地融入经济力量、政治力量、社会力量之中，成为经济发展的'助推器'、政治文明的'导航灯'、社会和谐的'黏合剂'。"①

一、文化纳入发展

经济发展的深层次推动力是与制度变迁、技术变迁相伴随的文化价值观念的持续变迁，要求经济发展研究更多关注文化因素。但是，已有发展理论仍基本遵循新古典经济学的逻辑，认为市场化和产权改革是资本、劳动等要素流动和配置优化，乃至于经济发展的前提，并未将人文因素列入考量。

理性主义和制度主义是已有发展理论的两大特征，也构成其局限。自亚当·斯密分离了经济分析的理性与感性，新古典主义中的非理性因素开始被边缘化，经济学逐渐走入一个尽善尽美的逻辑世界，"非人化"倾向逐步占据主流地位，由理论演绎得出的学说被看作具有普适价值的真理。② 在"理性经济人"假设下，一方面，现代经济要求具备自由主义和市场机制。然而，直到近代为止，市场只不过是社会组织的一种机能，还受到政治制度和社会制

---

① 2005 年 8 月 12 日，时任浙江省委书记的习近平在《浙江日报》"之江新语"专栏中提及文化的作用。

② 高德步. 西方世界的衰落. 修订版. 北京：中国人民大学出版社，2016.

度的约束，在许多经济体中所扮演的角色都无足轻重。[1] 另一方面，一个国家的长期经济增长被归结为要素投入的增加，以及要素生产率即劳动生产率或全要素生产率的提高。但是，全要素生产率实质上是增长核算当中的残差，不一定等同于技术进步。在一些赶超型国家改革和发展的最初阶段，纯粹的技术进步对经济增长的贡献可能逊于制度变革的贡献。随着改革所带来的收益逐步减少，技术进步对经济增长的作用才会慢慢凸显。

出于对人性复杂度和市场效用的考虑，新古典制度经济学除了修正理性主义的假设外，还把制度作为一个极其重要的约束条件添加到了新古典经济学理论中。[2] 20 世纪 90 年代以来的发展研究关注政治体制、法律权利、社会资本、宗教、教育等因素对社会创新、财富积累和经济增长的影响，在一定程度上补充了要素积累与经济发展之间的逻辑关联。然而，制度主义同样避免不了新古典经济学中制度优劣论的单一现代化发展路径。和其他经济制度一样，产权制度往往受限于特定的政治和社会制度框架，所谓自由化的经济制度不必然出现。此外，制度主义对于国家的分析并没有脱离"理性国家说"，推动制度变革的行为仅仅局限于统治者的福利最大化目标的逻辑范围，建立自由主义经济制度也成为最优解。究其原因，西方现代化的进程奠定的制度底色，包括平等、正义、人权以及自由与博爱，已经成为国家的合法性基础。在那些落后国家，仅仅依赖西方"有效"制度移植并没有带来腾飞，只有那些为现代因素寻找到适植土壤的经济体才创造了赶超壮举。由于各国的政治、经济、文化、社会、历史不同，要找到符合西方标准的经济市场和政治市场基本上不可能，甚至有些经济体在走上了一条无效路径后，陷入停滞的陷阱。

改革开放以后，随着西方经济学的大规模引进，中国经济学分析直接迈入理性主义和实证分析阶段，中国的经济增长被看作单一、匀质的过程。[3] 将中国的经济增长分解为资本积累、人口增长和技术进步的方式没有触及经济

① 卡尔·波兰尼. 巨变：当代政治与经济的起源. 北京：社会科学文献出版社，2013.
② North, D.C. "The New Institutional Economics and Development." *Economic History*, 9309002, 1993: 1-8.
③ 蔡昉. 理解中国经济发展的过去、现在和将来：基于一个贯通的增长理论框架. 经济研究, 2013, 48 (11): 4-16, 55.

发展的根本原因，而是在以现象解释现象。特别是如果将偏好和技术视为外生因素，对人力资本的分析不过是非人力资本分析框架的扩张，抹除了人力资本的特殊性；所谓的企业家精神被解读为创新活动，最终一切都是为了创新。[①] 继续追溯至人力资本积累的内生增长也会发现，劳动力的配置优化和素质提升还有更深层次的历史根源和制度动力。而制度主义试图从更为根本的人为因素角度来判断中国为什么能够推行符合比较优势的发展战略、能够实现渐进式改革，却同样把中国政府的行为装进理性分析框架当中。事实上，中国改革遵循着一种实用主义的导向，"这些制度并没有遵循任何蓝图；相反，它们是应对决策者面临的最紧迫问题而采取的临时安排"[②]。这种信念帮助中国度过了经济改革的动荡时期，背后的深层次人文因素还没有被发展经济学的理论发掘。

近年来，文化解释重新进入经济学研究的视野。在社会学领域，早有韦伯指出西方和东方的最大差异在于是否通过理性化产生了资本主义精神，影响了经济发展。在大分流等相关经济史研究中，除了人地关系变动等因素，制度路径依赖和传统文化束缚是传统中国落后于西方的重要原因。以乔尔·莫基尔为代表的新经济史学派进一步通过分析思想变革与技术进步的关联指出了人文转化的重要性。资本积累、技术进步乃至制度变革依靠的不仅仅是一个强有力的国家，还包括社会各种有益的条件和非正式制度，这些条件往往在传统时期是不具备或不产生主要作用的。对于非正式制度和文化因素的实证研究发现，节俭、努力工作、坚韧、诚实和宽容等个人特质与普遍信任、普遍道德、创新文化等也是国家经济成功的重要动力。还有更多由自然地理条件和早期历史因素决定的人文因素通过代际传承作用于当代经济，却遭到理性主义和制度主义的忽视。

已有发展研究对人文的转化和发展视角讨论不足，需要结合长期研究提炼经济发展的人文基因，并讨论在那些出现经济增长的经济体中，人文基因

---

① 周其仁. 市场里的企业：一个人力资本与非人力资本的特别合约. 经济研究，1996（6）：71-80.

② Bromley, D. 2009. *Sufficient Reason：Volitional Pragmatism and the Meaning of Economic Institutions*. Princeton：Princeton University Press，July 2009.

经历了怎样的外在转化，才形成有利于现代工业化和城市化的人文特质。基于此，本章提出，人文基因是一个社会发展的人文本底，塑造了一个社会的人文环境，能够对经济发展产生持续的作用。在面对冲击时，人文基因的经济表现并非一成不变，而是可以随着人文环境的变化展现出不同的人文特质。对于"中国奇迹"来说，现代化的关键恰恰是在保留优秀传统人文基因的基础上实现了人文的创新转化，形成了有利的人文市场经济。理解这一转化过程也能更好地服务于未来的经济发展。

二、已有人文经济研究：一个评述

（一）资本主义精神与现代化

宗教伦理与东西方发展分野的关联，构成了人文经济研究最初也是最主要的命题。这一命题来源于马克斯·韦伯关于新教伦理与资本主义发展的思考。通过对西方宗教改革的考察，韦伯认为新教伦理观是近代西方资本主义制度形成的关键，尤其是加尔文改革后形成的禁欲主义与天职观成为资本主义的精神基础，加上财富所带来的权力和声誉，使清教徒具有一种合乎理性的组织资本和劳动的人文精神。这些宗教还建立起对抗血缘共同体的伦理共同体，成功将商业信用建立在个人的伦理资质基础之上。由此，"资本主义精神"的出现以及随之而来的对企业家成功美德的强调是工业革命的主要推动力。[1]

在韦伯眼中，传统中国社会之所以不能建立资本主义制度，是因为中国的儒家伦理教义与资本主义精神正好相反，而亚洲的停滞更是由于受到了种姓制度、亲属关系和宗教伦理的阻碍，深陷落后文化不能自拔。而传统中国以实用技术为导向和以宗法儒学为核心的社会文化严重束缚了科学技术的发展，抑制了创新文化的出现和资本主义的发展。[2] 与西方"理性地支配世界"相对，中国文化倾向于"理性地适应世界"[3]，不具备改造世界的强烈动机和

---

① 马克斯·韦伯. 新教伦理与资本主义精神. 上海：上海人民出版社，2018.
② 乔尔·莫基尔. 增长的文化. 北京：中国人民大学出版社，2020.
③ 马克斯·韦伯. 儒教与道教. 北京：商务印书馆，1995.

对应的社会结构，也构成了类似于宗教一般的强大心理力量。在中国传统的社会秩序中，儒教教导人在既定的有机个人关系内部里去发展他自己，使人并不服从于超越世俗的神圣，而是束缚在具体的氏族关系和孝道义务之中。氏族模式使家族或类似家族的人际关系成为商业信任的基础，保障了统治阶层的地位。也就是说，导致资本主义发展的心理因素和伦理因素在中国是不存在的。

二战后儒文化占主导的国家经济崛起，成为与西方现代化相对照的存在，引发对韦伯学说的质疑和对儒文化的重新阐释，指出儒文化本身所特有的勤俭、刻苦、社群观念等特质恰恰带来了强大的社会凝聚力和较高的社会生产力。① 资本主义社会或许是西方世界的专属，"资本主义精神"却不是。日本与"亚洲四小龙"即韩国、新加坡、中国台湾和中国香港地区的文化，虽然都受到中国文化的深远影响，但都各自在其内部确立起了资本主义制度。富永健一认为，儒教本身没有直接产生现代化、工业化的动力，但日本的儒教作为武士阶级思想取得了独立的发展并培养出主张变革幕府体制的下级武士，起到了革新作用。

韦伯确实过度强调了新教伦理和资本主义的主旨。在天主教地区，也存在积极的经济变化；而在欧洲之外，宗教与经济的关联更加复杂。事实上，东西方之间的差异可能影响不大。在已有文献认为的发源于西方的理性、会计账簿、家庭关系、劳动力等方面，东西方大同小异。② 即便是一直以儒家伦理为正统的传统中国，其社会制度在历史中也多次出现过大的改革；当代同样是宣称崇尚自由、平等观念或民主观念的国家，社会制度也各不相同。余英时指出，韦伯对于中国社会宗教的判断也缺乏事实支持。在16—18世纪的中国，商人的意识形态已经浮现，并且出现了探索如何运用最有效的方法来达到做生意的目的的"理性化的过程"。这些商人群体身上不仅带着"为子孙后代计"的世俗动机，也表现出了类似于天职观的超越性的精神，深信自己

---

① Zakaria，F. "Culture Is Destiny：A Conversation with Lee Kuan Yew." *Foreign Affairs*，1994，73（2）：109-126.

② 杰克·古迪. 西方中的东方. 杭州：浙江大学出版社，2012.

的事业具有"庄严的意义和客观的价值"①。因此，考虑儒家伦理中哪些具体的成分和现代经济有彼此配合、互相诱发的作用，或许是对韦伯做出补充和修正的途径，也是进一步讨论西方影响下如何发生现代转化的重要基础。

（二）思想变革、人力资本积累与技术进步

乔尔·莫基尔从技术进步入手，关注西方取得经济突破的文化根源。他主张，西方的经济现代化可以追溯至走出中世纪黑暗过程中的社会思想大变革。② 在工业革命带来经济突破之前，西方的科学技术进步之所以不会轻易倒退，核心在于有用知识积累的不可逆转性，以及不断下降的获取成本。只要知识获取权利被限制于少数精英手中，社会的知识获取成本就很高，而且存在知识消泯的风险。而社会与文化变革带来的技术利用开放和技术传播的好处就在于，知识分布到更多的大脑和存储设备上，因此工业革命后的技术进步不太可能发生逆转。③

并不是所有经济体都可以实现上述过程，需要具备的思想文化条件如下：一是社会有用知识的增长。历史上的技术选择表现出很强的路径依赖和局部性，因而技术进步的背后必然不是精确的规划和成本效益计算。在技术突破之前，社会通过模仿与"干中学"实现缓慢的技术积累，由无名工匠的小改良累积为大改良，再通过技术领域内的名人和熟练工人广泛传播。名誉等非经济性激励也能够推动技术的发明创造，促进技术知识的积累。二是文化企业家与思想市场的存在。文化企业家指代那些能够协调不同信仰间的矛盾，有意识地创造新的文化并在特定文化领域推翻了现存权威的人。这些创新者传播思想依赖的是思想市场，在思想市场中，文化企业家向不持有他们信仰的人提供大量相关信息，试图说服大众相信他们的信仰的正确性与优越性，以一对多的形式传递思想。竞争性的经济、政治和宗教环境支持多元主义和新思想的出现，技术发展、一致的语言环境也助推了知识的普及。三是社会接受技术背后的自然原理。在技术和思想以前所未有的深度和广度传播后，

① 余英时. 中国近世宗教伦理与商人精神. 增订版. 北京：九州出版社，2014.
②③ Mokyr, J. "The Intellectual Origins of Modern Economic Growth." *The Journal of Economic History*，2005，65（2）：285-351.

社会对新事物和奇怪事物的恐惧逐步消失，人们的宗教信仰和超自然信念使得社会产生了探索自然奥秘的兴趣和永久改变生活的实体环境的意愿。正因如此，18 世纪中叶的欧洲社会对由技术驱动的物质进步的态度出现了根本性的变化，出现了"工业启蒙"。[①]

莫基尔提供了关于现代化的重要文化视角，即经济发展的基础不仅包含有用知识的积累，还包含知识传递和扩散的机制及其带来的社会意识的变革。首先，人力资本的本底由革新人才与能够将技术广泛应用的人群构成。其次，人力资本的形成依赖于由一系列历史因素构成的文化环境，包含技术文化知识的积淀、社会对技术的态度以及社会对新思想的态度，最重要的是思想创新者和思想竞争环境的存在。最后，经济、政治和社会层面的竞争都能够影响技术进步，竞争让外来社会的信息充分涌流，让统治者习惯于去模仿对手的技术。

传统中国具备技术积淀，却缺乏文化企业家与思想扩散的环境。追溯中国的技术发展，莫基尔认为中国文明和欧洲文明的差异是程度上的，这种差异在 1 400 年以后逐渐加大。中国在技术上的发展速度甚至高于欧洲，但是宋朝以后就很少存在技术活力的证据。国家越来越敌视技术进步，严厉的规定、完全的顺从和因循守旧成为明清皇帝统治下政府的特点，通过科举选拔出来的精英人群成为保持现状的主要力量，重视安抚、秩序和行政管理。更重要的是，中国政府是无可替代的实体，无法提供像欧洲一般的多元化和分权化的思想竞争市场。[②] 而在经济、社会（宗教文化）等方面的竞争是否缺乏、社会中的技术进步是否停滞，莫基尔并没有提供进一步说明。他的理论还需要回答，国家是否有能力完全掌控技术变革活动。[③]

（三）对人文经济影响的实证研究

随着关于价值观的大型数据库的产生，人文经济的实证研究逐渐增多，

---

① 乔尔・莫基尔. 增长的文化. 北京：中国人民大学出版社，2020.
② 乔尔・莫基尔. 富裕的杠杆. 北京：华夏出版社，2008.
③ 王国斌在《转变的中国》中说："如果这类事情产生了某种可疑的后果，国家也是听之任之而已；更何况技术变化通常不会产生令政府焦虑的后果，因为正统的国家定义，仅涉及道德、政治及社会的秩序。在某种程度上国家会意识到技术变化会带来经济利益，从而变成技术变化的倡导者而非批评者。这一点，在矿业、盐业乃至农业中均可见。认为国家反对技术变化，以及认为思想界对物质世界的态度发生了变化，这些看法实际上都是出自为技术变化停止寻找理由的心理。"

对经典的理论演绎和历史叙事进行辨析，也回答当代经济发展问题。这些研究的特点是把文化作为一种在群体间和代际传承的习俗、观念和价值观[①]，并量化其影响。宗教信仰、儒家文化、企业家精神等方面都可能作用于经济发展，实证研究将其拆解为社会信任、个体主义与集体主义、家庭纽带、广义道德、工作态度与贫困感等文化特质，在宏观和微观层面研究其对交易行为和个体创新创业行为的影响。[②]

由于技术创新进步和交易成本下降客观上对人力资本积累有利，普遍信任被看作经济内生增长动力的重要基础[③]，而家庭联系、集体主义等特质更容易与缺乏普遍信任建立联系[④]。在注重家族纽带的文化体系中，劳动力管制更为普遍，劳动力的自由流动程度和工资水平都更低。[⑤] 受宗亲网络影响的企业可能存在风险承担和创新上的保守性，抑制企业的数字化转型，宗族借贷网络的存在还限制了中国现代金融的发展，难以形成现代经济契约。相反，也有研究表明中国存在强大的社会信任基础，宗族文化能帮助私营企业克服融资约束，降低民营企业股东与管理层之间的代理成本，维持乡村稳定与促进发展。[⑥]

上述差异化的实证结果表明，不能简单在文化与经济、文化与制度之间建立起单向因果性。中国的社会信任往往落脚于以家庭和宗族为核心的社会网络，以地区和亲缘网络范围为半径存在，但宗族文化的影响其实在很大程度上取决于更广泛的制度环境，跟人们之间的交易被重复的可能性、交易的

---

① Guiso, L., P. Sapienza, and L. Zingales. "Does Culture Affect Economic Outcomes?" *Journal of Economic Perspectives*, 2006, 20 (2): 23-48.

② Alesina, A. and P. Giuliano. "Culture and Institutions." *Journal of Economic Literature*, 2015, 53 (4): 898-944.

③ 参见：Knack, S. and P. Keefer. "Does Social Capital Have an Economic Payoff? A Cross-Country Investigation." *Quarterly Journal of Economics*, 1997, 112 (4): 1251-1288。较高的社会信任水平对中国经济的长期增长也具有较好的解释力，参见：吕朝凤，陈汉鹏，Santos López-Leyva. 社会信任、不完全契约与长期经济增长. 经济研究，2019 (3)：4-20。一些实证研究也说明，社会信任所依赖的社会资本对自主创新、提高家庭创业的可能性、降低公司的代理成本、促进民间借贷、推动个体参与投资、平滑消费、促进经济发展有显著的正向影响。

④⑤ Alesina, A. and P. Giuliano. "Culture and Institutions." *Journal of Economic Literature*, 2015, 53 (4): 898-944.

⑥ 宗族文化在促进劳动力流动、增加村民收入、发展乡村企业、提高公共产品供给、改善村庄治理状况、缩小收入分配差距、促进乡村创业等方面均有显著的作用。参见已有实证研究，例如：郭云南，姚洋. 宗族网络与农村劳动力流动. 管理世界，2013 (3)：69-81，187-188。

发达程度、教育水平等因素有关。传统的信任形式在逐步触及其信任半径的边界时，将越发难以维持，一国将转向在经济规模较大时更有优势的正式制度安排。在正式制度的作用下，宗族文化代表的信任特征受到所在社会环境塑造，正在发生转变。宗族对农村社会稳定的作用跟地区法律效力强度息息相关。乡村公共基础设施建设带来的乡规民约及村民之间信任程度的提升，促进了公共参与。司法执行效率与文化亲近的结合，共同对商业信任产生了加强作用。

越来越多研究揭示，文化特质能够被制度冲击塑造转化，其中不乏启发性结论。例如，历史上传教士活动对当代经济增长具有持久的积极影响，这些积极影响带来的人力资本积累和社会价值观转化有可能影响当代中国经济发展[①]；在家庭隔代抚养对年轻人的生育成本影响较大时，延迟退休年龄可能会由于冲击了家庭隔代抚养机制而进一步降低生育率和加深老龄化，加快劳动力从数量增长向质量增长的转变[②]；相较于具有较强个人储蓄性质的"老农保"，当社会推广具有较强公共福利性质的"新农保"时，宗教信仰对农保参与行为的负向影响也会减弱[③]；社会养老保障制度的推广可以弱化父母对孩子尤其是儿子的需求，进而在一定程度上纠正中国出生人口性别比不平衡的状况[④]。

目前，基于具体文化制度的检验依然难以撼动传统文化研究和主流经济学的假设，中国现代化所依赖的整体人文环境的现代转化，难以被单一指标量化，因而也没有得到界定和论证。并且，文化与制度、文化与增长之间的相关度，并不能作为单向因果关系的证据。实际上，它们还存在着伴随继起性的共生互动关系。文化和制度相互作用，并以一种互补的方式共同演化，彼此之间存在反馈。因此，相同的制度在不同的文化中可能会以不同的方式运作，而文化的发展也可能因制度的类型不同而有所变化。[⑤]

---

① Chen, Y., H. Wang, and S. Yan. "The Long-term Effects of Protestant Activities in China." *Journal of Comparative Economics*, 2022, 50 (2): 394 - 414.

② 郭凯明，余靖雯，龚六堂. 家庭隔代抚养文化、延迟退休年龄与劳动力供给. 经济研究, 2021 (6): 127 - 141.

③ 阮荣平，郑风田，刘力. 宗教信仰对农村社会养老保险参与行为的影响分析. 中国农村观察, 2015 (1): 71 - 83, 95 - 96.

④ Zhang, C. "Children, Old-age Support and Pension in Rural China." *China Agricultural Economic Review*, 2015, 7 (3): 405 - 420.

⑤ Alesina, A. and P. Giuliano. "Culture and Institutions." *Journal of Economic Literature*, 2015, 53 (4): 898 - 944.

三、经济发展的人文环境

已有的人文经济研究已经表明，文化固然能够作为一种知识资产影响着科学技术的创新和文化产业的发展，但这只是文化与经济关联当中的一部分。除了从文化与经济基本要素的直接关联出发，还要解构其中个体观念、社会伦理价值、意识形态对经济增长和经济转型的作用，以及它们与制度、增长之间的互动关系。在人文经济学视角下，一国或一地之经济发展，一定是因为有一种有利于其经济发展的人文环境，此环境由一国或一地之人文基因塑造，在受到冲击与制度变革影响后出现转化，产生人文企业家，促进人文人力资本的积累和人文市场经济的发展。

（一）人文基因及其转化与创新

人文基因包含人们的价值观、信仰、习俗等方面，构成一个地区或社会的独特氛围和背景，对社会个体形成精神塑造，从而对经济发展产生深远影响。历史上的人文基因共同构成了历史人文环境底蕴，培育出地方气质，在长期变迁中或是留存延续，或是出现转化。因此，人文基因会影响经济发展，却绝不是影响经济发展的唯一决定性因素。当存在外来冲击，与人文基因产生互动时，人文基因可能会转化为新的人文精神或人文特质，使人文环境出现转变，改变经济发展路径。

1. 人文基因

在人类历史长河中，文化往往是经久不衰的基因性因素。在人类进化层面，存在"社会行为是被自然选择塑造的"基因与文化共同演化的观点。[①] 与生物基因类似，人文基因呈现出独特性、传承性等特征，因而也被概括为决定了文化系统传承与变化的基本因子，直接表现为某个民族特有的心理底层结构和思维方式，或者说基本理念。[②] 人文基因对于经济发展的重要性同样在

---

① 查尔斯·J. 拉姆斯登、爱德华·O. 威尔逊. 基因、心灵与文化. 上海：上海科技教育出版社，2016.
② 参见一系列关于文化基因的研究，例如：王东. 中华文明的文化基因与现代传承（专题讨论）中华文明的五次辉煌与文化基因中的五大核心理念. 河北学刊，2003（5）：130-134，147；毕文波. 当代中国新文化基因若干问题思考提纲. 南京政治学院学报，2001（2）：27-31；刘长林. 中国系统思维. 北京：社会科学文献出版社，2008。

于其长久不变性，一个经济体发展的路径依赖性可能来自固有的人文基因的影响。个体、家庭、族群、团体与国家都在文化的存续方面扮演了重要角色，使得有些人文因素长久留存并促进族群的繁衍。[①] 对于经济发展来说，重要的人文基因主要可概括为四类。

一是知识沉淀，包含语言体系、教育传统、文字资料等文化硬件，以及生产消费偏好。口述文化可能会阻碍人们的认知发展，这一点明显表现在神秘主义占主导的社会中。语言体系的发展不仅是经济发展的象征，更是经济发展的重要基础。如果没有语言文字以及其所承载的知识的存续，关于一个社会的历史、知识就不可能留存。而如果没有教育，知识就不会在社会中扩散。此外，生产消费偏好等与生物基因、地理条件相关的人文基因也塑造了生产消费体系，维持着人类的存续。

二是个体信念，包括价值观、道德观念等。经济决策由拥有特定信仰或信念以及拥有一定知识的个体做出，人文因素的影响首先表现为作用于个体选择行为。文化价值观熔铸在每一个人的性格、意志、情感以及行动中，构成了人们的主观模型，不仅影响个体偏好与效用函数，关乎储蓄或消费的边际倾向，还直接决定了个体对财富的态度及其愿意为之付出努力的程度，构成了经济意识和经济行为的来源和依据。

三是社会气质。在一个社会当中，人们可能共享着某种个体信念，也有可能保有彼此冲突的信念。当信念发生冲突时，人们是否感受到多元价值和公平正义的社会风气，影响了社会能否稳定存续，能否为经济发展提供良好的人力资本和组织基础。经济个体间的模仿效应、代际的传递效应会使某种价值观念扩散化、具体化，渗透到生产、交换、分配、消费等多个环节，影响劳动分工、物质资本积累以及人力资本培育等多个方面，还进一步扩散到经济组织乃至社会整体。[②]

四是创新意愿和能力。创新意愿和能力决定了一个社会能否将知识付诸实践，是否能够接受外来事物，进行改良和创造。经济发展不仅仅来源于某

---

① Guiso, L., P. Sapienza, and L. Zingales. "Does Culture Affect Economic Outcomes?" *Journal of Economic Perspectives*, 2006, 20 (2): 23-48.

② 田坤明，李萍. 文化归因："中国经济奇迹"的一种新释义. 天府新论，2014 (2): 62-69.

个社会的首创性能力，而更多地来源于其乐于学人之长、愿意模仿别人以及善于利用世界其他地方所发明的方法或技术，并以此来不断地提升自身运转效率。这一特质还决定了现存知识、个体信念等人文基因能否在既有框架内调整和改进。

在已有研究中，包括勤劳、节俭、创新、普遍信任、家庭联结、个体主义或集体主义、普遍道德等在内的人文基因都能够作用于人们的交易和创新行为，从而作用于社会经济。例如，宗教伦理所内含的资本主义精神赞成勤劳工作和财富积累的美德，为促进向现代以市场为基础的工业经济的转变提供了道德基础①；在存在普遍信任或普遍道德的社会，人们倾向于与他人合作，更愿意进行非人际交易，相反，拥有强大家庭联结的社会容易形成小圈子内部的信任，抗拒远距离交易；个体主义社会鼓励人们追求自身利益、创新创造，而集体主义社会为了共同的目标容易压抑个人的能动性②；等等。

2. 人文基因的转化、创新与人文市场经济环境

恒久存在的人文基因与社会中的制度互动，产生转化后的人文精神，塑造了一个社会基本的人文环境。在传统社会中，由人文基因所塑造的人文环境大多以习俗的形式存在，此时新的观念不可能以一种规范的辩论方式产生。当社会中存在冲击、外来制度文化的影响或者具有超凡天赋的人物时，原先的格局才有可能改变。因而人文环境的差异可以归因为人文基因的差异及其转化与创新过程的差异，因为人文环境既来自本土社会人文基因的表达，也反映了外来影响。

文化虽然具有长期持续性，但实际上是可变的。作为融入经济社会深处的基因性特质，人文因素是由自然地理条件、禀赋条件、制度渊源及其他历史因素决定的，并长期存在和演化。如果历史事件改变了不同文化特征的相对成本和收益，影响了它们在社会中的普及程度，那么这些历史事件可能会产生持久影响。③ 特别是在制度的长期作用下，规范、强制性规则逐渐内化为

---

① 马克斯·韦伯. 新教伦理与资本主义精神. 上海：上海人民出版社，2018.

② Alesina，A. and P. Giuliano. "Culture and Institutions." *Journal of Economic Literature*，2015，53（4）：898 - 944.

③ Nunn，N. "Culture and the Historical Process." *Economic History of Developing Regions*，2012，27（sup-1）：108 - 126.

人们的自觉要求与行动，表现为非正式的习俗、惯例以及人们共享的某种观念。与传统价值观相反的世俗理性或自主权，是人力资本最强大和最可靠的影响因素。①

任何国家从传统向现代的转型，都伴随着人文基因表征为新的人文特质这一过程。在较短的时期内，人文基因可能通过革命冲击或制度变革发生改变，而长期的文化转化则在人文基因与制度的不断互动中形成。需要强调的是，现代化所需要的人文基因转化不一定是西方现代化过程中所强调的"理性"。将理性与非理性作为思维方式的划分标准并不恰当，在经济成功的个体或地区案例中，不乏坚持"非理性"信念的社会文化，这些社会的现实也往往不适用于非黑即白的伦理规范。并且，现代经济所需的"理性"有可能蕴藏于所有的文化之中，它代表了一个社会独有的认知和论证过程，并不一定与资本主义精神挂钩。一些后发国家在从传统向现代转型过程中，简单移植西方价值和制度，抛弃本国文化基因，导致人文精神缺失，影响经济发展。如果社会本身的人文基因没有发生转化，那么移植的价值和市场制度是无法落地的。

现代化所需的人文环境基础是人文市场经济。人文市场经济存在多种多样的形态，并对应着不同的经济发展路径，其差异性主要来自人文环境的不同以及人文环境与市场经济结合方式的不同。西方现代化的基础是资本主义环境与自由市场结合的人文市场经济。经济激励并不足以使得企业家突破既有秩序，文艺复兴、启蒙运动、商业革命等重要事件促进了西方人的自由解放、理性价值与进取精神，才使资本主义精神挣脱了宗教束缚。新思想认可了追逐财富的道德，并且认可了现代的专业化劳动分工，还对中产阶级的节制有度、自我奋斗给予了很高的道德评价。更重要的是，启蒙运动改变了人们看待世界的态度，从宗教主义进入科学主义阶段，不仅强化了社会对有用知识的重视程度，而且使知识传播的场域变为竞争、流动的场所。与此同时，世界范围内日益繁荣的商业发展推动了市场的形成，和转化后的社会思想相互作用，塑造了西方自由化的经济秩序和政治秩序，开始允许创新的出现和

① Ek, A. "Cultural Values and Productivity." *Journal of Political Economy*，2024，132（1）：295-335.

教育的普及，才逐步形成了以科技创新为支撑的工业化模式。自由市场是作为思想和制度变革的结果存在的，它和资本主义人文环境的进一步结合形成了西方主要的现代化模式。

（二）人文环境的构成

人文市场经济包含了人文人力资本、人文企业家精神、人文政府治理与人文市场规则，它们是人文环境与市场经济互动的产物。已有理论要么抛开人文环境谈论市场规则，要么过分强调人文环境而忽视市场规则，但两者缺一不可。如果人文环境与市场发展的逻辑相契合，就能够产生促进经济发展的人文市场经济。由于市场规则是人为创制的，自然受到一个社会的人文环境的影响。人文人力资本的积累和人文企业家精神的发扬构成了市场主体基础，人文政府治理则通过提供制度执行和法治来保障市场规则的实行。这种人文市场经济能够反作用于各类人文特质，更有利于促进人力资本的积累、人文企业家精神的发扬和有为政府作用的显化。

一是人文人力资本。在科学文化时代到来之前，文化的传播大多是在讲经和祭祀仪式中实现的；在科学文化时代到来之后，文化的传播基本上通过现代教育制度来实现。人文人力资本积累不仅得益于现代教育理念的传播，还得益于对教育的文化传统的重视。重视教育的文化传统使得整个社会表现出对知识和学问的尊重，为科学知识和创新技术的传播提供了良好的土壤，为创新和可持续发展保驾护航。在重视教育风气的熏陶之下，人力资本投资不仅成为一个家庭维系生存、长期存续的重要投资选择，更是成为整个社会长期发展的关键要素。

二是人文企业家精神。企业家特质赋予了经济主体逐利、创新的精神，鼓励人们尊重契约，有利于促进市场交换和分工，实现各经济要素充分涌流。西方典型的企业家精神更加以自我为中心，因为企业家相比其他类型的人，不那么依靠传统和社会关系，而且他们的独特任务恰恰在于打破旧传统，创造新传统。而包容、开放、亲商等民间文化，促成了以社会信任为基础，又在特定群体界限内具有熟人社会性质的契约精神。在正式合同缺位的情形下，这类人文因素对于交易、制度的稳定性以及民间经济合作能力具有重要影响。

　　三是人文政府治理。政府治理对于现代经济有至关重要的影响，产权保护、市场秩序和营商环境是国家提供的最重要公共产品。人文经济学强调的则是政府治理所提供的制度与文化所形成的良性互动关系，这是现代法治所需要的更深层次的社会支撑。对于后发国家来说，对社会的公序良俗予以法治秩序的保护，对创新和重商风气通过市场培育和保护措施进行因势利导，使得有为政府与有效市场的作用相得益彰，就能够推动市场不断壮大、经济不断发展。

　　四是人文市场规则。人文市场规则是人为创制的，自然会受到一个社会的人文环境的影响。人文人力资本的积累和人文企业家精神的发扬构成了市场主体基础，人文政府治理则通过提供制度执行和法治来保障市场规则的实行。在人文环境的影响下，一国着眼于人类个体的全方位发展、价值观追求，相对于传统市场经济更强调人与经济之间的和谐发展，充分考虑个体的需求、利益和幸福，以促进经济与社会的可持续发展。

　　概言之，具有良好知识底蕴的人文环境一定会重视教育、重视提高人的修养、重视人们精神上的追求，从而能够提供高质量的教育资源、培养出具备创新精神和实践能力的人才，从而推动技术创新和经济增长；具有勤劳、诚信、合作、包容等价值观念的人文环境则有利于提高生产效率，降低交易成本，吸引人才与移民，进而推动经济增长；当社会呈现出多元价值和公平正义的气质时，人们会更愿意通过自身努力来实现成功，从而促进社会竞争力和经济活力。人文环境对培养企业家精神和创业意愿具有重要作用。在一个尊重创新、鼓励创业的人文环境中，人们更愿意投身于创新创业活动，从而带动新产业和新业态的发展，推动经济增长。同时，人文环境也鼓励企业家承担社会责任，促进社会公平与和谐。

四、中国奇迹的人文经济学

（一）已有研究及其局限

　　从新古典视角出发，中国经济的高速增长得益于政府推行的制度变革，有效促进了资本积累和劳动力再配置。物质资本积累包括计划经济时期通过资源动员实现的大量基础性投资，以及改革开放以后高国民储蓄率和对外直接投资带来的资本形成。[①] 劳动力再配置则包括劳动力数量增加和人力资本积累[②]，后者具有规模报酬递增的属性。在改革开放后，就业人口增加快于总人口增加的"人口红利"迅速释放，原有的人力资本积淀加上教育水平的长足进步，使经济发展所需的劳动力数量和质量得到提高。此外，中国的技术进步也对经济增长产生了积极的贡献。[③]

市场化和产权改革是资本、劳动等要素流动和配置优化的前提。通过计划经济向市场经济的转换，以及更为明晰的产权界定，经济交易中的制度成本和组织成本大大降低，经济主体的活力得以激发。改革后农村经济、民营经济与对外经济的活跃是最好的证据。在更宏观的层面，改革有效的原因在于发展战略符合当时的要素禀赋结构，充分利用了中国的后发优势和相对比较优势。[④] 在计划经济时期，优先发展重工业的"赶超战略"并不符合中国要素禀赋的"比较优势"，改革开放后采取的外向型发展战略推动了快速的工业化和城市化，实现了二元经济结构的转换。因此，中国的增长成就也被认为得益于中国采用了"标准的经济增长药方"，而政策的提出和实施要得益于改革初期较为平等的社会结构以及在此基础上产生的符合社会利益的政府组织。[⑤]

新古典理论预测，市场化的要素流动会使得地区间趋于平衡，但是改革后中国的地区间差距先缩小、后扩大。[⑥] 经济趋同的设想不再成立，各地区所面临的初始条件和制度条件差异在分析中就显得尤为关键。相较于落后地区，发达地区拥有更大的地方自由度，得到更多贸易和投资。在初始条件方面，除了改革初期的实物和人力资本存量，地理条件等因素则更根本地影响了政

---

① Yao, Y. "The Chinese Growth Miracle." *Handbook of Economic Growth* (Volume 2), edited by Philippe Aghion and Steven N. Durlauf, Elsevier: Oxford, 2014: 943-1031.

② Rawski, T. "Human Resources and China's Long Economic Boom (Renli Ziyuan yu Zhongguo Changqi Jingji Zengzhang)." *China Economic Quarterly* (Jingjixue Jikan), 2011, 10 (4): 1153-1186.

③ Zheng, J., A. Bigsten, H. Angang. "Can China's Growth Be Sustained? A Productivity Perspective." *World Development*, 2009, 37 (4): 874-888.

④ 郭熙保. 中国经济高速增长之谜新解：来自后发优势视角. 学术月刊, 2009 (2): 63-71.

⑤ 贺大兴, 姚洋. 社会平等、中性政府与中国经济增长. 经济研究, 2011 (1): 4-17.

⑥ Kanbur, R. and X. Zhang. "Fifty Years of Regional Inequality in China: A Journey through Central Planning, Reform, and Openness." *Review of Development Economics*, 2005, 9 (1): 87-106.

策的效应。沿海省份明显更具地理优势，因而得以降低运输和通信成本，进而吸引更多的外国直接投资和外来劳动力。[①] 此外，各省份的地形特征差异导致农业生产效率也各不相同，进而影响了各地的产业结构和转型进程。相比东部地区，中西部地区在发展工业时推行的战略更违背比较优势战略，造成地区差距逐渐扩大。[②] 在制度条件方面，重工业发展战略、分权程度和开放程度可能成为主要的因素。[③] 并且，由于初始条件的差异，中央采用的制度也可能具有偏向性，最为典型的制度安排便是地方试点机制。由于地方能接受到的政策利好和试点机会是有差异的，试点给经济带来的效益和"制度企业家"的作用也就具有明显差异。

随着改革进程的深入，中国经济发展与政治稳定的"双奇迹"对已有研究提出了新的挑战。中国采用了与西方国家截然不同的社会主义体制，依然获得了经济成功。而同为社会主义国家，苏联却在经济转轨中走向瓦解。究其原因，中国通过渐进式改革连接起了旧体制与新体制，在带来充分变革的同时缓解了对旧体制的冲击。各种过渡性经济制度在已有体制约束下改进了经济绩效。这些制度包括农村改革、双轨价格制度和国有企业改革等等。随着改革深入后特定约束解除，过渡性制度消失或发生演变。过渡性制度彼此配合，不仅保证了改革的顺利进行，而且防止了制度寻租行为对经济发展造成的阻碍，这一切得益于中央与地方不断的互动调适。[④] 中国的经济体制在改革开放前就有分权传统，改革开放后的财政分权进一步激励了地方政府发展经济。财政分权不仅降低了企业的税负，还推动了更多地方试验，成为改革的润滑剂。与地方经济分权的体制相匹配，政治体制鼓励了地方竞争[⑤]，县域之间的竞争促进了地方经济发展。[⑥]

① Démurger, S., et al. "Geography, Economic Policy and Regional Development in China." *Asian Economic Papers*, 2002, 1 (1): 146-197.

② 林毅夫，刘培林. 中国的经济发展战略与地区收入差距. 经济研究, 2003 (3): 19-25, 89.

③ Kanbur, R. and X. Zhang. "Fifty Years of Regional Inequality in China: A Journey through Central Planning, Reform, and Openness." *Review of Development Economics*, 2005, 9 (1): 87-106.

④ Yao, Y. "The Chinese Growth Miracle." *Handbook of Economic Growth* (Volume 2), edited by Philippe Aghion and Steven N. Durlauf, Elsevier: Oxford, 2014: 943-1031.

⑤ Li, H. and L. Zhou. "Political Turnover and Economic Performance: The Incentive Role of Personnel Control in China." *Journal of Public Economics*, 2005, 89 (9-10): 1743-1762.

⑥ 张五常. 中国的经济制度. 北京: 中信出版社, 2009.

已有理论主要从经济高速增长现象与改革进程的渐进性与稳定性两个方面，采用新古典经济学与制度经济学的框架，对"中国奇迹"进行解答。尽管文化变迁对个人行为和国家发展具有重大制约作用的事实受到了古典经济学的重视，在现代经济学当中却遭到忽视，人文因素成为抽象化、同质化的经济要素，对"中国奇迹"的解读也无法避免主流理论所具有的特征和局限。作为经济中最主要的主体——人，其行为受到社会历史制度条件的影响，其观念及形成的社会合力和人文环境在很大程度上决定了特定政策能否扎根，对于五千年灿烂文明蕴含的优秀基因以什么形式留存、又在什么条件下能够重焕生机，传统理论只是令人遗憾地不加关注或一笔带过。

（二）人文基因的转化与创新对中国奇迹的促进作用

"中国奇迹"的人文经济学同样包含两大问题：第一，中国历史上与经济发展相关的人文基因是什么；第二，这些人文基因如何通过转化创新作用于当代经济。中国传统人文基因所培育出的人文环境有利于农业文明的成熟和发展，使得中国的经济前所未有地领先于世界。但是，当人文环境与工业化文明产生碰撞时，原有的人文基因产生的人文精神必须进行相应转化，实现知识的更新、价值的重估、社会气质的转变和创新的萌生，才能适应现代化的需求。

中国并未经过彻底的反宗教反传统运动，人文基因在很大程度上是历史积淀而成的，具有很强的统一性和连续性，不可能轻易移植外来的文化。一方面，中国自古以来就有成熟的语言文字体系，部分地区发展出的先进教育、技术和城市文化，还孕育了传统商业文化，在有限的交通条件和对外交往背景下形成了一定范围内活跃的市场经济。另一方面，为了维系庞大社会的稳定，从而巩固统治，中央政府也不得不通过强调农耕文化、抑制商业文化、限制对外开放来对社会施加影响，由此形成了有序而保守的人文环境。这种人文环境并不适应大范围的市场经济活动。这些文化起到了面对现代化浪潮的缓冲作用，没有使得整个国家陷入混乱和失去方向。即便在战争年代，庞大的基层社会依然依其原有秩序运行。

因此，对原有的价值体系进行彻底的批判和清除，往往伴随着猛烈的革命冲击。对于中国来说，新民主主义革命带来了平等的社会条件，更有利于新的思想价值发挥作用。共产党领导的革命将原有的制度推翻，社会秩序得到根本改变，延续数千年的依赖于土地占有的社会分层方式发生了改变。但是，一个社会的人文基因不可能被完全抹去。面对激烈的制度变革，乡土文化仍然作为维持稳定的社会纽带发挥着作用。

外来的新思想在长期中与已有文化体系逐步融合。改革开放后，在全球化与科技革命、思想转变与解放、现代国家法治体系等契机作用之下，现代市场制度被引入，不仅是原有的人力资本、企业家精神与制度企业家精神显现出来，开放、包容、务实、创新的精神也实现了创造性转化，新的人文环境与市场化浪潮实现了结合。那些改革开放后发展好的地区，恰恰是传统时期就存在有利的经济地理条件并发展出对应人文积淀的地区。在去除了政策限制、实现了创造性转化后，人文市场经济才能发展起来。历经转化和创新的人文基因，通过对人力资本、企业家精神与政府治理的影响，构建既有共同性也有独特性的市场规则，成为影响中国经济发展的本底。社会崇文重教的风气促进了丰富人力资本的积累，企业家开拓与责任兼备的精神促进了市场发展，政府的善治保证了各要素的优化组合，由上述因素共同形成的人文环境是经济奇迹的基础。

具体来说，中国长期的知识教育体系的积淀和传承，使得中国在人力资源管理和企业发展上得到对应的人文人力资本竞争优势；结合现代法治和市场环境催生出的现代企业家精神，既能容纳逐利的动机和创新的激励，又包含家国情怀，充满对社会大众的关注和利他主义，有利于经济发展的同时维持社会的和谐秩序；独特的政治文化要求官员不为选民负责，而是为民众负责，这与西方的民主问责制有极大的不同。中国"官场＋市场"的双层市场模式不仅使地方政府成为企业的"帮助之手"，而且催生了"制度企业家"，促成了地方政治精英和经济精英的合作和共同发展。[①]

由此，改革开放后的中国人文环境包含了政府、企业和居民的互动，这些经济主体的良性互动促进了传统优秀文化、外来的有利因素的结合，推动

---

① 周黎安."官场＋市场"与中国增长故事. 社会，2018（2）：1-45.

了市场化、经济现代化和治理现代化，构建了新的秩序和组织，使得转化后的人文精神扎根并发挥作用。历史人文环境中开放、包容、实用的人文基因，能够使得社会中各经济主体更强烈地追求技术创新。创新氛围有利于促进传统商人的转型，催生现代企业家，企业家精神因而成为经济中占主导地位的人文特质，推动现代市场不断扩大。与此同时，现代市场所需要的普遍信任引致了对现代法治的需求，现代政府为社会治理和市场环境保驾护航。现代经济也将不断催生对创新人才的需求，现代教育在人们的强烈需求和政府的推动下不断发展。由此，历史人文基因通过转化与创新形成现代人文环境，促进经济奇迹的创造。

已有发展研究主要从新古典主义理论出发，利用西方经验总结出的增长模型和制度框架嵌套发展中国家现代化进程，充斥着理性主义与制度主义的色彩，忽视了人文因素的作用。对于落后国家来说，即便在资本积累与制度选择方面对标西方，发展仍可能有不可持续的问题，原因就在于存在于人脑中的观念和社会关系无法通过模仿被改造，不足以支撑长期的要素改进。改革开放以来，中国正是在保持传统文化优势的基础上，站在较高起点上发展体现时代和科技特征的现代人文环境，推动中华优秀传统文化的传承和创造性转化、创新性发展。因此，对"中国奇迹"的研究必须讨论"旧事物中可以生长出来的新东西"[1]，指出传统人文因素发生了什么转化，以及什么样的变革导向了有益的文化转化。

人文基因的转化、创新是有利于现代化的人文市场经济出现的重要前提。因此，在追求现代化的同时，不可忽视一个国家的人文基因。盲目照搬他国的发展模式而忽略本地文化和实际情况，通常难以取得成功，甚至可能会引发更严重的发展困境。经济发展的关键在于人文基因的创造性转化与人文市场经济的结合。如果不对传统人文基因施加影响，构建新的人文环境，传统经济就不可能实现现代化转型。市场规则同样需要适应一个社会独有的人文环境，才能实现市场体制与人文经济的共生共演。人文基因很难在内生的人文环境中发生转化，必须通过合理的制度设计推动人文环境和人文特质的现

① 费孝通. 小城镇大问题（之三）：社队工业的发展与小城镇的兴盛. 瞭望，1984（4）：11-13.

代转型。只有建立富有生命力的核心价值观，才能不断激发出企业家精神，为制度创新和技术创新提供动力。除了直接增加创新文化的供给，还可以通过对现存制度进行不断的反思和重估，创造文化生长的制度土壤，从而对经济增长产生持久的动力。

中国经济面临着高质量发展的转型困境，如何促成更高质量文化的形成，推动经济的可持续发展，是人文经济学未来研究的主要方向。需要研究如何创造性地对中国传统文化加以继承和扩展。传统文化为中国人提供了最基本的价值观体系，但其中也包含了农业社会的独特价值观念，容纳了一些有益于社会进步的思想认识。这就要求创造性地继承和扩展传统文化，确立起与信息社会相适应的文化体系。需要研究如何孕育创新文化。对于现代社会而言，创新是推动经济可持续发展与经济高质量发展的不竭源泉，但创新文化不是现成的，它必须由良好的社会经济条件孕育而出。西方世界科技革命的源头是偶然的技术创新，而技术创新必须有适宜的土壤，也就是与商业市场、政治市场和思想市场相结合，才能使现代化、世俗化的文明胜出，促进社会的人力资本积累。与西方不同，中国的大众启蒙并未彻底发生，并长期依赖实用型技术来发展经济。在面向世界的前提下，需要研究如何"创造可以自由支配的时间，创造产生科学、艺术等等的时间"，在经济发展的同时增加文化投入、文化供给，推动教育引领科技创新。需要研究在经济秩序趋于市场化的同时，如何优化社会治理文化，维持社会的稳定。要理解并尊重各地区、各群体的价值观，加大人们对中国发展方向的认同度，增强社会凝聚力，减少改革的阻力。

更重要的是，文明的发展一定是以文明和谐共生为前提，而不是以文明冲突或此消彼长作为结尾。文化的差异性是文化适应、文化创新的前提。外来文化特别是西方文化对中国传统文化带来了重大冲击，要研究如何应对各类文化冲击，保持开放的态度，加以有效吸收和充分融合。近代的中国人在被坚船利炮惊醒后，才开始调整自己思考问题的价值坐标，批判地反思传统观念的有效性。未来的文明形态并没有预设的形状，但一定是与外来文明不断交汇的结果。在研究人文因素如何发展的过程中，我们必须融入世界视角，将国际交互考虑在内。

第二篇

从大分流到苏州奇迹

第二章
苏州之谜：穿越历史的透视

在历史的长河中，苏州一直以其独特的文化、经济和社会特质而闻名。无论是在古代作为中国的文化中心，还是在现代化进程中作为锐意进取的领头羊，苏州都展现出了一种与众不同的力量与魅力。然而，在第一次工业革命时期，苏州的传统工业和商业未能实现人文基因的创造性转化，错失了向现代经济增长转型的机遇，导致了与英国的大分流。尽管如此，凭借其深厚的文化根基和不断创新的精神，苏州最终逐渐恢复了其在经济与社会发展中的重要地位，重新焕发出堪比昔日的光辉。这种独特的结合，使得苏州在过去与未来的交汇点上，始终保持着引领风潮的地位。

一、苏州的辉煌：工业革命之前的苏州

在 1800 年之前，世界的中心在中国，中国的中心在江南。根据麦迪森的统计，直至清朝中期，中国的 GDP 以超过世界总量的三分之一稳居世界第一，而江南则是全国经济最为发达的地域。① 同样，根据布罗德贝里（Broadberry）等人对北宋以来中国 GDP 的重新估计，在整个明朝时期及清朝早期，江南的人均 GDP 都与西方最发达的经济体（1300—1540 年的意大利、1550—

---

① 安格斯·麦迪森. 世界经济千年统计. 北京：北京大学出版社，2009.

1790 年的荷兰、1800—1860 年的英国）齐平。① 在江南的八府一州中，有一中心高居其他各府之上，这一中心即为苏州。

苏州位于太湖水系的中央，也处于江南最重要的交通要道——京杭大运河的中段，得天独厚的地理条件使得苏州成为江南水路交通网的中心。② 作为明清时期全国最大的工商业城市，苏州的人口与财富的集中程度在江南独占鳌头，在中国首屈一指。1580 年苏州府人口达到 489 万，市镇人口已超 50 万，城市化率已达 10%；直至太平天国运动之前，苏州府人口经历快速增长，达 650 万，城市人口达 100 万，人口密度一直居全国之冠，也是当时中国城市化率最高的城市之一。③ 江南地区尤其是以苏州为首的大中城市，无论在城市规模还是经济增长与结构上在明清时期都经历了空前的发展——明清时期，江南地区以苏州为中心形成了有着内在联系的城镇群体。江南地区的许多市镇是在苏州商业机能的影响下发展起来的。④

那么苏州是如何以及为何在历史时期如此辉煌的呢？探索苏州源远流长的经济发展史，我们发现除了优越的地理条件，苏州知识与文化的积淀和开放包容的精神帮助其成为世界中心。

东吴文化源远流长。据《史记·吴太伯世家》记载："吴太伯，太伯弟仲雍，皆周太王之子，而王季历之兄也。季历贤，而有圣子昌，太王欲立季历以及昌，于是太伯、仲雍二人乃奔荆蛮，文身断发，示不可用，以避季历。季历果立，是为王季，而昌为文王。太伯之奔荆蛮，自号勾吴。荆蛮义之，从而归之千余家，立为吴太伯。"公元前 1123 年，太伯奔吴，建勾吴国，设都吴城。由此东吴文化开始逐渐形成。公元前 514 年，苏州城始建。从此至宋朝时期经济中心南移，苏州逐渐在江南地区乃至全国占据重要地位。

现存世界上刊刻最早的、摹画最详细的石刻城市平面图为碑刻《平江图》，刊刻于南宋绍定二年，它是苏州南宋时期的平面图。北宋政和三年，宋

---

① Broadberry, Stephen, Hanhui Guan, and David Daokui Li. "China, Europe, and the Great Divergence: A Study in Historical National Accounting, 980 - 1850." *The Journal of Economic History*, 2018, 78 (4): 955 - 1000.

② 李伯重. 工业发展与城市变化：明中叶至清中叶的苏州（上）. 清史研究, 2001 (3): 9 - 22.

③ 曹树基. 中国人口史：第 5 卷·清时期. 上海：复旦大学出版社, 2001.

④ 王卫平. 明清时期江南城市史研究：以苏州为中心. 北京：人民出版社, 1999: 94.

徽宗升苏州为平江府，故苏州古称平江。全图详细呈现了南宋时期苏州城的形制、街道、桥梁和城门等景观，由图可见南宋初年的苏州在遭受金兵蹂躏后的一百余年间已经重新恢复繁荣的景象。在明清时期，苏州以其开放包容的人文特质成为全国商业化程度最高的大都市。它扮演着全国商品中心的角色，聚集了国内乃至外洋的各类货物，成为全国丝绸和棉布的生产、加工、批销中心，江南地区最大的粮食消费和运输中心，同时也是全国金融流通中心和书籍出版中心。[①]

古苏州城沿着城内几条主要的航运河延伸，从府城向外辐射。明代嘉靖年间，城西的阊门和胥门外附近的新商业区的街区范围已与城内相当。嘉靖初年的《吴邑志》载："运河，一名漕河，在西城下……此河自阊门北马头抵胥门馆驿，长五六里，东西两岸居民栉比，而西岸尤盛。……凡此河中，荆襄川蜀大船多于东泊，盐艘商贾则于西泊，官舫钲鼓，昼夜不绝，绮罗箫管，游泛无禁。盖西阊之盛，自唐以来为然。自此过钓桥，水北流，由南濠至枫桥将十里，人烟相续，而枫桥为盛，凡上江、江北所到菽麦、绵花大贸易咸聚焉。"时人形容阊门内外的西中市、南濠、山塘、上塘等商业街道"灿若云锦，语其繁华，都门不逮"。苏州自唐朝以来的繁荣由此可见一斑。直到清代，原本荒凉的东郊葑门、娄门外也变为人居稠密、地值寸金，正可谓"苏州以市肆胜"。明代苏州的浒墅关在全国八个主要钞关中税收额名列全国第二，清代时期苏州更是名列天下四聚之首。

（一）苏州历史上的传统工业发展

苏州的工业文明源远流长，承载着丰富的历史传统。苏州在明清时期就以其发达的手工业和商业活动而闻名。傅衣凌先生曾在其晚年的研究中指出，苏州的"工商业是面向全国的"，呈现出"清新、活泼、开朗的气息"。苏州的手工业部门广泛而全面，包括人们衣食住行的方方面面，如棉纺织业、丝织业、碾米业、酿酒业、榨油业、印刷业、铁器制造业、珠宝玉器制造业和家具制造业等。苏工苏作的精巧细致也向来为世人称道。康熙时期的《苏

---

① 范金民. 清代苏州城市工商繁荣的写照：《姑苏繁华图》. 史林，2003 (5)：104 - 115，124.

府志》中便有记载："吴中男子多工艺事，各有专家，虽寻常器物，出其手制，精工必倍于他所。女子善操作，织纫刺绣，工巧百出，他处效之者莫能及也。"① 多种手工业部门的共同发展反映了苏州在工业发展上的多样性和综合性，也体现了苏州源远流长的工匠精神。

苏州在明清时期最为重要的手工业部门即为纺织业。当时，苏州的纺织业达到了空前的繁荣。从总产值和从业人员总数来看，纺织业是苏州仅次于农业的第二大产业。在纺织业中，丝织业则是苏州的龙头产业。苏州一直以其精巧雅致的丝绸制品而闻名于世，这也造就了苏州成为当时全国最大的丝绸产地。苏州不仅拥有为宫廷供应织品的皇商，苏州织造，也有大量民间丝织工坊。据学者统计，明代后期苏州的织机总数约为 1 500 部，而清代中期则增至 12 000 部；明朝时期丝织行业各类从业者达 6 万人，到清代中期则增长至 10 万人左右。② 苏州府吴江县的震泽镇与盛泽镇（今属苏州市吴江区）都是当时丝绸生产的专业市镇，盛泽镇更是有"日出万匹"的美名。

在 19 世纪之前，丝绸是中国最为重要的出口品，中国也是世界第一出口丝绸大国。而苏州的丝织业不仅在产量上居于世界前列，更在生产技术上取得了显著的创新。苏州精巧雅致的丝绸和刺绣等传统手工艺品也得以远销日本、东南亚和西欧等。③ 苏州在丝绸行业的生产技术在蒸汽技术被应用之前也一直处于全球领先地位。丝织业的生产过程包括纺经、络纬、练槌、染色、牵经、接头（或结综）和丝织等关键环节。早在明清时期，苏州的丝织业生产就已经实现专业化分工，并且有从乡村家庭生产向苏州城内集中生产的趋势。苏州东城尤以丝织业的发达著称于世。嘉靖初年的《吴邑志》载："城中与长洲东西分治，西较东为喧闹，居民大半工技。金、阊一带，比户贸易，负郭则牙侩辏集，胥、盘之内密迩府县治，多衙役厮养，而诗书之族聚庐错处，近阊尤多。"在明代后期的苏州，民间的丝织业大作坊或手工工场中，可能已经存在相对明确的分工安排，例如郑灏家的丝绸工坊就拥有"织帛工及挽丝佣各数十人"，这显示了在生产流程中，织布和挽丝等工作可能已经实现

① 王卫平.明清时期苏州的人文经济实践：以"苏作"为中心.光明日报，2023-12-04.
② 李伯重.江南的早期工业化（1550—1850）.修订版.北京：中国人民大学出版社，2010.
③ 李伯重.工业发展与城市变化：明中叶至清中叶的苏州（中）.清史研究，2002（1）：62-70.

较为清晰的分工。① 苏州一地从事纺织业的人口占相当大的比重，时人评价如下："比闾以纺织为业。机声轧轧，子夜不休。贸易惟棉花布颇称勤俭。郡城之东皆习机业。织文曰缎，方空曰纱。工匠各有专能，匠有常主，计日受值。"②

到了 19 世纪中叶，苏州的丝织业也受到了一定程度的外来冲击。意大利和法国发展出了几项在丝织业上的独特优势，包括：开始使用现代科学的知识，例如利用显微镜以及路易·巴斯德提出的细菌理论改良养蚕技术；利用蒸汽机机器缫丝取代手工缫丝，使得生丝更均匀，质量更高，在国际市场上价格更高。但是，由于在丝织产业中机械动力相比于手工动力来说对生产力的提高并不如在棉纺织业那么大，所以考虑到苏州乃至整个江南地区的廉价劳动力以及丝绸生产劳动密集型特质，江南仍是具备比较优势的。在 19 世纪中叶至末叶，中国仍是世界上生丝最大的出口国——中国在 1873 年的出口量是日本的 3 倍。③

苏州的印刷业也尤为发达。苏州刻印书籍始于唐代，唐大和年间（827—835 年），因为佛教的兴盛，大量刻印佛经在苏州一带流通。④ 至明代，苏州的刻书业发展盛极一时。明代学者胡应麟（1551—1602 年）曾评价道："凡刻书之地有三：吴也，越也，闽也……其精吴为最。"⑤ 由此可见苏州的刻书业不仅兴盛，而且以精美著称。直至清朝，因为苏州文化教育发达，因而对书本需求旺盛，刺激了印刷业的发展，也使其成为全国书籍生产的重要基地。苏州印刷的大量书籍也远销日本、朝鲜、越南。

同样，苏州的家具制造业也是能够体现苏工苏作工匠精神的典型产业。苏式家具因其用料考究、造型古朴雅致、富有文趣又具有极高的收藏价值，所以在明清时期享有极高的声誉，无论在豪门之家还是普通人家都极为普

① 李伯重. 工业发展与城市变化：明中叶至清中叶的苏州（上）. 清史研究，2001（3）：9-22.
② 缪荃孙. 江苏省通志稿礼俗志. 南京：江苏省通志局，1909.
③ Ma，Debin. "Why Japan，Not China，Was the First to Develop in East Asia：Lessons from Sericulture，1850-1937." *Economic Development and Cultural Change*，2004，52（2）：369-394.
④ 许培基. 苏州的刻书与藏书. 文献，1985（4）：211-237；谢宏雯. 晚明苏州书坊兴盛之因. 长江论坛，2011（5）：73-77.
⑤ 许培基. 苏州的刻书与藏书. 文献，1985（4）：211-237.

遍。① 豪门之家更是愿意豪掷重金以购得自己的心头好。据《陶庵梦忆》记载，明末两淮巡抚李三才看中一件苏州制造的铁梨木天然几，愿以一百五十金购买，但未能如愿，最终被别人以二百金购得。② 由此可见，苏式家具在市场上不仅广受欢迎，而且具有极高的经济价值。

正是因为手工业的发达，除了苏州府城本身，周边的市镇和集市也非常发达。这些市镇和集市不仅是商品集散地，也是手工业生产的重要基地。如前所述，震泽、盛泽等地以丝织业著称，其生产的丝绸产品通过苏州的商业网络销往全国各地。市镇和集市的兴起，不仅促进了当地经济的发展，也加强了苏州与周边地区的经济联系。结合纺织业与印刷业的发展来看，从生产和销售规模来说，苏州无疑是当时江南、中国乃至世界的中心。

（二）苏州历史上的商业发展

苏州这座赓续千年商贸历史的城市，以"亲商、安商、富商"的理念著称，其商贸文化深深植根于城市的基因中。历史上的苏州便充满着变化和流动的成分。早在勾吴建立之后，苏州便成为百工聚居之地。到了隋唐时期，苏州通过大运河连接南北，进一步巩固了其作为全国商贸枢纽的地位。宋代，苏州的经济文化达到了新的高峰，成为全国最富庶的地区之一。明清时期，苏州既是中国东南沿海的政治、经济和文化中心，也是漕运中心，苏州吸引并汇聚了各地的商贾。苏州的商贸文化正是在这样的历史背景下不断发展壮大。这种"吐故纳新"和"兼收并蓄"的历史遗产为今天的苏州文化增添了丰富的内涵，形成了苏州人独特的个性。

在明清时期，苏州成为工商业者的重要聚集地。为了在这一江南大都会安身立命，来自天南海北的商贾纷纷组建了以行帮为主体的同乡会馆，用以"联乡语，叙乡情"。会馆始终保持着浓厚的地域观念，为同乡和同业者提供社会与礼仪服务，包括联络感情、解除危难、宴请做寿、婚丧嫁娶等。根据年代，大多数会馆创建于明万历至清康熙、乾隆年间，最初多为集结同一地

---

① 王卫平. 明清时期苏州的人文经济实践：以"苏作"为中心. 光明日报，2023 - 12 - 04.
② 许培基. 苏州的刻书与藏书. 文献，1985（4）：211 - 237.

方的旅苏商人，而公所则主要出现在清道光、咸丰之后，逐渐以行业集结为主。

闾门和山塘街区是明清时期最繁荣的中心，这些区域也被乾隆皇帝视为商业繁华的典范，大部分早期建立的会馆都集中在这里。清人杭世骏便曾评价道："会馆之设，肇于京师，遍及都会，而吴闾为盛。"清雍正元年，时任苏州织造胡凤翚的奏折中曾描述了一个令人印象深刻的场景："闾门南濠一带，客商辐辏，大半福建人民，几及万有余人。"早在这封奏折写就的100多年之前，福州商人们就已于明万历四十一年（1613年）建立了三山会馆。至明清时期，福建商人在苏州共建有8所会馆。与之类似，广东商人也早早涌入苏州，最早的会馆多数建立在山塘和闾门一带。明清时期，广东各地商人在苏州共建了7所会馆，且全部位于山塘街上。其中最为出名的即是潮州会馆。根据史料记载，清康熙二十一年（1682年），广东潮州旅苏商人集资创建潮州会馆，初址在闾门外的北浩弄。后因扩建，于清康熙四十九年（1710年），迁至山塘街并一直保留至今。会馆的广泛设立也反映了当时苏州工商业经济的繁荣。①

自乾隆朝开始，晋商、秦商、徽商、浙商和鲁商也追随闽商与粤商的脚步纷纷涌入苏州。

晋商，作为中国古代商业史上著名的商帮，以其卓越的经商能力和诚信著称。乾隆年间，晋商在苏州开设了大量钱庄，为苏州的金融业注入了新的活力。据记载，至乾隆三十三年（1768年），苏州已有山西钱庄81家。这些钱庄不仅提供存款、贷款等基本金融服务，还参与到汇兑业务中，成为苏州商业体系中不可或缺的一部分。晋商的钱庄网络不仅服务于本地居民，还辐射到全国各地，促进了区域间的经济交流和发展。同时，银票、汇票等金融工具的使用便利了商人之间的交易，降低了商业风险。这些金融创新也促进了苏州商贸活动的活跃。

陕西商人即秦商也在明代以后大量涌向苏州。因在明代期间渭河流域成为中国短绒棉的主产地，陕西开始大量种植棉花。然而，由于北方的气候和

---

① 据统计，明清时期苏州的59所会馆中，有超过一半建于清康熙年之前，其中13所位于山塘街，另外17所位于闾门及周边地区。

土壤条件不利于纺织工艺，又因为苏州等地棉布生产的繁荣，所以陕西商人纷纷将棉花运往江南地区进行加工，形成了"北棉南去，南布北来"的商业流通格局。陕西布商在这个过程中表现尤为活跃，他们携带巨资到苏州购布，并将布匹运回北方销售。由于其庞大的商业规模和雄厚的资本实力，陕西布商被称为"关陕大贾"或"秦晋商人"。他们在苏松棉布市场上占据重要地位，受到了当地人民的尊重和欢迎。

徽商则以其经营范围广泛和灵活多变而著称，他们不仅从事棉布、茶叶、酱菜等多个行业的经营，还在商业模式上不断创新。所谓晋商开钱庄徽商营百业，徽商在苏州的商业活动不仅限于传统的商品贸易，还涉及房地产、手工业等领域。他们的经营方式灵活多样，善于利用市场变化进行投资和调整，使得徽商在苏州的商业版图迅速扩展。徽商还注重商业道德和信誉，以"货真价实"赢得了苏州乃至全国消费者的信任。在定居下来的徽商中，也产生过不少文化精英。徽籍布商汪文琛的儿子汪士钟就为清代苏州藏书家，也是徽商"贾而好儒"的一个范例。① 徽商还通过资助书院、支持文化活动等方式，为苏州的文化繁荣做出了重要贡献。

浙商在苏州的商业活动也非常活跃。他们主要从事丝绸、茶叶、粮食等商品的贸易。浙商以其勤劳和精明著称，善于把握市场机遇，利用苏州优越的地理位置和发达的交通网络，将大量商品通过苏州运往全国各地。浙商不仅在贸易上取得了成功，还积极参与到苏州的城市建设中，通过捐资修建公共设施和支持文化教育事业，为苏州的社会发展做出了重要贡献。

鲁商在苏州的商业活动则主要集中在粮食、药材和手工业品等领域。他们以其坚韧和务实的精神，迅速在苏州站稳了脚跟。鲁商不仅在商业上取得了成功，还积极参与到苏州的社区建设和慈善事业中，成为当地社会的重要成员。鲁商通过建立同乡会馆和行业公所，加强了商人之间的联系和合作，形成了强大的商业网络，为苏州的经济繁荣提供了有力支持。

苏州的商贸历史不仅丰富了城市的经济，也在文化方面留下了深刻的印记。以会馆为例，这些建筑不仅是商人的聚集地，也是文化交流的重要场所。

---

① 龚平. "新苏州人"的历史背影. 姑苏晚报，2005 - 09 - 10.

此外，苏州的商人还积极参与社会公益事业，捐资修建学校、桥梁、寺庙等公共设施。例如，明代苏州著名商人沈万三就捐资在苏州玄妙观前修建了观前街，极大地方便了当时的交通和商业活动。晚清著名商人盛宣怀也在苏州捐资修建了多条道路，并在购买了留园之后，在留园旁开设义庄，接济穷人，为苏州的社会发展做出了重要贡献。

苏州的商业繁荣还促进了工艺美术的发展。如前所述，"苏作"体现了苏州的工匠精神，而这些几乎可以被称为艺术品的"苏作"不仅是苏州工匠们的杰作，苏州商人也为"苏作"作为苏州时尚和品位的具象化体现贡献了自己的力量。例如，苏州的刺绣、玉雕、红木家具等工艺技术在明清时期达到了顶峰，而"苏作"的成功不仅得益于精湛的技艺，还与苏州商人的支持密不可分。他们通过资助各式工坊，推动手工艺制品的技艺创新和发展，同时也通过商贸网络将这些手工艺品推广到全国各地，甚至远销海外。同时，他们不仅是这些工艺品的赞助者和收藏者，还积极参与其设计和制作，也极大地推动了苏州工艺美术的发展。

苏州的商贸历史不仅丰富了城市的经济，也在文化方面留下了深刻的印记。苏州的商人们不仅在经济上取得了巨大的成功，还在文化上做出了重要贡献。他们积极参与文化活动，资助书院和学堂的建设，推动了工艺美术的发展，捐资修建了许多公共设施和宗教建筑，为苏州的社会和文化繁荣做出了重要贡献。正是这些商人的努力，使得历史上的苏州成为一个充满活力和文化底蕴的城市，也为今天的苏州文化增添了丰富的内涵。

（三）苏州历史上的人文环境

苏州之所以能在商业和手工业领域取得举世瞩目的成就，其深厚的文化底蕴与独特的人文环境发挥了极为重要的作用。自六朝始，苏州开始"黜武尚文"。安史之乱后，经济重心南移，带动了文化的繁荣发展。至明清时期，苏州的文化氛围达到了顶峰。

苏州的文化产业在其经济繁荣中占据了举足轻重的地位。苏州因其独特的园林艺术风格和精湛的技艺而成为"东方威尼斯"的代名词。苏州园林不仅是富商巨贾的私家花园，更是文人雅士的聚会场所。园林的设计讲究自然与人文的和谐统一，园中假山、流水、小桥、亭台楼阁相映成趣，形成了一幅幅美丽的画卷。此外，如前所述，苏州的刺绣、玉雕、红木家具等材质优良、造型优美、工艺精湛的手工艺品的盛行，也是苏州人追求高品质生活的象征。

苏州的教育事业在明清时期达到了前所未有的高度。在教育发展的过程中，书院的设立发挥了重要作用。苏州的书院和学堂遍布全城，为当时的社会培养了大量经世致用的人才。在知识和人才产出上，历史上的苏州显现出了丰富多彩的特色。明清两朝苏州府共培养出 1 861 名进士。仅一府进士数量便占两朝全国进士总数的 24%，可见苏州历史上精英人力资本之雄厚。[①] 若再往前追溯，从隋唐至清末 1 300 年的科举史上，苏州共涌现了 51 名文武状元，居全国各府之首，成为名副其实的"状元之乡"。时人便有"苏人才甲天下"之说，名臣硕儒多发迹于苏州。清代康熙年间《苏州府志》便记载："吴郡人文自有制科以来，名公巨儒先后飐起。"1438 年，明代科举江南首开状元记录，而一甲、二甲、三甲第一名皆为苏州府人，这一盛事亘古未闻。[②] 清代苏州更是魁星遍布，苏州府共有 29 名状元，状元之多令人咋舌。这些记录的背后都彰显了苏州崇文重教的人文特质，同时也印证了苏州在文化领域的独特地位。这些文人雅士的作品不仅反映了苏州社会的风貌和文化底蕴，也为后人提供了珍贵的历史资料。以清代文人苏州府吴县徐扬所作的《姑苏繁华图》（又名《盛世滋生图》）为例，徐扬以写实的手法描绘了乾隆帝两次巡江南后苏州的繁荣景象，细致入微地绘制了当时苏州实际存在的 260 余家店铺，向今人展示了苏州彼时的繁华和兴盛。

除了在文化产业与知识产出等方面所体现的苏州的人文环境特质之外，苏州人的生活方式也风格独特，品位雅致。苏州的居民注重生活品质，喜欢园林和茶道，追求精致和优雅的生活。苏州的生活方式不仅体现在居住环境和饮食习惯上，还体现在日常的社交和娱乐活动中。苏州的居民喜欢聚会、品茶、赏花和听戏，形成了独特的生活文化。茶道在苏州有着悠久的历史，

---

①② 范金民. 明清江南进士数量、地域分布及其特色分析. 南京大学学报（哲学·人文科学·社会科学版），1997 (2)：171-178.

茶馆成为人们休闲、社交的重要场所。苏州的戏曲文化也非常丰富，昆曲作为中国传统戏曲艺术的代表之一，在苏州得到了广泛的传播和发展。苏州的居民通过这些文化活动享受生活的乐趣，提升生活的品质。

苏州作为中国古代的文化和经济中心，其繁荣的文化产业、聚集的文人雅士、发达的教育事业和独具特色的生活方式，共同铸就了苏州的辉煌。这些因素不仅为苏州的经济发展提供了强大的动力，也为苏州的文化传承和创新奠定了坚实的基础。苏州的历史和文化体现出了中国传统文化的丰富内涵。苏州之所以能够在历史长河中保持其独特的魅力，正是因为它在不断传承和创新中找到了经济与文化、传统与现代的和谐发展之道。

二、大分流：抓住机遇的英国

可惜的是，苏州却没能在 18 世纪跟上世界发展的潮流。苏州的繁荣与兴盛到了 18 世纪之后似乎就陷入了瓶颈，而一个原本在欧洲并不起眼的岛国——英国——成为世界新的中心。事实上，从 1500 年开始，西欧就进行了一系列重大变革。英国则超越意大利和荷兰成为新的欧洲霸主，它最早摆脱了马尔萨斯陷阱，经历了快速的人均收入增长，并在 18 世纪成为世界上第一个开始以工业化为核心特征的现代化进程的国家。而此时的苏州，却因为愈演愈烈的人地矛盾、人均耕地逐年下降而被迫在劳动密集型和资源节约型道路上越走越远，最终出现了内卷型（指单位劳动边际报酬递减）而非发展型经济增长。[①] 若比较江南核心地区和西欧发达地区，GDP 间的差距也于 1720 年前后开始逐渐拉大。[②]

（一）何以英国

英国向现代经济增长道路的转型，标志着其在 18 世纪中叶至 19 世纪初期间通过工业革命实现了从农业经济向工业化经济的巨大飞跃。这一时期，

---

① 黄宗智. 发展还是内卷？十八世纪英国与中国：评彭慕兰《大分岔：欧洲，中国及现代世界经济的发展》. 历史研究，2002（4）：149 - 176，191 - 192.

② Broadberry, Stephen, Hanhui Guan, and David Daokui Li. "China, Europe, and the Great Divergence: A Study in Historical National Accounting, 980 - 1850." *The Journal of Economic History*, 2018，78（4）：955 - 1000.

英国率先采用新的制造工艺、机械化生产和能源资源，极大地提升了生产效率和经济产出。

第一次工业革命的核心包括纺织业、蒸汽动力的广泛应用以及铁和煤的开采和使用，英国的工业生产技术发生了革命性的变化：通过纺纱和织布机器的发明与制造，英国的纺织业最早实现了生产力的飞跃；蒸汽动力成为最为广泛的动力源；廉价煤炭取代了木材、水力和风力等昂贵的可再生能源。技术上的变革不仅改变了生产方式，还带来了深远的社会和经济变革。人口从农村向城市迁移，形成了大量的城市劳动力；资本积累和投资增加，推动了技术创新和工业扩展；贸易和运输体系的改进，特别是铁路和船运的发展，使商品流通更加便捷。

英国彼时经历了巨大且快速的经济增长，最直接的体现便是工人生产效率的提高——从 1770 年至 1850 年，英国工人的平均产出翻了一番；从 1770 年至 1910 年，英国的年均 GDP 增长率也一直保持在 2% 以上。[1] 当然，英国高速的工业现代化也得益于 15 世纪之后的大航海时代的来临。新航路的开辟带来了一场前所未有的商业革命。通过控制跨国贸易而实现的海外扩张与殖民，英国利用大量殖民地的劳动力和自然资源，大大缓解了自身在现代化进程中所面临的巨大生态压力，从而实现了经济的高速发展。[2]

工业革命在欧洲大陆乃至世界范围内的迅速扩散，使得不仅包括英国在内的世界各地生产效率提高，这一量变也给世界发展带来了一系列质变，包括：（1）经济增长规模扩大，经济增长不再局限在某些贸易中心或政治中心，而是实现了全世界范围内可观测到的增长；（2）技术革新，而不是直接的资本投入，成为推动经济增长的重要力量；（3）经济增长不再受到马尔萨斯陷阱的制约，突破了人口增长对经济增长可能带来的局限，而真正实现了可持续的经济增长。[3] 经济进步与现代性观念变革又共同带来了人口转型。从 19

[1] Allen, Robert C. *The British Industrial Revolution in Global Perspective*. Cambridge University Press，2009.

[2] Pomeranz, Kenneth. *The Great Divergence：China，Europe，and the Making of the Modern World Economy*. Princeton University Press，2000.

[3] Mokyr, Joel. "The Intellectual Origins of Modern Economic Growth." *The Journal of Economic History*，2005，65（2）：285-351.

世纪后期开始，英国开始经历快速的生育率下降。平均来说，英国女性从生育 5 个孩子左右的生育水平下降至 2 个孩子。[①] 工业革命和人口转型的共同作用使得英国成为世界上首个走上现代经济增长道路的国家。

对于英国为何能成为历史上第一个开始工业革命的国家，学界已经从人口结构变化、产业结构调整、创新激励增强、教育与人力资本水平提高等多个角度进行了诸多讨论。然而根本上，相比于其他国家和地区，英国的独特之处在于其在近代早期已经形成人文基因，并在 18 世纪之前成功实现了创造性转化，使得现代文明和现代经济发展模式在英国的出现成为可能。

（二）英国的人文基因及其转化

文化作为人类社会的基本构成部分，扮演着引导人类决策的核心角色。文化的延续性以及文化作为变革载体的特性使得文化对个体乃至群体的行为具有深远而持久的影响。已经有大量文献在研究英国经济发展历程之后指出，其与世界其他国家不同的文化传统是理解英国工业革命出现的关键。[②] 通过考察英国在近代早期就已经出现的人文基因可以发现，在工业革命时期及之前，正是这些人文基因的创造性转化，才使得英国最早实现了向现代经济的转型。

英国现代性人文基因的形成与创造性转化可以分为三个主要阶段。首先是早期形成阶段。在这一时期，英国的宗教环境和科学技术的发展密切交织，对现代性人文基因的初步形成起到了重要作用。其次是形成阶段。在这个过程中，英国制度的进步对现代性人文基因的塑造产生了深远影响。最后是创造性转化阶段。在这一时期，得益于理性思想氛围的广泛传播，现代性人文基因得以在新的思想潮流中不断演变和深化。随着中世纪末期信仰的转变，英国的经验（实证）主义和怀疑主义哲学传统推动了现代科学技术的发展；与此同时，自由主义的政治经济传统促进了制度的进步，确保了对私有财产

①　Alter, George and Gregory Clark. "The Demographic Transition and Human Capital." *The Cambridge Economic History of Modern Europe*, Volume 1, Cambridge University Press, 2010: 43 - 69.

②　艾伦·麦克法兰. 英国个人主义的起源. 北京：商务印书馆，2008；Joel, Mokyr. *A Culture of Growth: The Origins of the Modern Economy*. Princeton University Press, 2016.

的保护，并激发了自由竞争。这些因素共同为英国现代性人文基因的创造性转化奠定了坚实的哲学、政治和经济基础。

英国现代性人文基因的早期形成与宗教及科学技术的发展密切相关。公元 476 年，西罗马帝国灭亡，欧洲进入中世纪，天主教会成为这一时期最强大的机构之一。教会掌控的神学研究被视为最重要的学术任务，甚至有"神学是所有知识的女王"之说。① 尽管近年来有学者指出，中世纪并非完全是"智识停滞、迷信无知"的时代，但教会制度化的统治确实压制了思想自由，尤其是在哲学、神学和自然哲学领域。②

尽管中世纪的教会并未完全阻止自然哲学的发展，但它对自然哲学的控制极为严格，这种限制不利于现代科学的萌芽。教会推崇亚里士多德关于自然的思辨性学说，视其为不可挑战的权威。与现代科学实践通过实验来验证假设的理念不同，中世纪的学术传统更重视从三段论推导出的演绎知识，这种方法论与现代科学的研究设计格格不入。③

14—16 世纪的文艺复兴运动，是对中世纪教会禁锢思想的首次革命性文化反省。此前，人们毫无疑问地接受亚里士多德、托勒密、奥古斯丁或经院学者的教义。然而，文艺复兴时期的思想变革提出了新的观念——自然的奥秘应由人类发现，并且可以被理解。人们开始大胆地质疑和检验那些在自然哲学中被长期视为理所当然的信仰，利用科学实验和理性思考来建立新的知识体系。

学术界普遍认为，弗朗西斯·培根（Francis Bacon）是英国现代科学精神的奠基者和传播者，他被誉为试图"对自然知识进行纲领性改革"的伟大人物。④ 通过自己的研究与著作，弗朗西斯·培根将唯物主义和实验主义的现代科学精神融入英国的文化传统并加以弘扬。他的名著《新工具》（*New Organon*，1620）向世人宣告他要取代亚里士多德的《工具论》（*Organon*）学说。⑤ 由此，现代科学中的实验精神与怀疑精神得以正式确立。17 世纪，英

---

① 詹姆斯·汉南. 科学的起源：中世纪如何奠基现代科学. 上海：上海教育出版社，2022.

② 何光沪. 科学革命中的基督宗教与人文主义. 中国人民大学学报，2008（3）：47 - 53.

③ Joel, Mokyr. *A Culture of Growth：The Origins of the Modern Economy*. Princeton University Press，2016.

④⑤ 约翰·亨利. 科学革命与现代科学的起源：第 3 版. 北京：北京大学出版社，2023.

国迎来了科学革命，这一革命不仅使科学从自然哲学中独立出来，也标志着人文研究与科学研究成为两个独立的学科。^①

实际上在英国，对于中世纪古典经院哲学的文化反省有着更加深远的思想渊源，这也促使现代科学精神在英国得以扎根并繁荣，涌现出了像弗朗西斯·培根、威廉·吉尔伯特和威廉·哈维等著名学者。这一思想渊源可以追溯到 13 世纪的英国自然哲学家罗吉尔·培根（Roger Bacon）。他致力于将自然知识建立在观察与实验的基础上，是欧洲首位尝试这样做的学者。

在著作《大著作》（*Opus Majus*，c. 1267）中，罗吉尔·培根指出："只有两种获取知识的方式，一是推理，一是经验。推理虽然能让我们做出结论并让我们承认结论，但并不能保证结论是确定的……除非人类的头脑可以通过经验的途径发现同样的结论……因此，谁想要毫无疑问地为现象背后的真相而欢欣鼓舞，谁就必须懂得如何全身心地投入实验"。^②尽管在 13 世纪，罗吉尔·培根的思想被视为离经叛道，但正是他的思想孕育了英国独特的科学研究传统，使得"实验哲学"在英国得以发展。^③"实验哲学"解放了被禁锢的思维，不再依赖先验的权威与真理，打破了传统欧陆以柏拉图为代表的理性主义思维模式，强调从实践中获取知识。在 15—16 世纪文化反省的背景下，这一"实验哲学"的人文基因被真正激发，使得英国经历了现代科学的蓬勃发展。对权威的质疑与批判精神成为英国科技创新的认识论基础，也促成了英国现代性人文基因的早期形成。

在英国的自然哲学蓬勃发展的同时，17 世纪的一个重要事件标志着英国现代性人文基因的进一步完善——1688 年的光荣革命。光荣革命因其在英国政治与经济发展史上具有里程碑式意义而受到经济史和政治史学者的广泛研究。^④然而，探讨光荣革命的起源，不能仅局限于经济与政治视角，还应从文

---

① 约翰·亨利. 科学革命与现代科学的起源：第 3 版. 北京：北京大学出版社，2023；谌章明. 试论英国启蒙运动兴起的历史条件. 南京工业大学学报（社会科学版），2007（2）：67 - 70.

② 约翰·亨利. 科学革命与现代科学的起源：第 3 版. 北京：北京大学出版社，2023.

③ Stearns, Phineas Raymond. "The Scientific Spirit in England in Early Modern Times (c. 1600)." *Isis*，1943，34（4）：293 - 300.

④ North，Douglass C. and Barry R. Weingast. "Constitutions and Commitment：The Evolution of Institutions Governing Public Choice in Seventeenth-Century England." *The Journal of Economic History*，1989，49（4）：803 - 832.

化层面加以审视。宗教改革后，英国在宗教信仰方面的独特选择同样深刻地影响了其制度选择，进而塑造了其人文基因的发展轨迹。

在 1 500 年以前的数百年里，罗马教廷对英国教会产生了深远影响，天主教渗透并影响了英国社会生活的方方面面，包括贸易、契约和婚姻等。然而，1517 年，马丁·路德发布《九十五条论纲》，在德国引发了宗教改革运动，并迅速蔓延至西欧多个国家。与德国不同的是，英国的宗教改革是自上而下展开的。在光荣革命前的一个世纪，亨利八世与罗马教廷决裂，创立了英国独特形式的天主教会——英国圣公会（即英国国教）。亨利八世不仅将英国教会从罗马教廷的等级制度中分离出来，还于 1534 年任命英国君主为教会领袖。这一举措不仅改变了英国的宗教结构，也为其后续政治和文化发展奠定了基础。

在光荣革命前夕，英国的政治局势在查理二世统治期间日益紧张。主要原因在于查理二世没有合法继承人，这意味着王位将被传给他的弟弟詹姆斯，而詹姆斯是一位虔诚的天主教徒，这引发了人们对天主教统治和专制的恐惧。詹姆斯二世即位后，尽管他最初承诺宗教信仰不会影响他的治国方针，但很快他便开始实施一系列旨在增强天主教影响力的政策。詹姆斯二世在 1685 年11 月允许天主教徒担任武装部队的军官，随后又通过法律任命天主教徒为他的皇家顾问。1687 年 4 月，他颁布了《信教自由令》（Declaration of Indulgence Act），废除了限制天主教徒权利的所有法律。这些政策引发了广泛的反对，许多人担心詹姆斯二世正在建立一个天主教专制统治。

这种不满情绪最终在 1688 年 11 月爆发为光荣革命。荷兰新教领袖威廉·奥兰治与他的妻子、詹姆斯二世的女儿玛丽·斯图亚特被拥立为英格兰的联合君主。威廉上台后，禁止天主教徒在议会中投票或担任职务，并制定了一项至今仍然有效的法律，即英国君主不能是天主教徒，也不能与天主教徒结婚。威廉还签署了《权利法案》，保障公民权利，并推动了英国议会的民主化，使英格兰最终确立了新教君主立宪制。

光荣革命对于英国现代化进程的意义是重大的。光荣革命之后，英国成为一个事实上的商人共和国，国王权力虚化。从此，英国界定了纳税人合法财产权，对债券持有者提供可信保障，国债信誉提高，公债市场完善，公开借债的成本下降。道格拉斯·诺思（Douglass North）和巴里·温加斯特

（Barry Weingast）认为，光荣革命通过让君主对议会更加负责，确保英格兰的私有产权，从而加速了资本主义的崛起。[①] 正是皇室公开借债的成本下降，使得英国的财政能力得到了极大增强，为其海军建设和海外殖民扩张提供了物质保障。这些经济上的变化也被不少学者认为是光荣革命为工业革命及后来的现代化所创造的先决条件。[②] 这一变化保障了英国后续经济发展能够拥有一个良好稳定的制度环境，自由主义的政治经济传统促进了制度进步，确立了私有财产保护并激发了自由竞争，为后续英国人文基因的创造性转化提供了足够的物质基础。

在启蒙运动期间，英国进入了一个全新的理性时代，并最终实现了其人文基因的创造性转化。关于上帝、理性、自然和人性的思想在这一时期有机结合，形成了对现代世界的全新理解。[③] 启蒙思想的核心在于对理性的推崇，认为理性是理解宇宙、推动社会进步的关键力量。启蒙思想家们呼吁人们相信自身的能力，拒绝过时的文化传统，并鼓励以更为审慎、怀疑、实证和灵活的视角来看待世界。他们强调对前人智慧的批判性思考，而不是盲从。这一时期的理性主义推动了英国人文基因的深刻转化，打破了西方社会延续数个世纪的文化传统，个人主义、包容性和对科学探索的精神逐渐占据主导地位。[④] 启蒙运动不仅革新了人们的思想方式，还奠定了现代英国社会的基础，使其在思想和文化上迎来了新的篇章。

启蒙运动的时间范围大致为 1688 年光荣革命至 1789 年法国大革命的一百年间。虽然启蒙运动的核心区域是法国，且重要的思想家多来自法国，但启蒙运动最早的萌芽却始于英国。16 世纪爆发的科学革命为英国启蒙运动提供了强有力的催化剂，而宗教改革则为启蒙运动奠定了思想基础。启蒙运动

---

① North，Douglass C. and Barry R. Weingast. "Constitutions and Commitment: The Evolution of Institutions Governing Public Choice in Seventeenth-Century England." *The Journal of Economic History*，1989，49（4）：803 – 832.

② Olson，Mancur. "Dictatorship，Democracy，and Development." *American Political Science Review*，1993，87（3）：567 – 576.

③ 刘守英，赖德胜，都阳，等. 中华民族现代文明与社会主义现代化强国. 中国工业经济，2023（7）：5 – 25.

④ Porter，Roy. *Enlightenment: Britain and the Creation of the Modern World*. Penguin UK，2001.

的根源之一是文艺复兴时期的人文主义，但最重要的起源则是科学革命后人们对理性和实证方法能够揭示真理的信念。

英国启蒙运动的重要代表人物之一大卫·休谟（David Hume）集中体现了这一时期的核心思想。他强调理性、世俗主义、个人主义和唯物主义，尽管受到当时自然环境和社会制度的限制，但他的思想具有鲜明的政策意识，特别是强调社会选择在现实社会建构中的作用。休谟敢于挑战当时的公认智慧，尤其是在宗教问题上，这也引起了一些保守派人士的反感。到了18世纪，神学不再是知识的最高领域。人们对现代科学研究的兴趣日益增强，所有现象都需要经过实证检验和理性分析。宗教信仰开始被重新审视，科学与宗教的关系变得不再紧密。科学家的研究目标不再是为了上帝的荣耀，而是为了理解人类生活的世界本身。从学科资源分配的角度来看，人们对神学和其他世俗学科的态度也发生了变化。更多资源被倾注到了如法学、科学等实用学科上，高端人才不再集中于神学，而是更多地分布在世俗学科中。① 因此，理性和科学逐渐取代了原先的宗教与神学，成为推动人类进步的核心力量。

在宗教改革和启蒙运动的影响下，英国在新教文化的背景下培养了一批古典政治经济学家，如亚当·斯密（Adam Smith）、大卫·李嘉图（David Ricardo）和约翰·斯图亚特·穆勒（John Stuart Mill）。他们的自由主义政治经济哲学，与新教文化共同推动了英国从盛行重商主义转向一种全新的经济文化。这一文化得益于如托马斯·曼（Thomas Mun）和贝尔纳德·孟德维尔（Bernard Mandeville）等人的重商主义思想，但最终形成了一种英国式的现代经济文化。

这种新的经济文化激发了资本家的创新与冒险精神，推动了市场经济和跨国贸易的发展，为英国开辟更多殖民地、获取全球市场与资源提供了理论支持。以自由市场和自由贸易为基础，它构建了一种相对和平的霸权，依托经济而非军事力量，这种霸权具有更强的持久性。在这一背景下，英国顺理

---

① Cantoni, Davide, Jeremiah Dittmar, and Noam Yuchtman. "Religious Competition and Reallocation: The Political Economy of Secularization in the Protestant Reformation." *The Quarterly Journal of Economics*, 2018, 133（4）: 2037 - 2096.

成章地成了世界上最早迈入现代化进程的国家，经历了由工业革命与人口转型主导的18—19世纪的快速现代化发展。在此过程中，英国人文精神中的实验主义与怀疑主义基因被激活并实现了创造性转化，形成了一种"增长的文化"。这一文化并非建立在对传统的盲目信仰之上，而是基于科学、技术和制度进步构建更美好世界的信念。① 这种"增长的文化"不仅激发了英国社会对实用知识的需求，更推动了创新与实用的"有用知识"的广泛传播。②

实验主义与怀疑主义作为实现创造性转化的核心人文基因，引领英国进入了全新的理性时代。技术进步的关键在于理性思维，而这种理性思维的背后，是对独立思考、实证主义以及探索未知的强烈追求。这些因素相互交织，形成了"增长的文化"的土壤。怀疑主义促使个人在追求自身利益和目标时突破传统社会规范的束缚，鼓励自由和积极的态度，为创新和经济活动提供了广阔的空间。与此同时，对科学的浓厚兴趣和强烈的求知欲推动了对未知领域的不断探索，促成了新的发现和知识的不断涌现。这样，"有用知识"得以有效传播，并广泛渗透到社会的各个层面，为后来的工业革命和现代经济增长奠定了坚实的基础。这种融合理性思维与实证主义的文化不仅促进了科技的进步，还激发了社会各界对知识的高度重视，最终塑造了英国在现代化进程中的领先地位。

三、现代之痛：错失机遇的苏州

在英国以及整个西欧因为工业革命而开始转型的时候，苏州却错过了工业革命的浪潮。作为世界经济领头羊的苏州，随着18世纪英国开始工业革命，逐渐落后。为什么会在18世纪之后出现这一中西发展之间的巨大分流，是当代经济史研究亟须回应的重要问题之一，而其涉及的因素也是多方面的。

---

① Joel，Mokyr. *A Culture of Growth*：*The Origins of the Modern Economy*. Princeton University Press，2016；Galor, Oded. *The Journey of Humanity*：*The Origins of Wealth and Inequality*. Dutton，2022.

② Joel，Mokyr. *A Culture of Growth*：*The Origins of the Modern Economy*. Princeton University Press，2016；McCloskey, Deirdre Nansen. *The Bourgeois Virtues*：*Ethics for an Age of Commerce*. University of Chicago Press，2006.

（一）因素一："高水平均衡陷阱"

英国著名汉学家和经济史学家伊懋可就曾指出，清朝中国的经济停滞问题是由革命性的技术创新的缺乏所致。无论是在农业还是工业方面，为何中国没能像英国那样成功在生产过程中引入技术创新，提高生产力？伊懋可虽然并不认为中国的生产技术自中世纪起就停滞不前，但他也确实指出中国的技术进步仅能勉强跟上人口增长和资源枯竭的步伐，所以人均收入才会在相当长的时间里保持不变，并到清朝中期开始下降。[①] 尽管当时的中国商业发展广泛，市场生产规模庞大，并且科学知识水平并不低，但是能够引发根本性变革的技术突破并未出现。于是，即使在当时中国最为富庶的江南地区，也无法再与已经变革的英国相比。到 18 世纪，江南地区陷入了一种"高水平均衡陷阱"的状态。[②] 江南当时的情况当然绝非不是"落后"，但因为当时江南的生产力已经处于其可能性边界之上，如果需要突破，则需要更多的资本与技术创新，而这在当时的江南已经难以实现。以这种技术上的缺乏创新与突破为特征，任何持续的经济上"质"的进步都不再可能。

具体而言，苏州与当时的英国相比，无论在资源、劳动力市场、市场规模和效率上，还是在生产单位的组织上都存在着显著差异。首先，在资源方面，苏州位于人口密集的中国江南地区，虽然拥有丰富的自然资源和便利的水路交通，但也因土地有限而面临巨大的人口压力。如前所述，苏州在明清时期一直是全国人口密度最高的府城。英国则具备广泛的土地资源，特别是 1348 年黑死病暴发之后，英国的人口锐减，直至 1650 年之后才恢复到 1348 年的水平。因为相对较低的人口密度，英国的土地利用更为灵活，高附加值的畜牧业更为发达。其次，在劳动力市场方面，苏州由于人口众多，劳动力相对廉价，这有助于发展劳动密集型产业。英国的工业化进程虽然也依赖大量工人，但因为英国的高工资和低资本价格的独特组合，工业革命使得生产更为机械化，其劳动力市场更趋向于技术和资本密集型。再次，在市场规模

---

① ②　Elvin, Mark. *The Pattern of the Chinese Past：A Social and Economic Interpretation.* Stanford University Press, 1973.

和市场效率上，英国的迅速发展也得益于其海外殖民地的建立与强大的海军力量。早在 16 世纪伊丽莎白一世执政初期，英国就首次尝试建立了海外殖民地。在商业野心和与法国的竞争的推动下，海上扩张在 17 世纪加速，英国人在美洲和西印度群岛都建立了定居点。1600 年英国开始在印度建立贸易站，而随后东印度公司将贸易站扩张成了英属印度，即为英国在印度次大陆所建立的殖民统治区。从 17 世纪后半叶起，英国也开始了对非洲大陆的殖民，所谓"日不落帝国"初具雏形。通过海外扩张和殖民活动，英国建立了全球贸易网络，从而逐渐建立起了一个广泛的商业帝国。相比之下，苏州的海外商业模式主要依赖丝绸之路等传统贸易路线，逐渐无法适应全球化的潮流。并且，当时英国最具优势的产品——棉纺织品和羊毛制品大量向其殖民地倾销。然而，苏州虽然是中国经济最重要的商业中心，但其市场规模仍相对较小。尤其是像丝绸、刺绣、家具等高端工艺品的主要消费人群十分有限。因此，英国的全球化战略使其成为全球贸易的中心，而苏州却逐渐失去了在世界经济中的主导地位。最后，在生产单位的组织方面，苏州的生产结构仍以手工业为主，生产单位相对分散。相比之下，英国在工业革命中形成了大规模的工厂制度，生产单位更为集中和集约化。这种组织形式对劳动者和企业家提出了不同的激励机制，同样影响了两地的经济发展路径。

（二）因素二："原始工业化"

由前可知，明清时期的苏州拥有非常发达的手工业部门。那么为什么发达的手工业部门却没能为 18—19 世纪的苏州带来能够突破其生产瓶颈的动力，从而开始工业革命的历程呢？

根据门德尔斯（F. Mendels）的理论，西北欧的多数国家在现代工业化之前经历过一段"原始工业化"（proto-industrialization）时期。门德尔斯首先将原始工业化定义为"主要分散于农村的制造活动的发展"，后来修改为"传统组织的、为市场的、主要分布在农村的工业的迅速发展"[①]。他明确区分了原始工业化与早期农村家庭手工业，认为原始工业化由区域经济内并存的三

---

① Mendels, Franklin F. "Proto-industrialization: The First Phase of the Industrialization Process." *The Journal of Economic History*, 1972, 32 (1): 241 – 261.

种因素构成：农村工业、外部市场、与农村工业相辅相成的商业性农业。在17世纪和18世纪的欧洲，许多旨在满足国内和国际市场产品需求的制造商的大本营都位于农村地区。[①] 而在当时原始工业化的进程中，进行跨国贸易的商人（包买商）起到了核心作用。通过分料到户制（putting out system），包买商从外国市场购买原材料，并将这些原材料分配给农民进行加工生产。农民接收到原材料后，将其加工成制成品，然后再交还给商人。商人再将这些制成品销售到外国市场。通过这种方式，商人有效地协调了原材料和制成品的流通，使得农业和手工业紧密结合，共同促进了地方经济的发展。这种制度不仅使农民有了更多的经济来源，还加强了商人与市场之间的联系，推动了商业和贸易的发展。由于早期近代欧洲的消费品产业（纺织品、金属和皮革制品、木制品）对技术上的要求非常简单，所以农村地区没有接受过专业培训的农民也可以完全胜任。例如，1500年左右，西欧的弗兰德斯[②]是欧洲工业最发达的地区之一，利用大量处于农村地区的农民进行手工业生产，向欧洲各地输送了最好的毛织品及亚麻纺织品。由此，门德尔斯认为，早期近代面向广阔的区外甚至国外市场的农村制造业是一种处于过渡时期的制造业形式，这一农村制造业的发展最终导致了以工厂为基础的现代工业的发展。

在18世纪和19世纪的中国，同样存在着分料到户制，农村家庭通常也参与到了对供出售的工业制成品的生产之中。如果按照门德尔斯的理论，江南地区，特别是苏州，也应该是最可能发生原始工业化的地区。但事实是，清朝时期的苏州确实存在着农村工业化，但乡村地区的原始工业化始终与农业生产紧紧绑定。这一发达的手工业部门未能给苏州带来发展式的农业增长，也未能推动苏州开启工业现代化，而仅仅是带来内卷型停滞。

黄宗智在讨论清朝中国的江南乡村发展时，曾详细介绍过苏州丝织行业的分料到户制：

"协调丝织生产各环节的责任落到了包买商身上。包买商出现在18世纪，到19世纪末已控制了整个丝织业。称作'账房'的包买商，从丝行购得原

---

① Mendels, Franklin F. "Proto-industrialization: The First Phase of the Industrialization Process." *The Journal of Economic History*，1972，32 (1)：241 - 261.

② 弗兰德斯是西欧的一个历史地名，泛指位于西欧低地西南部、北海沿岸的古代尼德兰南部地区。

料，安排纺、染，然后'外发'给小机户去织。到 1913 年时，苏州城内有 57 家账房，控制了 1 000 家小机户，计 1 524 架织机和 7 681 个工人。"①

而虽然这一分料到户制也有长足发展，但黄宗智紧接着也指出："这些包买商通常被当作'资本主义萌芽'的实例，但是在我看来即便是这个明清时期资本化程度最高的手工业行业，其生产程度仍是分散的和劳动密集的。"② 同时，这一高度发展的丝织业也未能显著提高苏州农民当时的生活水平。

据乾隆时期编撰的《吴江县志》记载，在 18 世纪的吴江县，"儿女自十岁以外，皆早暮拮据以糊其口"。又据《光福志》记载，"凡女未及笄，即习育蚕"。但是蚕农自己无钱穿丝织品，故称"湖丝虽遍天下，而湖民身无一缕"（《吴兴备志》）。

因此，最终苏州乡村的原始工业化所带来的结果更多是消极的。随着农业人口的增长，特别是乾隆年间的人口快速增长，加入农村手工业生产的农业人口因为需要生产自用的纺织品，所以对非农业人口的支持效果越来越小，从而也使得农业人口的可支配收入减少，对商品的需求也随之降低，这又会进一步导致城市人口的可支配收入降低。原始工业化导致市场不整合：随着人们开始生产自用的纺织品，地区间的贸易减少。当时苏州的手工业生产，例如丝织和红木家具等，只能依赖于极小一部分中国精英阶层的固定需求，这与欧洲当时拥有广阔的海外市场的状况截然不同。无论是采用"发展"还是"内卷"的表现形式，原始工业化在苏州都没有发展前景，而当时的苏州似乎也进入了一个工业化发展的死胡同。

（三）苏州人文基因的转化困境

在生产要素及手工业发展的维度之下，苏州最终选择了"高水平均衡陷阱"的路径，经历了原始工业化的发展瓶颈，难以产生既经济又可行的技术创新，自然也无法诞生工业革命。但究其根源，18—19 世纪苏州与英国出现分流的根本原因在于苏州和英国两地不同的人文特征，这些特征深刻影响了

---

①② 黄宗智. 长江三角洲小农家庭与乡村发展. 上海：中华书局，1992.

两地不同的发展路径。尽管苏州在漫长的历史发展过程中已经积累了适宜经济发展的人文基因，但由于在18—19世纪未能实现已有人文基因的创造性转化，因此现代文明无法在当时的苏州得以出现及生长。

考察苏州的人文基因形成与经济发展历程可以发现，苏州与历史上英国的情况有极大的区别。从苏州传统的工业、商业与人文环境的发展可见，苏州的繁荣可以追溯到其传统的先进手工业文明和精细农业文明的结合，这种繁荣是一种典型的由士大夫、商人群体等上层社会和财富精英所推动的传统"官"文明。这种文明既体现了苏州在手工业和商业上的成就，也体现了它在文化和艺术上的精湛造诣。

苏州的经济发展所依赖的种植农业在很大程度上是为手工业服务的。苏州的农业以稻米种植为主，同时苏州大力发展了蚕桑、茶叶等多种农业产业。尤其是苏州的桑蚕养殖业，是丝绸生产的重要环节。苏州的农民通过种桑养蚕，为丝绸业提供了丰富的原材料。桑蚕养殖业的发展带动了地方经济的繁荣，为苏州的手工业提供了坚实的基础。精巧雅致的苏工苏作——丝绸、刺绣、家具、玉器——正是这两种传统文明结合的最好体现。它是精致的、高消费的、奢侈的，是为士绅阶层和商人阶层服务的，而不是为普通百姓的日常生活服务的，更不是为经济发展服务的。明清时期，苏州的士绅阶层和商人阶层在经济上占据主导地位，他们对精美工艺品的需求推动了手工业的发展。

苏州崇文重教以及精巧雅致的人文特质，在历史上造就了城市的繁荣昌盛。但可惜的是，与理性时代的英国不同，正是因为文化特有的延续性，这一为士大夫阶层服务的精致的手工业文明使得苏州缺少了变革动力。由前文可见，英国的经济发展历程有着明显的工业化特点。18世纪以来，英国通过工业革命，迅速从一个农业社会转变为工业社会。英国的经济发展主要依赖机械制造、纺织、钢铁等现代工业，而不是传统的手工业和农业。英国的工业化进程不仅改变了其经济结构，也改变了其社会结构，使得工人阶级成为社会的主力军。英国的工人阶级通过工业生产和工会运动，争取自身的权益和利益，推动了社会的进步和变革。与之相比，苏州的社会结构以士绅和商人阶层为主导，普通百姓只能通过从事手工业和农业为士绅和商人阶层服务。苏州在关键历史时期既不存在动机也没有能力实现其人文传统的创造性转化，这阻碍了城市转型的进程，进而在近代影响了其经济发展的方向与速度。

更具体来说，相对于英国而言，彼时的苏州并没有可以生长出"增长的文化"以及"有用知识"的土壤，苏州的人文环境也并不适宜发展出像英国同时期那样带着更加审慎、怀疑、实证和灵活的眼光看待世界的价值观。当然，苏州崇文重教的特质为城市提供了丰富的知识资源，培养了许多文人雅士，这在一定程度上促进了文学、绘画、器具制造和学术活动的繁荣，也为苏州积累了大量在当时"学而优则仕"的判定标准下优质的人力资本。例如在家具制造上，士绅阶层就与工匠们紧密合作，设计出了各种古雅又实用的家具。明朝著名画家文徵明的曾孙，明末的贡生、画家文震亨就曾经写出《长物志》一书——一部全面讨论士绅阶层生活环境艺术的著作。[①] 书中专门设有讨论家具的篇章，提出了对几榻、座椅在人体工学和艺术审美上的不同需求。而这样的知识，显然并不属于经济学家提出的"有用知识"的范畴。

并非每一种知识对技术进步和经济增长来说都是"有用知识"，也并不是每一种人力资本都有助于技术进步与经济增长。在当时中国的教育领域，数个世纪以来一直强调儒家道德与儒家哲学，强调知识的服从和一致性，而不是创新。在明清时期，学者们被禁止对儒家圣人的教义进行学术讨论，更不能讨论学校应该教授什么知识，考试中应该测试什么知识。这与"有用的"科学技术型知识在任何方面都不能相提并论，几乎无法促进现代经济增长。[②] 因此在这种情况下，文人雅士们通过其杰出的作品为"状元之乡"苏州增添了独特的文化底蕴，但同时，这种文学艺术的繁荣和知识的积累，却使得苏州在关键时期不能实现对传统文化的批判与创新，未能突破当时的教育和崇古思想对社会施加的在知识上的限制，从而阻碍了"有用知识"的出现和扩散。并且，对于苏州而言，"有用知识"的匮乏不仅表现在知识的类型上，而且更深层次地体现在知识的用途和社会角色上。在没有鼓励创新的文化氛围中，苏州未能形成一种积极向前的知识传承与创新体系。这导致了在关键时期苏州无法应对技术变革和经济转

---

① 王卫平. 明清时期苏州的人文经济实践：以"苏作"为中心. 光明日报，2023 - 12 - 04.

② Lin, Justin Yifu. "The Needham Puzzle: Why the Industrial Revolution Did Not Originate in China." *Economic Development and Cultural Change*，1995，43（2）：269 - 292.

型的挑战，与英国相比，苏州的技术创新和经济增长明显滞后。

从历史的长河中审视，在18世纪，苏州与英国截然不同的经济命运似乎是历史的必然。苏州未能像英国那样经历工业革命，未能在技术创新和经济增长方面达到类似的高度。这一分流之后，苏州不再是世界的中心，苏州似乎也在相当长的一段时间里失去了与英国竞争的机会，这也标志着苏州在全球经济中的地位一度衰落。苏州曾经引以为傲的人文特征，为它带来了历史上的辉煌，却也成为制约它经济发展的桎梏。然而，正如历史的车轮滚滚向前，新的历史时期为苏州带来了新的可能性。苏州丰富的人文基因并未因历史的转折而消亡，而是在新的时代背景下逐渐实现了创造性转化。这种转化并非意味着背离传统，而是在继承的基础上注入了新的活力。通过反思历史，我们可以看到，苏州正以一种新的姿态在全球化浪潮中重新崛起。苏州之谜不仅是对历史的回顾，更是对未来的展望，揭示了这座城市在新的历史条件下如何通过智慧与努力，再次焕发出强大的经济和文化活力。

第三章
苏州奇迹：勇立潮头的力量

苏州，这座历史名城，曾经在近代的浪潮中经历了东西方的大分流，一度在经济发展上落后于西方。然而，随着中国改革开放的春风吹向全国，苏州不仅迅速融入了全球化的浪潮，更在这一过程中通过焕发其独特的人文精神创造了经济奇迹。苏州以其深厚的文化底蕴，吸收了全球化带来的先进人文理念和制度，实现了本土文化与人文精神的转化与创新。在本轮信息技术革命的全球化经济浪潮中，苏州抓住了机遇，取得了举世瞩目的成就，重新崛起于世界经济潮头。

"博观而约取，厚积而薄发"这句话恰如其分地描绘了苏州的发展轨迹。改革开放以来，苏州的发展风雨兼程，所走的每一步都在向改革要动力，向开放要舞台，向创新要成效，逐步实现经济快速高质量增长、经济结构转型升级、积极融入经济全球化浪潮以及可持续的包容式增长。支撑苏州锐意进取不停歇的，是敢为人先的勇气和魄力，这种勇立潮头的苏州力量创造了我国经济发展史上的苏州奇迹。

一、经济快速高质量增长

在中国经济的蓬勃发展中，苏州以其惊人的增长速度和引人注目的实力崛起。苏州的崛起是中国经济发展的缩影，也是中国经济转型升级的一个生动案例。随着中国经济的整体增长，苏州通过引进外资、推动高新技术产业发展以及优化产业结构等多管齐下的策略，实现了地区经济的快速增长和质量提升。到 2023 年苏州实现地区生产总值 2.4 万亿元，按可比价计算，比上年增长 4.6％。苏州的经济增长不仅体现在数字上，更体现在居民生活的改善上。2023 年苏州居民人均可支配收入达到 74 076 元，这一增长率远超全国平均水平。苏州居民收入水平的显著提升，带动了居民生活水平的大幅提升，公共服务更加惠民，教育、医疗、文化等社会事业得到了长足发展。

（一）中国经济奇迹的苏州奇迹

自改革开放以来，中国经济已驶入增长的快车道，实现了历史性飞跃，经济实力持续增强，成为世界经济发展的重要引擎。同时，中国作为世界第一的制造业大国，工业总量不断跃上新台阶、制造业连续多年稳居世界第一、主要产品生产能力大幅提升以及工业产品国际竞争力显著提升，已然是全球生产网络中心之一，在全球经济中发挥着越来越重要的作用。自 1995 年以来，中国制造业增加值的全球占比显著上升，与此同时，美国、日本、德国和韩国等国家的相应比重有所下降。特别是自中国加入世界贸易组织（WTO）以来，中国制造业增加值的全球占比呈现出强劲的上升趋势。根据经济合作与发展组织（OECD）公布的数据，1995 年中国制造业增加值的全球占比仅有 3.7％，至 2021 年，中国制造业增加值的全球占比已经高达 29.8％（见图 3-1）。这一快速增长态势不仅展示了中国制造业的强劲动力，也反映了其在全球经济中的日益重要的地位。

中国制造业增加值的全球占比不仅高居首位，而且还超过了美国、日本、德国、印度和韩国这五个经济体（即第 2～6 位经济体）的总和（见图 3-2）。中国不仅是全球供应链的重要环节，也是驱动全球经济增长的关键力量。庞大的产业体量、完备的产业链使中国制造业以其独特的优势稳居全球主导地位。

自改革开放以来，中国制造业出口增长显著。1980 年，中国在全球制造业出口市场中的份额仅为 0.8％，但到了 2021 年，这一数字已上升至 19.5％。在加入 WTO 后，中国工业积极嵌入全球价值链的产业分工，深度融入经济全球化，通过"干中学"推进产业升级，快速推动了自身的经济增长

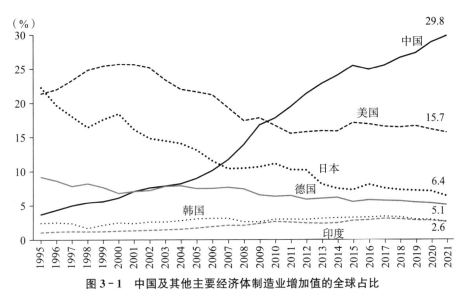

图 3 - 1　中国及其他主要经济体制造业增加值的全球占比

资料来源：经济合作与发展组织（OECD）数据库。

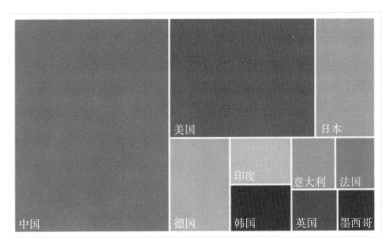

图 3 - 2　2021 年中国及其他主要经济体制造业增加值的全球占比

资料来源：经济合作与发展组织（OECD）数据库。

和工业化进程，同时对世界经济增长做出了巨大的贡献，成为世界经济增长的第一大发动机。

与此同时，其他传统制造强国如美国、德国和日本在同期的全球出口市场份额却呈现出明显的下降趋势。美国从 1980 年的约 13% 下降至 2021 年的 6.3%，德国从 14.8% 降至 8.5%，日本从 11.2% 降至 4.4%（见图 3 - 3）。

这些变化部分反映了全球制造业版图的重塑，而其中中国的崛起是最主要的动力之一。

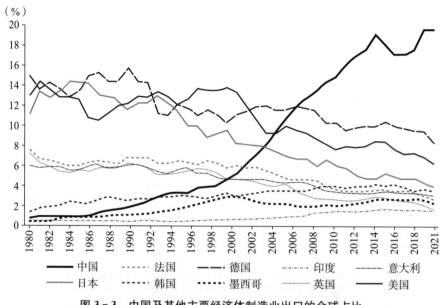

图3-3 中国及其他主要经济体制造业出口的全球占比

资料来源：经济合作与发展组织（OECD）数据库。

中国拥有大规模市场，具备独特的规模经济优势，并处于需求快速增长阶段。从 GDP 增量来看，目前我国每年 GDP 增量已远超 20 世纪 90 年代初期全年 GDP。我国经济 1 个百分点增速带来的增量，相当于 10 年前的约 2.1 个百分点。从 GDP 增量占比变化趋势来看，中国 GDP 增量对全球 GDP 增量的贡献正稳步增长。用现价计算，经过 HP 滤波平滑后，中国 GDP 对全球 GDP 增量的贡献约为 41%，几乎等同于所有发达国家增量贡献的总和（44.7%）。

中国的经济活动对全球经济增长的贡献显著，几乎可以与所有发达国家的贡献总和相媲美，表明中国在全球经济中的地位越来越重要，中国经济的持续增长对全球经济的推动作用越来越显著。

苏州是中国经济发展的模范生，在中国经济大舞台上熠熠生辉。科技创新、民营经济与全球竞争力的共舞，铺就了苏州经济的腾飞之路，助力苏州经济奇迹。苏州经济的崛起，绕不开"苏南模式"、"吸引外资"和"加入WTO"三个关键词。借助"苏南模式"，苏州经济实现了狂飙式增长；积极吸引外商投资，是苏州后来居上并保持领先优势的强力支撑；加入 WTO，使对外贸易成为苏州经济增长的主要助推器。

第一个关键词是"苏南模式"。20 世纪 80 年代的"苏南模式"，使苏州民营经济发展活跃，经济实现跨越式增长。1983 年，费孝通先生在其撰写的《小城镇·再探索》中首次提到"苏南模式"这一概念："到八十年代初江苏农村实行家庭联产承包责任制的时候，苏南的农民没有把社队企业分掉。在改制过程中，乡镇政府和村级自治组织替代先前的人民公社和生产队管理这份集体经济，通过工业保存下了集体经济实体，又借助上海经济技术的辐射和扩散，以乡镇企业为名而继续发展。苏、锡、常、通的乡镇企业发展模式是大体相同的，我称之为苏南模式。"

苏州之所以能够成长为"全球工业大市"，与苏州发达的乡镇企业有非常重要的关系。到 1985 年，苏州乡镇企业的总产值已经突破 99.7 亿元，超过全市工业产值的一半。进入 20 世纪 90 年代，这些企业迅速壮大，许多企业的年产销额达到数亿元甚至十亿元。到 1992 年，江苏省内大型乡镇企业达到 2 500 家，其中苏锡常地区占近 70%。而到 1993 年，江苏省乡镇工业的总产值已经超过 4 000 亿元，其中苏州贡献了超过 1 300 亿元。乡镇企业的发展不仅推动了苏州及周边地区的经济增长，还促进了相关市场和金融服务的完善。

苏州乡镇企业的快速成长得益于上海的辐射效应。自 20 世纪 80 年代起，苏州就确立了依靠上海发展的战略，90 年代进一步加强了这一方针，专注于发展上海不愿或不便接手的产业。此外，20 世纪 90 年代，苏州一些规模较大且发展良好的乡镇企业成功转型为股份制企业，部分企业甚至成功上市。例如，位于吴江区的宏力集团和盛虹控股，都是从小规模企业发展起来的，如今已成为国际市场上具有竞争力的高科技纺织企业。两家企业均位于盛泽镇，该镇拥有超过 2 500 家纺织企业，位于上海 100 公里都市圈内，目前已经是重要的产业集群。

"苏南模式"正是从乡镇企业和集体经济中脱颖而出，强调地方主导型市场经济，通过大力发展乡镇企业和私营经济，实现了快速的工业化进程。相比于以国企为主导的发展模式，这种模式企业结构更加灵活，市场响应速度更快，经济活力更为充沛。"苏南模式"不仅有效地促进了苏州的经济增长，还加强了苏州与国内外市场的联系，特别是与上海的紧密合作。此外，"苏南模式"通过推动乡镇企业的发展，大幅提高了就业率，有效缓解了农村的就业压力，缩小了城乡差距，还促进了区域间的经济平衡发展，通过强化乡镇企业，不仅仅是苏州中心城区，周边的乡镇也得到了迅速发展，经济活力得到了整体提升。

苏州强，不仅强在县域经济，也强在外向型经济。苏州经济增长的**第二个关键词就是"吸引外资"**。

苏州自改革开放以来，通过积极吸引外资，极大地推动了经济发展。1978 年，苏州的地区生产总值（GDP）在全国城市中仅排名第 15 位。随着一系列策略的实施，包括提供税收优惠、简化审批流程以及建立经济技术开发区，到 1987 年，其 GDP 已跃升至全国第 7 位，并在此后保持在第 6 位或第 7 位的水平。特别是在 1992 年邓小平南方谈话之后，苏州进一步放宽政策限制，大力吸引外商直接投资，市场经济实现了爆炸式增长，同年 GDP 增速达到惊人的 45.8%（见图 3-4）。

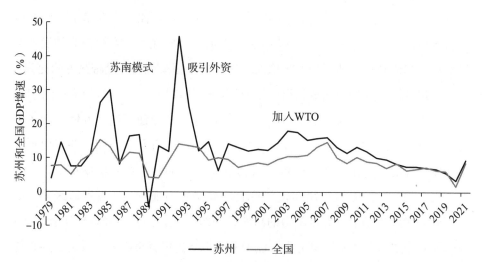

图 3-4　苏州奇迹：1979—2022 年 GDP 增速变动

资料来源：历年《苏州统计年鉴》和《中国统计年鉴》。

可以看到，苏州的 GDP 增速在多个时间点上超过了全国平均水平，尤其是在 1992 年达到顶峰。这与邓小平南方谈话之后苏州吸引外商直接投资的举措密切相关。这一时期苏州最先抓住国际产业资本向长三角转移的机遇，抢外资、抢外商、抢大项目。苏州干部到上海"拦"外商，苏州企业到上海"拐"专家的故事至今仍为人津津乐道。许多跨国公司、大财团就在那个时候被拉到了苏州，形成"上海总部-苏州工厂"的模式。在此后的年份中，尽管苏州的 GDP 增速经历了一定的波动，但总体呈现稳定趋势，显示出苏州经济的韧性和持续的增长动力。这种趋势表明，苏州在实施开放政策和吸引外资方面不仅取得了短期的成功，更确立了长期稳定发展的基础。

对外合作看园区，这是苏州对外开放的重要标志。从 20 世纪 90 年代开始，苏州陆续设立开发区，谋求产业发展转型之路。特别是在 1994 年，根据中国与新加坡的首个政府合作项目，苏州与新加坡共同建立了模仿新加坡裕廊工业园的中新合作区。该园区占地 80 平方公里，标志着苏州在吸引外资和国际合作方面迈出了重要一步。苏州工业园区发展迅速，现已成为世界 500 强企业、跨国公司总部和全球"灯塔工厂"的集聚区。翻开园区的"招商宝典"，精准化、专业化稳稳占据"C 位"。从成立之初起，园区就摒弃"眉毛胡子一把抓"的粗放招商理念，瞄准世界 500 强和全球行业领军企业，加大高技术外资项目引进，持续开展二次招商。截至 2023 年初，园区累计吸引高质量外资项目超 5 100 个，其中 101 家世界 500 强企业在区内投资项目 166 个，实际利用外资超 380 亿美元。2022 年，园区全年外资新立项目 300 个，实际利用外资19.8 亿美元，列全市第一，总投资超十亿美元甚至百亿美元的项目达 3 个。

积极的外资吸引策略不仅是苏州经济增长的重要引擎，也是技术革新与知识转移的关键桥梁。外资企业的涌入带来了世界级的技术和管理经验，极大促进了当地产业结构的优化和升级，尤其是在高新技术和制造业领域表现突出。此外，苏州与国际市场的紧密联系显著提升了其产品和服务的国际竞争力。外资的流入还活跃了就业市场，提升了居民生活质量。随着就业机会的增加和经济活力的提升，苏州成功转型为一个充满活力的现代化都市。这种持续的动力和发展成就使苏州成为国际合作与经济创新的典范。

在全球贸易的大潮中，苏州这颗镶嵌在江南水乡的璀璨明珠，一直以其独特的外贸实力站在舞台的中心。苏州经济增长的**第三个关键词就是"加入WTO"**。

2001 年，中国加入 WTO，这一历史性事件为苏州的对外贸易注入了新的活力，推动了苏州经济的进一步繁荣发展。随着国际贸易壁垒的降低和市场开放度的提高，苏州迅速抓住了这一机遇，积极融入全球市场，推动了经济的快速增长。

在加入 WTO 之后，苏州的 GDP 迎来了显著跃升。从 2001 年到 2012 年，苏州的 GDP 年均增长率均保持在两位数，体现出强劲的经济增长势头。这一时期，苏州的经济结构得到了优化，产业升级和科技创新取得了显著成效，整体经济呈现出腾飞态势。

具体来看，苏州的 GDP 在全国的占比迅速提升。2003 年，苏州的 GDP 占全国的比重首次超过 2%，此后一直稳定在 2% 左右（见图 3-5）。这一成就不仅展示了苏州在全国经济版图中的重要地位，也体现了其强大的经济竞争力和持续发展潜力。苏州对外贸易的发展也在这个时期取得了突破性进展。苏州通过大力发展出口导向型经济，积极吸引外资，引进先进技术和管理经验，推动了本地企业的国际化进程。外贸企业的蓬勃发展不仅为苏州创造了大量就业机会，也为地方财政收入的增长提供了强大支持。

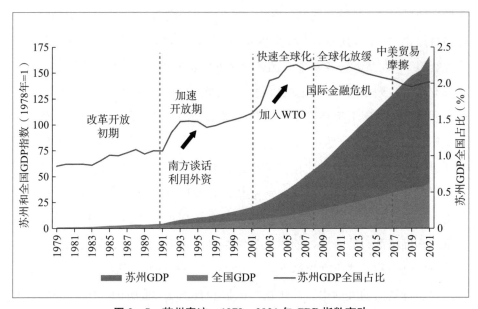

图 3-5　苏州奇迹：1979—2021 年 GDP 指数变动

资料来源：历年《苏州统计年鉴》和《中国统计年鉴》。

苏州已经成为中国经济全球化的重要支柱城市之一。川流不息的人流、资金流以及强劲的货物进出口，极大地提升了苏州在全球经济版图中的知名度和影响力。"一带一路"、长江经济带以及长三角区域一体化发展等重大国家战略在苏州交汇融合，激发出巨大的发展潜力。2013 年，苏州与共建"一带一路"国家的贸易额为 699.5 亿美元；到 2022 年，这一数字几乎翻了一番，达到了 1 370 亿美元。2013 年，苏州仅有 1 列中欧班列，而到 2022 年，这一数字已增至 503 列。苏州正在加速对接上海的"五个中心"建设①，积极融入由上海引领的长三角区域一体化，不断提升上海与苏州之间的同城效应。

此外，为了促进内外贸融合发展，推动内外循环的双向互促、供给和需求协同发力，2023 年 8 月，苏州出台了《苏州市促进内外贸一体化发展实施方案》。该方案从经营主体、新业态新模式和服务体系优化完善三个层面提出了 14 项任务，目标是到 2025 年，力争培育 5 个内外贸一体化产业集群、15 家内外贸一体化领跑行动重点联系企业和 50 家内外贸一体化试点企业，主导和参与制定 10 项以上的国际标准，建成 5 个省级知识产权保护示范区，设立不少于 50 个知识产权工作站，并通过信用保险在三年内支持企业国内贸易规模累计超过 1 000 亿元，从而实现内外贸的高效运行和融合发展。

苏州的成功经验表明，开放是推动经济发展的重要动力。通过深化对外开放，积极参与全球经济竞争，苏州不仅实现了自身的快速发展，也为全国其他地区提供了宝贵的经验借鉴。随着全球经济格局的不断变化，苏州将继续发挥其在对外贸易中的优势，进一步推动高质量发展，迈向更高的经济发展水平。

江苏这片富饶的土地孕育了无数勤劳智慧的人民，他们用自己的双手和智慧创造了一个又一个奇迹。在这片土地上，苏州尤为突出，成为江苏省乃至全国高质量发展的典范。苏州的 GDP 水平始终名列前茅，彰显了其在推动经济发展上的坚实步伐。在江苏省内，苏州独领风骚，其经济总量远超其他城市。数据显示，2023 年，苏州的 GDP 是南京的 1.4 倍、无锡的 1.6 倍、南通的 2.1 倍、常州的 2.4 倍。这些数据不仅展示了苏州在省内的经济优势，也体现了其在全国范围内的卓越表现。2023 年，苏州规模以上工业总产值已

---

① 上海"五个中心"建设是指国际经济中心建设、国际金融中心建设、国际贸易中心建设、国际航运中心建设和国际科技创新中心建设。

迈上 4.4 万亿元的新台阶，不仅在江苏省内位居第一（见图 3-6），更在全国范围内名列前茅，成为全球最重要的制造业中心之一。苏州作为中国经济最强地级市，展现了无与伦比的经济活力和发展潜力，是中国经济奇迹中的奇迹。

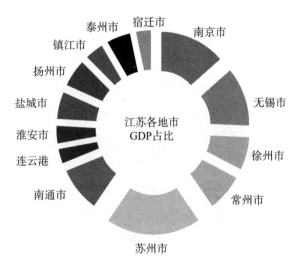

图 3-6　2022 年江苏省各地市 GDP 占比情况

资料来源：《江苏统计年鉴（2023）》。

　　苏州之所以能够取得如此显著的成就，离不开其在城乡企业、科技创新、产业升级以及对外开放等方面的持续努力。这座城市在多个领域不断发力，展现出强大的发展动力。苏州市政府在这一过程中发挥了重要作用，精心部署与智慧施策，使得苏州在经济社会各方面实现了均衡发展。政府通过制定科学合理的发展规划，推动政策落实，促进各项工作的有序开展，确保了苏州在高质量发展道路上稳步前行。

　　更为重要的是，苏州拥有独特的发展基因。作为一个历史悠久的城市，苏州在长期的发展过程中形成了独特的文化底蕴和发展智慧，这些都为现代苏州的发展提供了宝贵的资源和精神力量。如今，苏州的这些优势正不断转化为推动高质量发展的强大动力。在长三角一体化发展战略的推动下，苏州凭借其强大的经济基础、创新能力和开放优势，正在实现从高速增长向高质量发展的跨越，成为全国乃至全球经济发展的重要引擎。

（二）苏州人均收入增长

苏州这座位于中国东部的历史文化名城，近年来在经济发展的方方面面都取得了显著成就，尤其是在居民收入的快速增长方面。苏州的总人口已经超过一千万，但其人均 GDP 仍然在全省、全国居于前列，并于 2017 年达到 2 万美元，成为继深圳、无锡之后第三个迈入发达国家人均收入水平行列的中国主要城市。2022 年，苏州的人均 GDP 达到 18.6 万元（约 2.7 万美元），与北京、上海和深圳等城市处于第一梯队，达到世界中等发达国家水平（人均 GDP 为 3 万美元）指日可待（见图 3-7）。

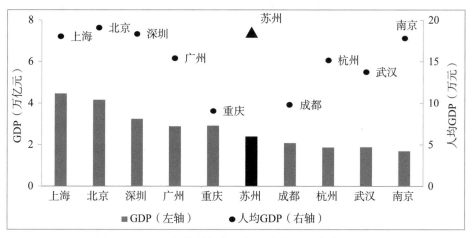

图 3-7　2022 年苏州与全国主要城市 GDP 与人均 GDP

资料来源：《苏州统计年鉴（2023）》。

苏州的经济腾飞不仅仅体现在人均 GDP 的提升上，更体现在居民收入的显著增长上。2022 年，苏州居民人均可支配收入高达 7.1 万元（见图 3-8），在全国城市中排名第五。从 1985 年到 2022 年，苏州城镇和农村常住居民的人均可支配收入分别从 1985 年的 918 元和 739 元跃升至 2022 年的 79 537 元和 43 785 元，城乡居民收入在经济增长中得到了大幅提升。这不仅反映了经济总量的增长，更是居民生活水平不断提高的体现。

相比之下，与相邻的无锡相比，苏州在 2014 年实现了人均可支配收入占人均 GDP 比重的赶超。自 2012 年以来，苏州的 GDP 增速和人均 GDP 增速均与无锡接近，但在高质量共享发展方面超过了无锡。主要原因在于苏州人均可支配收入年均增速达到了 9.54%，超过无锡的 7.82%。这显示出苏州在经济发展的同时，更加注重经济成果的共享和居民生活水平的提高。

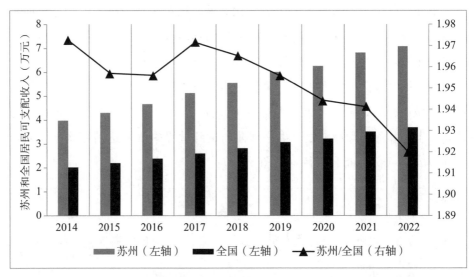

图 3-8　2014—2022 年苏州和全国居民可支配收入及其占比变化情况

资料来源：历年《苏州统计年鉴》和《中国统计年鉴》。

　　放眼全球，2022 年以苏州为代表的苏南地区城镇户均收入达到 33 411 美元，超过了同年法国的 29 422 美元和德国的 30 769 美元。从 2011 年至 2022 年，苏南地区城镇和乡村户均收入年增速分别为 9.24% 和 8.75%，也都超过了法国和德国。这种快速的收入增长不仅提升了区域经济的竞争力，也增强了居民的幸福感和获得感。

　　苏州人均收入的快速增长，为高质量共享发展奠定了坚实基础。这也是未来苏州进一步推动高质量共享发展、实现共同富裕所必须发挥的基础优势。在这个基础上，苏州将继续通过创新驱动、产业升级和政策支持，推动经济的可持续发展，确保更多的居民能够共享经济发展成果，实现共同富裕的美好愿景。

（三）苏州居民生活水平提升

　　苏州经济发展的成果很好地惠及了城镇居民和农村居民，极大地改善了苏州人民的生活水平。居民收入快速增长为消费升级提供了保障，苏州居民的消费水平大幅提高，消费质量也明显改善。

2022 年，城镇常住居民人均消费支出达到 47 451 元（见图 3 - 9），比 1982 年增长了 60 倍，农村常住居民人均消费支出达到 28 746 元，比 1982 年增长了 43 倍。这些数据充分显示了苏州经济发展的巨大成就和居民生活水平的显著提升。

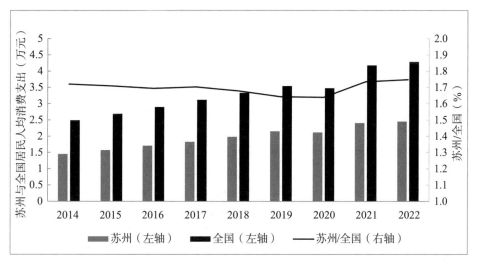

图 3 - 9 2014—2022 年苏州和全国居民人均消费支出变化情况

资料来源：历年《苏州统计年鉴》和《中国统计年鉴》。

苏州的经济腾飞不仅体现在数字的增长上，更体现在居民的日常生活中。随着收入的增加，苏州居民的消费结构发生了明显的变化。从基本生活需求到高品质生活方式的转变，苏州居民的消费内容日益丰富。高档商品和服务的消费需求迅速增长，旅游、教育、文化娱乐等方面的支出显著增加，体现了消费水平和生活质量的双重提升。

经济发展增加居民收入，激发消费活力，居民消费又拉动经济增长。在这种良性循环中，苏州的经济实现了可持续增长。以 2022 年为例，苏州的社会消费品零售总额达到了新的高度，消费市场的繁荣进一步推动了经济的稳定发展。居民消费支出的不断增加不仅反映了经济的增长，更是居民对生活品质追求的体现。通过不断增加居民收入，改善公共服务，提升消费质量，苏州成功实现了经济发展与居民生活水平提升的良性互动。在未来，苏州将继续在高质量发展的道路上稳步前行，为实现共同富裕、提升居民幸福感而努力。

二、经济结构转型升级

作为改革开放的一名排头兵，历经 40 余年的发展转型，苏州已经坐上全国工业总产值第二大城市、经济总量第一大地级市的交椅。在这段漫长而富有挑战的历程中，苏州始终保持着坚韧与创新精神，通过超前规划和科学布局，实现了稳健的发展。苏州的变革并非轰轰烈烈，而是通过渐进的方式、稳扎稳打地推进产业结构调整和优化。在坚守传统产业优势的同时，苏州积极引入高新技术和外资企业，提升制造业水平，推动服务业崛起，逐步形成了三次产业协调发展的新格局。如今，苏州这座历史悠久的城市正在悄然经历一场深刻的转型蜕变，努力成为中国经济版图上一颗璀璨的明珠。

（一）苏州的产业结构现代化

改革开放 40 多年来，苏州经历了从农业经济向工业经济、再向服务业经济的转型，形成了三次产业协调发展、区县一体化的新苏州。这一转型不仅提升了苏州的经济总量，更实现了经济结构的优化和升级，为全国经济发展提供了成功的范例。

从三大产业来看，苏州的农业在坚守传统的基础上，充分利用丰富的水网资源和人民对绿色发展的殷切要求，打造了高质量的新型农业。苏州的农业不仅保持了扎根土地的生产方式和吃苦耐劳的精神，还注重生态环境的保护，实现了人文与自然和谐发展的目标。通过推广现代农业技术和生态农业模式，苏州的农业生产效率和生态效益显著提升，为城市的可持续发展奠定了坚实基础。

苏州的现代农业不仅包括大规模的农田管理和机械化生产，还融入了智慧农业的元素。利用物联网、无人机和大数据分析，农民们可以更精确地监控农作物的生长状态和病虫害情况，大大提高了农业生产的精细化管理水平。此外，苏州还大力发展有机农业和特色农产品，打造了一批如太湖大闸蟹、阳澄湖大闸蟹等知名品牌。这些品牌不仅在国内市场上占据重要地位，还远销海外，为农民增收致富提供了新的途径。

在工业方面，苏州继承了求精务实的传统工匠精神，不仅在轻纺产品加工领域继续发光发热，还积极发展高端装备制造，形成了以电子信息、装备制造、生物医药、先进材料为主导的高科技产业体系。通过引进和培养科技创新人才，苏州在高新技术领域取得了显著成就，在多个产业领域居于世界领先地位。苏州高新技术企业数量和质量不断提升，成为全国高新技术产业发展的重要基地。

苏州工业园区作为国家级开发区，不仅是苏州高科技产业的核心区域，也是国际企业投资的热土。这里聚集了大量世界 500 强企业和高新技术企业，形成了完善的产业链和配套服务体系。通过优化营商环境、加强知识产权保护和推动技术创新，苏州在智能制造和绿色制造领域不断取得突破，进一步增强了产业的国际竞争力。

第三产业的发展更是后来居上，依托高度发达的高科技工业平台，不断升级和完善上下游配套的生产性服务。2016 年，第三产业首次超越第二产业，成为苏州经济的主导产业。苏州的服务业不仅为工业提供了强有力的支持，还在信息传输、软件和信息技术服务、科学研究和技术服务、金融业等领域取得了快速发展，进一步增强了城市的经济活力。

苏州作为长三角经济圈的重要城市，交通便利、商业发达，吸引了大量人才和企业落户。以苏州工业园区为例，这里不仅有现代化的商务办公楼和会议中心，还有完善的生活配套设施，为企业和员工提供了便利的工作和生活环境。此外，苏州的文化旅游产业也蓬勃发展，拥有丰富的历史文化遗产和自然景观，吸引了众多国内外游客，旅游业收入逐年增长，成为城市经济的重要支柱之一。

总的来说，苏州在农业、工业和服务业的协调发展中，始终坚持以人为本、创新驱动的发展理念，不仅推动了经济的持续增长，也实现了生态环境的有效保护和人文精神的传承与弘扬。通过全面推进现代化进程，苏州在保持传统优势的同时，不断探索新的发展路径，为其他城市提供了宝贵的经验和借鉴。

从全球同等人均收入水平的国家来看，苏州的经济结构展现出独特的优势和潜力（见图 3-10）。与这些国家相比，苏州的第二产业占比显著，这反映出其在制造业领域的强大实力和竞争力。然而，与此同时，第三产业的发展潜力也非常大，这为苏州未来的经济转型提供了广阔空间。在许多高收入国家，第三产业往往是经济的主导力量，其服务业的发展程度和科技含量直接影响经济的整体质量和可持续性。苏州正逐步形成以第三产业为主、第二产业高质量发展的经济格局，通过积极引导和推动服务业的提升，逐渐缩小与全球同等人均收入水平国家的差距，甚至在某些领域实现超越。

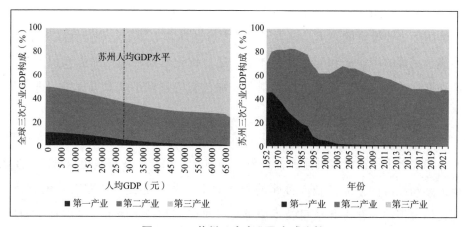

图 3-10 苏州三次产业及全球比较

资料来源：世界银行数据库、OECD 数据库和《苏州统计年鉴》。

苏州的成功转型不仅依赖产业结构的调整，也依赖经济质量的提升和创新能力的不断增强。通过引入高新技术企业和优化营商环境，苏州大力推动产业升级，促进传统制造业向高端制造和智能制造转型，提升产品附加值和市场竞争力。同时，苏州注重发展生产性服务业，如信息技术服务、金融服务、研发设计和物流服务等，为工业发展提供强有力的支持，进一步增强了整个经济体系的协同效应。

这场深刻的转型蜕变，使苏州在全球经济格局中占据了重要地位。苏州用实际行动书写了经济发展的新篇章，展示了改革开放的巨大成就和光明前景。作为中国改革开放的排头兵，苏州的成功经验为其他地区提供了宝贵的借鉴，也为全球同等人均收入水平国家的发展提供了新的思路和启示。

（二）特色鲜明的苏州制造

苏州是经济大市、外贸大市，更是工业大市，制造业尤为发达。截至 2023

年末，苏州拥有工业企业超 16 万家，规模以上工业企业 1.57 万家，涵盖 35
个工业大类、172 个中类和 513 个小类，规模以上工业总产值超 4 万亿元。目
前，苏州正加快建设数字经济时代产业创新集群，这必将继续强力支撑"全
球工业大市"苏州阔步前行。

改革开放以来，从 20 世纪 80 年代苏州乡镇企业的发展创造了举世闻名
的"苏南模式"，到 20 世纪 90 年代苏州外向型经济的发展创造了著名的"新
苏南模式"，再到数字经济时代苏州产业创新集群融合发展，苏州从以低端制
造业为主的"世界工厂"向以高端制造业和服务业为主的"创新高地"转型。
苏州凭借超 4 万亿元的规模以上工业总产值，不仅在国内独占鳌头，更是荣
登全球第一大工业城市的"宝座"。

苏州工业的发展呈现出三大鲜明特色。

一是高度依赖外商投资。外资经济增加值大约占苏州 GDP 的四成，外商
投资企业进出口占全部进出口的三分之二，全口径税收中外资企业税收占比
将近三分之一。这些数据不仅彰显了外资对苏州经济的巨大贡献，还突出显
示了苏州作为外商投资重地的重要地位。截至 2022 年末，苏州拥有 1.35 万
家规模以上工业企业，其中外商投资企业虽然仅占不到 30% 的数量，却贡献
了超过 50% 的营业收入，吸纳了约 50% 的就业人员。这表明，外资企业在推
动苏州经济增长、增加就业机会等方面发挥了不可或缺的作用。

更为显著的是，苏州外资企业中三分之二集中在高技术制造业，特别是
计算机、通信和其他电子设备制造业。这种产业集群效应不仅提升了苏州的
工业技术水平，也带动了本地相关配套产业的发展。通过吸引外国资本的进
入，苏州不仅与外国资本一起开设工厂，还引进了先进的商务服务业，建设
并运营了多个高水平的工业园区，实现了现代工业的量质双升。这些成就彰
显了苏州外资经济的鲜明特色。

苏州工业园区毫无疑问是观察在华外商投资最有价值的样本之一。该园
区连续 8 年在中国国家级经开区综合考评中位列第一，吸引了众多世界 500
强企业、跨国公司总部以及全球"灯塔工厂"。到 2021 年底，苏州工业园区
成功获评全省首个且唯一的"江苏省外资总部经济集聚区"。这种成就不仅凸
显了苏州在吸引外资方面的突出表现，也展示了其在高端产业集聚方面的强

大吸引力。

苏州这座开放的城市，以抢抓机遇、敢为善为、勇挑大梁的姿态，在全球经济动荡中稳步前行。疫情后，苏州迅速组织经贸团队赴日招商，成为2020年疫情以来全国首个组织大型经贸团包机赴日招商的地方政府。此次赴日招商取得了超过10亿元的新订单，展示了苏州在重塑开放优势方面的积极行动。随后，苏州又派遣招商小分队赴法国和德国，达成了59.94亿美元的意向投资总额，外贸企业获得订单30亿元。

在新冠疫情的冲击下，苏州园区的外资集聚度不仅未下降，反而有所增加。2022年，苏州实际利用外资20.89亿美元，新增外资项目298个。自建园至2022年，累计利用外资超过380亿美元。这些数据表明，苏州在吸引外资方面具备强大的韧性和持续吸引力。

因此，苏州的成功不仅在于其高度依赖外商投资的鲜明特色，更在于其不断优化的营商环境和开放包容的政策。通过持续的政策创新和产业优化，苏州有效地吸引和留住了大量优质外资企业，推动了本地经济的高质量发展。未来，苏州将继续以开放的姿态迎接全球资本，深化国际合作，推动经济结构转型升级，进一步巩固和提升其在全球经济中的重要地位。这不仅有利于苏州自身的发展，也为全国其他地区提供了宝贵的借鉴经验。

二是高新技术产业举足轻重。在政府的大力支持和企业的积极创新下，苏州的高新技术产业实现了量的提升和质的飞跃。高新技术产业投资占工业投资的比重由2017年的35.2%提高到2022年的48.8%，全市高新技术企业也累计达到1.35万家，总量首次跃升至全国第四位，科技型中小企业入库数首次突破2万家。2022年苏州高新技术产业增加值占规模以上工业总产值的比重为52.5%。以电子信息、装备制造、生物医药、先进材料等为代表的高新技术产业的蓬勃发展，为苏州工业保持领先地位贡献了绝对力量，创造了从"世界工厂"迈向"创新高地"的苏州工业。

电子信息产业发展强劲，拥有较为深厚的产业基础，2022年产业规模较2021年增长6.2%，现有规模以上企业1 374家、上市企业72家、从业人员近百万人，形成了较为完善的产业链和较有竞争力的产业集群，是全省、全国乃至全球重要的电子信息产业生产基地。

具体而言，装备制造产业蓬勃发展，装备制造产业是制造业的基石，也是苏州传统优势产业。苏州已建立起门类齐全、独立完善的制造体系。站在数字经济时代产业创新集群发展的赛道上，苏州装备制造产业持续推动基础研究、原始创新和科技成果转化，致力于搭建平台集聚资源，打通合作渠道、加强合作力度。2022 年产业规模较 2021 年增长 7.9%，有企业超 10 000 家，其中规模以上企业 4 536 家、市级以上"专精特新"企业 602 家、上市企业54 家。截至 2022 年底，苏州拥有装备制造产业重大创新平台载体 17 家。

生物医药产业领跑全国。苏州市生物医药和高端医疗器械产业入围国家先进制造业集群，现拥有高端医疗器械一个千亿级产业，创新药物产业位于全国前列。在医药政策改革、海外人才回流、金融资本助力等多方加持下，苏州市生物医药产业规模加速扩张，研发创新实力持续增强。2022 年产业规模较 2021 年增长 5.2%，有企业超 3 800 家，其中规模以上企业 569 家、市级以上"专精特新"企业 39 家、上市企业 32 家，入围中国医工百强企业 2 家。

先进材料产业加速壮大。近年来，苏州持续加大先进材料产业精准布局，逐步形成具有国际竞争力和全球影响力的先进材料产业创新集群，并将其打造为又一万亿级产业。2022 年产业规模较 2021 年增长 5.7%，有规模以上企业 3 878 家、市级以上"专精特新"企业 221 家、上市企业 55 家，《财富》世界 500 强企业 3 家。其中，纳米新材料、先进金属材料和高性能功能纤维材料为千亿级产业，这是苏州具备优势的三个先进材料细分领域。

三是牢牢把握"集群发展"的理念。集群招商成就产业集群，来自国外的集群概念，曾是苏州招商的秘诀。在苏州有一个广为流传的故事：昆山等苏州下辖地区在招商引资方面紧盯龙头企业。往往一家台资企业落地后，会带来多家配套企业，久而久之，这些上下游供应商逐渐聚集在一起，彼此的采购成本、物流成本和用工成本大幅降低，从而在全球范围内形成了比较优势。由此，一条生产链、供应链得以扎根，一个产业得以扎根，最终形成了一个地方性的产业集群。

集群招商是苏州法宝，以企招企培育了苏州的产业集群，带动了苏州的跨越式发展。比如，集群发展助推苏州工业园区成为生物医药聚集地，集群发展成就了太仓德企之乡的美誉，集群发展让苏州小镇盛泽的纺织产业走向世界并孕育了两家世界 500 强企业。招商引资塑造的集群文化深深嵌入苏州发展，以至苏州的每个镇都有自己的拳头产品，外界称其为"一镇一品"。从乡镇企业起步，到引来外资，再到自主创新，集群发展助力苏州工业壮大。目前，苏州市四大重点产业领域中，先进材料、电子信息、装备制造三个产业都已是万亿元级产业。苏州市及各辖区立足不同基础条件，明确了 2~3 个各具特色的未来重点发展的产业创新集群。例如，苏州工业园区的生物医药、昆山的新一代信息技术在全国都是很有竞争力的。可以说，正是集群化运作，让苏州在欠缺科创优势、城市能级的情况下，以一个普通地级市的身份缔造了中国工业"试验田"的辉煌。

如今，苏州产业正由产业集群蝶变为成创新集群。对苏州而言，以现有的产业集群为基础，将逐步转向以知识创造和技术创新为主要活动的创新集群。从体量庞大到创新集聚是苏州产业由大到强进入新阶段的重要标志，苏州努力打造"创新集群引领产业转型升级"示范城市，聚焦电子信息、装备制造、生物医药、先进材料四大主导产业和 25 个重点细分领域，全面推进苏州产业创新集群建设。苏州深知，仅有"规模效应"而缺乏"内生动力"的产业格局无法保持长期先进性。在不断推进产业基础高级化、产业链现代化的过程中，新兴产业已成为苏州产业转型的新亮点。无论战略性新兴产业抑或产业创新集群，其快速发展的背后，均离不开苏州科技创新能力的有力支撑。大院大所合作、新型研发机构的多层次布局以及人才的突出贡献，通过创新技术和方法的应用，推动产业发展，从而形成具有竞争优势的产业高地。

所以，苏州产业发展牢牢把握"集群发展"理念，从集群招商成就产业集群，到产业集群演变成创新集群，苏州从四十多年前乡镇企业发展的佼佼者，晋升为世界工业看中国的代表。借鉴集群发展理念，苏州在多年的发展过程中不断梳理和总结其独特的发展路径和优势。如今，苏州立足于新的历史起点，继续发挥其产业集群的优势，推动工业经济向更高水平迈进。面向未来，苏州将持续推动产业发展"攀高逐新"，即在巩固现有产业基础的同时，努力在新兴产业和高技术领域取得突破，形成新的增长点。苏州将加强国际合作，积极融入全球产业链和创新链，不断提升在全球市场的影响力和竞争力。

综上，在中国式现代化进程中，苏州将以实际行动奋力书写新时代的苏州答卷，继续引领中国工业发展的方向，成为全球工业和创新发展的标杆城市。通过不断推进产业升级和创新发展，苏州必将在实现高质量发展和现代化建设的道路上谱写新的辉煌篇章！

（三）生产性服务业与高技术制造业协同

依托苏州工业优势，苏州服务业后来居上（见图3-11）。2022年，苏州服务业增加值达12.2万亿元，比2012年增长121.7%，年均增长8.3%，高出GDP年均增速1.5个百分点。这一成绩得益于苏州服务业围绕"提站位、惠企业、促投资、稳增长"的目标有序推进重点工作，较好地支撑和推动了全市经济发展。

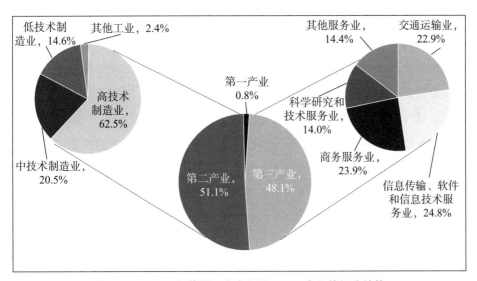

图3-11　2022年苏州三次产业及二、三产业的细分结构

注：数据来源为《苏州统计年鉴（2023）》。其中三次产业（中图）为GDP结构数据，工业（左图）为规模以上工业总产值分行业结构数据，第三产业（右图）数据来自服务业规模以上企业营业收入分行业结构数据。制造业技术划分参照OECD标准。

在苏州的服务业中，生产性服务业的支撑作用尤为显著。2022年，生产性服务业增加值达到6.7万亿元，占服务业增加值的55%。这一比例不仅反映了生产性服务业在苏州经济中的重要地位，也展示了其对制造业的强大支撑作用。

具体来看，依托于苏州强大的工业实力，知识密集型生产性服务业的表现比较出色，如信息传输、软件和信息技术服务业，科学研究和技术服务业，以及金融业。从 2012 年到 2022 年，这些行业的增加值年均增速均在 10.0%以上，显著高于 GDP 的年均增速 3.0 个百分点以上。

信息传输、软件和信息技术服务业作为现代服务业的重要组成部分，其快速发展受益于苏州完善的工业基础和高素质的人才储备。这不仅推动了本地科技企业的崛起，也吸引了大量外资企业的进驻。

科学研究和技术服务业通过与本地高校和研究机构的紧密合作，不断推动科技成果转化和产业化。这种发展模式极大地增强了苏州产业的技术创新能力，使得苏州在全国范围内的创新指数中名列前茅。

金融业的发展也为苏州的实体经济提供了强有力的支持。金融业通过优化金融服务、创新金融产品有效促进了资金流动和资源配置，提高了整个经济体的运作效率。

此外，苏州还大力发展现代物流、商务服务和文化旅游等服务业，形成了较为完备的服务业体系。现代物流业的快速发展降低了制造业的物流成本，提高了供应链效率。商务服务业为企业提供了法律、会计、咨询等专业服务，助力企业经营管理水平的提升。文化旅游业通过整合苏州丰富的历史文化资源，打造了一系列具有苏州特色的旅游品牌，吸引了大量游客，推动了区域经济的发展。

当前苏州生产性服务业发展成效显著，政策性支持日益完善。苏州一直秉持"做大现代服务业，优化提升生产性服务业，争创省现代服务业和先进制造业深度融合试点"的理念，出台了《苏州高新区促进科技服务业发展的实施办法》等政策鼓励发展重点生产性服务业；服务业资源加速集聚，苏州聚焦生产性服务业 9 大重点行业领域，根据自身产业基础和优势，以服务业集聚区建设为抓手，大力培育和引领生产性服务业领军企业；服务型制造亮点纷呈，服务型制造是制造与服务相融合的新产业形态，推动制造业价值链由以产品制造为中心向以提供产品、服务和整体解决方案并重转变，推动制造业转型升级。

可见，生产性服务业与制造业直接相关，是二、三产业加速融合的关键环节。苏州多年来一直全力推进生产性服务业发展，解决了一系列阻碍生产性服务业发展的难题，成果丰硕，亮点纷呈，"两业融合"特征明显，为全市乃至全省的经济稳步增长提供了充足动能。

近年来，苏州积极推动先进制造业和现代服务业深度融合发展，"两业融合"发展的新技术、新产业、新业态、新模式不断涌现，培育形成了一批集"智能制造＋增值服务"功能于一体的"两业"深度融合发展企业，打造了以如医疗器械产业集群为代表的"两业融合"优势产业链条、新型产业集群、融合示范载体。医疗器械产业是苏州打造生物医药世界级产业地标"二核之一"，获批省先进制造业和现代服务业深度融合发展产业集群试点；莱克电气、富强科技、阿特斯和路之遥等企业获批省"两业"深度融合领军骨干企业试点，获评数量居全省前列。

至此，苏州依托强大的工业基础，推动服务业特别是生产性服务业的快速发展，实现了服务业与制造业的良性互动和协调发展。未来，苏州将继续深化产业融合，提升服务业发展水平，进一步增强经济发展的内生动力，努力在高质量发展道路上走在前列。可以确信，苏州走出的这条生产性服务业与高技术制造业协调发展之路，将为中国其他地区的发展提供成功的实践。

（四）城乡一体与新城旧城协同发展

苏州在经济结构转型升级中十分注重城乡一体与新旧城协同发展。作为中国经济发展的重要引擎之一，苏州不仅关注现代化城市的发展，还致力于实现城乡之间、新城旧城之间的协调发展与互利共赢。苏州在推动城镇化的过程中，以城乡一体化和新旧城协同发展为核心，探索出了一条独特而成功的发展路径。这种模式不仅有助于平衡城乡发展，做到对历史文化的保护，还为全国提供了可资借鉴的经验。

苏州作为城镇化的先行区，发展出了城乡一体、区县互补的地区经济。从县区层面来看，苏州市区和周边县城的经济水平相近，优势互补（见图3-12）。具体表现为：第一，苏州城乡经济高度发达，以农民就近非农就业、村集体经济组织和镇级组织抱团发展来缩小城乡收入差距，取得了明显的成效，培育了现代农村经济形态；第二，苏州通过发展权、财权、事权下移，充分发挥镇、村两级的积极性，共同致力于缩小城乡公共服务差距，提高乡村地域的社会治理水平，发挥了自上而下和自下而上两方面的积极性；第三，在现行体制框架内，通过政策和制度创新，较高程度地实现了劳动力、土地、资本和技术等要素在城乡之间的流动，使得市场对要素的配置作用大大强化，在城乡发展一体化的要素平等交换的体制机制创新方面形成了一些成熟的模式。

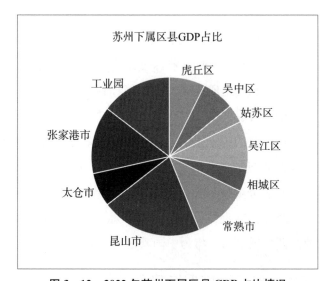

图 3-12　2022 年苏州下属区县 GDP 占比情况

资料来源：《苏州统计年鉴（2023）》。

同时，在改革开放的进程中，苏州不同地区吸引了不同的外资进行经济建设。其中，昆山以台资为主，张家港以韩资为主，太仓以德资为主，工业园则以新加坡和日本资本为主。这种错位经营的模式让苏州企业遍地开花，避免了因地区间资本竞争而造成中心城区从周边"吸血"的现象，实现了经济的高质量协调发展。

此外，在进行经济建设的过程中，政府尤其注意新旧城区的协同发展。多年来，苏州在保护与发展的关系上，整体保护老城，有序开发新城，形成了"老城和新城协调共生"的经验，得到了国内外的普遍肯定和赞誉。由于在城市规划方面着眼全局，并在规划早期就注重对历史文化遗产的保护，苏州在经济发展和古城保护中成功实现了平衡，成为一个宜居且充满活力的城市，具有令人自豪的城市特色。苏州曾荣获"李光耀世界城市奖"，成为中国乃至世界"城市保护与发展"的学习范本。

从"古城新区，东城西市"到"东园西区，古城居中，一体两翼"，再到"一核四城，四角山水"，苏州在保护古城风貌的同时拉开了城市框架，逐步开创了"一城多中心"的局面，形成了一批可推广、可复制的经验。这种经验不仅有助于其他城市在实现自身发展的过程中找到借鉴，还展示了苏州在城市规划、经济发展和文化保护方面的综合能力和成就。苏州的成功实践证明，在追求现代化和经济增长的同时，注重历史文化保护和城乡一体化发展，能够实现更加可持续和包容性更强的城市进步。

三、深度融入经济全球化

20 世纪 90 年代以来，苏州凭借地处长三角的区位优势，紧紧抓住国家对外开放和上海浦东开发的战略机遇，大力推行对外开放政策，站在中国开放型经济前沿，全面实行外贸、外资、外经"三外"齐上，合作、合资、独资并举，实现了开放型经济的全面腾飞。外资的进入，带动了苏州制造业的发展和升级，助力苏州创造经济大市和工业强市。

（一）对外贸易作为引擎

在对外贸易方面，苏州对外贸易近三四十年以来实现快速增长，形成了规模巨大、高速增长、技术密集和外部市场发达的高度开放苏州经济。苏州进出口总额从 1990 年的 18.8 亿美元增长到 2022 年的 3 866 亿美元，高居全国城市第四位。在这期间，苏州进出口额年均增速高达 26.9%，其中进口增速为 30.2%，出口增速为 25.7%，在全国城市均居于前列。

20 世纪 90 年代以来，苏州的经济全球化发展大致可以分为三个阶段：加入 WTO 前的起步期（1990—2002 年）、快速全球化期（2002—2008 年）、全球化放缓期（2008 年至今）。融入经济全球化的第一个阶段为起步期，在这一阶段中国还没有加入 WTO，苏州外贸发展开始起步。20 世纪 90 年代，苏州陆续开启苏州工业园区、苏州高新区等国家级开发区的建设，积极吸引外商直接投资，利用与上海相邻的位置优势积极发展对外贸易，逐渐形成了外贸、外经、外资"三外"齐上的开放格局。在这一阶段，苏州从田岸走向口岸、从国内走向国际，苏州经济由内向型快速转变为外向型，为苏州融入经济全球化打下了坚实基础。第二个阶段为快速全球化期，我国加入 WTO 以后，苏州融入经济全球化的进程驶入高速路，苏州对外开放的深度和广度不断拓展，苏州对外贸易规模快速上升，进出口总额从 2002 年的 364 亿美元增长至2008 年的 2 285 亿美元，年均增速超过了 35%，拉动苏州经济快速增长。在这一阶段，苏州的出口和进口出现了分化，净出口规模不断上升，2008 年净出口占 GDP 的比重达到了 33.9%（见图 3-13），为拉动苏州经济增长贡献了重要力量。第三个阶段为全球化放缓期。2008 年国际金融危机对苏州对外贸易产生了负面影响，2009 年苏州的进口和出口均有所下滑，此后进出口规模震荡上行。受到国际环境的变化等影响，苏州融入经济全球化的步伐有所放缓，但是对外贸易仍然是苏州经济增长的重要动力。

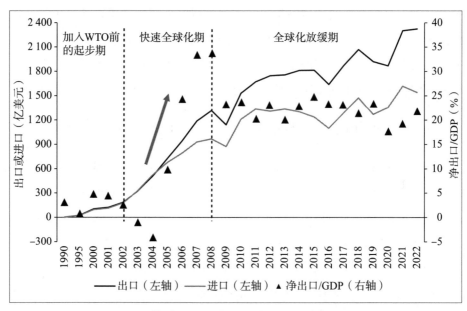

图 3-13　苏州进出口增长及净出口在 GDP 中占比变化

资料来源：历年《苏州统计年鉴》。

三大支出中，净出口对苏州经济增长的拉动作用显著。从 2004 年开始，净出口占苏州 GDP 的份额一路快速上升，到 2008 年达到 33.9% 的高位。国际金融危机后，进出口增长有所放缓，但净出口占苏州 GDP 的份额一直维持

20%左右，成为苏州经济增长的重要驱动力之一。

从进出口商品结构来看，苏州进出口以机电产品和高新技术产品为主。2022 年机电产品占苏州总出口和总进口的比重分别高达 78.5%和 66.8%，其中以机器、电子产品、电气设备及零件进出口为主。2022 年高新技术产品占苏州总出口和总进口的比重分别达到 49.4%和 52.2%，占据了苏州对外贸易的一半左右，呈现高新技术密集进出口结构。苏州产业结构的转型升级推动了高新技术密集进出口结构的形成。在苏州融入经济全球化的起步阶段，其出口以纺织品为代表的传统商品为主。随着对外贸易逐渐发展，苏州依靠劳动力优势发展低端制造业，加工贸易占有重要地位。苏州产业的转型升级，高新技术企业的不断增加，使得苏州进出口商品中高新技术产品的占比不断上升，对外贸易在实现了量的增长的同时也达成了质的进步。

从进出口的主要贸易伙伴结构来看，苏州进出口的外部市场以欧美日发达经济体为主（见图 3-14）。2022 年欧洲、北美和东亚发达经济体在苏州总进出口中的占比约为三分之二。其中，东亚发达经济体在苏州进口中的占比高达 48.9%，欧美发达经济体在苏州出口中的占比达到 45.6%。通过对苏州

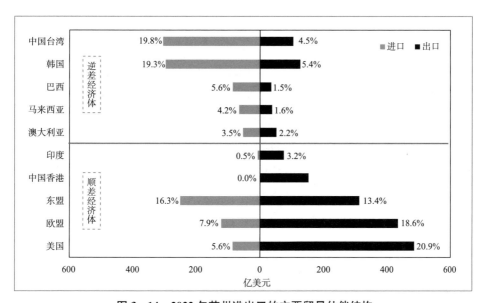

图 3-14　2022 年苏州进出口的主要贸易伙伴结构

注：图中标注的数字为苏州对各贸易伙伴的进口（出口）占苏州总进口（出口）的比重。

的对外贸易开放度指数的测算，发现自 1990 年以来苏州对外贸易开放度迅速提高，2006 年更是高出全国平均水平 120％！虽然此后有所下降，但长期以来均保持在全国平均水平之上，展现了苏州领先全国的对外贸易开放水平。

苏州重视国际物流体系的建设，不断完善对接长三角区域一线口岸的水陆空立体化物流体系，努力实现自贸区在水陆空物流方面的"通江连海"，持续降低运输成本。苏州不断加强物流体系的智能化、一体化，构建自贸片区智慧物流平台，实现仓储物流的信息互联互通，提升物流运输效率，为外贸企业提供高效畅通的物流体系。苏州加强物流体系的功能迭代，园区港的建设使得历史悠久的水运在现代化交通运输体系中焕发生机，成为更加经济、更加环保的运输选择。

苏州重视来华人员的便利水平，自贸片区推出境外来华人员的移动支付工具"Su-Pay"，提升了来华人员的支付便利。同时，对重点场所商户、外籍人员聚集区域的四星级酒店逐步推进境外银行卡受理的全覆盖。

苏州推动实现贸易方式的数字化，提升国际贸易的效率。苏州数字提单项目的落地实现了数字提单的线上流转和贸易全流程环节的可视化跟踪，进一步提升了贸易双方的便利化水平。苏州鼓励跨境电商的发展。苏州工业园区建立了跨境电商企业服务中心，以培育跨境电商专业人才。苏州还推动跨境电商电子保函业务的落地，提升了跨境电商进口企业的通关便利化水平。

在服务贸易方面，2022 年，苏州服务贸易进出口总额达 211.0 亿美元，同比增长 4.4％，占全省的比重为 36.6％，其中出口达 107.9 亿美元，进口达 103.1 亿美元。苏州服务贸易结构不断优化，2020—2022 年苏州服务贸易、知识密集型服务贸易进出口额平均增速分别达到 10.4％和 15％，2022 年苏州电信计算机等知识密集型服务的进出口额为 132.8 亿美元，占总额的比重达到 62.9％。苏州服务外包迅速发展，2022 年，全市完成服务外包接包合同额 139.9 亿美元、离岸执行额 58.2 亿美元、在岸执行额 45.3 亿美元，分别同比增长 1.07％、5.52％和 28.88％。

文化服务出口是苏州服务贸易发展的亮点，截至 2022 年末，苏州市累计培育了 19 家国家级文化出口重点企业，2016—2022 年苏州文化服务贸易出口年复合增长率达到 25.1%，文化服务贸易正蓬勃发展。苏州历史悠久，文化底蕴深厚，拥有着苏州园林、京杭大运河、昆曲、刺绣等闪亮的文化名片。2021 年 1 月，苏州出台了《"江南文化"品牌塑造三年行动计划》，推动实施了重塑江南文化、推进文化产业倍增赶超、加强非遗保护利用等多项计划，大力支持文化产业的发展建设，有利于支持苏州文化服务贸易发展。

（二）外商直接投资和境外投资

在吸引和利用外商直接投资（FDI）方面，苏州的成绩单也十分亮眼。苏州的实际利用外资金额从 1985 年的 1 070 万美元增长到 2022 年的 74.2 亿美元，2022 年占江苏省的 24.3%。从外资来源看，截至 2022 年，苏州已集聚以新加坡为代表的东盟企业 2 794 家、日资企业 2 987 家及韩资企业 2 452 家，累计吸引东盟投资 150.1 亿美元、日资 137.1 亿美元、韩资 59.3 亿美元，是东盟和日韩在华的投资高地。苏州开放的营商环境获得了海外投资者的一致认可。跨国公司持续布局苏州，2022 年末有 175 家世界 500 强跨国公司在苏州投资设立了 486 个项目，新增省认定跨国公司地区总部和功能性机构 19 个，累计达 210 个，占全省的 53.2%。新核定外资研发中心及外资开放式创新平台 173 家，中新、中德、中日和海峡两岸平台建设持续深化。

从外资投资结构看，苏州外资投资结构与苏州经济结构转型相契合。最近十余年来，苏州外资的投资行业结构呈现从第二产业转向第三产业的态势。2010 年外资中第二产业投资占比高达 72.3%，第三产业投资占比仅为 27.3%。到 2021 年第三产业投资占比达到了 61.20%，第三产业成为外资的最主要投资产业。从细分行业来看，外商直接投资主要集中在高技术制造业和知识密集型生产性服务业，例如第二产业中的计算机、通信和其他电子设备制造业与电气设备制造业，以及第三产业中的科学技术服务业、租赁和商务服务业及批发和零售业等。2022 年上述行业在苏州总实际利用外资中占比达到总外资的六成左右。图 3－15 给出了 2022 年苏州外资利用的行业结构。从外资规模、增长和行业结构各方面来看，苏州经济的高质量发展离不开高水平的吸引和利用外资。

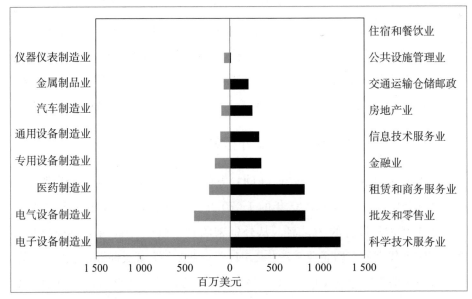

图 3 - 15　2022 年苏州外资利用的行业结构

资料来源：《苏州统计年鉴（2023）》。

　　苏州积极招商引资。苏州工业园已经成为全球"灯塔工厂"聚集地，吸引着海外优秀企业的加入，这些成绩离不开苏州采取积极措施吸引海外企业。苏州积极派出招商人员赴境外引商，2023 年，苏州吴江区、相城区、高新区等前往欧洲、日本、韩国、新加坡等地的多个城市寻求新兴产业合作，达成了高端设备、生物医药、智能汽车等领域的 7 个总部类项目、8 个增资扩产类项目的协议。苏州线上同步推进招商引资，组织市领导与跨国公司集团总部高层的视频连线活动，组织多场企业家论坛，通过"云招商"吸引境外优秀企业的加入。苏州 2022 年已出台《苏州市鼓励外商投资企业利润再投资的政策措施（试行）》，提出符合全市产业发展方向的单个项目最高可获 1 000 万元资金奖励，还从资金支持、荣誉激励、人才计划、涉税服务和多元保障等方面改善外资企业经营环境，鼓励外资进入。

　　苏州积极发展境外投资，布局全球产业链。2000 年以来，苏州新批境外企业数和新批境外投资额持续上升（见图 3 - 16）。2000 年苏州新批境外企业数仅为 2 家，而新批境外投资额仅为 320 万美元，2022 年新批境外企业数、新批境外投资额则分别为 381 家、25.6 亿美元，分别占江苏省的 45% 和

27%；苏州实际完成境外投资额 17.43 亿美元，保持全省第一。苏州境外投资迅速发展，境外企业数不断增加，有利于发挥境外投资服务实体经济、促进本土产业提升的作用。苏州境外投资集中在制造业，制造业投资占比近七成。苏州重视布局高科技领域，以高科技投资为主的海外并购项目达 106 个，中方协议投资额达 9.75 亿美元，占比近四成。苏州境外投资规模不断上升，苏州企业积极布局全球产业链，进一步融入经济全球化。

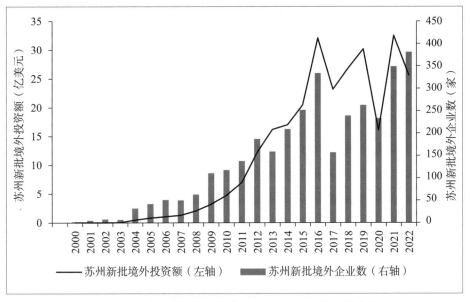

图 3-16 苏州新批境外企业数和新批境外投资额的变化

资料来源：历年《苏州统计年鉴》。

（三）融入经济全球化的政策

苏州开放型经济的发展离不开政策的支持。苏州实施多项措施支持国际贸易发展，提升贸易便利化水平。苏州市落实外资准入前国民待遇加负面清单管理制度，高效施行外商投资负面清单管理模式，持续清理与外资准入限制要求不符的地方法规、规章和规范性文件，不断改进外商投资环境。苏州强化"一带一路"共建国家的贸易与合作，鼓励苏州企业"走出去"，在境外开发产业园区，推进海外金融平台建设，积极对接"一带一路"通道网络，支持物流体系建设，苏州在教育、科技、人才、文化、体育、卫生健康、旅游、农业、能源资源等领域推进与"一带一路"共建国家的深层次、全方位合作交流。

近年来,苏州在发展对外贸易方面制定了多项有针对性的政策。对于商品进口,苏州针对企业引进技术设备制定进口税收优惠政策,鼓励企业引进先进技术和关键设备,引入国外市场先进生产要素;对于商品出口,苏州推进出口品牌培育工程,对认定的出口品牌实行优先和优惠政策,并支持企业的创新活动,鼓励企业参与国际标准的制定修改,加快标准的国际化,有助于提升企业的国际竞争力、打造具有世界影响力的品牌。对于服务贸易,苏州持续推进服务贸易制度创新,并大力发展文化贸易,鼓励文化企业参加重点文化展会、开拓"一带一路"和欧美市场。

苏州打造法治化、国际化、便利化营商新环境,助力融入经济全球化。苏州保障外资企业合法权益,健全外资投诉处理机制,在多方面平等对待在苏外资企业,委托第三方定期开展全市外资企业投资环境满意度调查。苏州提升贸易便利化水平,在通关方面,苏州推进全国通关一体化改革,完善作业流程,试点实施"两步申报"进口通关模式;拓展国际贸易"单一窗口"功能,实现主要申报业务应用率基本达到100%,推进口岸提效降费,压缩整体通关时间,降低进出口环节涉企收费。在信用管理方面,苏州推动统一社会信用代码和"多证合一"改革,完善信用管理体系,实行差别化管理和联合激励惩戒措施。苏州还不断完善"互联网+海关"平台,实现海关政务服务事项90%以上"一网通办"。

作为"一带一路"节点城市,苏州与"一带一路"共建国家的贸易合作日益深化。2022年,苏州与"一带一路"共建国家外贸占全市外贸总额的21.61%,同比上升35.82%,占全省同类外贸的61.83%。苏州企业在"一带一路"共建国家投资116个项目,同比上升34.9%,协议投资额达10.8亿美元,上升62.4%。东盟在苏州的投资项目为2 794个,实际使用东盟投资资金150.1亿美元。2022年苏州对东盟国家外贸总额达3 745亿元,占全市对"一带一路"共建国家贸易总额的62%。苏州重视构建与"一带一路"共建国家的交流对接机制,承办了第四次中国-中东欧国家领导人会晤、首届"一带一路"能源部长会议和国际能源变革论坛、第三届"一带一路"国际青年论坛等重大国际活动；在教育交流合作方面，苏州高校共接收"一带一路"共建国家各类进修生 2 821 人，苏州与"一带一路"共建国家的联系不断加深。

中欧班列的开通为苏州参与国际贸易赋能。2022 年苏州开行中欧班列 503 列，为苏州的外贸提供了稳定的铁路物流运输方式，其成本相较于空运更低，为国际贸易提供了物流保障。苏州海关还推出"中欧班列＋跨境电商"贸易模式，为跨境电商的物流运输提供了更多选择，有助于苏州外贸运输环节降本增效。

2019 年，苏州自贸片区挂牌成立，为企业参与国际贸易赋能。苏州自贸片区是全国首个试点打造保税检测集聚区，发挥综保区"保税＋"平台功能，使区内保税政策与区外业务联动，加速推动检测检验产业集聚发展。苏州自贸片区增设海关监管作业场所，增强贸易便利化水平。在金融支持方面，苏州自贸片区推出"关助融"公共服务合作机制，完善进出口企业诚信体系，助力进出口企业提高信贷额度、降低融资成本；国家外汇管理局支持片区的五项资本项目外汇业务创新试点全面落地；片区还获批外商投资股权投资企业（QFLP）委托登记权；自贸区版跨境双向人民币资金池等试点也陆续实现。在信息服务方面，片区首创性地开通了点对点的国际数据专线——"服贸通"中新数据专线，为企业提供稳定、可靠的信息通信服务。为了重点支持高端产业的发展，苏州还推出了特色支持措施。以生物医药行业为例，片区推出《进口研发（测试）用未注册医疗器械分级管理办法》，简称"研易达"，助力解决生物医药企业研发过程中面临的"无医疗器械注册证进口难"问题，帮助企业打通供应链，支持企业创新。

（四）融入经济全球化的便利环境

在物流运输方面，苏州构建了水陆空联动的立体化运输体系。2022 年，苏州港货物吞吐量和集装箱吞吐量分别位列全国第六和第八，水路网络提供货运保障；2023 年，苏州中欧班列开行 521 列，初步形成了集中欧、中亚、中俄进出口班列于一体的国际铁路货运班列平台；苏州虚拟空港空运货物进出口实现快速通关，货物到达上海机场后，机场货站会针对联程货物设立专门的通道，以缩短运输时间，降低运输成本；在国际陆路物流方面，苏州布局中亚、欧盟、东南亚的多个国家。

在数字基础设施方面，苏州重视数字基础设施建设。苏州工业园区建立国际互联网数据专用通道"服贸通"，已完成240G升级扩容，大幅降低了企业连接国际互联网的时延、丢包率，为企业参与国际分工提供了稳定可靠的互联网连接。苏州高新区推进建设省级"5G＋工业互联网"融合应用先导区和省级工业互联网安全应用先导区，全区5G基站已经超过3 000个，为增强数字产业链竞争力提供了基础。

苏州开发区的建设为企业融入全球化提供了支持。苏州在苏州工业园区、苏州高新区、张家港、昆山等9个地区共设有14个国家级开发区，目前这些开发区已获授中国（江苏）自由贸易试验区苏州片区联动创新区，为苏州参与经济全球化提供联动优势。最具代表性的苏州工业园区承载了多个战略性新兴产业的科创企业和上市公司，通过区域基金为企业科研创新、增强国际竞争力提供金融支持。园区致力于提供市场化、法治化、国际化的营商环境，为引进外商直接投资、参与国际分工提供了良好的环境，不断支持企业融入经济全球化。

（五）国际合作与互惠互利赋能

苏州融入经济全球化以来，积极开展国际合作，与新加坡、德国等国家建立了互惠互利的合作关系，在投资、贸易等方面往来密切。

苏州和新加坡建立的紧密经济合作可以从苏州工业园区得到体现。苏州工业园区是中国和新加坡两国政府间的首个合作项目，于1994年2月经国务院批准设立，园区行政区划为278平方公里，其中，中新合作区为80平方公里，下辖四个街道。园区自建立以来，借鉴新加坡的招商引资经验，被逐步打造成外商直接投资的重要平台，为苏州利用外资发展经济提供了有力支持。1992—2011年间，李光耀先后8次踏足苏州工业园区，提出将新加坡政府规划、管理城市的方法移植到苏州工业园区，并推动了数千名苏州中高层官员和管理人员分赴新加坡接受培训，新加坡方面则派精英人才至苏州，直接参与整个园区的开发。

与新加坡的合作在多方面为园区发展带来了助力。在园区建设方面，园区在运作方式上借鉴新加坡裕廊工业园区的经验，利用交通和区位优势，将发展重心逐步从劳动密集型产业转向技术密集型产业，再转向创新创造型产业，为苏州产业发展规划提供帮助。在招商引资方面，苏州工业园区借鉴新加坡经验，园区可利用区内金融机构、高端中介集聚的优势，提升区内跨境投资服务的质量，营造便利化的投资环境，为境外投资者来苏投资提供金融服务支持。在对外投资方面，园区利用新加坡政府的海外网络提升平台的境外服务。在 2015 年中新协调理事会上，园区管委会与新加坡国际企业发展局（IE）签署了共建"境外投资服务平台"的合作意向书，企业对外投资遇到的一大困难在于对外国的法律环境、市场环境、政治环境以及各项办事流程等不熟悉，而跨境平台的搭建为企业对外投资提供了便利。

苏州与德国的经济往来日益密切，持续为高端产业发展提供支持。苏州太仓市是中国德企投资最密集、发展最好的地区之一，德企亩均产值达 1 400 万元，德国前十大机床企业有 6 家落户太仓，德国前 20 强家族企业有 8 家投资太仓，落户太仓的隐形冠军德企超 50 家。太仓与德国企业合作的历史已经超过 30 年，1993 年第一家德国企业落户太仓，随后越来越多的德国企业选择太仓作为进入中国的第一站。2019 年太仓中德中小企业合作区被列入《长三角一体化发展规划纲要》。在 2023 年第十一届中德经济技术合作论坛上，太仓成为唯一受邀县级市。苏州与德国的合作助力苏州产业转型升级，德国企业集聚太仓将形成新能源汽车、集成化装备和工业母机、航空航天三大产业集群。

四、可持续的包容式增长

（一）共同富裕的排头兵

苏州文化中的包容底蕴为苏州的经济发展提供了不竭动力，也促使苏州成为推动共同富裕目标实现的排头兵。一个城市的包容文化，首先是对民生的重视，其次才是对外来移民和企业的包容。对普惠性、基础性、兜底性民生建设的重视，在高质量发展过程中让人民群众不断提高获得感、幸福感、安全感，是一个城市对人民包容性的最好体现。在当代语境下，这样的包容性就反映为对共同富裕的追求。

在收入分配方面，苏州高度重视收入分配问题，致力于分好蛋糕，使经济发展成果惠及最广大的人民群众。随着苏州经济快速发展，苏州的城乡人均可支配收入获得大幅提升。2022年苏州城镇常住居民人均可支配收入首次超过7万元，与北京、上海、深圳和广州一起成为全国城市第一梯队。从增速来看，近年来苏州人均可支配收入增速一直高于GDP增速。得益于以乡镇企业为主体的"苏南模式"的传统发展，苏州的人均GDP和常住居民人均可支配收入在城乡之间的差距并不显著。2022年苏州城镇居民人均可支配收入为79 537元（见表3-1），为农村常住居民人均可支配收入的1.82倍，远低于全国城乡居民人均可支配收入差异（2.45倍）。

表3-1　苏州居民收入与支出

		城镇常住居民人均可支配收入	农村常住居民人均可支配收入	城镇常住居民人均消费支出	农村常住居民人均消费支出
苏州	1985年（元）	918	787	739	661
	2022年（元）	79 537	43 785	47 451	28 746
	年均增速（%）	12.8	11.5	11.9	10.7
全国	1985年（元）	739	398	673	317
	2022年（元）	49 283	20 133	30 391	16 632
	年均增速（%）	12.0	11.2	10.8	11.3

资料来源：历年《苏州统计年鉴》和《中国统计年鉴》。

近年来，苏州城乡各收入组居民人均可支配收入均呈稳步上升趋势，其中低收入户的收入增长势头最为强劲。2022年苏州城镇与农村低收入组居民人均可支配收入分别达到了37 145元与21 245元（见图3-17）的高点，较五年前收入均增长了一倍左右，显示出不同收入群体都在经济发展的大潮中享受到增长的红利，生活质量得到了切实改善。与全国平均水平相比，苏州城乡低收入组居民收入分别是全国平均水平的2.2倍和4.2倍。低收入人群的收入快速上升，是苏州共同富裕建设成果的最好体现。苏州经济发展成果充分转化为了人民日渐提高的收入水平，为共同富裕奠定了坚实的基础。

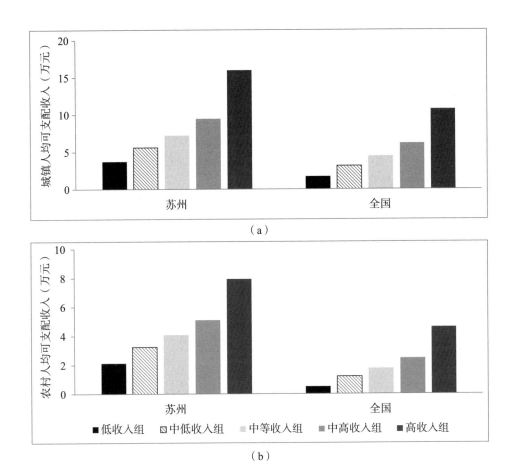

（a）

（b）

图 3-17 2022 年苏州和全国城乡各收入组居民人均可支配收入情况

资料来源：《苏州统计年鉴（2023）》和《中国统计年鉴（2023）》。

（二）重视民生与人民获得感

苏州在教育、医疗、养老等多方面不断完善，显示了其对民生的重视。在教育方面，苏州推动义务教育质量提高、均衡发展，坚持"让学生就读更多好学校、遇到更多好老师、发展更多好素养、享受更多好服务"工作追求。苏州历来重视义务教育建设，1992 年苏州成为全国首个基本普及九年制义务教育的地级市，2013 年成为全国首个义务教育发展基本均衡地级市，2019 年成为首个承办全国中小学生艺术展演活动的地级市，率先启动全国首批智慧教育示范区建设。2023 年，苏州高新区、姑苏区、工业园区等相继被认定为江苏省义务教育优质均衡发展区，苏州市已经初步构建起优质均衡的基本公共教育服务体系。近年来，苏州注重改善全市的教育环境。苏州推动实现中小学校的空调装配，2023年苏州560所公办中小学校教室全部装配空调。苏州积极采取措施保障儿童健康成长，苏州开展近视综合防控工作，全市推行"儿童友好城市建设"，营造舒适的学习环境。在教育资源公平方面，苏州还通过实行集团化办学的方式，使得城区学校带动乡村薄弱学校一体发展，进而得以加强校际教育资源均衡分配。

在医疗方面，苏州不断改善医疗体系，为市民提供医疗卫生保障。截至2022年底，苏州每万人口拥有全科医生4.32人，基本建成"十五分钟健康服务圈"。苏州推动构建了省内规模最大、覆盖全市人口的全民医疗保障网，改善参保结构，并不断扩展医疗救助待遇，实现了大病保险和医疗救助的实时刷卡。苏州持续优化医保公共服务体系，打造线上线下便利可及、均等普惠的医保公共服务体系。苏州居民能享受到的医疗健康服务不断提升，全市人均预期寿命已经超过84岁，在全国位居前列。

在养老方面，苏州不断改善养老体系，为高龄居民的幸福生活保驾护航。苏州是国内较早面临人口老龄化问题的城市之一。截至2023年底，苏州60岁及以上人口共251.56万人，占常住人口的比重为19.41%。苏州的基本养老体系持续优化，2023年持续完成1.2万户老年人家庭适老化改造，打造更加适合老年人的生活环境。苏州财政部门不断提升养老服务领域的保障能力，鼓励社会力量参与养老服务设施建设，积极构建养老服务体系。近年来，苏州聚焦虚拟养老院平台的建设，苏州老年人偏好居家养老，但面临着居家养老带来的高昂人力成本，因此虚拟养老平台应运而生。虚拟养老平台集医疗、康复、护理、社工、心理等服务于一体，老人通过手机App就可预约助餐、助洁、助急等上门服务，虚拟养老院通过智能感知终端建设可以实时监测老人的生活健康情况，进而得以为老人提供及时、精准的养老服务。一些优质企业依靠数字技术积累的经验参与养老体系的建设，既发挥了企业的专业优势，又提升了老人对养老服务的满意度，开辟出了智慧养老的新的市场领域，为苏州养老经济的发展贡献了力量。此外，苏州还在社区层面推动为老服务中心建设，为老人提供养生服务、健康监测、小家电维修以及传统文化体验等服务，让更多老年人在家门口就能享受到丰富优质的养老服务。

（三）缩小城乡发展差距

在乡村发展方面，近年来，苏州以产业化思路推动现代农业发展，把农业产业振兴作为乡村振兴的重中之重，凭借位于"长三角"的地理优势和传承千年的文化沉淀，创新性地通过在生产端打造"阳澄湖大闸蟹""洞庭山碧螺春"等特色农业品牌产品、在消费端发展旅游观光及乡村度假等"农业＋新产业"的新业态，推动农村产业升级，实现农民收入水平的迅速增长，缩小城乡收入水平差距。对比全国的城乡收入水平差距，苏州的农村-城市收入比相对更高，在低收入组的表现更为显著。近年来，苏州统筹城乡发展从"试点"到"示范"，"高水平全面小康"在城乡协调中渐成现实，城乡统筹步伐加快。2023 年末常住人口城镇化率已达到 82.48％，这无疑是苏州推进共同富裕的一大硕果。

苏州重视改善乡村居住环境，提高居民幸福水平。截至 2023 年末，苏州聚焦康居乡村建设，改善农村人居环境，建设美丽乡村。苏州已累计建成特色康居乡村 4 400 个、特色康居示范区 90 个。以吴江区为例，其建设的江南同里特色康居示范区依托吴江区国家现代农业产业园，拥有优质粮油、特种水产、花卉园艺等特色产业，每年春季举办同里油菜花节，结合周边有机农场的蔬果采摘，还提供烧烤垂钓等服务，改善了当地居民的收入。苏州乡村建设既提升了乡村的形象气质，又改善了居民的生活环境，增强了人民的幸福感。

（四）营造优良营商环境

苏州的包容文化在促进其整体产业结构发展方面也展现出极大优势。在营商环境方面，苏州凭借良好的营商环境口碑吸引了大量企业入驻。2023 年，苏州拥有 7 家全球"灯塔工厂"、76 家国家级科技企业孵化器、2.5 万家国家科技型中小企业，均位居全国第一，且连续五年入选全国"万家民营企业评营商环境"最佳口碑城市；苏州工业园区被联合国贸发会议评为"全球杰出投资促进机构"，全国唯一；在全国纳税人缴费人满意度调查中排名第一。这些成果无不充分展现了苏州在产业发展中的包容精神。在企业结构方面，苏州优秀的营商环境催生出了大量私营企业，其中私人控股企业又在其中占据绝大多数。2022 年苏州共有企业 87.7 万家，其中私人控股企业达 79.2 万家，占比高达 90.3%。优秀的营商环境同时吸引了大量外资进入，苏州在 2022 年已有外商控股企业 23 248 家，占比为 2.65%，为全国外商控股企业占比的 3 倍。

苏州优秀的营商环境提供了包容的环境，助力经济发展。苏州坚持建设市场化、法治化、国际化的营商环境，提出打造成办事效率最高、投资环境最优、企业获得感最强的投资目的地，做到"同样条件成本最低、同样成本服务最好、同样服务市场机会最多"。近十几年来，苏州全力建设优质的营商环境。2010 年在苏州开办一家企业，大约需要 33 份材料，平均需要 25 天；而到了 2022 年，所需材料只需要 6 份，流程被大幅缩短到 0.5 天，极大改善了流程效率，为企业减少了时间成本。

在交通运输方面，苏州重视交通建设，为产业发展提供便利交通。苏州建设现代化综合交通体系，道路规划与城市空间规划相辅相成。得益于超前规划的快速路体系，苏州的私家车出行率达到了三分之一以上，出行率在大城市中处于较高水平。为了达到绿色出行的目标，苏州在最新一版规划中还提出了绿色交通发展战略，加大轨道交通的建设，通过建设覆盖面更广的轨道交通体系来满足居民低成本、绿色出行的需要。苏州的交通建设满足了长三角地区一体化的需要，沪宁、京沪铁路的开通加强了苏州和上海的交通便利，逐步实现了沪苏同城化的构想，为沪苏的产业互联互通提供了交通保障。发达的铁路网络为货物运输提供了便利条件，中欧班列的开通还进一步提升了国际贸易货物运输的便利性。此外，苏州亦重视航运发展，苏州的太仓港是全国唯一享受海港待遇的内河港口，也是江苏省口岸资质最齐全的港口。太仓港航线覆盖近洋日本、韩国、俄罗斯、泰国、越南等国家的 30 余个主要港口，直达长江 27 个主要港口、内河 23 个重点港口，实现了沿海主要港口全覆盖，已成为长江沿线航线数量最多、密度最大、覆盖最广的港口。2023 年太仓港集装箱吞吐量完成 803.9 万标箱，位居全国第 8、全球第 20；货物吞吐量完成 2.75 亿吨，同比增长 3.4%。

在信息基础设施建设方面，苏州是三大运营商全国预商用城市之一，5G 网络建设达到较高标准。截至 2023 年苏州累计建成 5G 基站 45 834 个，实现了各街镇建成区、各工业集中区等生产生活重点区域全覆盖，为产业发展提供了信息基础设施保障。苏州还创建了国家"5G＋工业互联网"融合应用先导区，争取更多国家工业互联网双跨平台落户苏州。

（五）重视环境保护与绿色发展

苏州秉持"绿水青山就是金山银山"的理念，重视环境保护。近年来，苏州在经济发展、产业升级的同时，实现了生态环境的不断改善。在空气质量方面，苏州$PM_{2.5}$的年均浓度从2015年的58微克/立方米下降到2022年的28微克/立方米，在全省率先达到国家二级标准。在水资源治理方面，国考断面水质优Ⅲ比例为93.3%，同比上升6.6个百分点，饮用水质量不断提升。

太湖是苏州的"母亲湖"，苏州重视太湖生态治理。近年来，苏州推行了围网养殖"清零"、标准化改造养殖池塘等措施，逐渐改善太湖的湖体水质。至2023年太湖连续16年安全度夏、水质创16年来最高水平，首次被生态环境部评价为优良湖泊。苏州人民群众对生态环境的满意度达到92.5%，苏州为市民提供了优美宜居的生态环境。阳澄湖为苏州重要的饮用水水源地之一，苏州高度重视阳澄湖流域的管理，保持对"非法捕捞"的高压打击态势，对重点社区、码头等通过发放宣传册、标语等多种形式，对禁捕制度进行宣传，确保将长江禁捕做到家喻户晓、人人皆知，以提升群众对长江禁渔政策的知晓率和参与度。

苏州吴中区是苏州生态环境建设和经济发展兼容的典型案例，苏州开展"一山一策""一岛一策"保护利用，吴中区原生物种数超1 190种，生物多样性指数处于江苏省较高水平，生态质量指数持续多年位居首位。在实现生态环境改善的同时，吴中区以2022年1 590亿元的地区生产总值蝉联全国市辖区首位，列全国综合实力百强区第七位，显示出生态建设和经济发展的协同并进。

为了实现碳达峰碳中和的目标，苏州持续优化能源消费结构。截至2023年末，煤炭消费占能源消费总量比重降至59%，碳排放总量年均增长率逐步放缓至2%以下。能源消费结构调整和产业结构转型相互呼应，截至2023年末，苏州累计整治"散乱污"企业（作坊）6.21万家。高技术企业比重不断提升，截至 2023 年末，高新技术产业、新兴产业产值占规模以上工业总产值的比重分别达到 52.7％和 55.7％。苏州工业园区发布了碳中和普惠服务体系，该体系打通碳核查、碳减排、碳交易和碳中和认证全链路，提供全过程、高效率的碳中和服务。作为全国首个开放创新综合试验区、国家首批碳达峰试点园区，苏州工业园区碳排放强度约为全国平均水平的 1/3，清洁能源占比超 90％，并建成全国首个一对多的分布式发电市场化项目。苏州还推动发展绿色循环低碳交通运输，建成投运全国首个绿色交通网络体系示范项目，轨道交通里程、轨道交通线网密度位列地级市第一。

（六）全面保护古城文化

苏州坚持对悠久历史文化的保护，经济高速发展的同时还保留了千年古城的文化底蕴。苏州古城位于苏州市姑苏区，是吴文化的根基，也是 2 500 多年的春秋故都，平江、拙政园、怡园、山塘等历史街区是人们了解古苏州的人文风情的宝贵遗产。改革开放以来，苏州的城市规划经历了多次调整，但不变的是对古城保护的坚持。苏州的城市规划面临着古城保护和城市发展的矛盾。一些同样拥有古城区域的城市往往在古城区域发展经济，发展的同时难免会带来对历史城区的破坏，古城在发展中渐渐消逝了，转变为现代化的城市街区。苏州则采取了截然不同的做法，在城市规划初期就确立了全面保护古城的原则。苏州 1986 年版城市规划明确规定全面保护古城，将古城划分为 54 个街坊，提出古城迁出工业、管制交通等措施，确立了原则性的保护框架，并提出在古城之外开发高新区来发展经济。1996 年版城市规划在 1986 年版城市规划的基础上进一步完善，提出"一体两翼，四角山水"的发展框架，在保护古城的基础上，在东部的工业园区和西部的高新区大力发展经济。苏州坚持保护古城的原则，使得今日的苏州不仅拥有发达的制造业，还拥有一个富有历史文化底蕴的古城。目前，苏州共有全国重点文物保护单位 61 处，省级文物保护单位 128 处，市（县）级文物保护单位 692 处，另有历史建筑（含控制保护建筑）382 处。

作为吴文化的发祥地，苏州保存有丰富的非物质文化遗产，涉及生产和生活的各个领域。苏州重视非遗项目保护，截至 2024 年 3 月，入选人类非遗项目名录 7 个、入选国家级项目名录 33 个、入选省级项目名录 173 个，拥有国家级非遗项目代表性传承人 57 人、省级非遗项目代表性传承人 143 人；昆曲、古琴、苏州宋锦、苏州缂丝、苏州端午习俗、苏州香山帮传统建筑营造技艺、碧螺春制作技艺被列入联合国教科文组织"人类口头和非物质遗产代表作"名录。历史上苏州手工业发达，因其技艺高超、自成体系、卓尔不群，留下了苏工苏作的美名。直至今日，苏州人的精益求精的工匠精神仍然影响着苏州产业的发展，为苏州发展高端制造业持续提供助力，部分原因要得益于苏州对非物质文化遗产的保护，为苏州人文精神的传承留下了深厚的文化基础。

苏州在改革开放中融入全球发展格局，焕发出前所未有的生机与活力，再次强势崛起为世界工业城市之首。苏州的崛起是紧密融入全球经济一体化、积极拥抱国际市场与先进技术的直接结果。通过引进外资、发展外向型经济、加强国际交流与合作，苏州迅速成长为全球产业链中的重要一环，实现了经济总量的飞跃式增长和产业结构的优化升级。苏州的崛起不仅深刻镶嵌于国家对外开放与现代化建设的宏伟蓝图之中，更是全球化浪潮下城市转型升级和中国式现代化的生动典范。在这些辉煌成就的背后，有一种力量同样不容忽视且至关重要，那就是苏州深厚文化底蕴所孕育出的人文精神。这种人文精神，是苏州在历史长河中积淀形成的独特气质。如果没有优秀的人文精神的激活与融入中的转化创新，苏州能否在这轮浪潮中勇立潮头？答案需要我们从人文经济学角度进行深层挖掘。

第三篇

苏州奇迹的人文经济密码

第四章
苏州的人文基因与创造性转化

一、苏州的历史文化基因

"一座姑苏城，半部江南诗。"苏州的崛起不仅与客观条件相关，而且与苏州内在的文化基因有深层关联。苏州拥有得天独厚的优秀传统文化环境，包括崇文致远的知识基础、求精务实的行为风格、开放包容的性格特征、心系天下的道德关怀等。在这种文化氛围的濡染下，苏州各行各业的经济主体养成了一系列高度契合经济发展的人文特质。在农业方面，农民通过不懈的农田水利实践和与市场的紧密联系，养成了因地制宜、因势利导的农业精神；在工业方面，工匠通过不断的劳动分工、生产组织与技术创新，养成了细化专精、追求品质的工匠精神；在市场/商业方面，商人通过不断扩大的超区域性市场和文教与商业的良性互动，养成了履约守信的市场精神和求实致用的绅商精神；在文教/士人方面，士大夫通过深度参与学术教育和公共事业，形成了"天下兴亡，匹夫有责"的士人精神。卓越的文化环境和优秀的主体特质，促进了民众、市场、政府三者间的良性互动，形成了一种以政府为基石，以市场为轴心，以民众为动力，以开放、包容、实用、创新为核心竞争力的苏州传统经济体系。这些独特的人文特质在经历了曲折的传承与转型之后，仍然在当今的苏州经济奇迹中发挥着不可或缺的作用。图 4-1 展示了苏州古今人文基因的联系及结构。

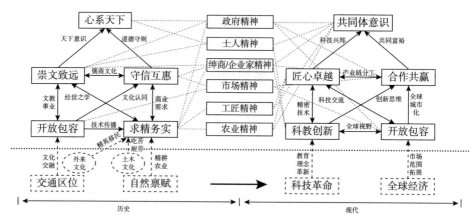

图 4-1　苏州古今人文基因的联系及结构

（一）人文基因的历史结构

"上有天堂，下有苏杭"，历史上的苏州凭借着钟灵毓秀的人文环境，成为无数文人墨客朝思暮想的理想乡。苏州历史上的人文环境，具有崇文致远、求精务实、开放包容、心系天下等特征，可以从知、行、性、德四方面加以总结。

1. 知——崇文致远

历史上，苏州是著名的人文渊薮、贤哲之乡，文教事业长期受到苏州人的高度重视和精心发展，古往今来有大量文化名人来苏州任职或定居，在这里兴办书院、学堂，使苏州在明清时期成为科举考试最为成功的地区。对文化教育的重视不仅局限于精英阶层，也反映在平民文化中，为苏州人带来了优秀的知识储备和道德水准，也使苏州成为传统中国高雅文化的代表。

苏州与远方的联系因水运网络而通达，这不仅表现为苏州的商品吞吐于全国各地的市场，更表现为以士大夫为代表的苏州人拥有着通晓世界的远见。这些远见使得苏州人在日常生活中得以吸取全国各地的先进经验，以广泛的信息来源为基础进行决策，因而具备广阔的视野和高远的追求。

2. 行——求精务实

精致，是苏州文化的重要标签，不论是农业中的精耕细作、手工业中的精雕细琢，抑或是评弹、昆曲等文艺创作中的巧思与雅致。对精致的追求反映在日常的生产活动中，为苏州带来了高效的生产力和突出的产品质量；反映在公共管理与组织事业中，也使苏州的市场与政府得以有条不紊地运行。

务实，是苏州人行为方式的另一大特征。不同于多数其他地区精英阶层普遍脱离生产、坐而论道，苏州精英的代表——官员、士绅和大商人群体，普遍对基础的工农业生产活动表现出高度的热情和密切的关怀。精英与平民在频繁的互动中各司其职、相互协助，奠定了苏州社会繁荣的物质基础。

3. 性——开放包容

开放，是苏州在历史上作为全国性市场中心、工商业都市的天然优势，大量商品和人口源源不断地流入苏州，再从苏州流向全国各地，使丰富多元和灵活多变成为苏州人文环境的特性，为苏州文化的发展带来了无数不同的可能。

通过对各种不同文化元素的耳濡目染，历史上的苏州人越来越呈现出平等交流、求同存异的包容心态。不仅移民与本地人的界限逐渐模糊，"士农工商"的等级划分，雇主与雇工、地主与佃农之间的生产关系也并未成为苏州经济发展与文化认同的阻碍，每一个苏州人在融入苏州文化的基础上相互信任、互惠互利，营造了开放包容的苏州文化环境。

4. 德——心系天下

"仓廪实而知礼节，衣食足而知荣辱。"坐拥优渥的经济条件和开阔的文化视野，苏州人逐渐培养出了心系天下的道德关怀与责任担当。苏州人士顾炎武的名句"天下兴亡，匹夫有责"言犹在耳，而苏州不同领域的杰出代表也都以各自的方式践行着他们的天下观，与各地百姓休戚与共，以市场、政府抑或文化为媒介，将自身的创造性价值传播向更广阔的土地。

崇文致远的知识基础赋予苏州人以卓越的认知与判断能力，求精务实的行为风格为苏州带来了丰厚的技术积累与人力资本；开放包容的性格特征使苏州人得以利用丰富的经济要素与社会关系，心系天下的道德关怀更使得苏州经济具备了全国层面的表率意义。

（二）人文基因的历史呈现

在适应经济发展的人文环境中，苏州人在各行各业展现出了优秀文化品质，共同塑造了这一地域经济体的持久繁荣。农民在漫长而艰苦的耕作和水利建设中培养了"因地制宜、因势利导"的农业精神；手工业在充分的劳动分工与组织下形成了"细化专精，追求品质"的工匠精神；市场以其开放、包容的特质成为超区域市场中心，市场主体之间建立了"文商荟萃，履约守信"的市场精神；绅商在文教与商业活动的良性互动中培养了"崇文重道，求实致用"的精神；士人通过深度参与学术教育和公共事业，形成了"天下兴亡，匹夫有责"的士人精神。苏州市政府则通过对民众和市场的有为治理，形成了"廉洁奉公，惠民利民"的开明政府精神。这些文化特质和精神风貌在苏州历史上不断传承展现，为苏州经济的繁荣和社会稳定奠定了深厚的基础。

1. "因地制宜、因势利导"的农业精神

"梅子金黄杏子肥，麦花雪白菜花稀。"苏州农业是中国农业文明的优秀代表，它的成功离不开农民灵活智慧、务实营利等精神的培养。农民与政府一起，通过农田水利建设，解决了苏州地区的水旱问题，培养了团结协作、吃苦耐劳的品质。苏州农民善于因地制宜，选择适合地形的农作物种植模式，使农业充分发挥地形和水源的优势。多样化、商品化的作物选择，促进了市场经济的发展，培养了农民的经济思维和市场经验。

（1）农田水利建设与勤劳精神。

据《三吴水利条议·论吴淞江》记载，"自范蠡围田，东江渐塞"。围（圩）田是克服不利地形、调蓄农田水量的基本手段，自春秋时期就已为苏州农业所用。隋唐以降，官方组织的大型水利工程——湖堤、海塘和太湖入海河道，大幅优化了区域整体的水系结构，形成了水网纵横、蓄泄便利的农业环境。[①]

苏州的水利兴修与维护有国家政府和民间基层组织共同参与的悠久传统，如明代户部主事夏原吉疏浚吴淞江时，"役十余万人。原吉布衣徒步，日夜经画。盛暑不张盖……浚白茆塘、刘家河、大黄浦"（《明史》卷一四九《夏原吉传》）。这种农田水利治理方式有利于加强农民群体内部、民间与政府之间的团结与信任，磨炼协作精神与勤劳品质。

反映苏州农民吃苦耐劳品质的另一现象，是苏州出现了中国农业中最早

① 缪启愉. 太湖地区塘浦圩田的形成和发展. 中国农史，1982（1）：12-32.

的"一年两熟"稻麦复种制度。唐代曾任职于苏州的白居易曾写下"去年到郡时，麦穗黄离离；今年去郡日，稻花白霏霏"，北宋苏州就已是"刈麦种禾，一岁再熟……农夫随其力之所及，择其土之所宜，以此种焉"（《吴郡图经续记》卷上《物产》）。复种制的兴起，除了需要合适的气候条件和农作物品种外，更需要甘愿尽力之所及、大幅延长耕作时间的农民。苏州农民艰苦奋斗的品质，也正是在这种充分发挥劳动力潜能的集约化生产方式中得到了进一步的磨砺。

（2）高低田种植结构与因地制宜精神。

农田开发与水利建设，为苏州农业的发展提供了坚实的基础设施保障；而真正使得苏州农业走向繁荣的，是当地农民基于地势、水源条件，因地制宜地选择农业生产模式的智慧品质。不同的地貌成因，导致苏州的农业用地出现了高田与低田的鲜明分野。高田易旱，低田易涝，针对两种不同的问题，苏州农民采取了不同的应对方式。

低田耕作的典型成功案例是明代常熟县的谭晓，为了避免低田易涝的问题，他"凿其最洼者为池，余则围以高塍（田埂），辟而耕，岁入视平壤三倍"（清光绪《常昭合志稿》卷四十八《轶闻》），使其形成"池、田、塍"三个梯级，以池养鱼、种植水生植物，以田种稻，以塍种蔬果，将地势低平的劣势转变为梯级互补的优势。

而对于高田，苏州农民并未执意于引水灌溉，而是就地发展适于旱地沙土的棉花种植。棉花"本来自外番，先传于粤，继及于闽，元初始至江南，而江南又始于松江"①。而邻近松江、位于苏州东部、北部"冈身"高阜之地所在的嘉定、太仓、常熟等县，明清时期"易稻种棉"蔚然成风。这些水稻的瘠田迅速变为棉花的沃壤，也奠定了苏州作为棉纺织业中心的农业基础。

针对不同地形选择不同特色农作物，是苏州农民适应环境、因地制宜的农业决策智慧的体现，也是苏州农业得以繁荣的核心原因。

（3）农作物多样化与农民市场意识。

历史时期的苏州农业以作物品种丰富、商品化程度高而著称，这既是苏

① ［清］赵翼. 陔余丛考. 石家庄：河北人民出版社，1990：530.

州农民头脑灵活、勇于尝试的精神写照，也大大促进了劳动力的高效时间分配，以及农民经济思维、市场经验的培养。

a. 作物品种多样化。

对于作为核心主粮作物的水稻，苏州人不断尝试培育新的品种。在苏、常二府，已发现的宋代水稻有 46 种，而明代上升到 118 种，清代则更是多达 259 种，其中既有亩产高达 500 斤以上的高产稻，也有便于协调播种时间的早、中、晚多季稻。[①] 对于和水稻搭配的其他作物，苏州人也从未停止引种的尝试。除了用于轮作的各种麦、适合高田的棉花之外，桑树、豆类、油菜、苜蓿、茶叶和各类瓜果，也都陆续在苏州生根发芽。这些农产品的生长期各不相同，农民同时种植多种作物，便于将农忙期错开，促进劳动力更高效的季节性安排。此外，经济作物的种植，也为农业商品化、农副业的发展奠定了基础。

b. 农业商品化与农民的经济智慧。

苏州农业的商品化程度在全国也非常发达，棉花、棉布、桑叶、生丝、丝绸作为商品大量流入市场，尤以生丝为重，占产量的 80% 以上。随着市镇的繁荣，"市中交易，未晓而集"（万历《嘉定县志》卷二《疆域考下·风俗》），农民大量涌入集市进行农副产品交易，农民生产的多数产品不用于自身家庭消费，而是面向市场。因此，他们的生产决策更多地基于市场中消费者的需求，而不是小农家庭的自身需求，以市场为导向，提高产品的质量与竞争力。苏州的农民也借此机会积累了市场经验，形成了商业头脑，培养出了基层乡村与市场直接联系的乡镇企业建设的能力潜质。

2. "细化专精，追求品质"的工匠精神

"四方重吴服，而吴益工于服；四方贵吴器，而吴益工于器"。历经数千年的工业发展，苏州成为明清时期的全国工业中心，孕育出一种以品质与精巧闻名于世的手工业文化。城市、市镇与乡村有序分工、各司其职，使苏州形成了门类齐全、人口众多、市场发达的工业体系。专业化的生产不仅提升了工匠技艺，还促进了生产技术与组织的创新，极大地提高了管理水平和生

产效率。苏州手工业产品凭借高质量、高品位俘获了各地市场的偏爱，形成了著名的苏工工艺。

（1）全国工业中心的形成。

苏州的工业史，上起两千余年前春秋吴国的造船业，中间经由农民家庭手工业、市镇手工业的漫长积累，至明清时，苏州已经是全国首屈一指的工业都市。[①]

从人口数量来看，纺织业是历史上苏州的支柱产业，清中期苏州城中有丝织业工匠 3.6 万人，棉布加工业工匠 2 万余人；成衣、笺纸制作、珠宝玉器制作等行业也在苏州城中发展繁荣，城中工业人口总数在 15 万人以上。[②]而若将郊区、市镇和农村的工业也考虑在内，苏州地区已经形成了一个门类齐全、人口众多、组织有序、市场发达的工业体系，成为封建社会晚期新生的工商业生产、资本主义力量蓬勃发展的"苏杭型城市"的代表，充满了清新活泼的气息。[③]

随着工业人口的增长与生产效率的提升，苏州地区的工业品产量也迅速增长，苏州的商业腹地也由此从本地扩展到江南、长江流域乃至全国大多数地方，苏州成为 19 世纪中叶以前中国唯一拥有全国性经济中心地位的城市。[④]

（2）分工发展与技术进步。

庞大的工业规模为专业化的劳动分工和不同环节之间的有序组织奠定了基础。明清时期，少数经济发达地区形成了相对集中的手工业区域，出现了分工与专业化生产，苏州在这方面起到了引领者的作用，对于工匠技术的专业精进，工匠之间、工匠和商人之间的协作，都有着重大的意义。

a. 专业化劳动分工的发展。

劳动分工首先表现为"男耕女织"的性别分工逐渐巩固。明代及以前，农村生产中的性别分工尚不明显；进入清代，妇女逐渐退出农耕而专力于棉

① 段本洛，张圻福. 苏州手工业史. 南京：江苏古籍出版社，1986.
② 李伯重. 工业发展与城市变化：明中叶至清中叶的苏州（上）. 清史研究，2001（3）：9-22.
③ 傅衣凌. 明清社会经济变迁论. 北京：人民出版社，1989：152、158.
④ Skinner, G. W. *Marketing Systems and Regional Economies：Their Structure and Development*. Chinese Academy of Social Sciences，1980.

纺织，而男性越来越明显地退出这种生产。[1] 在性别分工的基础上还有年龄分工，"老幼妇女宜于纺纱，青壮妇女宜于织布"[2]，根据劳动的负荷匹配适宜的劳动力资源。

某些生产环节或部门从整个农村副业体系中独立出来，并向少数市镇或城市集中，是劳动分工的另一表现形式。其中典型的如纺织业中的轧花，借助揽车技术的改进而独立出来，集中在太仓等城市中。[3] 与之类似的还有造纸、蜡烛、木匠等曾经作为农村副业的生产部门向苏州城内集中，形成了"吴中男子多工艺事，各有专家……他处效之者莫能及也"（乾隆二十六年《元和县志》卷十《风俗》）的专精化生产模式。明清时期，苏州郊区市镇工业的专业化程度也有明显的提高。在郊区市镇生产规模最大的三大工业部门——碾米业、榨油业和酿酒业中，生产日益专业化，并逐渐在江南地区扩散开来。

b. 生产技术与组织的进步。

专门化生产带来的直接效益便是工匠技艺的精进和生产技术的创新。明清江南的棉纺工具——三锭纺车，将棉布的劳动生产率提高了一倍以上，是工业革命以前世界上生产效率最高的纺织工具。[4] 在丝织业中，明末的苏州已经出现了绫机、绢机、罗机、纱机和绸机 5 种织机（崇祯《吴县志》卷二十九《物产》），其构造多不尽相同，表明丝织机械随着丝织业生产内部分工的发展也已逐渐专业化。

伴随着分工同时发展的还有生产组织，明清苏州这方面的主要表现在于扩大生产规模和工匠间协作的手工工场的大量出现与商业资本参与调配工业生产的"账房"组织的发展。在明代后期苏州的民间丝织业大作坊或手工工场中，织、挽等工作之间分工明确、相互衔接，"织帛工及挽丝佣各数十人"（陆粲《庚巳编》卷四《郑灏》）。在"家杼轴而户纂组"的小家庭机户之

① 李伯重. 江南的早期工业化（1550—1850）. 修订版. 北京：中国人民大学出版社，2010.

② 徐新吾. 鸦片战争前中国棉纺织手工业的商品生产与资本主义萌芽问题. 南京：江苏人民出版社，1981.

③ 许涤新，吴承明. 中国资本主义发展史（第一卷）：中国资本主义的萌芽. 北京：人民出版社，1985：394.

④ 李伯重. 江南的早期工业化（1550—1850）. 修订版. 北京：中国人民大学出版社，2010.

上，出现了"经造纱缎账房"，除自行设机雇匠生产外，大多发放经纬给机户，各就机户居处雇工织造。据江苏实业司的《江苏省实业行政报告书》载，从康熙四十一年（1702 年）至鸦片战争前夕，吴县纱缎业"账房"开业的计11 家，每年绸缎产量达 7 164 匹。这些组织形式的出现，使得苏州手工业从初级的通过市场来配置资源与产品转向一种"将生产单位与采购、分配单位几方面的行政管理相结合"的有效配置模式，并由日益专业化的管理人员组成管理体系，因此更有助于劳动生产率的提高。①

（3）以人为本与工匠精神。

历史上苏州工业的一大特征，是轻工业在其中占据绝大部分比重，其代表性产品——织物、粮油、酒茶等，大多数都是人们日常生活中的常用消费品。这使得苏州工业为了在全国市场中获得竞争力，就必须俘获消费者群体的品位。而苏州人正是通过不断积累人力资本、融入经验巧思、改善生产技艺，铸就了苏工工艺细腻、制作精良的美名。

a. 大众消费品生产的繁荣。

苏工精良的传统，一部分源于苏州曾经长期作为官营工业的所在地，服务官方的高端消费品生产，通过技术的传播、工匠身份的转换，带动大众消费品技艺的发展。明清时期，"苏州织造"是中国三大官营丝织业生产中心之一，明初时雇佣了大量"匠役"，这些人直接为皇室和朝廷官员服务，代表了当时最高端的生产技艺与产品质量。② 明中后期匠籍逐渐转换为民籍，清代采取的雇役制度则消除了民营与官营丝织业的界限，官营织造的高超技术由此得以向民营丝织业传播。苏州丝织品由先织后染的"生货"，到了明中后期和清代向先炼染后织造、质量更佳的"熟货"转型，也是与这一变化同步进行的一个重大创举。③

在江南棉纺织业体系中，明清时期苏州下辖的太仓、嘉定、江阴等县出产的棉布也都以"坚致细密"而闻名，成为江南棉布销往全国的品质保障。

---

① 李伯重. 江南的早期工业化（1550—1850）. 修订版. 北京：中国人民大学出版社，2010.

② 董粉和. 中国古代官营手工业技术特点分析与思考：以清代苏州织造局为中心的考察. 兰州学刊，2018（5）：84 - 97.

③ 上海社会科学院经济研究所，上海市丝绸进出口公司. 近代江南丝织工业史. 上海：上海人民出版社，1991：34 - 35.

在更有利于提升人们生活品质的酿酒、制茶两大行业中，苏州的优势更为明显——明代苏州煮酒已"转贩四方"，酿酒市镇"横金、下保、水东人并为酿工，远近皆用之"；苏州西南部出产的洞庭山茶，宋代已为贡品，清代因得康熙皇帝的喜好并赐名为"碧螺春"，其余茶种如虎丘、阳羡等，也均为"茶品之上者"，而制茶技术的重大转变——从"蒸青法"转向生产更便捷、口感更佳的"炒青法"，也肇始于苏州地区。可见苏州的工业已经成为周边地区争相消费、效仿的典范，而其本质在于具有精湛技艺和独特创意的苏州匠人。

b. 凝聚工巧的高端消费品生产。

除了日常生活消费品之外，苏州的高端消费品和工艺品生产也因精美而闻名于世。素有"吴装"之名的服装制造业，长期领导全国时装潮流，即便是都城，也有"衣服器用不尚繁添，多仿吴下之风，以雅素相高"的现象。此外，紫砂壶、苏绣等传统工艺，被誉为"苏作"的装裱行业、被誉为"吴装"的家具行业，也是苏州工艺品中的佼佼者，不少产品已经超越技术而达于艺术。明代人士张瀚曾在《松窗梦语》中评论道："姑苏民利鱼稻之饶，极人工之巧，服饰器具，足以炫人心目，而志于富侈者争趋效之。"凝聚工艺巧思、服务精致生活是苏州手工业的最大特征，由此孕育的工匠精神因此具有浓厚的人文关怀性，外在精巧，内里博大。

多元化的工业产品构成，使得苏州的手工业能够面向不同层次的消费者，将中低端和高端的生产融为一体，有助于技术、知识的传播渗透，形成在人数和质量上均出类拔萃的苏州工匠群体，也培养了精益求精、追求品质的工匠精神。

3. "文商荟萃，履约守信"的市场精神

集四海之珍奇，皆归市易；会寰区之异味，悉在庖厨。苏州拥有一种包容万象的博大气质，如大海之纳川，来此的"川流"不仅有文人墨客，更有往来商贾。回馈这份包容与信任的，是履约守信的市场精神。履约守信从一种道德精神逐渐演变为文化共识，成为支撑苏州经济发展的重要人文特质之一。这份精神与苏州自身的博大气质，脱胎于八荒争辏、万国咸通的超区域市场中心；而其全国市场中心地位的形成又离不开四通八达、制度保障的优越交通条件。

（1）优越交通条件与超区域中心市场。

a. 漕运奠定苏州优越的交通条件。

漕运制度是苏州交通发达而至经济发展的重要制度基础。苏州作为地处江南的运河城市，其经济在漕运制度的保障下得以迅猛发展。传统国家，尤其在经济重心南移的隋唐以降，对漕运具有高度依赖性，而漕运制度统辖下的运河城镇成为商品经济繁荣的重镇。

由于漕运制度在传统国家经济中占据重要地位，其基础设施保障——运河受到历代朝廷格外重视，从路线规划到开挖、疏浚、整修乃至漕船供给各项工作都由官方亲自牵头完成①，因此运河沿线的商品贸易也获得了优越的交通条件。

作为京杭大运河沿线重镇的苏州拥有发达的运河经济。其地"系客商船集辐辏之处"（《皇明经世文编》），其中浒墅关更有"商船往来，日以千计"②，商运繁荣。除商运外，自明代起，"始各卫所旗军每船许带土宜"（万历《万历会计录》卷二十八《漕运》），免其抽税，以补充运军生计和运粮脚价之不足，并且这一免税土宜的限额不断增加。到乾隆年间，朝廷甚至允准回空漕船揽载商货。

明清时期的关税资料显示，苏州的浒墅关在江南地区运河沿岸各榷关中商税占比最高，几近淮安的两倍、扬州的四倍。③ 运河优越的交通条件与其得天独厚的地理位置为苏州提供了绝佳的商品经济发展基础，形成了唐寅在《阊门即事》中所言的"黄金百万水西东"的盛大与辉煌。

b. 市场辐射。

在漕运制度与良好交通条件的保障下，苏州商品经济市场的辐射范围遍及国内各地，甚至在国际上也具有突出的影响力。

从国内看，苏州不仅是漕运重镇，更是超区域市场中心。钱泳在《履园丛话》中写道："以苏、松、常、镇、杭、嘉、湖、太仓推之，约其土地无有

---

① 杨希义. 略论唐代的漕运. 中国史研究，1984（2）：53-67.

② 彭泽益. 中国近代手工业史资料（1840—1949）：第1卷. 北京：生活·读书·新知三联书店，1957：454.

③ 许檀. 明清时期运河的商品流通. 历史档案，1992（1）：80-85.

一省之多，而计其赋税，实当天下之半，是以七郡一州之赋税为国家之根本也。"在粮食方面，郭松义、李伯重等学者皆对江南作为全国粮食贸易中心之一的地位有所论证，不论是清代以前主导的粮食输出还是清代逐渐扩大的粮食输入，都佐证了江南商品粮贸易的核心地位。[①] 在丝绵方面，李伯重和范金民都论述了江南丝绵及其制品以输出为主、严重依赖外地市场的特征。在其他商品方面，以苏州为代表的江南都是重要销场或者输出地。[②] 利玛窦也在其记述中写道："商人常年从事同帝国其他市场中心的贸易，其中几乎任何货品都无法脱离市场的联系、在单个市场中完成购置。"

从国际看，苏州在世界经济圈亦占据重要地位。明初吏部员外郎陈诚记曰："洪武间来贡者，则有西洋琐里、琐里、览邦、淡巴。永乐间来贡者，则有古里班卒……黑葛达（共 29 国）"（张岱：《夜航船》卷十五《外国部·外译》）。这些朝贡贸易的国家以东亚为主体，却也并不乏西洋诸国。苏州是朝贡赏赐之丝缎、瓷器、伞扇等商品的生产地与收集地，也是使团游历采买的市场所在地，在东亚朝贡贸易体系乃至世界市场中具有无可替代的重要地位，不论是使团采买还是朝廷课收，都在苏州建立起一个庞大的消费市场。这也促进了古代苏州市场经济的发展与商品、人员的流动。

（2）人口、货物流动与文化包容性的建构。

苏州优越的交通条件与超区域市场中心地位促成了该地繁密的人口与货物流动，与之相伴的信息、技术乃至文化传播造就了苏州多元而包容的文化特性。

a. 信息汇通与广阔视野。

发达的商品经济与信息汇通伴生。超区域市场中心提供的各色职业与广大就业机会作为人口迁入地的重要拉力，吸引着各种人员流入。人员流动带来的信息交换将苏州包裹在庞大的信息流中，赋予苏州以广阔的视野，使苏州人在经济层面上获得全国性的市场动向信息，助力经济决策。信息通达汇聚的特征又进一步促进苏州巩固超区域市场中心的经济地位。

---

① 郭松义. 清代粮食市场和商品粮数量的估测. 中国史研究，1994（4）：40-49；李伯重. 明清江南与外地经济联系的加强及其对江南经济发展的影响. 中国经济史研究，1986（2）：117-134；范金民. 明清江南商业的发展. 南京：南京大学出版社，1998：63.

② 范金民. 明清江南商业的发展. 南京：南京大学出版社，1998：98.

　　信息汇通也带来了广阔的视野与文化包容性。跟随人员与货物流动涌入苏州的不仅是全国市场的动态信息，更有其他地区丰富的地域文化。各色文化交汇于斯，当地人熟稔于接纳外来文化中的新鲜事物，形成了理解并尊重不同地域文化的独特之处的开放包容的文化氛围。柳永在《木兰花慢·拆桐花烂漫》中写尽苏州之博与新，赞曰："风暖繁弦脆管，万家竞奏新声。"路旁更是"遗簪堕珥，珠翠纵横"。异域的文化在繁华的商贸活动中逐渐融入本地，成为万家竞奏的"新声"。

　　b. 文化汇聚与文化认同。

　　在作为超区域市场中心的历史进程中，苏州扮演的角色不仅是本地文化的承载者，更是全国各地广泛多元文化的吸纳者，苏州文化因而呈现出丰富多样、多元融合的特征。

　　作为吴文化的中心，苏州在历史上一直是重要的移民源地和目的地，苏州移民在吴文化整合过程中便具有非凡的意义。首先，吴文化的起源——"太伯奔吴"，便与移民相关，是华夏与吴越民族相通融合的重要标志。[①] 几次衣冠南渡也以苏州等江南地区作为迁入地。

　　移民历史是苏州文化认同的重要基础。吴文化的形成并不仅是被动接受数次衣冠南渡所携中原文化的结果，更是长期历史过程中对外来各种优秀文化广泛吸纳、主动融合的产物。因此，涌入的人口在这个文化环境中往往能够找到与其个体文化观与价值观相契合的元素，进而形成对苏州文化的认同。

　　同时，苏州本地居民也往往能够在外来人口身上找到值得认同的文化特质，这有助于新苏州人更加顺利地融入苏州的生活。唐寅作为苏州吴县人，面对"四远方言总不同"的现象是自豪的，丝毫无怪于外来人口身份上的生疏，却只道"世间乐土是吴中"[②]。这种相互认同的文化观念在苏州独特的社会结构与文化氛围中得以实现，进而构筑起有效的社会信任关系。

　　（3）信任关系与契约精神。

　　a. 包容性——半普遍信任。

　　在开明且包容的文化氛围下，参与市场活动的主体之间以保持原有社会

　　① 唐茂松. 论太伯奔吴的历史贡献. 江苏社会科学, 1996（3）: 99-102.

　　② 参见唐寅所作《阊门即事》。

纽带、同时融入吴文化为前提条件，构建起半普遍信任。西方的普遍信任以合同为保障，以政府公信力与受确保的私有权为依托，面向参与市场的所有人，形成一种群己界限分明并由任意两个个体之间广泛存在的信任连接的团体格局。而在"乡土中国"，差序格局下涟漪式的社会关系使得法律无法作为信任的基础，相比之下，宗族血缘纽带是差序信任的唯一标准，在此体系中信任是宗族内的而非普遍的。[①] 然而苏州又与此不同，既区别于任意个体之间的普遍信任，又不至于排斥宗族以外的任何人。苏州的信任关系有着独特的条件——文化认同。不必同族，只要是融入吴文化者，便能获得信任；但骤然来自其他文化的外来者则不能第一时间获得信任；而此信任又是民间的，需要中间人作保，而非西方那般直接订立契约，因此可被称为"半普遍信任"。在苏州多元包容的文化氛围下，融入吴文化形成文化认同并非难事，因此这份半普遍信任也并不难获得；而文化认同作为信任条件，又反过来促进了文化包容与融合。

b. 半普遍信任——契约精神。

在以文化认同为基础的半普遍信任与民间契约中间人责任保障下，市场行为的有序发展，形成了回报信任的契约精神。"所有进步社会的运动，是一个'从身份到契约'的运动。"[②] 所谓"身份"，是个人无法摆脱的、对社会支配关系中先赋群体的隶属关系；而所谓"契约"，则是个人能够通过自由订立协议而为自己创设的社会地位。苏州半普遍信任为市场中的个人摆脱宗族身份制约提供了最重要的社会条件，使认同吴文化的个人能够不计身份地以信任为基础订立契约；而回报这份包容与信任的，便是谨守契约、履约守信的市场精神。以范仲淹创设于苏州的范氏义庄为例，契约自发形成、共谋福利，社会资源契约式的"财之聚合"特征更是获得了"义"的回报。[③]

苏州的契约精神起高台于垒土，又代代相传，以文商荟萃的包容文化特质传承发展着履约守信的市场精神，为市场秩序的稳定与苏州经济的繁荣打

---

① 费孝通. 乡土中国. 北京：北京联合出版公司，2021.
② 梅因. 古代法. 北京：商务印书馆，1959：5.
③ 范忠信. 传统血缘社会组织自治的财团法人运作模式：北宋"范氏义庄"之契约性意义初释. 华东政法大学学报，2022（6）：109－117.

造了坚实的信任基础，也为经济发展孕育了契约与合同的现代性萌芽。

4. "崇文重道，求实致用"的绅商精神

府曹衙罢，画阁珠帘，士商相趋，文教和美。有着千年建城历史的苏州在明清之际随绅商融合的特征发展出科举与经商互相为用的二元价值观，既为当地商贾带来了学宗宋儒、崇文重道的士绅文化，又为科第士绅带来了经世致用、求实博纳的商贾精神。在这种绅商精神的晕染下，苏州为经济发展奠定了多元大众文化与脚踏实地的阶层和思想基础，形成了多元并蓄、崇文求实的文化特质。

（1）由商而绅，崇文重道。

在重农抑商的传统农耕文明中，作为超区域市场中心的苏州却能孕育出对商人的宽容。这种宽容并不仅限于对商业活动的社会环境支持，更在对商人群体试图融入士绅社会时得以充分显现。

苏州包容的文化氛围为由商而绅的转型提供了基本的社会条件。"惟经营大获，纳赀得官，乃得厕身缙绅之列。"① 直至晚清，广泛流行的捐纳和捐输，仍是商人跻身于绅士群体的主要途径。商贾之所以竞相与士融合，一方面是出于对绅士社会地位的艳羡；另一方面则是出于对保护自身的商业经营活动、取得同官府打交道资格的考虑。"商人一经厕列于绅士，就有了相应的面子和保护伞，说话办事都硬气得多，这是社会价值认同仍定向在绅士群体使然。"②

也正是因此，士人崇文重道的风骨也为商人所效仿。苏州商贾融合成为士绅的过程中，除了通过捐纳获取官职的途径，更关键的是争取到士绅阶层对其文化认同的接纳。因此，商贾须以士人崇尚的士绅文化浸润自己的风骨，以适应士绅社会的文化规范，努力贴合社会整体价值认同。苏州包容的文化氛围为商贾提供了充裕的空间，使其能够在士绅社会中追求崇文重道的文教特质，进而在商业活动中逐渐形成独特的士人精神，体现为迥异于西方商贾的文质彬彬的君子态度。

这种崇尚士绅文化的趋势进一步强调了苏州的独特性，允许商贾在商业

---

① 参见《申报》1880 年 5 月 6 日相关报道文章。

② 马敏. 官商之间：社会剧变中的近代绅商. 天津：天津人民出版社，1995.

领域"崇文重道",将崇文教化的理念融入商业实践。例如,商贾们从事着诸多慈善活动,创办义庄,"寒者衣之,饥者食之,婚丧者赒助之,才优而秀达者又奖励而裁成之"①。工商业者亦开展书院教育,于同业人员死后发起施棺、停棺和代葬等义举,以体现崇文教化中的君子之行。② 这种特有的商业文明将商贾从传统的商业角色中解放出来,塑造了一种士化的仁美形象。也正是因此,苏州经济形成了合乎儒家传统的商业道德,不仅树立了正面的商贾形象,更因此广揽客源,在崇尚士大夫文化的社会中拓得广泛市场。

(2)由绅而商,经世致用。

中国传统社会中占主导地位的一直是崇文重道的儒家伦理,因此由士绅转变为商贾者极少。③ 但到了晚清,"士商相混"现象自以苏州为代表的江南向全国扩散,苏州士绅也形成了以重商主义的确立及职业的多样化为基础的显著特征,实现了由绅而商的转型。④

a. 士绅投身工商业的浪潮。

转型首先体现在近代状元办厂上。1896年,身为同治状元、任国子监祭酒的陆润庠因母丧归苏州,就地创办苏纶纱厂与苏经丝厂,这与张謇创办大生纱厂的事迹一道成为"状元办厂"的美谈。⑤ 封建科第的最高功名获得者却涉足士人一向轻视的商场,对工厂产生了兴趣,这固然是国家内忧外患之中传统士大夫救国理念的践行,却更标志着社会转型之中新型绅商群体的形成,是苏州古城千年来不断兼收并蓄所育求实思想最终绽放的绚丽光彩。

状元之外,其他级别的士绅由科举转入商界的不乏其例。而近代由绅而商的风气也并不限于苏州之内,然而苏州作为传统士人麇集的地区,当之无愧地拥有科举上的辉煌成就,更在近代得风气之先,由绅而商的转化最为集中,也最为明显。⑥ 例如,光绪年间进士、授翰林院编修的王同愈脱离官场组织苏州商会,供职苏经丝厂、苏纶纱厂和苏省铁路公司等,诸多苏州籍的进士都不同程度地介入商业活动。

① 参见民国《吴县志》卷三一《公署四》。
② 王卫平. 清代苏州的慈善事业. 中国史研究,1997(3):145-156.
③ 李阳. 清末民初苏州士绅的转变与坚守. 上海:上海师范大学,2011.
④⑤⑥ 马敏. 官商之间:社会剧变中的近代绅商. 天津:天津人民出版社,1995.

b. 由绅而商的经世致用思想基础。

在由绅而商的社会阶层转型之中，经世致用思想无疑发挥着相当重要的作用。而为苏州广纳博引的包容性文化所吸收的，亦不乏各类致用学问。

其一，在生态上，清代苏州已有朴素的环境保护理念，形成了广泛的可持续利用风气。以渔业治理为例，《元和县奉各宪禁止弋猎网捕示碑》记载，乾隆六十年官府划定山塘街至虎丘的一片水域作为禁止捕捞区域，形成了自然保护区的雏形。① 竭泽而渔的行为显然不利于长远的发展，先进的生态环境理念因而正是求实致用思想的生动表现。

其二，在生产技术上，苏州丝织业发展与纺织技术的传播，有着难以隔断的紧密联系。② 明清时丝织业市镇仍集中于吴江南境，这是因为逐绸绫之利的技术门槛比棉布业要高很多，后者可以基本上在普通小农家庭中完成，而丝织业则需要较高的技术支持。乾隆时期编纂的《吴江县志》记载："绫绸之业，宋元以前惟郡人为之。至明熙宣间……犹往往雇郡人织挽。"他郡纷纷效仿无疑从侧面体现了苏州超前的手工业技术，这同样也是一种并不专事于八股的求实思想的实践。

其三，在医学技术上，苏州也展现出超前的求实精神。清代苏州人过孟起常年在苏州府行医绎书。"过绎之，吴中医案，见吴医汇讲序。"③ 又重刻《仙传痘疹奇书》④，辑佚《本草经》，体现出苏州儒士不仅限于科考知识，同时也重视利民的医学技术与实践。

其四，在数学上，苏州发展出一套超前且实用的计数体系——"苏州码子"。苏州码子是旧时流行于民间的"商业数字"⑤，常用于当铺、药房，至今仍有保留使用。计数方式的创立是苏州繁荣市场中心地位的证明，也是苏州文化包容性与创新性的体现，更是求实致用理念的运用，可谓是为苏州经济

① 纪迪. 清初苏州渔业治理研究：以《元和县奉各宪禁止弋猎网捕告示碑》为例. 文物鉴定与鉴赏，2022（17）：124－127.

② 吴滔. 技术传播、商业资本与绫绸之利：明清吴江黄溪史氏经商活动探赜. 学术研究，2019（7）：99－107，178.

③ 曹允源，李根源：民国吴县志·卷五十六·艺文考二//中国地方志集成·江苏府县志辑. 南京：江苏古籍出版社，1991：915.

④ 俞志高. 吴中名医录. 南京：江苏科学技术出版社，1993：158.

⑤ 蒋纪序. 历史档案中的苏州码子. 档案与建设，2021（8）：90－91.

活动的持续开展创造了良好的数学条件。

以上经世致用的知识传统，体现出苏州历史上孕育的求实致用理念，为其在近代作为由绅而商经世救国的急先锋奠定了深厚的思想基础。

5.“天下兴亡，匹夫有责”的士人精神

所谓举子唱名，惊科举之魁冠；官民共化，耀万艺之飞光。士绅，作为官府和百姓之间的中介人，代替统治者实行对全国广大地区的管理，构成了封建统治的社会基础。[①] 而明清以来苏州作为经济最发达的几个地区之一，科举之风盛行，名人才子辈出，在大家世族和商业文化的共同推动下，苏州的士绅阶层秉持着“先天下之忧而忧”的士人精神，在普及教育、发扬文化、慈善赈济等方面都发挥着举足轻重的作用。

（1）士人精神的形成背景。

a. 苏州士人的形成。

“士人”，即为科举得到功名的人士。在科举时代，士人在社会中扮演着举足轻重的角色，成为社会管理中一个举足轻重的阶级。正如张仲礼所言：“中华帝国的绅士是一个独特的社会集团，他们具有人们所公认的政治、经济和社会特权以及各种权利，并有特殊的生活方式。绅士们高踞于无数的平民之上，支配着中国民间的社会和经济生活。”[②]

苏州士绅包括两类人：其一是苏州本地人，生活在多代传承的名门望族或大家族中，并通过科举获得了功名；其二则祖籍不是苏州人，但本人由于先代的迁入，自幼就在苏州生活，其间通过科举或其他手段获得了进入士绅阶层的功名，随着在苏州的居住，在精神上完全认同苏州的生活和文化。[③] 这两类士人共同构成了苏州的士绅群体，也从侧面反映出苏州文化的包容性与多元性。

唐甄在《潜书》中有言：“吴地胜天下，典籍之所聚也，显名之所出也，四方士大夫之所游也。”苏州开放的文化交往与市场贸易，配合崇文重教的政

① 李阳. 清末民初苏州士绅的转变与坚守. 上海：上海师范大学，2011.
② 张仲礼. 中国绅士：关于其在 19 世纪中国社会中作用的研究. 上海：上海社会科学院出版社，1991.
③ 李阳. 清末民初苏州士绅的转变与坚守. 上海：上海师范大学，2011.

府与宗族，共同孕育出眼界开阔、富有责任感的士绅阶层。明清时期，苏州府作为科举大府，在历史上有着包括"苏人才甲天下"和"科第往往取先天下，名臣硕儒亦多发迹于斯"等评价，苏州士子耀眼的科举成绩，为强大士绅群体的形成打下了基础。

b. 苏州士人的社会关怀。

士绅作为一个享有特权并居于领袖地位的社会集团，视自己家乡的福利增进和利益保护为己任，主动承担了诸如慈善事业、纠纷调解以及部分公共基础设施的建设。从这些行为中，能够凝练出其在文化上的领袖作用和特殊的价值观念，即对所在家乡的团结以及保护，从某种程度上弥补了政府官吏在本地政策施行上人员与经验的不足，正所谓"盖官有更替，不如绅之居处常亲"。

而苏州士绅的关注不再局限于自己的家乡，而是扩大到天下的概念，以范仲淹在《岳阳楼记》中所提"先天下之忧而忧，后天下之乐而乐"最为著名，超脱于自身境遇和地理限制，将忧国忧民的目光投至整个国家，一往情深，令人感喟。除此以外，还有苏州昆山人顾炎武，作为明末清初思想家、学者，强调学以经世，自一身以至天下国家之事。顾炎武在《日知录》中提出"保天下者，匹夫之贱，与有责焉耳矣"的名言，该名言被后人概括为"天下兴亡，匹夫有责"，此类文学思想作品在苏州不胜枚举。

除此以外，当下存有记录的簪缨世族，其家法与族规中也无不体现出士人的社会责任感与家国情怀。正如苏州府吴县人伍袁萃所说："君子不持公论，将使小人持之乎？荐绅先生不持公论，将使市井细民持之乎？"而内阁大学士、苏州人王鏊曾对部分作为"乡邦之领袖"的士绅进行批判，认为其"瘠人肥己，效尤成风，坐享田租之利，而使无田小民代其包赔税粮"①，可见，对社会事件不闻不问，"各人自扫门前雪、莫管他人瓦上霜"的读书人是不为士绅们所容的。

（2）士人精神对教育和文化的作用。

勤奋苦读、世代应举的苏州士绅阶层，在其精神中凝练出早期重视人才

---

① 冯贤亮. 士人生活的变革：明清之际的社会与政治演替. 苏州大学学报（哲学社会科学版），2019（1）：169 - 181.

与人力资本的思想，为经济发展中至关重要的人才资源提供了社会沃土。

a. 族学与书院。

在乡里范围内的族学和在市镇中的书院构建了苏州教育机构的基础。苏州大家世族数量众多，名门望族能够持续不衰的基础便是族内士绅群体的不断传承，因此督促并资助族人读书、应试成为必需之事宜，一些宗族专门设立助学的书田，主要用于延请教师，解决学生生活困难，奖励优秀学生和赞助学生参加科举考试。① 设立书田的宗族也往往设立族学，向本族及乡里子弟提供免费教育，这些都成为乡村基层社会教育系统的重要组成部分。

除了辐射乡里的族学以外，书院作为中国古代介于官学和私学之间的一种独特的教育机构，以传承学术、培养人才为目标，兼具讲学、祭祀、修书、编书、藏书等多种功能。② 苏州士绅本身受益于教育带来的财富和学识，也因此历来对修建书院、学校热情很高。出于对社会公共事务的支持，他们纷纷出资捐田来推动当地的文教事业，还亲自担任教学与管理工作，为促进苏州教育的发达和学术的振兴贡献力量，形成了人才培养的良性循环。

b. 多元发展与文化传承。

而苏州士绅所施行的教育内容不只限于四书五经等儒家经典的学习，"经世致用"之学在精英教育中也越来越受到重视，包括历史、地理、法律和实用数学。③ 多元化的发展，不仅体现为多学科的涉猎，还包括了对西方的学习，如其中孙元化撰写了研究西方笔算的代表作《太西算要》。④ 该书对之后民间数学的普及以及与西方技术的接轨有着举足轻重的意义。

同时，在文化上的创新尝试并不等于放弃传统，清代苏州在文学与考据学等领域涌现出大量优秀人才，士人重视对传统文学以及思想的提炼与总结，大家世族的府邸俨然成为收集古籍与一手史料的藏书馆，许多文人学士不求仕进，却把藏书作为自己的终生事业。⑤ 明代藏书家灿若星斗，柳诒徵在《中

---

① 冯尔康，常建华，朱凤瀚. 中国宗族社会：第四章. 杭州：浙江人民出版社，1994.
② 王坤. 清代苏州书院研究. 苏州：苏州大学，2008.
③ 李伯重. 八股之外：明清江南的教育及其对经济的影响. 清史研究，2004（1）：1-14.
④ 李迪. 中国数学史大系：第7卷. 北京：北京师范大学出版社，2000：60-61.
⑤ 王桂平. 论明代苏州府藏书家藏书与刻书之特点. 图书馆杂志，2016（11）：104-108.

国文化史》中说："士大夫咸以嗜书殖学为务，故能上绍唐宋，而下开有清之文治焉。"同时在藏书之余，士绅们还积极刻书抄书，为古籍的留存与传播打下基础。正是这种对历史文化瑰宝的珍惜，才使苏州没有因时代的变迁而迷失方向。

（3）士人精神于公共事业中的体现。

所谓"安得广厦千万间，大庇天下寒士俱欢颜"，明清以降苏州的慈善事业，从家族的义田、义庄，到慈善团体即善会、善堂，再到荒情发生时的赈灾运动，种类丰富、规模宏大，从中反映出地方士绅对慈善事业的热情和关心，在维护苏州社会稳定、提供基础保障上发挥着重要的作用。

a. 慈善组织的多样化。

首先是慈善组织的丰富性，包括以家族救济为主体的义田、义庄，以及以社会救济为主体的普济堂、育婴堂。义田的来源往往是族内士绅捐置或遗产入公，其专门的管理机构则被称为义庄。其收入的主要用途包括完纳赋役、赡养族人、储粮备荒等等。[1] 在明清时期，根据地方志记载，江苏规模大、数量多的义田、义庄，几乎全部集中在苏南地区的松江、苏州、常州诸府等地。[2] 这些族内用以资助族人、储蓄赈灾的财产也会被捐纳给乡村的备荒粮仓，构成了乡里最基础的经济保障系统。

除了族内和乡里事务以外，苏州士绅的慈善事业还包括对社会贫弱的广泛帮助。[3] 苏州普济堂、养济院对收养的贫病之民进行多方面的救济。其施济内容包括维持收养对象的生活、对病者实行治疗、助外来者归乡、为逝者提供棺木等等。而育婴堂最初为苏州民间士绅所建，后来得到了官方的资助，取代了原本将婴孩散养于乳母家中的方式，移建堂址，增扩房屋，使乳母居堂哺育婴孩成为可能。以此为转折，育婴堂收养的婴孩不再采取散婴制，改由乳母与婴孩共处一室，居堂抚养的方式。[4] 育婴堂对于改善婴孩的生活条件、提高婴孩生存率大为有益。

---

① 冯尔康，常建华，朱凤瀚. 中国宗族社会：第四章. 杭州：浙江人民出版社，1994.
② 张研. 关于清代族田分布的初步考察. 中国经济史研究，1991（1）：95-112.
③ 徐茂明. 江南士绅与江南社会（1368—1911年）：第二章. 北京：商务印书馆，2004.
④ 王卫平. 清代苏州的慈善事业. 中国史研究，1997（3）：145-156.

b. 丰富的救济机制。

除了本地的养济院、育婴堂以外，"先天下之忧而忧"的士人精神促使苏州士绅将目光投至更广大的区域，发展出除本地公共慈善以外的赈济事业。苏州本身的地理位置促使其成为财货集散、转运、贸易的中心，再加上其人口稠密，因此士绅对粮食储备与灾荒的关注相对更为敏锐。在非灾时期，苏州内富有士人集资捐助米粮、补充社仓和义仓，作为平时借贷和调理物价水平的重要方式。士绅群体也积极参与仓储的运营和管理。如道光中创立的"长元吴丰备义仓"有规定："每届开仓之前，先请藩宪酌派委员，会同绅士办理。"

清朝后期，随着政府力量的衰弱，江南士绅群体逐渐变成社会赈济保障的主要力量。光绪初年爆发的"丁戊奇荒"主要打击了北方地区，然而其庞大的流民潮仍然冲击到了江南。危机下，士绅们主动资助饥民回乡、赈助河南等遥远灾区。[①] 同时，还有少数苏州士绅绘制了《丁戊奇荒铁泪图》，通过文艺创作的方式试图呼吁社会各界加强对饥民的关注，可见其超脱于本地乡土、心怀天下的社会责任感和集体价值观。

6. "廉洁奉公，惠民利民"的开明政府精神

刘禹锡所作《白舍人曹长寄新诗，有游宴之盛，因以戏酬》有言："苏州刺史例能诗，西掖今来替左司。"在经济高度发达、士绅阶层的监督与协作下，苏州市政府在地方政务的实施上形成了包容开阔、尽职创新的行事准则。不论是修书崇文、协调矛盾还是备荒赈灾、修建水利，苏州千年文明的传承与厚重历史积累在政府崇文求实、脚踏实地的作风中均尽数体现，构成了坚实的地基，使天南地北的文人雅士、商旅工农能够自由来往，相互交流。

(1) 包容进取的政府态度。

a. 在不同群体之间的协调。

苏州市政府对外来商业团体和劳动者群体之间的利益纠纷做出了切实有力的协调。随着外来商帮的进入，交易的类别和频率都出现了大幅增长，苏州地区的司法体系对此适时提供了法律支持，不仅提供产权上的合法保障，

---

① 朱浒. "丁戊奇荒"对江南的冲击及地方社会之反应：兼论光绪二年江南士绅苏北赈灾行动的性质. 社会科学研究，2008 (1)：129 - 139.

也能建立某种涉及"毁约、换约"的相关法律规则，有助于降低包含执行成本在内的各种交易成本，推动贸易的平稳进行。[①] 同时，除外来商帮以外，随着府外移民和雇工数量的增加，其与本地雇主之间的矛盾也开始积累。对此，官府一方面申明"作内雇用工匠，无论何处人士，悉由作主自便，不准作伙把持"，另一方面又要求"倘有匠伙在苏病故，殡殓诸费应听作主料理"[②]，两面周旋，力图调节双方矛盾。

b. 对现有法律的改善。

随着商业诉讼案件的增加，苏州市政府逐渐不再拘泥于依靠现有法律进行调解周旋，而是主动着手对法律体系进行调整，以更好地适应本土的商业环境。即苏州本地官员不仅能在各种商业讼案中学习到恰当的调处经验，在从事审判实务时也能在适用特殊案件等法律解释难题上发展出更能变通的法律技术，有效地调整现有的法律制度。除此以外，对法律的调整还影响了中央政府的法规更改，《大清律例》"市廛章"的内容在清代曾有不少增减[③]，便得益于地方政府在众多商业诉讼中的司法实践经验。这些调整后的产权、度量衡制度，经官僚奏请，上达皇帝批准，然后便颁行实施，为更广大的市场运行提供保障。[④]

c. 与其他社会角色之间的合作。

苏州市政府在教育、赈灾、仓储、法律建设等方面均并非大权独揽，而是与社会上其他角色进行合作，形成了宗族、行业、政府三合一的经济保障。如在义仓的建设上，官方建立了丰备义仓制度，在此基础上有许多士人将土地和粮食捐入其中，进一步完善储备。同时，在公共慈善事业上，士绅所建立的育婴堂、普济堂一方面作为政府养济院的补充措施，另一方面也获得了苏州市政府大量的资助和政府官员在管理上的协助[⑤]，得到了如经费、增建、

---

① 邱澎生. 市场、法律与人情：明清苏州商人团体提供"交易服务"的制度变迁. 开放时代，2004 (5)：73 - 90.

② 唐力行. 从碑刻看明清以来苏州社会的变迁：兼与徽州社会比较. 历史研究，2000 (1)：61 - 72，190.

③ 邱澎生. 当法律遇上经济：明清中国的商业法律. 杭州：浙江大学出版社，2017：34.

④ 杜金. 寻找中国的商法与法律话语：评邱澎生《当法律遇上经济：明清中国的商业法律》. 中国古代法律文献研究，2019 (1)：483 - 510.

⑤ 王卫平. 清代苏州的慈善事业. 中国史研究，1997 (3)：145 - 156.

监察等方面的帮助,同时其中还有工商业团体和行会慈善救济的参与。可见在明清时期,苏州市政府与其他社会角色的配合互助,构筑了苏州公共保障事业的良性循环。

(2)地方政府的基础建设与责任履行。

苏州庞大的士绅阶层不仅满腹诗书、官场经验丰富,同时也积极关心社会事务,以保护本地民众利益为己任,对政府提供支持与施加监督。在这样的士绅文化的浸润下,苏州市政府给予地方书院机构与印刷机构大力资助,同时完善治安条件、备荒义仓与水利设施,为苏州崇文重教、多元发展的社会氛围构建奠定了公共保障的基础。

a. 文化教育。

在苏州崇文重教的文化底蕴之下,苏州市政府对书院和修书进行了充分的资助与管理。民国《吴县志》关于正谊书院的记录显示"同治四年以后陆续拨款增置,今实存田 2 333 亩 9 分 9 厘 9 毫"。可见官府资助之丰厚。同时,政府也进一步放宽对科举籍贯的要求,从万历时期士子中民籍开始逐渐增减,显示政府进一步放大人口的流动空间,放松科举的户籍限制,广纳学子,这对科举教育、人才的多方面崛起十分有利。

同时,在知识的传播上,苏州的官营印刷业在中国书籍的印制上独占鳌头,到了明末,江南已成为中国出版印刷业的重镇。而在江南,出版印刷业又主要集中于苏、杭、宁三大城市以及湖州、无锡、常州、松江等地。同时,苏州的印刷业并不仅仅服务于精英阶层的需求——在明代,面向广大中下层社会民众的商业化出版印刷业便日益发展,到了清代则已成为本地出版印刷业的主流。书籍的印刷与传播,让崇文重教的思想浸润进民间广大的百姓之中。

b. 基础设施建设。

除了崇文重教以外,苏州市政府在基础责任履行上也持续改进。作为商业中心,交易频率和人口流动的增加,使得专以敲诈勒索为生的地棍、恶霸的数量也在上升,同时一些迁入苏州的劳动力在工闲时间也可能成为流民,与本地人发生冲突。在此情形下,苏州巡检司数量逐渐增加,后经过一条鞭法的精简,至雍正时期平均每县设一个巡检司。在负责治安与缉私以外,巡检职官在实际行政中还经常兼任包括水利、诉讼、教化、赈济等事务。①

同时，由于苏州人口众多，商业经济发达，因此对粮食输入依赖度相比其他地区更高，同时明清期间气候条件处于持续的波动之中，水旱灾频率高。② 在这种背景下，政府的荒政与仓储准备是社会正常运行的必要条件。政府一方面筹备建立赈备仓储，另一方面呼吁社会各界捐资捐粮，在发生灾荒时及时放赈、劝慰灾民配合勘灾、运营粥厂，至气候好转时快速组织生产。③

而在水利方面，苏州古城地处太湖边缘的低洼地区，又濒临长江口的潮间带，这座"城外湖泊星罗棋布，河流纵横；城内临水而居，水巷相通"的抱水之城在防洪排涝方面需要付出艰巨的努力。苏州市政府遵循"排蓄兼筹"的城市防洪方略，并用河堰、护城河、水关、河道、池塘等组成了一套科学而严密的防洪排涝系统。④ 这些基础设施的建设减少了灾害发生的频次，让风险被收缩在可控范围之内，最大限度地保证了社会的平稳运行和较高的经济活力。

c. 商铺与商会的管理。

除了基础的责任履行以外，当地发达的商业文化还推动苏州市政府对商业活动进行有力的管控与保护，取得了显著的效果。

关于商铺的管理，如为了预防商铺乱设导致的交通与火灾风险，吴县政府示禁："桥堍四旁不准摆出柜台，桥面桥堍亦不准摆摊搭棚，以防火灾而通火埠"。同时当地的碑刻中也记录着根据地区的人流量、商铺拥挤程度变化而更新的政策内容，防止商铺密集导致的道路拥挤和垃圾乱放现象。

除了对本地小商贩的铺面进行规范以外，本地商帮和外来商旅所在的行会与会馆数量的增加也要求政府投入更多的关注。明清苏州商人团体总体上经历了从"编审行役制"到"公所制"再到"商会制"的演变⑤，从最开始需

---

① 赵思渊. 屏盗之迹、拯民之恫：明清苏州地区的巡检司. 中国社会历史评论，2010（0）：280 - 293.

② 赵思渊. 道光朝苏州荒政之演变：丰备义仓的成立及其与赋税问题的关系. 清史研究，2013（2）：56 - 71.

③ 叶依能. 清代荒政述论. 中国农史，1998（4）：59 - 68.

④ 王卫平. 明清时期江南城市史研究：以苏州为中心. 北京：人民出版社，1999.

⑤ 邱澎生. 市场、法律与人情：明清苏州商人团体提供"交易服务"的制度变迁. 开放时代，2004（5）：73 - 90.

要在政府部门强制编册服役，到清朝中后期变为依法注册的组织，在商业经济发展的推动与绅商群体的监督下，政府需要及时更改策略，提供对应的保障。官员们逐渐发展出了将商人团体的公产契据副本存贮并"立案"的法律运用模式，保证了会馆公所等建筑物的合法性，建立了普遍的商业信任，为市场注入了新的活力。①

除对商铺与会馆的规划以外，关于商标与专利保护的法律也开始推进。道光初年出现了一块旨在保护商标的名为《元和县示禁保护沈丹桂堂碑》的碑刻，上面提到有无耻之徒假冒药店沈丹桂堂碑记，或者换字同音来混淆视听进而牟利，对此县政府给出了禁示："自示之后，如有棍徒敢于假冒沈丹桂堂图记，以及换字同音混卖者，许即指名禀县，以凭提究。"② 这些对商标等专利的保护政策并非由中央政府提出，而是苏州地方根据商业行情发展和诉讼要求而做出的积极创新。这些新的法律与政策增强了商人的信心，推动了地方商品经济的繁荣发展。

二、历史人文基因的形成

（一）交通发展、移民文化与开放包容精神

"姑苏控三江，跨五湖而通海"，交通区位优势是苏州在历史上得以发展的重要地理基础。利用这一优势，苏州的先民通过开凿运河、发展水运的方式使苏州成为南北交通动脉——大运河上的重要枢纽，由此带动了人口迁移、货物流动与文化交流。在这一过程中，苏州文化的开放性、包容性逐渐形成。

春秋战国时期，以苏州为核心，吴国建设了中国最早的运河系统。司马迁在《史记·河渠书》中写道："东方则通沟江淮之间。于吴，则通渠三江、五湖。"这些沟通江、淮、湖的河道包括泰伯渎、胥溪、邗沟、越溪等，地处江、湖、运交汇处的吴都苏州自然也成为东南地区最早的都市。为发展水运

---

① 邱澎生. 由放料到工厂：清代前期苏州棉布字号的经济与法律分析. 历史研究，2002（1）：75-87，191.

② 唐力行. 从碑刻看明清以来苏州社会的变迁：兼与徽州社会比较. 历史研究，2000（1）：61-72，190.

交通，苏州在两千多年前就已成为造船业中心。《越绝书》中记载春秋时吴国已有了大翼、小翼、突冒、楼船等各式战船，可见苏州造船技术之发达；《左传》记载公元前 485 年吴国大夫徐承"帅舟师，将自海入齐，齐人败之，吴师乃还"，是中国有史以来关于海军的最早记载。在此后的历史时代，苏州作为控扼长江太湖、联系东南百越的冲要之地，成为"驰道如砥，树以青槐"的陆路枢纽和"珍异所聚，商贾并凑"的辐辏之区。

优越的区位和发达的交通，带来了绵延不绝的人口迁移与文化交流融合。长期被视为吴文化起源的"太伯奔吴"传说，是中原移民与当地古文化融合的典型案例，说明苏州在南方各地中受中原文化影响最早最深；长江中上游的楚地也是苏州移民与文化的重要来源，楚国大臣伍子胥、贵族项梁及项羽叔侄等陆续逃亡吴中，为吴文化注入了尚武的基因。众多不同文化背景的移民汇集于苏州，既是苏州文化开放性的结果，也使得包容多样性成为苏州文化的必然选择。这个特性在战国时期治吴的春申君黄歇不拘一格吸纳人才、"客三千馀人"，位列"战国四公子"的事迹中即可见一斑。大量来自经济文化比较发达地区的移民在苏州扎根，他们带来的先进生产技术和文化风尚逐渐被当地人吸纳融合，对吴地的开发起到了重要推动作用，也彰显了苏州文化的开放包容精神。

（二）水土条件、技术积累与求精务实精神

苏州地区绝大部分是在长江、太湖冲积作用下形成的滨海三角洲平原，是典型的"水乡泽国"；地处亚热带季风气候区内，这里光照充足、雨量充沛，这样的自然环境非常有利于稻作农业的发展。矿物和有机物的充分沉积为这里带来了肥沃的土壤，使得苏州先民对土地的劳动投入能够换回丰厚的收成回报。通过开全国之先河的复种制尝试和深思熟虑的作物选择，苏州农民率先发展出了以高投入、高技术换取高产出的"精耕细作"农业模式。

苏州的水土条件也存在一定劣势：太湖附近是低洼的蝶形洼地，土壤质地黏重，透水性差；而长江口附近存在名为"冈身"的多条天然海堤，地势较高，土壤以砂质为主，难以存水。宋代水利专家郏亶将苏州的农业环境总结为"环湖之地常有水患，而沿海之地常有旱灾"，这些风险必须通过将大量

劳动和资本投入农田水利开发才能克服。围田是克服不利地形、调蓄农田水量的基本手段，自春秋时期就已为苏州农业所用。隋唐以降，官方组织的大型水利工程，大幅优化了区域整体的水系结构，形成了水网纵横、蓄泄便利的农业环境。这些水利工程除了进一步提高了苏州基础设施的完善程度之外，其间大量的资本投入也必须通过精耕细作的高产农业得到回报。

农业的精密化伴随着农具的革新。汉末刘熙作《释名》，其《释用器》篇中列有斧、锥、椎、凿、耒、犁、檀、锄、枷、锸、锯等。孙吴时吴郡人韦曜曾见过此书，并作《辨释名》。唐代的苏州出现了便于稻田耕作的江东犁，普遍采用了牛耕。江东犁的最大优点在于改过去的直辕为曲辕，降低了犁的受力点，既减轻了农夫的体力消耗，又大大节省了畜力，这是太湖地区对我国农具发展做出的一个重大贡献。

求精务实的文化精神不仅养成于优良的农业条件，也与苏州工业发展的资源基础有密切的联系。苏州存在工业发展的优质原料——铜矿和蚕桑、麻类作物，这些原料为工业技术的进步创造了条件。《吴地记》记载："（吴）县西十里有铜山，周六十里。有铜坎十余，穴深者二十余丈，浅者六七丈，所谓采山铸钱之处……山东平地，有铜滓。"得益于苏州周边的铜矿，早在春秋战国时期，以"吴钩"刀剑、钱币和铜镜为代表的苏州金属冶铸业就很发达。桑蚕养殖业和麻种植业规模的扩大，促进了苏州丝织业和麻织业的发展。孙吴时期的三吴一带，已经有"八蚕之绵"的贡品。在纺织业发展的基础上，江南妇女的刺绣工艺有了很大提高。孙吴后期，吴郡人称当地"妇人为绮靡之饰，不勤麻枲，并绣文黼黻，转相仿效"，足见苏州刺绣工艺在当时已经极尽工巧。

（三）教育兴盛、衣冠南渡与崇文致远精神

得益于与中原地区长期的联系，苏州在历史早期就已形成崇文重教的传统。先秦时期，以苏州为中心的吴国是南方最早衍生礼教文化的地区之一，"泰伯逊天下，季札辞一国，德之所化远矣"，吴国贵族泰伯（太伯）、季札均有君子道德的典故传世；春秋时期，凭借与当时文化中心——鲁国的便捷水路联系，吴人言偃（字子游，籍贯今苏州常熟）北上求学于孔子，成为孔子

七十二弟子中唯一的南方人。"孔子以为子游习于文学"，言偃学成后回到故里，将崇文致远的风气在苏州播撒开来，被誉为"南方夫子"。

自言偃以降，兴办教育的传统在苏州不断传承，其中既有官学，也有私学，有助于苏州文教的普及化。汉代以来数次"衣冠南渡"，为苏州带来了大量文化程度很高、重视家族教育的中原名士。他们对苏州的教育兴盛做出了不可磨灭的贡献，也促进了以"吴郡四姓"为代表的本地世家大族的形成。如四姓之一的顾氏，就曾"世有乡校，由是顾氏多儒学焉"。文学素养是贵族地位的重要凭证。隋唐时期，随着科举的兴盛，苏州人崇文重教的传统得以为科举事业服务，实现了由门阀士族向科举大族的转化，奠定了苏州在科举时代取得重大成就的文教基础。

（四）清官能吏、名士之风与心系天下精神

开放包容的文化取向和文教事业的长期发展，促使天下观念和道德观念在苏州生根发芽。

苏州人的天下观念和责任意识离不开历代治理苏州的清官能吏所做的表率。苏州官员的整体道德素质、治理能力优越，同时注意重用当地人，激发当地人的责任意识和天下抱负。汉代列入《循吏传》的苏州地区长官有任延、第五伦及张霸，他们在当地劝课农桑、倡导教化，对苏州经济文化的发展做出了突出贡献。此外，他们还重用并举荐苏州本地有才干的人士，吸纳他们进入公共事业。如任延出任会稽太守时就曾对苏州名士龙丘苌礼遇有加，接连"遣功曹奉谒，修书记，致医药，吏使相望于道"，后者受其感化，亲自"乘辇诣府门，愿得先死备录"，开创了求贤若渴的一段佳话。进入唐代，这样的例子更加不胜枚举，如苏州刺史韦夏卿"所辟士如路隋、张贾、李景俭等，至宰相达官，故世称知人"。

在政府的倡导和官员的举荐下，苏州逐渐出现了大批德才兼备的名士。《后汉书》和《三国志》中记载的东汉时期吴、会稽二郡的士人便有 60 余人，吴郡陆氏的陆机、陆抗是其中代表，得到了"伐吴之役，利获二俊"的高度评价。这些人在维持地方治安、救荒赈灾、教化百姓等方面起到了不可或缺的作用。上级官府的赏识重用和对普罗大众的道德关怀，使得苏州士人逐渐发展

出兼济天下的文化精神。

三、历史人文基因的转化与创新

苏州传统文化不断发展，在明清时期达到鼎盛。步入近代，封建社会的衰落、西方文明的冲击，在给传统文化带来危机的同时，也给传统文化注入了新的生机。近代的动乱曾一度使苏州经济濒临崩溃，但苏州文化具有十足的韧性，开放、包容、实用、创新的优秀传统基因使得苏州不断汲取外来文化中的养分，努力壮大自己的有生力量，等待着时机的到来。及至现代，乘着改革开放的东风和全球化的浪潮，已历经创造性转化和创新性发展的苏州文化，正引领苏州实现新一轮经济腾飞。

（一）清末民初之际传统文化的衰落

随着鸦片战争打开了中国封闭的大门，清末民初的中国步入了一个剧烈变革的时期。西方列强的入侵不仅带来了军事和政治上的冲击，更引发了文化和思想上的深刻震荡。在这一历史节点上，中国传统文化遭遇了前所未有的挑战，其衰落的轨迹逐渐显现。

第一，社会动荡、内忧外患和政治制度的变革。清朝在达至盛世之后，采取了保守的治国策略。这种"持盈保泰"的思想进一步强化了封建专制，使得儒家文化难以自我更新，已经为传统文化由盛而衰的变化埋下了伏笔。[①]鸦片战争后，西方列强的侵略削弱了中国的传统政治体系，中国的政治制度变革深刻地影响了传统文化的走向。洋务运动虽然提倡"中学为体，西学为用"，试图在不触动传统文化根基的前提下学习西方的先进技术，但这种折中的态度并未能真正解决中国面临的深层次问题。此后，对西方政治制度的学习持续削弱着传统文化的地位。清末新政期间，清政府试图通过一系列改革来挽救国家危机，包括教育、法律、军事等方面的改革。新政往往以西方模式为蓝本，忽视了本土文化的传承和发展，导致传统文化在这一过程中逐渐被边缘化。晚清改革的失败加速了清朝的灭亡，这一过程中传统文化未能有

---

① 孙东波. 儒家思想与"康乾盛世"之衰败. 河北师范大学学报（哲学社会科学版），2008（3）：127-130.

效适应新的社会需求，反而加剧了其衰败。在社会变革的大背景下，太平天国运动对苏州传统文化的影响最为直接。太平军在 1853 年占领南京并宣布其为太平天国的首都，此后一直到 1864 年太平天国运动失败为止，整个长江下游地区都是主要战区，太平天国运动对长江下游地区的人口、基础设施和经济造成了巨大的损失，也不可避免地导致了苏州优秀传统文化的衰落。

第二，教育改革与科举制度的废除。传统教育机构，如府州县学，原本是教化、礼仪和科举的核心，但在清末，这些机构的职能已经严重弱化。它们不再承担教育民众的责任，而仅仅成为举行祭祀和行礼的场所。[①] 同时，在乡村教育领域，清末乡村教育财政制度的不健全和地方绅士在经办教育经费过程中的腐败现象引发了教育冲突，加剧了传统文化教育的衰落。[②] 此外，国学课程也受到了长期存在的问题和新式教育的冲击，导致其影响力急剧下降。清末官办高等教育课程虽然尝试从古典人文教育向现代学科体系转型，但这种转型过程中出现了失范现象，即未经改造的旧学逐渐失去吸引力而未被及时体察，导致课程发展既不能以古非今，也不能完全以西学取代中学，未能有效衔接新旧教育体系，使得传统文化教育的吸引力进一步减弱。[③] 清末实施强迫教育的过程中，急于求成的态度并未能有效解决教育问题，反而可能加剧了教育体系的混乱，进一步削弱了传统文化的地位。[④] 清末新政废除科举制、兴办新式学堂、鼓励留学以及重视师范教育、基础教育和实业教育等措施，虽然推动了中国教育的现代化进程，但也在一定程度上加速了传统文化教育的衰落。总体而言，晚清到民国初期的教育新政和学制改革，虽然试图维护儒学的正统地位，但实际上却逐渐消解了儒家德育的制度基础。民国初期的德育课程改革废除了"读经"和"修身"这两门课程，进一步解构了儒家德育的课程基础。五四时期的德育革命全面批判了儒家价值观，导致了儒

---

① 霍红伟. 晚清教育转型与府州县学的变迁. 学术月刊，2010（2）：130 - 138.

② 田正平，陈胜. 教育负担与清末乡村教育冲突. 浙江大学学报（人文社会科学版），2008（3）：142 - 149.

③ 胡莉芳. 清末官办高等教育课程体系的转型与失范（1862—1911）. 复旦教育论坛，2021（2）：63 - 69.

④ 苏全有. 论清末强迫教育的特征及成因. 求索，2013（6）：49 - 52.

家德育的价值基础崩塌。①

　　第三，西方文明的冲击与文化改造。西学的东渐，带来了科技、文化和思想的强烈冲击，使得中国知识分子开始怀疑传统文化的现代价值，逐渐失去了对传统文化的自信。这一时期，知识分子群体普遍感受到一种文化焦虑，他们对传统文化的失落和文化重建的屡遭挫败感到焦虑不安。② 这种焦虑不仅促进了他们对文化传统的反思和批判，也推动了他们对传统文化的改造和国民性的重塑。新文化运动的兴起，提倡民主和科学，反对封建主义，对传统文化进行了深刻的批判和反思。这场运动推动了文化观念的变革，加速了传统文化的衰落。此外，晚清出版业的发展、新技术催生的普适性传播方式，削弱了儒家经典的唯一性，对制度化儒家形成了强大的解构力量。③ 同时，清朝的文化专制政策也推动了文人"弃儒就贾"的社会现象，这反映了儒家文化在文人群体中的影响力正在减弱。④

　　清末民初时期，中国传统文化的衰落是一个复杂而多维的过程。社会动荡和内忧外患的政治局势，加上政治制度的深刻变革，为传统文化带来了根本性的冲击。科举制度的废除和教育改革的推进，使得传统儒学教育的影响力逐渐减弱，而新式学堂的兴办则加速了这一转变。西方文明的强烈冲击，不仅在科技和思想上对中国传统文化构成了挑战，也促使一部分知识分子开始怀疑其现代价值。清末新政的推行，虽意在挽救国家危机，却因忽视本土文化传承而加速了传统文化的边缘化。传统文化的衰落并非意味着其价值的全然丧失，而是在新旧交替、中西碰撞的过程中，传统文化面临着重新定位和自我更新的挑战。

（二）苏州人文基因的转化动力

　　苏州悠久的历史积淀着深厚的文化底蕴，这一文化底蕴在当代继续发展，

---

　　① 叶飞. 儒家德育的衰落与消亡：从晚清到"五四"的历史考察. 湖南师范大学教育科学学报，2012（2）：48-53.

　　② 章征科. 清末民初知识分子文化焦虑的成因探析. 中原文化研究，2020（5）：13-20.

　　③ 陈钢. 晚清出版与制度化儒家的解体. 中国出版，2011（8）：61-64.

　　④ 孟颖佼. 试论清朝文化专制政策对"弃儒就贾"现象的推动作用. 佳木斯大学社会科学学报，2012（6）：130-132.

与苏州的具体实际相结合，吸收融合了现代文明，实现了文化基因的整体转型。以优秀的传统文化基因、人文特质作为基础，得益于全球化与科技革命的外部契机、改革开放与思想解放的内在动力、政府治理与现代法治的持续建设等因素，苏州形成了有利于创造经济奇迹的现代人文经济环境。

第一，全球化是苏州重拾市场中心地位的必要前提，推动着文化基因的现代化转型，以适应不断发展的时代需要。近几十年来，随着国际产业转移的进行与和平发展的国际大环境的维系，苏州得以从全球各地吸纳以制造业为首的产能，并将"苏州制造"销往世界。全球化也使得西方科技革命的果实得以为苏州所共享，实现由文教治国向科教兴国的转型，将人才优势转变为技术附加值与创造力资本。科学技术创造了经济增长的新可能性，使现代国家出现了明显的经济增长导向和技术创新导向，经济主体的创新性相比前现代社会显著增强，并且追求技术创新的色彩尤为强烈。

第二，改革开放带来了市场经济的复兴和经济思想的解放，使得苏州传统的市场精神得以转型并发扬光大。随着所有制经济的改革，苏州的乡镇企业、民营企业、外资企业如雨后春笋般发展，致富的目标推动着生产力的解放，为苏州的经济奇迹提供了不竭的动力。企业成为苏州创新的主体，传统的商人转型为现代的企业家，社会地位显著提高，其人文特质对经济的影响愈发突出。改革开放也激活了苏州的开放包容基因，使得苏州广泛吸收先进的技术、资本、理念等一切值得学习借鉴的事物，能够与时俱进并引领时代潮流。

第三，由于现代经济的特点、国家的经济增长导向等原因，现代政府在经济中发挥的作用远大于传统社会，是推动文化基因转化的重要力量。苏州传统文化中，通过契约等形式实现的半普遍信任需要以合作双方的文化认同与社会关系网作为基础，无法适应日益扩大的现代市场；只有通过法律对市场行为的规约，才能有效保障市场秩序。一方面，传统的半普遍信任使得法治易于落到实处；另一方面，苏州市政府根据不断变化的市场经济环境主动调整政策法规。原有的信任基础与政府的公信力使传统的半普遍信任顺利过渡到普遍信任，创造了优越的营商环境。同时，良好的法治建设也打击了个人机会主义破坏市场的行为，保持市场经济的高效运转。除了法治建设，苏州市政府也在其他方面发挥着重大作用。政府自筹资金建设开发区，使苏州抓住了全球化与改革开放的关键契机；通过为区县合作提供平台的方式，促使区县间优势互补，形成了竞争合作的区县关系；通过大力加强科教投入和提供优质的人才落户政策，积累了深厚的人力资本，以创新驱动引领经济高质量发展。在一系列有为举措中，苏州市政府树立了"企业型政府""创新型政府""服务型政府"的形象，成为苏州经济奇迹的中流砥柱。

（三）苏州人文基因的创造性转化

科学技术创造了经济增长的新可能性，使现代国家出现了明显的经济增长导向和技术创新导向。在这样的背景下，苏州开放、包容、实用、创新的气质依旧，但经济主体的创新性相比前现代社会显著增强，并且追求技术创新的色彩尤为强烈。企业成为苏州创新的主体，传统的商人转型为现代的企业家，社会地位显著提高，其人文特质对经济的影响愈发突出。同时，基于契约的半普遍信任无法适应日益扩大的现代市场，只有通过法治才能有效保障市场秩序，法治的引入是市场精神的一个重大转变，也意味着政府更深度介入经济。亦因为现代经济的特点、国家的经济增长导向等原因，现代政府在经济中发挥的作用远大于传统社会。

基于上述转变，现代苏州在知、行、性、德四方面也有了焕然一新的表现形式。科技是第一生产力，人才是第一资源，"崇文致远"转变为"以科教孵化创新，以创新驱动发展"；产业规模更为庞大，市场更为开放多元，"求精务实"转变为"以匠心追求卓越，以诚信实现共赢"；世界互联共通，文明丰富多彩，"开放包容"转变为"以开放勇立潮头，以包容共塑认同"；天下一家，休戚与共，"心系天下"转变为"以责任担当使命，以使命践行共同"。

知——以科教孵化创新，以创新驱动发展。苏州崇文重教的传统如今转变为文教科教兼修，尤以科教为重。截至2021年底，苏州已与260多所国内外高校院所建立稳定的合作关系。为建设国际一流的科技人才队伍，苏州全方位培养、引进、留住和用好人才，以人才集群引领创新集群，为苏州的经济奇迹提供深厚的人力资本积累。苏州以创新驱动引领经济高质量发展，政府创新是保障，企业创新是主体，万众创新是基础。苏州不断推进重大创新平台建设，加快建设全国重点实验室，积极构建产学研有效衔接、大中小企业融通创新的格局。目前，企业创新主体地位日益突出，创新型企业集群持续壮大，科技创新综合实力位居全国前列。

行——以匠心追求卓越，以诚信实现共赢。苏工苏作所承载的工匠精神一直传承到今天，精益求精的追求推动着苏州工业从劳动密集型的低端制造业走向以高新技术为主的高端制造业，推动着以丝绸和丝织产业为核心的传统产业向现代化转型，推动着先进产业向专精特新的更高端发展，为创新和产业发展提供不竭动力。履约守信的传统市场精神为今日苏州的市场繁荣奠定了基础，良好的法治建设促使半普遍信任过渡到普遍信任，打造了优越的营商环境。企业的诚信配套政府的服务，吸引着生产要素不断涌入苏州。外资与本地资本通力合作，一大批优质企业入驻苏州，持续壮大着苏州的市场力量。

性——以开放勇立潮头，以包容共塑认同。超区域市场中心的传统地位，使得现代苏州更有底气以开放的姿态融入全球化浪潮，形成了开放型经济。苏州抓住历史机遇，勇立潮头，成功实现"内转外"，外贸、外资始终保持较高水平，对外贸易稳量提质，利用外资稳中有进。当前，苏州坚持"引进来"与"走出去"并重，持续深化商品、服务、资金、人才等要素流动型开放，稳步拓展规则、规制、管理、标准等制度型开放，以更高水平开放型经济新体制构筑高质量发展新优势。历史上的苏州文化在与外来文化的碰撞融合中发展，极具包容性。这种包容延续至今，吸引着大量移民进入苏州，也使外来者易于产生文化认同。文化认同减少了摩擦与成本，增进了合作，构建了和谐融洽的社会环境；包容使得苏州能够吸收优秀的事物为己用，始终走在时代的最前列。

德——以责任担当使命，以使命践行共同。苏州文化特别强调以国事为重，具有天下意识和责任担当，具有浓厚的天下情怀，这一点在新时代的政府和企业家身上都有明显体现。政府以人为本，求真务实，为人民谋幸福，为民族谋复兴，以敢为人先的勇气推进改革开放的伟大实践。企业家秉持正确的义利观，逐利不忘义，从近代的实业救国到现代的强国富民，始终不忘"天下兴亡，匹夫有责"。当今天下已不再局限于一国之内，天下观在新时代的实践是构建人类命运共同体。苏州持续推进人类命运共同体的构建，为人类谋进步，为世界谋大同。为此，苏州积极参与"一带一路"建设，热心帮助非洲发展工业，持续加大医疗卫生援助，深入推进国际友城交往。

四、苏州人文精神的现代表现

在现代经济中，农村、工业、市场、市民、企业家、政府是较为关键的组成要素，因此，考察这六个方面的文化特质，对于深入理解苏州的人文经济学是至关重要的。其中，市民、企业家和政府是经济参与者，农村和工业是经济活动的场所，市场在不同的经济环境下连接着多样的经济主体。农村、工业、市场、市民、企业家、政府作为现代经济的关键组成要素，相应的文化特质也显得尤为重要。苏州在这六个方面的文化特质既有历史的积淀，又有当代的发展，在传统与现代的融合中，形成了独具苏州特色的新时代精神。

在农村方面，新型职业农民队伍日益壮大，用最新的理念与技术实现农业的创新发展；苏州因地制宜打造特色农村，追求农业生产、生活、生态三种功能的平衡；农村内部较为注重公平分配，城乡之间致力于融合发展，形成了"重教求新、务实平衡、集体致富"的苏州新农村精神。在工业方面，苏州广泛吸纳先进的技术、资本、人才与理念，发展出开放型经济；敢为天下先，善为创新事，使苏州从以低端制造业为主的"世界工厂"转型为以高端制造业为主的"全球工业大市"；在价值链上往更高端发展，在具体行业做到专精特新，形成了"开放包容、开拓创新、精益求精"的苏州新工业精神。在市场方面，苏州以开放的姿态面对新时代挑战，融入全球化时代浪潮；以区县竞争合作的模式，打造竞合有序的市场秩序；以文化认同和普遍信任，创造优越的营商环境，形成了"竞争合作、开放共赢"的苏州新市场精神。在市民方面，苏州人崇文重教，明德守法；通过引进高校、推广职业教育等举措进行科教普及；喜爱物质享受的同时也注重精神追求，形成了"文教科教兼修、物质精神并重"的苏州新市民精神。在企业家方面，苏州企业家经世致用，志在富民，坚守在共同富裕的道路上；敢闯敢为，创新攻坚，致力于发展自主的技术创新体系；将传统品牌发扬光大，积极回馈社会，崇德向善，形成了"行创新之举、尽儒商之责"的苏州企业家精神。在政府方面，苏州市政府实事求是，不断进行制度创新；以人为本，在发展过程中努力改善人民生活水平；以天下为己任，积极参与人类命运共同体建设，形成了"勇做创新家、甘为店小二"的苏州新政府精神。

（一）"重教求新、务实平衡、集体致富"的苏州新农村精神

传统的农业精神可以看作是农民顺应自然条件、市场环境而自发形成的精神品质，此时政府所起的作用主要是提供水利等基础设施，而现代苏州市政府在农业中发挥的作用远大于此，推动农业发展的同时也引导着新农业精神的形成。苏州先进的工业基础为科技在农业上的应用提供了条件，而发达的经济条件为农民接受教育创造了机会。崇文重教、善于创新的人文特质，农民改善生活的内生动力，以及政府的积极推动，都使现代苏州的农民提升了自身的知识和教育水平，重视先进技术在农业上的应用，和传统社会的农民有着很大的不同。农业盈利的可能、开放包容的社会环境、宜居的城市气质，也吸引了一批受过高等教育的人才回乡创业。因此，苏州形成了一支新型职业农民队伍。不仅农民的气质今时不同往日，农业发展的整体态势也有了明显的变化，农村面貌也焕然一新。对比而言，古代中国的农业被认为是内卷化的，是劳动密集型生产，劳动边际报酬递减，而且抵制规模经济[①]，农业的生产功能是唯一追求的目标。截至 2022 年初，苏州农业适度规模经营占比超 90％，耕种收综合机械化水平超 85％[②]，农业生产效率大大提高。在保障粮食安全的基础上，苏州农业从改革开放初期的生产功能为主，转变为追求农业生产、生活、生态三种功能的平衡。[③] 农业目标的改变必然带来农村发展的变革。随着进入小康社会，人们开始追求更高质量的生活，这为休闲农业、旅游农业创造了需求，苏州人乘势而为，因地制宜打造特色农村，根据不同农村各自的特点探索多种多样的农村现代化道路。在苏州农村现代化的实践中，以村集体为单位寻求共同发展的情况不在少数，集体致富的特质不

① 黄宗智. 发展还是内卷？十八世纪英国与中国：评彭慕兰《大分岔：欧洲，中国及现代世界经济的发展》. 历史研究，2002（4）：149－176，191－192.
② 苏州市人民政府. 三大效应提升现代农业产业水平. 苏州市人民政府网站，2022－01－13.
③ 参见苏州市人民政府发布的《市政府关于印发苏州市"十三五"现代农业发展规划的通知》（苏府〔2016〕182 号）。

容忽视。它是中国传统价值和马克思主义理论与实践相结合的产物。梁漱溟将中国的伦理本位解释为关系本位，即注重人与人的关系中的伦理内涵，这样一种关系理性所塑造的个体，会将自身、他者和集体的利益综合考虑，而不会像西方经济学所假设的那样，追求纯粹的个人利益，这也体现了中华文化对仁和中庸的追求。① "不患寡而患不均""天下大同"，诸如此类的理念都是中华民族价值观的一部分，共产主义理想与之不谋而合。新中国成立后的集体主义原则与人民公社实践更是塑造了农民公平分配的意识。改革开放之后，这种公平分配原则通过乡镇企业延续了下来。在包括苏州在内的苏南农村工业化起步阶段，农村只有通过集体主义才能拼凑出工业化的启动资本，资本的原始积累是从全村资源乃至和每个人生存息息相关的资源转化而来的，包括资金、劳动力要素、土地要素等一切可利用的资源，乡镇企业的经营风险也是由全村居民共同承担的，因此企业收益必然要在村社内部公平分配，以此保证资本积累的自我实现而不至于中断。公平分配的机制主要有工业就业机会的公平分配、工农收入的社区内部平衡、社区福利保障，这也使得当时苏州的城乡差距、工农收入差距比其他地区要小得多。② 由于土地的不可移动性和工业资产的不可分割性，苏南大部分农村在乡镇企业改制之后仍保留了集体经济组织作为集体资产的管理者③，这也使集体致富精神得以保留。一系列发展变化使苏州形成了"重教求新、务实平衡、集体致富"的新农村精神。

到 2021 年底，苏州全市已有超 7 万人接受新型职业农民培训；至 2023 年底，超万人被认定为新型职业农民，其中定向委培生共计 1 716 人。新型职业农民队伍在集约化生产和一、二、三产业融合发展等方面都发挥着重大作用。昆山东阳澄湖村的姚娇寅，从国外辞职回乡钻研大闸蟹养殖技术，2021 年蟹产品总销售额超过 500 万元；相城区朱赟德打造优质大米产加销产业链，每年带动 330 多户农户增收约 300 万元；常熟人端木银熙主持育成水稻新品种 45 个，在多个省市累计推广面积 7 100 万亩，增产粮食 21 亿

---

① 陈冬华. 中国经济学研究的文化属性：基础、学理与实践. 经济研究，2023 (7)：4-51.
② 温铁军，等. 解读苏南. 苏州：苏州大学出版社，2011：18-49.
③ 同②136.

公斤，增加农民经济效益 31 亿元。阳澄湖大闸蟹、苏太猪肉、苏州水八仙、苏州大米、洞庭山碧螺春等一系列农产品也形成了相应的品牌，提高了农产品的附加值。

苏州农业历来有因地制宜的传统，但随着经济社会条件的变化，其具体形式也发生了变化。传统的因地制宜是侧重生产功能，根据当时的地理条件尽可能提高产量，现代的因地制宜更关注经济功能，基于村庄自身特色，推动产业融合发展。昆山市最南侧的尚明甸村离通往上海的高速路网只有 5 分钟车程，该村利用地理位置的优势，盘活集体建设用地和集体厂房，打造出了一座现代科技与田园风光交相辉映的"乡野硅谷"。截至 2023 年中期，尚明甸村已有 8 家科创企业、15 家文旅企业入驻，较好地带动了村民就业创业，全村农民年均收入为 5.3 万元左右。苏州农业愈发注重生态建设，在农业化肥减量增效、节约高效利用资源、绿色循环低碳生产等方面都做出了努力。太仓市东林村 10 余年来积极探索实践"稻麦生产—秸秆饲料化利用—牛羊规模养殖—粪污肥料化利用"的生态循环产业链，形成了"一片田、一根草、一头羊、一袋肥"的现代农牧循环模式。在注重生态的同时，苏州农村也没有忽视生产功能。2023 年苏州水稻种植面积创近 8 年来新高，同时苏州小麦种植面积和产量实现恢复性增长，两项增幅均位列全省第一。农业的生活和生态功能可以很好地和旅游业结合起来。太仓市香塘村将原先废弃的民宅、农机库房升级改造，运营了亚洲首家 Line Friends 主题度假村。常熟市蒋巷村建成 4A 级旅游景区后，村民年末人均分红高达 1 万元。张家港市常阴沙现代农业示范园区以发展现代农业和农文旅融合为定位，很好地做到了生产、生活、生态的平衡。

苏州农村集体致富的精神在张家港市永联村得到了完美体现。直到 1978 年，永联村依然是全县最小、最穷、最落后的村庄，此后永联村集中全村的资源发展工业，走上"轧钢富村"的道路。为带动周边村庄共同致富，并给永联村的永钢集团提供发展空间，张家港政府将永南村和永新村并入永联村，在此后的十余年里又并入了永丰、和平、东华、东胜四个村的部分村民小组。2022 年，永联村实现村级可用财力 3.7 亿元，村民人均纯收入达 6.7 万元。

截至2023年9月，苏州的主要粮食作物耕种收综合机械化率达97.6%[1]，建成了智慧农村165个，率先基本实现农业农村现代化；高标准池塘、高标准农田、高标准蔬菜基地和美丽生态牧场建设已基本实现全覆盖，在《中国农村人居环境发展报告（2022）》中，苏州综合评分蝉联全国第一；2022年苏州的城乡收入比为1.82∶1，是全国城乡收入差距最小的地区之一。

（二）"开放包容、开拓创新、精益求精"的苏州新工业精神

传统的工匠精神多指手工业的精益求精，由于现代工业规模庞大、分工细化、种类繁多，现代工业所体现的人文精神既传承了工匠精神，也具有更为丰富的内涵。从事工业的人群不再只是工匠，而是一个多元的群体。改革开放初期，乡镇企业的迅速发展带动了苏州的工业化，其公平分配的原则或许也渗透到了工业领域中，使得如今的苏州工业对劳动者更为宽容，福利待遇相对较好。乡镇企业在向外向型经济转变过程中引进了外资及设备、市场渠道，并将其与本地化资源结合起来。[2] 工业逐渐向外向型发展，这既有开放包容的人文精神作支撑，又不断深化苏州开放包容的特质。如今的苏州工业既有传统产业，也有先进产业，都具有敢于尝试、不断创新的人文气质。传统行业传承着工匠精神，并与新技术相结合，某些传统产业甚至已经成为资本密集型产业。先进产业的高新技术要求使其自具创新属性，同时精益求精。从事苏州工业的人群，有普通的工人、技术人员、企业家。这些人既可以分为市民和农村务工者，又可以分为本地人、外地人和外籍人员。这些多元化群体本身的特质也被带到了工业中，成为工业精神的底色，并在此基础上凝练出了"开放包容、开拓创新、精益求精"的苏州新工业精神。

开放包容精神体现在"引进来"和"走出去"两个方面。劳动力、资本、技术、商品都在相当大的程度上实现了自由流动。改革开放以来，苏州抓住历史机遇，发展出了外向型经济，引进外资数量在1992—1996年、2002—2007年出现了井喷式增长。如今，太仓成为德资之乡，苏州高新区成为日资

[1] 苏州市四举措推进省级农业生产全程全面机械化示范县创建全覆盖. 江苏省农业农村厅网站，2023-09-11.

[2] 温铁军，等. 解读苏南. 苏州：苏州大学出版社，2011：128.

高地，苏州工业园区成为江苏省唯一的外资总部经济集聚区，吴江和昆山有着众多的台资企业。苏州 1 600 万的人口中，外来人口和户籍人口各占一半；持来苏工作许可证的外国高端人才占江苏省总人口的比例超过 50%，苏州连续 13 年获评"外籍人才眼中最具吸引力的中国城市"。苏州不仅包容外资，对民营资本也十分友好，2020 年民营经济的比重已经占到一半以上。2023 年苏州出口位列全国大中城市第三位，进出口位列第四位。10 余年来，苏州对外投资稳居全省第一。

苏州的工业不仅具有高外向度，还具有高技术含量的特征，开拓创新和精益求精精神在其中起到了很大的推动作用。今日的苏州不仅是全国工业体量最大、配套最全、垂直整合能力最强的城市之一，还拥有电子信息、高端装备、先进材料 3 个万亿级产业，纳米新材料、生物医药及高端医疗器械、高端纺织 3 个国家先进制造业集群。2023 年，苏州已有国家级科技企业孵化器 76 家，首次跃升至全国第一；有中国潜在独角兽企业 75 家，居全国第三；国家高新技术企业净增 2 244 家，有效高企数达 15 717 家；"上海—苏州"科技集群位居全球第五；有中国独角兽企业 17 家，位居全国第六；高新技术产业产值预计达 2.3 万亿元，占规模以上工业总产值的比重达 53%。[①] 这些足可见苏州工业的开拓创新精神。

精益求精精神在传统产业和先进产业有所不同。传统产业以丝绸和丝织产业为核心，精益求精的追求与传统的工匠精神最为接近，只是技术更先进、市场更宽广。精益求精精神正推动着传统产业的现代化转型。起源于 12 世纪的宋锦是丝绸中三大名锦之一，近代以来制作技艺几近失传。吴江市鼎盛丝绸有限公司经过多年钻研，不仅成功复制了宋锦，还实现了机器织造。苏州太湖雪丝绸股份有限公司创新研发各类丝绸制品，2022 年底成为北交所"新国货丝绸第一股"。苏州拥有全国最多的老字号，足可见工匠的坚守。先进产业的精益求精精神的一大特点是企业规模不是特别大，但是领域比较新兴、比较精细。苏州有 1 017 家企业入围 2022 年度省级专精特新中小企业公示名单，2023 年苏州有国家级专精特新的"小巨人"企业 401 家，截至 2024 年中

---

① 创新苏州亮出"13456"新答卷. 苏州市人民政府网站，2024 - 01 - 12.

期苏州有单项冠军企业（产品）33家。苏州的经济规模和工业体系为专精特新企业提供了强大的市场需求、良好的零部件供应商以及上下游配套体系，再加上政府为企业提供的优良营商环境和有效政策支撑，精益求精精神得以形成。专精特新有利于培养更多的关联企业，推动苏州的经济产业链向更高端发展和演进。

（三）"竞争合作、开放共赢"的苏州新市场精神

与传统市场相比，现代市场具有更大的规模、更活跃的交易行为、更复杂的运行机制、更紧密的经济联系。人们每天都深度参与到市场中，市场对经济起到了决定性作用。苏州的市场精神也随着市场的发展发生了变化。古代的超区域市场中心地位带来的历史自信、开放包容的人文精神推动了苏州人以主动态度争取机会，融入国际市场。苏州市场内部之间也存在专业分工、产业聚集的状况，形成了良性的竞争合作关系。竞合关系的形成既有基于资源禀赋、比较优势的市场自然选择，也离不开苏州市政府及各区县政府的主动作为。1992年，张家港喊出了"三超一争"（工业超常熟、外贸超吴江、城建超昆山，样样工作争第一）的口号，掀起了苏州的竞争热潮。竞争不必然就有害于经济发展，苏州的区县竞争没有成为恶性竞争，而是形成了相互促进的良性竞争，苏州的人文环境起到了相当大的作用。苏州人务实，竞争是为了发展，会根据实际情况的变化灵活地调整目的和手段，而不会盲目地竞争。目光长远的苏州市政府也指导未来产业的空间布局，根据区域资源禀赋与创新基础规定了各区的板块主攻方向[①]，帮助区县实现市场错位。苏州市政府也积极促成区县间的合作，以求更好地整合资源，促进市场的统一。现代市场的有效运行需要政府的介入，需要政府来制定合理的市场规则和维护市场秩序。四方的商旅、发达的商品经济构筑了苏州的包容市场，使此地在古代就已建立起半普遍信任。有了这层良好基础，现代苏州市政府更易利用法治手段完成从半普遍信任到普遍信任的过渡。法治化、规则化、国际化的苏州市场规范了市场行为，营造了公平竞争、互利共赢的市场环境。于是，苏

---

① 参见苏州市人民政府发布的《市政府关于加快培育未来产业的工作意见》（苏府〔2023〕61号）。

州形成了"竞争合作、开放共赢"的新市场精神。

近三四十年来，苏州的对外贸易蓬勃发展，形成了规模庞大、高度开放的发达市场。2021年苏州的外贸依存度以111.5%位居全国城市的第三名。从古至今，苏州保持了开放型市场的传统，但一些地方在悄然改变。古代苏州是产品的研发中心，绝大多数生产工序也在当地完成，如纸张加工业的推、刷、插版等十余道工序皆在城内的纸坊完成。[①] 现代苏州融入了国际分工体系，其加工贸易不断向全球价值链高端跃升。21世纪初苏州制造业以劳动密集型为主，生产产品的基础零部件；党的十八大后，我国经济转向高质量发展阶段，苏州转而开展高附加值产品加工贸易。苏州和宝洁、强生等外企形成合力，开设"灯塔工厂"，通过数字技术提升产品的科技含量，推动加工贸易升级和发展。

市场的有序竞合也是苏州的一大特点。苏州"主动接受上海辐射，实行错位发展"。昆山从上海柔性引进"星期天工程师"，开设了昆山第一家中日合资企业"中国苏旺你有限公司"。"一核四城"、多中心的现代化大城市格局促进了苏州县域经济协同创新、共同发展。常熟和昆山在科技创新、文旅互融等领域守望相助[②]，既要发挥好昆山试验区等经贸开放平台的作用，又要用好周庄古镇等文旅资源；吴中区和高新区携手抢占产业发展制高点，吴中区西部板块主动接受高新区的辐射[③]，高新区学习吴中区的生物医药产业经验。良好的营商环境吸引着外资的进入、催生民资的活力；资源共享、合作共生的苏商竞合关系使得苏州企业能够实现"共赢多赢"，增强竞争力。

苏州良好的法治建设、优越的营商环境、守信的社会氛围等造就的社会普遍信任降低了交易成本，使得经济主体在苏州能够实现合作共赢。苏州持续优化制度保障，发布《苏州市优化营商环境创新行动2023》，明确22个方面重点工作，推出239项具体措施；深入推进"放管服"改革，政务服务可

① 范金民. 明清江南商业的发展. 南京：南京大学出版社，1998：40.
② 苏州市人民政府. 常熟昆山签署协同发展战略合作框架协议. 苏州市人民政府网站，2022 - 09 - 05.
③ 苏州市人民政府. 市域一体化助力更强"大苏州". 苏州市人民政府网站，2022 - 10 - 03.

网办率达 98.6%，苏州新设市场主体、新设企业数均居全省第一。[①] 在江苏
13 个地级市中，苏州在劳动力要素市场环境、资本要素市场环境、技术要素
市场环境与产品市场环境四个方面均表现突出，营商市场环境评价得分最
高。[②] 苏州还拥有知识产权法庭、劳动法庭、破产法庭、国际商事法庭、互联
网法庭 5 家"国字号"法庭，先后被世界银行和《福布斯》杂志评为"中国
投资环境金牌城市"和"中国最佳商业城市"。2023 年，苏州境内外上市公司
达 263 家，其中境内 A 股 217 家，为全国第五；26 家企业入围"中国民营企
业 500 强"，17 家入选中国独角兽企业、75 家入选潜在独角兽企业；苏州连
续五年入选全国"万家民营企业评营商环境"最佳口碑城市。[③]

（四）"文教科教兼修、物质精神并重"的苏州新市民精神

苏州崇文重教的传统一直延续到今天，仍具备有容、经世的特点[④]，成为
市民精神的一部分。"有容"包含对知识及个人选择的包容，"经世"指教育
与时代同行。有容、经世的教育传统来源于苏州文化的包容性与当地人的天
下观。苏州是开放的全国性市场中心，与四方商客的接触养成了人们的包容
心态，对不同性情人群的包容延展到了对知识本身、对个人命运的包容。另
外，苏州人拥有"先忧后乐"的天下观，"小家"紧系"大家"，苏州的教育
家依据时代变化而变革教育，同时使苏州涌现出谢毓元等放弃爱好从事理工
研究、为民族振兴尽一份力的科学家。现代经济的发展对科技提出了高要求，
这也呼唤了对科教的重视，因此，苏州在传承文教的同时也加强科教建设，
为此引进了大量高校。当然，苏州也有吸引研究机构进驻的自身优势，庞大
的产业规模、完备的产业体系为工科院校提供了实践平台。此外，要推动研
究成果与当地产业完全嫁接、实行产学研融合，还需技术工人的支持，苏州
市政府也因此重视职业教育的推广。崇文重教的人文特质也催生了对精神文

① 苏州市人民政府. 苏州市人民政府关于 2023 年法治政府建设工作的报告（苏府呈〔2024〕6
号）. 苏州市人民政府网站，2024 - 01 - 19.
② 苏甜，黄瑞玲. 营商市场环境评价指标与测度：基于江苏 13 个设区市的比较. 江苏科技大学
学报（社会科学版），2019（4）：88 - 96.
③ 苏州市人民政府. 解读 2023 年苏州经济年报. 苏州市人民政府网站，2024 - 01 - 31.
④ 苏州市教育局. 什么是"苏式教育"?. 苏州市教育局网站，2014 - 07 - 24.

明的看重。此处商业繁荣、人民生活富裕，在满足了温饱需要后，苏州人便会寻求更高层次的审美需要。千年的文化内涵亦滋生了当地人对雅致生活的向往和对精神享受的追求。因此，随着经济社会的发展，苏州形成了"文教科教兼修、物质精神并重"的新市民精神。

苏州的现代教育始终走在全国前列。1982 年，苏州率先成为全国首个基本普及小学教育的地区；1992 年，苏州率先成为全国首个基本普及九年制义务教育的地级市；1998 年，苏州率先成为全国首个普及高中阶段教育的地级市；2004 年，苏州率先成为全国首个普及高等教育的地级市；2007 年，苏州率先在全省整体通过教育现代化建设水平评估；2012 年，苏州率先拥有全国首个高等教育国际化示范区；2013 年，苏州率先成为全国首个义务教育发展基本均衡地级市；2019 年，苏州率先启动全国首批智慧教育示范区建设。[①]2019 年苏州公共教育领域满意度得分全省第一、全国第三，位居 15 个 GDP万亿元以上城市首位。苏州获批建设全国首个高等教育国际化示范区，名城名校融合发展战略不断推进。截至 2021 年底，苏州已与 260 多所国内外高校院所建立稳定合作关系。2021 年苏州全市已成立 25 所中等职业教育学校、13所技工学校，贯彻"双元制"职业教育改革，被教育部列为国家职业教育高地建设城市。长期以来，苏州坚持教育"面向所有人、为了所有人、成就所有人"，推动着少数人创新向全民创新转型，为经济长久发展注入动力。邵汉华和齐荣根据创新投入产出、创新环境和经济效果，构建城市创新驱动发展指标体系，并发现苏州 2016 年已进入创新驱动发展第一梯队。[②]

文教科教兼修之下，苏州市民物质精神并重。充裕的物质条件、自古以来的雅致生活激发了市民对精神享受的追求。苏州人热衷于传统文化保护，昆山开展百戏会演，向群众展示全国戏种的丰厚底蕴和创新活力。非物质文化遗产的魅力延续也离不开个人的努力，艺术家瞿琪霞率先把昆曲演出融入园林实景，为昆曲艺术的流动注入新音。另外，新文化产业也为人们消磨时间提供了方式，苏州文化中心上演的悬疑喜剧、《姑苏繁华图》的沉浸式光影秀吸引着当代观众。物质文明与精神文明的有机结合促进了产品市场和文旅

市场的转型升级，避免了粗放式经济增长，有助于经济结构平衡发展。截至2022年上半年，苏州已集聚规模以上文化企业1 268家，营业收入超过1 500亿元，同比增长10.2%。苏州数字及互联网相关企业营业收入为430.72亿元，比上年同期增长22%，高于全省平均水平9.6个百分点①，文化产业正加速成为苏州的地标产业。

（五）"行创新之举、尽儒商之责"的苏州企业家精神

苏州的企业家精神不仅是适应现代市场经济的产物，也具有悠久丰富的历史传承。一方面，苏浙一带人文荟萃、商贾云集，为历代富庶之地，有着发达的经商传统；另一方面，明清以来"士绅入商"现象渐起，为商业经营行为注入了儒家精神的内核。进入晚清，苏商成为实业救国的主力军。光绪二十一年（1895年），状元陆润庠在家乡苏州创办了苏经丝厂和苏纶纱厂两家近代工厂。"状元办厂"一时之间为人称颂，苏州也成为中国最早出现近代民族工业的城市之一。在甲午战争失败的严重民族危机之下，苏州士绅从商的现象更加普遍，如苏州著名士绅吴本齐、彭福孙、潘祖谦、高人俊、蒋炳章、陶惟坻等都开始由绅向商转变，遵循着"远官僚，亲商人"的古训，孜孜不倦地追求着"实业富国"。这种士绅从商现象，不仅是一种身份层面的转变，也将"以天下为己任"的家国情怀、"虽千万人吾往矣"的执着精神渗透进了经济商业领域，成为新时代苏州企业家的精神资源，涵养了苏州企业家经商不唯利己而先利民的精神底色。此外，苏州商人一直都具有开放包容、锐意进取的精神，积极学习和借鉴先进的生产技术、管理经验。进入现代，尤其是改革开放以来，随着社会经济结构的变化，企业家的敏锐眼光和开拓精神历久弥新，并呈现出一些新的时代特点——更加注重市场需求、技术创新和国际竞争力，具备更强的开放性、适应性和战略眼光。在传统与现代的互动中，苏州形成了"行创新之举、尽儒商之责"的企业家精神。

苏州的企业家精神具有西方理论中的一般特点。以熊彼特为代表的德国学派注重企业家的创新精神，以奈特和舒尔茨为代表的新古典学派强调企业

---

① 苏州市人民政府. 苏州文化产业航船加速向前. 苏州市人民政府网站，2022 - 10 - 31.

家的风险承担能力、冒险精神和应对市场失衡的能力，以米塞斯和柯兹纳为代表的奥地利学派关注企业家对市场机会的识别能力。[①] 这三点在苏州企业家身上都有体现，"敢"字为先，"干"字当头，敢于创新、敢于突破、敢于担当，并且具备敏锐的判断力，使苏州制造业一直走在时代的前列，推动着苏州经济的持续增长。吴江盛泽镇恒力集团在董事长陈建华的带领下，二十多年间坚守实业，从石油产业下游向上游突破，成功打造了一个以炼油、石化、聚酯新材料、纺织为主业的全产业链高质量发展的企业集团。沙钢集团探索超薄带技术。2022 年，沙钢超薄带已连续两年突破 50 万吨设计产能，沙钢集团成为世界上产能最大的超薄带生产企业。2023 年拥有了世界上最大的精品超薄带生产基地。

苏州的人文环境也赋予了当地企业家以儒家的精神底色。苏州企业家具有强烈的责任感和使命感，勇于承担社会责任，崇德重道，不忘强国富民，在增加就业、改善民生等方面发挥着重要作用。张家港市金港镇长江村党委书记、现任长江润发集团总裁郁霞秋，充分利用多重身份带领村民依托土地股份合作社集体增收致富，关注教育、医疗健康、生活便利、困难帮扶等民生实事，同时打造"按劳分配、按资分配、按需分配"相结合的收入分配体系，将失地农民全部纳入城镇职工养老保险体系，实现全就业与全社保。苏州企业家极具社会责任感，这与苏州的人文环境密不可分。近代部分士人群体转变为商人，将传统儒家精神渗透进商业领域，使今天的苏州企业家仍然具备"士魂"而"商才"的特质。波司登创始人高德康 1999 年出资 1.3 亿元建成社会主义现代化新农村——康博村；2011 年出资 5 000 万元成立"波司登公益基金会"；2017 年波司登与中华慈善总会合作，创业 40 多年累计向社会捐款捐物 14 亿元。

不仅苏州本地的企业家具有这种特质，受苏州宽厚的企业家文化和宽松的创业环境吸引来此落址与投资的外地企业，也会被这种文化感染，逐渐形成相应的企业家精神，以便更好地融入苏州社会。这为当地的企业家文化和民营经济发展注入了新鲜血液，也为共同富裕奠定了更深厚的基础。截至

---

① 李宏彬，李杏，姚先国，等. 企业家的创业与创新精神对中国经济增长的影响. 经济研究，2009（10）：99-108.

2023 年 6 月底，苏州市场主体总量达 291.55 万户，位居江苏省第一、占比超全省的五分之一；苏州入围中国企业 500 强、中国民营企业 500 强、中国制造业民营企业 500 强的企业数量始终保持全国领先；苏州境内 A 股上市企业数达 204 家，其中民营上市企业 165 家，占上市企业总数的 80.9%。[①] 企业的蓬勃发展意味着企业家精神对苏州经济发展愈发重要。

（六）"勇做创新家、甘为店小二"的苏州新政府精神

现代国家政府的职能与性质明显不同于前现代社会。政府更加重视经济的发展，更多地介入经济活动，更全面地参与经济事务，这也带来了政府精神的变化。改革开放以来，苏州市政府以务实主义为原则，实事求是，积极进行制度创新。中国人的文化基调是务实主义，以目的的合意性确定手段的合法性，且目的是可随情境而变化的[②]，这在具有深厚文化底蕴的苏州体现得尤为明显。务实主义不仅是基层民众的行为基调，也是指导改革实践的哲学思想，使得苏州较早突破意识形态的束缚。只要能够确定什么是必须做的，就可以发挥主观能动性，积极探索，敢为人先，并根据发展阶段的不同、实际情况的变化相应调整目的，灵活选择手段，而不至于僵化低效，从而始终走在改革开放的最前沿。苏州市政府在注重经济发展效率的同时，也没有忽视发展过程中的人文关怀，这不仅因为苏州的人文基因如此，也因为这种做法顺应了发展的需要。为了吸引资本的进入，苏州着力构建优越的营商环境，做好企业的服务工作；发展是为了让人民过上更好的生活，这既是发展的最终归宿，也是政权合法性的基础。在改革开放的实践中，苏州形成了"勇做创新家、甘为店小二"的新政府精神。

四十余年来，苏州市政府积极支持乡镇企业发展、兴办开发区、支持新兴产业、积极招商引资，一代代苏州公仆化身制度企业家，积极探索适应苏州地方的制度框架和发展道路，群策群力，敢为人先，在深层次改革的整体推进中形成了具有苏州特色的地方经验，使苏州始终走在改革开放的前沿。1984 年，昆山的党政领导决意冲破"不准东张西望（不能眼望上海、苏州大

---

① 在苏州，天天都是"企业家日". 苏州日报，2023-07-21.

② 姚洋，秦子忠. 中国务实主义及其儒家哲学基础. 文史哲，2019（5）：69-89，166-167.

烟囱）"的禁锢，果断决策"走出去学先进，请进来传经验"，千方百计发展
工业经济，努力改变单一农业经济结构。从 1984 年起自费兴办开发区，虽比
沿海国家级开发区起步晚，但通过横向联合，起点高、起飞快。① 1992 年邓
小平南方谈话以后，苏州把握住了新加坡产业输出的重要机遇，进一步开发
建设产业园区并被国务院批准列入国家级开发区序列，其完成的各项经济指
标名列全国经济技术开发区前茅。1997 年，在全国整顿开发区的低迷情势下，
昆山更是立足长远，坚持发展建设出口加工区，带动了整个昆山电子信息产
业链的发展。20 世纪 90 年代末期，在东南亚遭遇经济危机、全球产业链转移
的经济背景下，苏州通过建立综保区实现了产业的快速集聚。在全面建设小
康社会阶段，昆山以横向联合与外向型经济为主轴，经济社会发展迅猛，翻
番而上，推动自身实现农转工、内转外、散转聚、低转高、大转强的历史跨
越。② 进入新时代，在习近平经济思想的指导下，苏州市政府秉持创新、协
调、绿色、开放、共享的新发展理念，一代代"制度企业家"不懈努力、久
久为功，带领苏州人民走好中国式现代化之路。

苏州市政府不仅追求市场发展和经济增长，还注重民生福祉，努力实现更
加普惠、更加公平、更可持续的经济发展。为此，苏州市政府加强生态文明建
设，建设绿水青山；推动产业结构优化转型，满足人民群众日益多样化的物质
文化需求，以更高质量的发展提高人民生活水平；加强社会福利建设，完善社
会保障制度，调整社会分配体系，改善人民生活质量，在共同富裕的道路上行
稳致远。苏州的社会保障体系自 1985 年改革以来不断优化。2003 年，苏州成为
全国首个建立新型农村基本养老保险制度的城市。2011 年，苏州实现了城乡低
保标准的统一。到了 2012 年，苏州再次领先全国，全面实现了城乡养老保险和
医疗保险的并轨。③ 2021 年，苏州城乡公共服务支出占一般公共预算支出的比
重达到了 79.2%，居民养老保险和医疗保险的覆盖率均超过了 99%；医疗卫
生事业也在稳步发展，户籍人口的平均预期寿命达到了 84.33 岁。④

①② 　张树成. 简析昆山连续十九年夺冠的发展轨迹. 上海农村经济，2023（11）：40-42.
③ 　苏州市人民政府. 高歌奋进铸辉煌　凝心聚力谱华章. 苏州市人民政府网站，2019-09-28.
④ 　苏州市人民政府. 切实保障和改善民生　扎实推进共同富裕　苏州居民收入十年翻番. 苏州市
人民政府网站，2022-11-07.

新时代苏州六种精神的形成，是政府、企业、居民这三大经济主体在不同经济环境下相互作用的结果；苏州经济奇迹的诞生，也是这三大经济主体共同努力的成果。苏州市政府以务实主义为原则，根据经济发展状况调整目标和手段，灵活不僵化，主动有为，敢为人先，积极进行制度创新，不断探索适合自身的发展道路；以人为本，不忘"为官一任，造福一方"的初心，始终秉持发展为了人民，发展成果由人民共享的使命，勇于为民请命，善于为民谋利，构建服务型政府；以天下为己任，高瞻远瞩，能够提前为经济布局，引导着市场主体的行为，引领着苏州经济走在时代的最前沿。苏州企业是创新的主体，推动着生产组织创新、技术创新和市场创新，提高了生产效率，推动经济高质量发展；勇于承担社会责任，崇德重道，不忘强国富民，在增加就业、改善民生等方面发挥重要作用，是实现共同富裕不可或缺的力量。苏州居民崇文重教，具备良好的科学素养和创新意识，为经济增长提供了深厚的人力资本积累；勤劳肯干、诚信守法、敢于尝试、追求卓越，是推动经济发展和社会进步的基础力量，支撑着苏州经济的繁荣。

纵观苏州的经济发展，几乎在所有地方都能看到政府的身影，政府在经济发展中无疑起到了全局性、统筹性的作用。然而，一个具有有为政府的地方未必就能形成有效市场，不是所有地区都能像苏州这样把政府和市场平衡得这么好，政府积极有为，却又没有扼杀市场的活力，反而推动市场更好发挥作用。是什么因素支撑着苏州市政府做得这么好？苏州市政府本身的人文特质固然起了重要作用，但除政府之外，苏州的其他人文特质也不容忽视。

苏州有着悠久的市场传统，市场的发达给古代苏州带来了经济的繁荣和生活的富裕，因此，苏州人对市场的接受度和适应度是很高的。苏州的这种市场基因无疑对改革开放后的苏州市场发展起到了推动作用，也对政府的行为施加了约束。政府不会去遏制市场的发展，反而有动力去推动市场的形成与完善。市场精神的存在，使得有为政府和有效市场相结合具备了可能性。

仅有政府和市场仍然不足以使苏州经济腾飞，还需要足够的契机。新中国 30 年的工业积累、地理区位优势、改革开放的东风、国际产业转移的历史机遇期、和平发展的国际大环境等，都是苏州经济能够发展起来的背景。开放包容的人文特质使得苏州能够一次次把握住机遇，走在时代的前列。开放包容使得苏州不排外、不狭隘、不极端，能够与时俱进，广泛吸收先进的技术、资本、理念等一切值得学习借鉴的事物。同时，悠久的文化传承和曾经的经济繁荣使得苏州人足够自信，能够在保持文化独立性的基础上进一步融合外来优秀文化，实现创新性发展。

市场有不断扩张的本能，开放包容和市场精神是相辅相成的。并且，两者既对政府行为形成了约束，也引导着政府做得更好。政府受此影响，也会进一步促进开放包容和市场精神。这三者也许是产生苏州经济奇迹的核心人文特质，现代苏州的其他人文特质大多是在此基础上产生的。其中，对经济发展比较重要的特质有开拓创新、法治良治、居安思危。

开拓创新是政府、企业、居民的共同特质，是形成苏州经济奇迹的强大动力。以创新为主要特征的企业家精神，是西方解释经济增长的一个重要角度。但是这种精神并不局限于企业家，苏州的政府和居民都具有这种精神。苏州具有形成开拓创新精神的深厚土壤，开放包容孕育开拓创新，市场精神呼唤开拓创新，政府谋局推动开拓创新。大众创造、万众创新，事事敢为人先，处处善于创新，集众人之力，成经济奇迹。

苏州有着出众的营商环境和良好的法治建设，这为经济发展创造了有利条件。法治良治的形成离不开政府的推动，也与市场精神和开放包容密不可分。市场的扩大使交易从熟人逐渐扩展到陌生人，必然伴随着契约的产生和完善。买卖过程本身也是契约签订和执行的过程。在契约之外，还需要保障契约能够被遵守的约束力和违约之后的惩罚，这便会催生隐性和显性的市场规则。因此，市场传统自然会强调对规则的重视，规则与法治是相容的。开放包容的人文特质使得现代苏州市政府将市场传统和法治思想很好地结合起来，积极推行法治建设。良好的法治限制了个人机会主义行为，有效地保护了产权；政府实际上做出了可信承诺，缩小了寻租的空间。法治与履约守信的市场精神共同创造了优越的营商环境，吸引着生产要素不断涌入苏州。

苏州人在匹夫有责的担当精神中总是流露出某种深沉的忧患意识。这种居安思危的人文特质促使苏州未雨绸缪，主动求变，不断前行，努力化危为机。改革开放之后，苏州抢占先机发展外向型经济，同时也较早意识到了过度依赖外资和中低端产业的风险。在 2008 年国际金融危机爆发之前，苏州就开始谋求向创新驱动的高端制造业转型，比其他城市早得多，因此受冲击较小。如今，苏州的企业家仍然时刻保持忧患意识，积极防范风险，应对复杂严峻的国际形势，为可能到来的挑战做准备。无论是政府的前瞻性布局，还是注重生态和经济的平衡、农业和工业的平衡，都或多或少地体现出苏州人居安思危的人文特质。这种忧患意识的形成也有其历史基础。农业对气候的依赖使得中国人很早就意识到了风险和不确定性；市场本身充满风险，苏州市场繁荣意味着接触的风险也多；在文化开放的同时，可能面临的挑战也会增多；这些都培养了苏州人的忧患意识。

　　总的来说，政府谋局、市场精神、开放包容，是解释苏州经济奇迹的核心文化因素，是苏州人文市场的精神底色，其他特质及一些经济社会现象由此衍生而来（见图 4 - 2）。政府谋局代表的是以务实主义、贤能主义为代表的儒家的政治哲学；市场精神代表的是中国千年来自发形成的市场传统；开放包容类似于创造了一个大熔炉，文化、技术、资本、人才等都可以在熔炉内融合，创造出新的可能性，不断扩大经济社会的约束集，始终可以吸纳先进有利的因素而不断发展。此三者滥觞于千年建城历史，又在当今焕发耀目生机——或许这也可以解释为什么苏州在古代就是经济中心，现在又重回经济中心。只是不同的时代背景决定着不同的经济表现和发展上限。当然，仅靠文化并不能决定经济发展，文化之外的因素也应充分考虑。

图 4 - 2　苏州经济奇迹的核心文化因素

第五章
苏州的人文人力资本

人文人力资本是指人们在教育、文化、艺术等领域中获得的知识、技能、态度和素质。这些人文素质不仅对个体的发展有重要意义，对整个社会的经济和文化进步也至关重要。苏州的人文人力资本具有多样性、创新性和包容性的显著特征，具体体现在以下三个方面：首先，苏州拥有高水平的教育普及，确保了广泛的知识传播和人才培养；其次，城市深厚的文化底蕴为居民提供了丰富的精神滋养；最后，苏州人展现出强烈的创新和开放精神，推动着社会的持续进步。它们共同塑造了苏州优质的教育文化环境，为苏州培养高素质的人文人力资本创造了得天独厚的条件，也共同构成了苏州独特而富有活力的人文人力资本。

一、苏州人文人力资本的特征

（一）高水平的教育普及

1. 苏州历史上的教育

教育被视为个人成长和社会进步的关键，也是培养人力资本最主要和直接的方式。苏州自古以来就以其重视教育而著称，这种重视不仅体现在官方政策上，也深深根植于民间。正因如此，历史上的苏州先后出过 51 名状元，明清两朝苏州共培养出 1 861 名进士。到了当代，截至 2021 年，苏州籍的两院院士更是多达 139 名。[①]

与现代学校相比，在古代，书院是传统教育体系的重要组成部分，是众多学子求学的重要场所。书院起源于唐代，兴盛于宋代，并在明代得到了全面普及。苏州自古以来便是"人文荟萃"之地。公元 1035 年，北宋著名政治家和文学家范仲淹在苏州创立了苏州府学。这是中国历史上首次将文庙与州学（府学）结合的创新之举。这一苏州府学一直存续至 1904 年科举制度被废除之时，为苏州培养了大批有学之士。而除了府学以外，苏州历代均建有书院，书院也在苏州的教育史上产生了重要影响。苏州历史上最著名的五大书院包括和靖书院、鹤山书院、文正书院、紫阳书院与正谊书院。

自六朝开始，苏州便有"黜武尚文"的风气。安史之乱后，经济中心南移，文化迅速发展。明清时期，苏州文风鼎盛，书院的建立功不可没。许多书院是为了纪念历代大儒而建立的，既是传播儒学思想的教学场所，也是祭祀先贤的地方。例如，和靖书院是苏州最早的一所书院，建于宋代理宗端平年间，为纪念和靖先生尹焞而命名。其他书院如学道书院、澹台书院、金乡书院等，也都是为了纪念历史上著名的儒学大师而设立的。这些书院不仅促进了儒学的传播，也推动了本土文化的发展。

苏州各大书院的课程设置以经学为主，辅以算术、说文、经术、金石、史学等内容，强调精研朴学和实事求是。各书院的教学和研究也有所侧重，明显带有吴文化的印记。例如，紫阳书院的创办者江苏巡抚张伯行是一位理学家，他提倡"明体达用"，强调经世致用的实学，体现了吴文化中"务实性"的特色。沈德潜在担任紫阳书院的讲席时，提倡温柔敦厚的诗教，主张中正平和、委婉含蓄的风格，这也是吴文化特色的鲜明体现。

书院的师资力量雄厚，其主持人及师资的选聘不拘省份，只要品行端正、学问博通的人才都会受到推崇。书院实行自由讲学，倡导平等论学和百家争鸣，学术氛围浓厚，思想自由。在教学过程中，讲授者与学习者可以相互争辩，持有不同见解的学者可以互相切磋，甚至不同学派之间也可以进行广泛的辩论，追求"和而不同"的学术风气。

---

① 苏州新增 4 位两院院士　总人数达 139 位. 新华日报，2021 - 11 - 19.

苏州的书院不仅仅是私人讲学之地，它们兼具教育教学和学术研究的双重功能。南宋以后，书院的教学内容与官学教学、科举考试内容基本一致，但苏州的书院教学更注重研习经史和传授学术，这种更高层次的教育也有助于科举应试。书院的山长多为进士出身，甚至有些是状元、榜眼，其学术修养和影响力非同一般。这种高水平的教育使得苏州书院成为全国一流的学术与人才培养基地，苏州盛产状元也与此密不可分。例如成立于清康熙五十二年（1713 年）的紫阳书院便是江南地区首屈一指的官办书院。根据不完全统计，紫阳书院曾至少培养出了 2 名状元、1 名榜眼、1 名会元和 23 名进士。①

当然，在书院中学生们可以接受到系统而全面的教育，形成出色的学术能力和道德修养。但书院通常由官员、学者或地方富绅创办，也主要面向有志于参加科举考试的学生。而对于更多普通学生来说，私塾则是苏州另一种主要的教育机构。虽然私塾的规模和资源不如书院，但其作用同样不可忽视。私塾通常由有一定文化背景的私塾先生开办，教授基础的读写算术知识以及儒家经典。私塾的普及使得即便是普通家庭的孩子也有机会接受基础教育，从而提高了苏州整个社会的教育文化水平。

2. 现代苏州教育

这种重视教育的传统使得苏州一直坚持"面向所有人、为了所有人、成就所有人"的教育理念，不断丰富"全纳、公平、优质、适切、开放"的苏式教育新内涵。这不仅造就了苏州的高教育普及率，也为社会各阶层提供了相对公平的教育机会。面向 2035 年，苏州计划进一步提升教育现代化的层次，打造"苏式教育"与城市发展相辅相成的现代教育强市，为教育强国建设提供苏州样本。

从政府层面来说，新中国成立特别是改革开放以来，苏州各级党委和政府高度重视教育事业的发展，在苏州广大教育工作者的不懈努力之下，苏州教育事业实现了跨越式发展。1982 年，苏州率先基本普及小学教育；1992年，苏州率先基本普及九年制义务教育、基本扫除青壮年文盲。1994 年，苏州率先在全江苏省启动了教育现代化工程。这一举措标志着苏州在全国范围

① 林存阳：苏州紫阳书院与清代学术变迁：以钱大昕为研究视角. 中国史研究，2005（4）：151-164.

内对教育现代化的探索和推动开始。1996 年，苏州市政府正式颁布《苏州市教育基本现代化实施纲要》，为全面拓展教育现代化建设提供了系统性指导。这一纲要的颁布不仅明确了苏州教育现代化的发展方向和目标，也为后续的教育改革提供了重要的政策支持。1998 年，苏州率先普及高中段教育；2004年，苏州率先普及高等教育；2007 年，苏州率先在全省整体通过了教育现代化建设水平评估。[①]

苏州的教育公平与优质发展并重的特点体现在了其教育的各个领域。在基础教育方面，全市 3～6 岁幼儿的入园率和残障儿童的入学率连续多年达到98％以上；小学和初中的入学率与巩固率连续多年保持 100％。以江苏省苏州市第十中学为例，该校不仅在传统文化教育方面取得了显著成就，还积极探索科技教育的新路径。学校的诗歌课程基地、江南织造文化课程基地以及科学创新实验基地等，都是教育现代化的重要体现。此外，学校通过与中国科学院苏州纳米技术与纳米仿生研究所（简称中国科学院苏州纳米所）的合作，为学生提供了丰富的实验机会。这种人文与科技并重的教育模式，既传承了学校的历史传统，也为学生提供了面向未来的综合能力培养。

近年来，苏州持续优化教育资源供给。2023 年全年苏州市政府新改扩建中小学、幼儿园 37 所，新增学位 4.6 万个。截至 2023 年末，苏州拥有各级各类学校 894 所（不含幼儿园），其中普通高等学校 26 所；拥有在校学生 185.9 万人，其中普通高等学校在校学生 29.3 万人；拥有毕业生 39.0 万人，其中普通高等学校毕业生 8.0 万人；拥有专任教师 12.4 万人。2023 年末全市共有幼儿园1 034 所，比 2022 年末增加 19 所，在园幼儿 35 万人。全年新增省、市优质幼儿园 60 所。并且，苏州于 2023 年实施中考招生制度改革，首次开展普通高中市区跨区招生试点工作。专职校医和心理教师实现中小学全覆盖。[②]

在职业教育方面，苏州现拥有 48 所中等职业学校，包括 2 所国家高水平示范职业学校、10 所省三星级职业学校和 10 所省级示范（四星级）职业学校，基本形成了高等与中等职业教育相衔接、学历教育和培训相结合的现代

---

① 王颖，於苏云. 来看"江苏教育现代化 30 周年"苏州答卷. 扬子晚报，2023 - 09 - 18.
② 苏州市统计局. 2023 年苏州市国民经济和社会发展统计公报. 苏州市人民政府网站，2024 - 03 - 13.

职业教育体系。截至 2024 年 3 月，全市技能人才总量达 263.4 万人，占就业人口的比例超过 35%；其中高技能人才率先突破 100 万人，总量和增量均居全省第一。① 苏州张家港市政府在 2022 年对高职园区新中专校及市公共实训基地的投资达到了 17.3 亿元，并积极推动职业教育的发展。苏州高等职业技术学校的年度办学总收入为 17 795.77 万元，主要来源为财政性经常补助收入，以政府投入为主，占比达 92.02%，足见政府对职业教育的重视。② 在项目支持方面，苏州公布了职业教育现代学徒制项目建设名单，涵盖多个专业领域，并与如京东信息技术有限公司等知名企业展开合作。以苏州高等职业技术学校为例，在课程建设上，计划开设 499 门课程，建立了 24 个教学资源库和 917 门在线精品课程，并拥有 8 个虚拟仿真实训基地；且在发展过程中不断调整专业布局，特别是在机电一体化技术、数控技术、工业机器人技术等领域进一步提升了教学质量和资源配置。在师资力量方面，学校拥有江苏省"333 高层次人才培养工程"培养对象 2 名，省职业教育领军人才 1 名，省青蓝工程优秀青年教师 2 名，以及苏州市名师 2 名和区级以上学科带头人 31 名。在学生发展与就业方面，苏州高等职业技术学校一直致力于为苏州市的制造业企业输送人才，本校大多数学生也都留在苏州本地发展，显示出职业学校培养的技术人才在地方经济中的重要性。③ 通过这些措施和投入，苏州不仅提升了职业教育的质量和效率，还为地方经济和社会发展提供了强有力的人才支撑，进一步巩固了苏州作为教育和人才高地的地位。

在高等教育方面，苏州拥有 20 所普通高等学校和 4 所学院，其中包括 1 所国家"211 工程"院校、1 所江苏省重点院校、1 所国家级示范高职高专院校和 2 所省级示范高职高专院校。在校学生人数接近 23 万，高等教育毛入学率超过 65%。苏州还成为全国智慧教育示范区、全国职业教育高地城市等一系列改革试点的落地点，中国人民大学苏州校区、南京大学苏州校区、昆山杜克大学等知名高等学府的设立，进一步提升了苏州整体的高等教育水平。

---

① 苏州市人力资源和社会保障局. 苏州高技能人才率先突破 100 万人. 苏州市人民政府网站，2024 - 03 - 18.

②③《苏州高等职业技术学校中等职业教育质量年度报告（2023 年度）》，https://www.szhvs.com/Uploads/Editor/2024 - 01 - 23/65af59edc9c1c.pdf.

此外，苏州的高校在科技创新方面也不断取得进展，如苏州大学与沙钢集团合作共建的"沙钢钢铁学院"。苏州大学科技园、苏州纳米技术科技园、常熟科技园也晋升为国家大学科技园。同时，华北电力大学苏州研究院、南京信息工程大学苏州数字城市研究院、北京化工大学苏州研究院、中国科学技术大学苏州高等研究院等机构也相继在苏州成立。

苏州以"面向所有人、为了所有人、成就所有人"为特征的高水平教育普及，不仅为苏州造就了一代又一代的高素质人才，也为苏州的经济和文化发展提供了坚实的基础。大量受过良好教育的人才进入各行各业，为社会的进步和创新贡献力量。此外，受教育者的数量和质量的提高，也带动了苏州整体文化水平的提升，使得苏州在全国乃至国际上享有"文化之乡"的美誉。

（二）文化底蕴深厚

苏州人文人力资本的另一特征是其拥有深厚的文化底蕴。苏州作为中国历史上著名的文化名城，以其丰富的人文资源而著称。现代苏州的人文环境充分展现了传统文化与现代文化的融合，这种独特的文化融合使得苏州的人文人力资本在多个方面得到了充分发展，尤其体现在文人雅士的汇聚和对戏曲与园林等文化遗产的传承两个方面。

1. 文人雅士的汇聚

苏州自古以来便是文人墨客的聚集地，这一特点得益于其优越的地理位置、优美的自然环境和对文化的长期重视。苏州位于长江三角洲，四季分明，气候温和，环境优美，这些自然条件为文人雅士提供了一个理想的生活和创作环境。此外，苏州的经济发达，商贸繁荣，使得这里成为一个文化与商业交汇的中心。自唐代以来，苏州便成为文化中心，历代涌现出无数的文人雅士。

唐朝时期，文人学士治苏的代表便是"三杰"——著名诗人韦应物、刘禹锡和白居易。他们不仅以文学才华闻名于世，还对苏州的治理和文化发展产生了深远影响。韦应物曾任苏州刺史，以清廉务实的政风著称。他勤政爱民，致力于改善民生，终老于苏州，被后人尊称为"韦苏州"。白居易任苏州刺史期间，为当地发展做出了诸多贡献。他修桥筑堤、发展教育，改善了苏州的基础设施和文化环境。刘禹锡是"三杰"中唯一出生于苏州的，虽然幼年离苏，但在晚年之时，他也回到苏州担任苏州刺史，政绩显著，因其卓越的管理能力和对民生的关心而获得了苏州百姓广泛的赞誉。沧浪亭内五百名贤祠对刘禹锡的赞语是："政擢贤良，学通经史。颉韦颃白，卓哉刺史。"文士治苏促进了苏州的繁荣，也提升了城市的文化品位。

在明清时期，苏州的文化氛围达到了顶峰，苏州成为中国文化的中心之一。苏州的文人不仅在文学、书画方面取得了卓越成就，还积极参与政治、经济和社会活动，形成了一个独特的文化圈。这一时期涌现了诸如"吴中四才子"、文学批评家金圣叹、思想家顾炎武、诗人钱谦益、思想家冯桂芬等一批杰出人物。

"吴中四才子"是明朝时期苏州地区最为杰出的四位文人：祝允明、唐寅、文徵明和徐祯卿。祝允明以其书法闻名，尤以狂草著称，被誉为"书狂"。他的书法作品不仅技艺高超，还充满了个性和精神力量。唐寅（唐伯虎）则是中国历史上著名的画家和诗人。他的画作以山水、人物和花鸟见长，作品风格多样，既有写实的细腻，也有潇洒的笔触。文徵明是明代著名的画家和书法家。他的画作以山水和花卉著称，作品风格典雅细腻。徐祯卿则以其诗文才华著称，被誉为"文宗"。他的诗歌作品感情真挚，语言优美，对后世产生了深远的影响。金圣叹是明末清初著名的文学批评家，他以对《水浒传》和《西厢记》等经典作品的点评而闻名。金圣叹提出了"六才子书"之说，认为《庄子》《离骚》《史记》《杜工部集》《水浒传》《西厢记》是六大文学经典，这一观点对提升小说和戏曲的文学地位具有重要意义。金圣叹的文学批评独到而深刻。他不仅关注作品的艺术价值，还重视其思想内涵和社会意义。通过对作品的细致分析和评论，他为后人理解这些经典作品提供了宝贵的参考。

顾炎武是明末清初著名的思想家，与黄宗羲、王夫之并称"明末三大儒"。他的思想深刻影响了中国近现代的思想史。顾炎武强调做学问必须先立人格。他提出"礼义廉耻，是谓四维"，强调道德的重要性。他提倡学以致用，主张学者应关心国家和社会事务，认为"保天下者，匹夫之贱，与有责焉"。顾炎武的思想不仅对当时的社会产生了深远影响，也为后来的思想家如梁启超等提供了重要的思想资源，被梁启超引述为"天下兴亡，匹夫有责"。

冯桂芬（1809—1874 年）则是晚清著名的思想家，是中国近代改良主义的先驱人物之一。冯桂芬早年曾师从林则徐，后在同治初年入李鸿章幕府，为洋务运动的发展提供了重要的理论支持。冯桂芬最早提出了"中体西用"的思想，即在保持中国传统文化的基础上吸收西方的先进科学技术。他还主张开办书院学堂，以培养新式人才，为中国的现代化进程做出了重要贡献。

在近现代，苏州继续涌现出一批在各个人文社会领域闪耀的杰出人物。例如，中国现代文学的重要代表之一，著名作家、教育家叶圣陶便出生于苏州。叶圣陶的作品以真实、细腻的笔触描绘了中国社会的变化和普通人的生活。他还致力于教育事业，参与了新中国教育体系的建设，为中国现代教育的发展做出了重要贡献。费孝通同样是苏州吴江的一位杰出人物，是中国著名的社会学家、人类学家和民族学家。费孝通在社会学和人类学研究方面有着开创性的贡献，他的研究深刻揭示了中国乡村社会的结构和变迁。其代表作《江村经济》《乡土中国》不仅是社会学领域的经典之作，也对中国社会学的发展产生了深远影响。费孝通的研究强调文化的多样性和地方性的价值，他的理论对理解中国社会的发展具有重要参考意义。此外，著名建筑师、祖籍苏州的贝聿铭也是苏州的骄傲之一。贝聿铭是 20 世纪最具影响力的建筑师之一，他的作品融合了东西方建筑的精髓，体现了深厚的文化底蕴和现代建筑的创新精神。贝聿铭设计了许多世界著名的建筑作品，包括法国巴黎的卢浮宫玻璃金字塔、美国波士顿的约翰·肯尼迪图书馆和苏州博物馆新馆等。贝聿铭的作品不仅在美学上具有独特的风格，还强调建筑与环境的和谐共生，成为现代建筑史上的里程碑。美籍华裔物理学家、诺贝尔物理学奖获得者李政道的祖籍同样为苏州。他因在 1957 年与杨振宁合作提出宇称不守恒理论而闻名。李政道不仅在物理学领域取得了卓越成就，还积极推动中美两国的科技合作与学术交流。他曾就读于苏州东吴大学附属中学，对苏州的教育和文化有着深厚的情感。他的成就不仅是科学领域的里程碑，也为华人科学家在国际学术界赢得了广泛的尊重。

在这些杰出人物的共同努力下，苏州在现代化进程中不仅保持了其文化底蕴，也成为一个充满创新精神的城市。苏州的这些杰出人物代表了不同领域的卓越成就，他们的贡献不仅提升了苏州在国内外的声誉，也为后人树立了榜样。他们的成功不仅展示了苏州这座城市在培养和涌现杰出人才方面的潜力，也为推动中国现代化发展做出了重要贡献。这些人物的事迹和成就，成为苏州文化历史的一部分，也为后世提供了宝贵的精神财富。苏州在历史与现代的交融中，不断彰显出其独特的人文魅力和强大的创新能力。

2. 对戏曲和园林文化遗产的传承

苏州的戏曲文化同样是其文化底蕴的重要组成部分。苏州是昆曲和苏剧的故乡。昆曲是中国首个世界非物质文化遗产，被誉为"百戏之祖"，兴起于元末明初时苏州的昆山、太仓一带。自明代隆庆、万历之交，至清代康熙、嘉庆年间，昆曲由于得到革新而迅速兴盛。其时在苏州城镇、乡村，人们对昆曲迷恋到了如醉如狂的地步，组织业余班社，举行唱曲活动，一年一度的虎丘曲会，几至"倾城阖户""唱者千百"。在昆曲鼎盛时期，以苏州为中心，其流布范围几乎遍及全国各大城市，独霸剧坛两百余年。作为中国传统文化的瑰宝，昆曲的剧目内容丰富，涵盖了古代社会的各个方面。耳熟能详的昆曲名作包括明朝戏曲家汤显祖创作的《牡丹亭》和《南柯记》，也包括并称"南洪北孔"的清朝戏曲家洪昇创作的《长生殿》和戏曲家孔尚任的作品《桃花扇》，还包括元朝杂剧家王实甫的《西厢记》等。这些作品不仅在故事情节上深具感染力，还通过独特的艺术表现形式展现了中国传统文化的精髓。

苏州的古典园林是该地文化底蕴的重要组成部分。其起源可追溯至春秋时期，在晋唐时期发展，在两宋时期繁荣，在明清时期达到巅峰。苏州被誉为"园林之城"，自公元前 6 世纪起便开始兴建私家园林，至清末时已有 170 多处，如今仍保存有 50 多处。这些园林集赏景、游憩、居住于一体，反映了在人口稠密且自然景观匮乏的城市中，人们对自然的依恋和与自然和谐共处的渴望。苏州古典园林蕴含了丰富的中华哲学、历史和人文习俗，是江南人文历史传统和地方风俗的象征与缩影，展示了中国文化的精髓。以拙政园和留园为代表的这些园林，被誉为"咫尺之内再造乾坤"，不仅是中华园林文化的杰作和骄傲，在世界造园史上也占有独特的历史地位，具有重要的艺术价值。1997 年，苏州古典园林中的拙政园、留园、网师园和环秀山庄被列入世界文化遗产名录。随后，2000 年，沧浪亭、狮子林、耦园、艺圃和退思园作为苏州古典园林的扩展项目也被列为世界文化遗产。苏州的园林不仅是艺术杰作，更是珍贵的文化遗产，体现了中国古代文人对自然和生活的深刻理解。这些园林在设计上强调"虽由人作，宛自天开"，即在人工景观中巧妙地再现了自然的感觉，展现了人与自然和谐共处的理念。

苏州深厚的文化底蕴不仅是城市的精神财富，更是现代人文人力资本的重要组成部分。首先，苏州的教育体系高度重视文化素养的提升，这种教育环境为年轻人提供了深入接触和理解传统文化的机会，从而培养了他们的文化素养。苏州的学生在学校里不仅接受学科知识的教育，还融入了丰富的传统文化熏陶，这有助于他们在成长过程中形成良好的文化素质和道德修养。例如，为了让昆曲这种古老的艺术形式焕发新生，苏州昆山在人才培养、观众培育、平台搭建和城市发展等方面进行了系列改革创新。昆山的中小学设立了"小昆班"，这是一个富有创意的制度创新，旨在培养年轻一代对昆曲的兴趣和理解。截至 2024 年 8 月，这些"小昆班"已经覆盖了昆山所有的开发区和乡镇，共有 20 多个班级，累计培养了 5 000 多名昆曲小学员，其中有百余名学员被选拔进入专业院校深造，近 20 人成为优秀的昆曲演员。这种培养方式不仅使昆曲在年轻一代中得以传承，也让这一传统艺术有了广阔的发展前景。

其次，苏州浓厚的文化氛围有助于培养市民的软技能，包括沟通能力、团队合作能力和情商等，这些技能在现代职场中尤为重要。苏州丰富多彩的文化活动，如各种戏曲演出、书画展览和文化讲座，为市民提供了广泛参与的机会。这些活动不仅丰富了市民的文化生活，也提升了他们的文化品位和艺术欣赏能力。此外，苏州的文化多元性和包容性为创新和创造提供了源源不断的灵感。苏州的艺术家、设计师和科学家在这种丰富的文化环境中成长，他们能够从传统文化中汲取灵感，并与现代技术相结合，创造出新的艺术形式和科技成果。这种文化与科技的融合，不仅推动了苏州经济的可持续发展，也提升了苏州在国内外的影响力，使其成为一座既传统又现代的文化名城。

（三）开放精神与创新传统

除了高度发展的教育系统和深厚的文化底蕴之外，苏州更因其对新思想和新技术的开放态度而成为改革开放的前沿阵地和科技创新的热土。苏州人文人力资本的另一显著特征便是对外来文化和技术的高度包容以及有着悠久的创新创业传统。

1. 开放、多元与包容精神

苏州自古以来便是一个开放的城市，其地理位置和历史背景决定了其对外来文化和技术的高度接受和包容。这种开放的态度不仅为苏州带来了大量人才，也促进苏州本地的人才培养更加多元与先进，使得苏州在现代化的进程中获得了强大的推动力。

鸦片战争后，随着上海的崛起和外国势力的入侵，苏州面临着巨大的外来文化冲击。然而，这一时期的苏州并没有选择闭关自守，而是积极吸收外来的人才、先进技术和理念。在这一时期，工业革命的浪潮席卷全球，苏州也在这一过程中逐渐从一个传统的手工业城市转型为一个现代化的工业城市。外来技术的引入和应用，为苏州的现代化进程提供了强有力的支持。19 世纪中叶，随着西方的蒸汽机和机械设备进入中国，苏州的传统产业如丝绸、纺织等行业开始逐步引入机械化生产。苏州的商人和工匠积极学习和吸收外国的先进技术，通过引入电力、机械和现代管理方法提升了生产效率和产品质量。到 19 世纪末，苏州已经拥有了一定规模的现代化工厂，成为中国东南部地区的重要工业城市之一。

改革开放后，苏州一直致力于打造国际化的营商环境，通过为外资企业提供良好的投资和发展条件，在税收、土地使用、劳动力等方面提供了多项优惠政策，吸引了大量外资企业在苏州落户，进一步推动构建适合人文人力资本的形成与培养的环境。20 世纪 90 年代，苏州迎来了新的发展机遇，特别是苏州工业园区的建立，为苏州吸引了大量外资和先进技术。苏州工业园区是中国和新加坡合作的典范，通过引入国际化的管理模式和先进的技术设备，苏州迅速成为中国最重要的高新技术产业基地之一。这个被明确为"苏州新城"的工业园区，自 1994 年经国务院批准以来，已经成为聚集 4 000 多家外资企业、6 万多家内资企业、近 270 所学校的现代化产业新城。跨国企业和高科技企业如三星、微软和华为等集聚于此，这些企业不仅带来了先进的生产技术和管理经验，还促进了苏州本地企业的转型升级。

总的来说，苏州作为一个开放、包容的城市，在历史和现代的发展中始终保持着对外来文化、技术和人才的高度接受和包容。这种开放性不仅促进了苏州的经济和社会发展，也丰富了城市的文化内涵。苏州的成功经验表明，开放和包容是培养人文人力资本、推动城市发展的重要动力。

2. 创新创业的历史传统

苏州的人文人力资本与众不同的一个重要特征是对创新创业的重视，这也来源于苏州悠久的创新创业的历史传统。自古以来，苏州人就以智慧和勇气著称，他们在工业、商业和文化领域的创新精神，使得苏州在多个历史时期成为中国的创新高地。尤其是在明清时期，苏州的手工业和商业文化高度发达，苏州手工业从业者和商人相互合作，不仅在国内市场占据重要地位，还积极参与国际贸易，开创了许多创新的工商业模式。傅衣凌先生就曾在其晚年的研究中指出，苏州的"工商业是面向全国的"，出现了"清新、活泼、开朗的气息"[①]。

苏州自古以来最为发达的纺织业便体现了苏州深厚的创新创业传统。在明清时期，从总产值和从业人员总数来看，纺织业是苏州仅次于农业的第二大产业。在纺织业中，丝织业又是苏州的龙头产业。苏州一直以其精巧雅致的丝绸制品而闻名于世，这也造就了苏州成为当时全国最大的丝绸产地。苏州府吴江县的震泽镇与盛泽镇（今属苏州市吴江区）都是当时丝绸生产的专业市镇，盛泽镇更是有"日出万匹"的美名。

在19世纪之前，丝绸是中国最为重要的出口品，中国也是世界第一丝绸出口大国。而苏州的丝织业不仅在产量上居于世界前列，更在生产技术上取得了显著的创新。中国在丝绸产业的生产技术在蒸汽技术被应用之前也一直处于全球领先地位。丝织业的生产过程包括纺经、络纬、练槌、染色、牵经、接头（或结综）和丝织等关键环节。早在明清时期，苏州的丝织业生产就已经实现专业化分工，并且有从乡村家庭生产向苏州城内集中生产的趋势。[②] 不过，到了19世纪中叶，意大利和法国发展出了几项在丝织业上的独特优势，包括开始使用现代科学的知识，例如利用显微镜以及路易·巴斯德提出的细菌理论改良养蚕技术；利用蒸汽机机器缫丝取代手工缫丝，使得生丝更均匀、

①② 李伯重. 工业发展与城市变化：明中叶至清中叶的苏州（上）. 清史研究, 2001 (3)：9-22.

质量更高、在国际市场上价格更高。虽然在 19 世纪中叶至末叶，中国仍是世界上生丝最大的出口国——中国在 1873 年的出口量是日本的 3 倍，然而在中国和日本均开始引进现代制丝业的先进生产技术之后，中国的乡村手工制丝业开始衰退。到 1930 年，日本的出口量变为中国的 3 倍。

　　不仅是丝绸产业，苏州的各个产业在当时都面临着现代技术发展的冲击，苏州也失去了曾经作为全国工商业中心的地位。上海等新兴城市的崛起，使得苏州陷入了严重的发展困境。不过正是在这个严峻的环境下，苏州的丝绸产业完成了一场引人注目的近代化转型。费孝通先生在对江村（也即苏州市吴江区七都镇下辖的一个村庄）的研究中就曾提到，为了应对当时苏州蚕丝业的衰落，江村采取了多项改革措施来实现现代化转型。[①] 例如，在村内设立江苏女子蚕业学校的教学中心，向制丝的农民传播蚕丝业的科学知识。面对"木机土法丝绸之不足恃"的共识，苏州的丝绸产业早已培养出一支经验丰富的管理团队和技术专业人才。大量拥有雄厚资本的商家开始进行转型，将其业务从传统手工业转变为现代化的丝绸厂，并广泛引入电力生产。

　　到了 1936 年，苏州拥有 89 家现代丝绸厂，仅次于上海和杭州，在长三角地区排名第三。苏州的丝绸厂共引进了 2 100 台电力织机，占据了当时长三角地区电力织机保有量的 12%。这一比例也标志着苏州的丝绸产业在短时间内完成了现代化的飞跃，成功应对了当时的产业转型浪潮。在民国时期苏州的丝绸制品需求出现急剧下降的背景下，令人瞩目的是，苏州的丝绸产业成功地在这一时期保持了强劲的活力。这一成功的转型并非简单的技术升级，它背后凝聚了一代又一代苏州工匠和商人的智慧和努力。这也彰显了苏州人在面对困境时的应变能力和创新能力。他们并非止步于传统，而是积极迎接变革，将丝绸产业引向了一个崭新的发展阶段。

　　新中国成立之后，中国的丝绸产业开始逐步复苏。于 1925 年在苏州成立的瑞丰丝厂就在 1949 年经历了重大的改革，更名为公营中国蚕丝公司苏州第一丝厂，成为苏州第一家新中国国营企业，由我国著名蚕丝专家、费孝通的姐姐费达生任首任厂长。在 20 世纪 80 年代，费达生发表了《建立桑蚕丝绸

---

① 费孝通. 江村经济. 上海：上海人民出版社，2007.

的系统观点》一文，这标志着中国蚕丝业振兴的开端。与此同时，费孝通提出了"苏南模式"，这一发展理念强调"以工补农"和"以工建农"的乡镇企业发展路径，得到了广泛认可。[①] 他们一起为苏州的丝绸产业注入了新的思想和理念，为行业的发展提供了有力支持。2009 年，苏州的宋锦与缂丝成功入选中国桑蚕丝织技艺的重要组成部分，成为世界非物质文化遗产，为苏州丝绸产业的传统技艺赢得了国际认可。而到了 2022 年，苏州的纺织产业规模更是达到了 2 605 亿元，苏州高端纺织产业集群成功入围国家先进制造业集群名单。"中国丝绸小镇"震泽镇、太湖雪蚕桑文化园、华佳桑罗·平望现代蚕桑综合示范基地等项目为苏州的丝绸产业现代化注入了新的文化活力。[②]

苏州的丝织业发展体现出了一代又一代的苏州丝织人的工匠精神和对技艺传承的珍视。今天的苏州之所以还能在世界上保持着自己世界丝绸之都的地位，苏州重视创业创新的人文人力资本发挥了重要的作用。苏州丝织人成功地将其历史悠久的手工业传统延续至今，为工业文化的未来发展奠定了坚实的基础。这一过程也凸显了苏州人在传承中发展、在发展中创新的坚定信念。苏州的实践证明，创新与创业精神也是苏州人文人力资本的重要组成部分，是推动城市经济和文化持续发展的核心动力。

二、现代人文人力资本与苏州奇迹

千年以来的人文人力资本积累使得苏州一直处于中国经济的前沿阵地。今天的苏州不仅是长三角地区的核心城市，也是全国乃至全球范围内的重要经济中心之一。2022 年苏州地区生产总值（GDP）达 23 958.34 亿元，在全国重点城市中位列第六，不仅是全国普通地级市中的第一位，也位居所有二线城市榜首。苏州现有国家级经济开发区 14 家，省级开发区 6 家，综合保税区 7 家，居全国之首。其中，1994 年成立的苏州工业园区，在 2023 年商务部国家级经开区综合发展水平考评中实现"八连冠"，在生物医药、纳米技术应

---

① 马翔宇. 从天下衣履到江南名片：明清以来苏州丝绸织造产业的发展. 澎湃新闻，2023 - 08 - 14.

② 新华社. 转型升级量增质提：我国丝绸业 70 年"蝶变"之路综述. 中国政府网，2019 - 01 - 08.

用、人工智能三大新兴产业产值超过 3 600 亿元，增速保持在 20% 左右。截至 2022 年底，已有 160 家世界 500 强跨国公司在苏州设立了 450 个项目。在苏州奇迹中，苏州开放、多元且包容的人文人力资本发挥了至关重要的作用。苏州通过创造一个有利于人文人力资本发展的宏观环境，成功地吸引并包容了大量新移民。这种开放的态度不仅促进了城市的多元文化发展，还形成了多样化的企业家群体，推动了对高科技产业的持续投资。在这样的环境中，苏州不断积累丰富的人文人力资本，从而持续推动经济发展。

（一）对新移民的包容

苏州能够实现经济奇迹，最重要的一点是其对外来人才的高度吸引力和包容性，不断增加城市所拥有的人文人力资本存量。苏州在发展过程当中吸引了大量新苏州人，他们在苏州的融入和发展反映了城市包容性人才政策的成功。根据 2023 年 7 月苏州公安部门对人口数据的最新统计：截至 2023 年 6 月底，苏州全市实有人口 1 619.69 万人，其中，户籍人口 781.08 万人，流动人口 838.61 万人。2023 年上半年，共有 8.97 万人新迁入苏州，成为苏州户籍人口，较 2022 年同期增加 3.79 万人，增幅达 73%。其实，早在 2012 年，苏州就已经成为全国仅次于深圳的第二大移民城市。众多有识之士落户苏州，正是因为苏州已是"中国最具幸福感城市"之一。

苏州市政府通过一系列开放友好的政策，积极推动外来人口的融入和发展。为鼓励各类人才的培养和引进，苏州推出了一系列人才工程，如"1010工程"和"55352 工程"等。这些工程旨在吸引更多的精英人才来到苏州，为他们提供良好的学习和工作环境，激发他们的创新潜能和创业热情。根据江苏省苏州市人社局 2024 年的统计，近 5 年来，苏州市高技能人才年均增速超10%。为了对人才资源提供更为有力的支撑，截至 2023 年中期，苏州市政府已累计引进扶持 10 个顶尖人才团队和 46 个姑苏重大创新团队，苏州入选国家级重大人才工程创业类人才 168 人，居全国首位。

针对应届毕业生，苏州公安部门会同人社部门在省内外高校举办"人才落户直通车"活动，以最少的材料、最简的流程、最快的速度为签约学校的毕业生办理落户手续。"让青年生活在苏州幸福倍增""让青年创业在苏州希望倍增""让青年休闲在苏州惬意倍增"这三大目标体现了苏州持续提升城市环境对青年人的诚意。苏州市政府通过一系列政策措施，致力于为青年人创造更好的生活、工作和休闲环境，提升城市环境对青年的"友好度"。在创业方面，苏州不断完善创业支持政策，为年轻创业者提供更多的机会和支持，举办"苏州国际精英创业周"和"校园苏州日"，鼓励青年人勇于创新、大胆实践。同时，苏州也注重提升城市基础设施建设，提供"青年人才公寓"，改善居住环境和提升交通便利性，为青年人提供更舒适、更便捷的生活条件。在休闲娱乐方面，苏州积极打造文化艺术氛围，举办各类文化活动和体育赛事，以期丰富青年人的业余生活、增加他们的社交与交流机会。

此外，苏州市政府还努力改善社会保障制度，包括医疗保险制度、住房保障制度等，为新苏州人提供更好的生活保障。同时，苏州也加大了对城市基础设施的建设投入，提高了城市的居住、交通、教育、医疗等公共服务水平，为新苏州人提供了更好的生活条件。近年来，苏州公安部门将深化户籍制度改革作为服务人口发展战略的首要任务，持续推进"人到苏州必有为"的品牌，提供最宽松、最便利、最高效的落户服务。苏州坚持"产城人"深度融合，致力于打造一个"面向所有人、为了所有人、造福所有人"的人民城市。同时，探索开展多形式的医育结合托育服务，大力发展养老产业，以满足不同层次的养老需求。①

苏州的包容性不仅体现在对来自全国各地的人才的接受和融合上，也特别体现在对外籍人才的包容和接纳上。苏州始终走在江苏乃至中国对外开放的最前沿，通过各种措施和政策，积极吸引和支持外籍人才来苏工作和生活。这种包容性不仅提高了苏州的国际化水平，还为城市的发展注入了新的活力和创新动力。苏州从 2012 年起连续 13 年入选外籍人才眼中最具吸引力的中国城市，苏州在全省率先设立外国高端人才工作许可证、居留证办证专窗，提高外国人才来华许可审批效率，并于 2023 年 6 月底实现各县级市（区）全覆盖。同时，在影响外籍人士移民最为关键的教育方面，苏州拥有 4 所外籍人员子女学校，占全省总数的 50%；1 所台商子女学校（全国共 3 所，江苏

---

① 生活在苏州，很有福气. 苏州日报，2023 - 08 - 14.

省仅此 1 所）。同时，为吸引更多国际人才，119 所学校具备聘请外籍教师的资格，145 所学校可招收国际学生，并建立了 7 所汉语国际推广学校。在苏州，外国学生总数接近 6 000 人，港澳台中小学生超过 4 000 人，在职外籍教师达 600 多人。

如今，来自全球的新苏州人在这片尊重多元文化、反对歧视和偏见的土地上找到了深深的归属感和认同感。他们不仅融入了苏州的社会文化，还积极参与到城市的各个发展领域，为这座城市注入了新的活力和热情。无论是在科技创新、商业发展还是在文化艺术和社会公益领域，新苏州人都展现出了卓越的才华和奉献精神。他们带来了丰富的国际经验和视野，推动了苏州的多元化和现代化进程，进一步提升了城市的国际影响力和竞争力。正是有了他们的参与和贡献，苏州才得以在全球化时代继续繁荣发展，成为一个更加包容和充满活力的国际化大都市。

（二）多元企业家构成

苏州经济成功的背后离不开多元化的企业家构成，这一人文人力资本为城市的经济发展提供了强大的支持。首先，苏州优越的营商环境为各类企业家的创业发展提供了肥沃的土壤。赓续千年商贸历史的苏州，"亲商、安商、富商"从来都在苏州的基因之中。这一历史遗产不仅是对传统的延续，更在现代化背景下得到了新的诠释和发展。如今，苏州继续秉持"吐故纳新"和"兼收并蓄"的开放精神，吸引了大量国内外的创业者和企业家。正是这种对多元化和创新的包容性，使得苏州成为各类企业家的理想创业之地。

苏州的企业家群体涵盖了广泛的行业和领域，包括传统的制造业、高科技创新领域以及服务业等。这种多样化的企业家构成，不仅丰富了苏州的经济结构，也为城市的持续发展注入了新的动力。截至 2023 年 6 月底，苏州市场主体总量达到 291.55 万户，位居江苏省第一，占全省的五分之一。2024 年《财富》世界 500 强企业排行榜中，苏州有 3 家企业上榜，皆为苏州本土企业。苏州在中国企业 500 强、中国民营企业 500 强以及中国制造业民营企业 500 强的企业数量上始终保持全国领先地位。在 2023 年，苏州共有 26 家企业入围"2023 中国民营企业 500 强"，有 25 家企业入围"2023 中国制造业民营企业500强"，上榜企业数双双位居全江苏省第一。同时，有2家苏州企业入围"2023中国服务业民营企业100强"，比2022年增加1家。恒力集团再次荣获"2023中国制造业民营企业500强"第1名。在26家入围"2023中国民营企业500强"的苏州企业中，营业收入超千亿元的共6家，占全江苏省入围千亿级企业比重达55%。这些成就背后，是苏州企业家在各自领域的卓越贡献，以及他们为城市经济发展带来的创新和活力。

特别值得一提的是，苏州还拥有庞大的上市公司群体，其中境内A股上市公司达到204家，民营上市公司达到165家，占上市公司总数的80.9%。这种强大的资本市场表现，进一步证明了苏州多元化企业家群体的经济影响力和市场竞争力。这些企业家不仅带来了资本和技术，也带来了先进的管理理念和全球化的视野，为苏州经济的转型升级提供了重要支撑。苏州市政府同样在培育壮大创新型领军企业上不遗余力。2023年末有效高企数达1.57万家，比2022年增长16.7%。苏州全市高新技术产业产值占规模以上工业总产值的比重达52.7%，比2022年提高0.2个百分点。新增国家级专精特新"小巨人"企业230家，累计达401家。国家科技型中小企业达到2.54万家。上榜国家独角兽企业17家，入选江苏独角兽企业17家，认定市级独角兽培育企业224家。[1]

苏州市政府也积极优化营商环境，以吸引更多高素质的人才和企业家。2022年3月，《苏州市优化营商环境条例》正式施行，明确每年7月21日为苏州企业家日，这一举措充分体现了苏州对创新创业者的尊重和支持。在2023年的企业家日，苏州发布了"苏式营商环境6.0版"，包括126条举措和239个具体事项，旨在打造全国办事效率最高、投资环境最优、企业获得感最强的投资目的地。[2] 这些政策不仅增强了企业家的信心，也吸引了大量年轻的高素质人才落户苏州，这些人才成为城市发展的新生力量。据统计，2023年末享受研发费加计扣除企业达2.5万家，比2022年末增长13.2%。加计扣除额达1 137.1亿元，比2022年增长22.8%，折合减免企业所得税284.3亿元。

---

① 苏州市统计局. 2023年苏州市国民经济和社会发展统计公报. 苏州市人民政府网站，2024-03-13.

② 生活在苏州，很有福气. 苏州日报，2023-08-14.

首创"科贷通集群贷"新模式,"科贷通"2023 年全年为 3 326 家企业解决贷款 146.9 亿元,比上年增长 22.5%。[1]

苏州的多元化企业家构成和包容开放的营商环境不仅是城市经济奇迹的重要推动力,也是苏州人文人力资本的重要组成部分。正是这些来自各行各业的企业家,凭借他们的创新精神和务实态度,推动了苏州经济的持续繁荣和不断升级。苏州的成功案例证明了,在一个开放包容的环境中,多元化的企业家群体可以成为城市发展的强大动力,为未来的发展奠定坚实的基础。

(三)对高科技产业的持续投资

苏州在过去的数十年中持续加大了对高科技产业的投资,全力服务科技自立自强。高精尖创新已经成为苏州强大的人文人力资本的重要组成部分,也成为推动苏州经济发展的重要引擎。根据《2023 年苏州市国民经济和社会发展统计公报》,2023 年全年苏州市政府在研究与试验发展(R&D)上的经费支出占地区生产总值的比重预计在 4.1% 左右;全市财政性科技投入为 269.9 亿元,占一般公共预算支出的比重为 10.3%。[2]

苏州市政府持续推动重大科技创新平台的建设,不断取得显著成果。苏州实验室和"一区两中心"等创新平台加快了建设步伐,成功新增 5 家国家级重点实验室,省级重点实验室总数也达到了 16 家。同时,"深时数字地球"这一重大科学计划已获得国务院的批复立项,纳米真空互联实验站二期项目顺利通过验收,中科可控公司也获批筹建国家新一代人工智能公共算力开放创新平台。此外,全市新增 240 家省级及以上企业技术中心,总数达到 1 284 家;新增 214 家省级及以上工程技术研究中心,总数达到 1 540 家;新增 20 家省级及以上工程研究中心,总数达到 161 家。市级众创空间新增 75 家,总数增至 424 家。同时,苏州还新增 17 家市级新型研发机构,总数达到 106 家,并累计培育建设了 120 个创新联合体。[3]

从人才数目来说,随着科研创新资源加速集聚,苏州的高科技人才也不

断增加。截至 2023 年底，苏州市各类人才总量达到 390 万人，其中高层次人才达到 42 万人。新立项顶尖人才团队和重大创新团队共 13 个。有效发明专利量为 12.99 万件，每万人发明专利拥有量为 100.25 件，较 2022 年底增加了 19.31 件。全年 PCT 专利申请数量为 2 866 件，并获得了 1 项中国专利金奖和 2 项银奖。苏州还被评为首批国家知识产权保护示范区建设城市。此外，苏州成功举办了全国首届先进技术成果交易大会，2023 年全年技术合同成交额达到 1 011.5 亿元，同比增长 16.4%。同时，23 个项目获得了省级科技成果转化专项立项。[①]

其中，苏州独墅湖科教创新区是高精尖产业科学研发的代表。自 2002 年开始开发建设以来，该区域已成为一个集教育科研、新兴产业和生活配套设施于一体的现代化新城区。苏州创新区的发展以高端人才为引领，通过与知名院校的合作办学，形成了独特的科教资源聚集效应。创新区内聚集了 33 所中外知名院校的分校，如中科大苏州高等研究院、中国人民大学苏州校区、牛津大学高等研究院（苏州）等，教职工人数约为 6 400 人，学生人数接近 8 万人，留学生总数超过 3 000 人。工业园区还吸引了众多国家级科研院所和新型研发机构落户。中国科学院苏州纳米所、中国医学科学院系统医学研究所等 15 家国家级科研院所以及华为苏州研发中心、微软苏州研发中心、西门子中国研究院等新型研发机构的入驻，不仅提升了苏州的科研水平，也促进了科技成果的转化应用。这些机构的科研活动涵盖了纳米技术、系统医学、信息技术等高新技术领域，为苏州经济注入了强大的创新动力。[②]

从 2024 年 1 月 1 日起，苏州市政府启动了科技创新"八大工程"，包括科技战略平台能级提升、高水平大学建设、产业技术攻坚突破、创新企业培育、创新创业人才集聚、创新成果转化加速、科技金融赋能和开放创新合作。[③] 这些工程的开展与实施，不仅体现了苏州在科技领域的前瞻性布局，更是进一步加强了苏州在全球科技创新中的竞争力和影响力。在高科技企业的

---

① 苏州市统计局. 2023 年苏州市国民经济和社会发展统计公报. 苏州市人民政府网站，2024 - 03 - 13.

② 参见苏州工业园区网站相关介绍。

③ 苏州科技创新支持政策再加码. 苏州日报，2024 - 03 - 28.

培育方面，苏州尤其注重企业的研发能力和创新水平。对规模以上工业企业，苏州鼓励其建设研发机构，并对争创省级以上研发机构的企业给予重点支持。对年度研发费用加计扣除额超过 3 000 万元且年度新增 1 000 万元以上的企业，给予最高 200 万元支持。对年度基础研究投入超过 500 万元的企业，给予最高 100 万元支持。此外，对于高新技术企业、瞪羚企业、独角兽企业等，苏州市政府提供了多项资助，如研发费用补贴、科技贷款贴息、资金奖励等。这些措施不仅降低了企业的运营成本，而且激发了企业的创新活力，使得企业能够在激烈的市场竞争中保持优势。

在关键核心技术攻关方面，苏州通过设立省、市自然科学联合基金，支持产业发展的应用基础研究，并给予最高 500 万元支持。针对关键核心技术的攻关，苏州市政府鼓励企业和科研机构参与"揭榜挂帅"项目，并对获批的重大项目提供资金支持。例如，为了支持符合条件的医疗机构、科研院所自主组织实施应用基础研究，每年给予最高 1 000 万元支持。这种合作模式不仅加速了科技成果的转化和产业化，还加强了苏州在高端医疗器械、新药研发等领域的创新能力，进一步巩固了苏州在科技创新中的领先地位。在建设创新生态方面，苏州也取得了长足进展。为了激发创新活力，苏州市政府通过完善科技服务体系、强化金融赋能、促进产学研协同创新等措施，为科技企业提供了良好的发展环境。例如，苏州通过建设科技公共技术服务平台，鼓励平台对外开放共享，并提供资金支持。同时，苏州还支持建设专业化科技服务机构、创新联合体和海外离岸创新中心，通过这些举措构建了一个充满活力的创新生态体系，为高科技企业的成长提供了丰富的资源和支持。

通过对高科技产业创新的持续投资，苏州不仅推动了本地高新技术产业的快速发展，也提升了城市的国际竞争力和吸引力。科技创新已成为苏州经济转型升级的核心驱动力，高科技创新人才的集聚和创新资源的丰富为苏州的可持续发展提供了强有力的支持，也使得苏州在全球科技创新版图中占据了重要位置。

三、人文人力资本在苏州经济奇迹中的作用

在知识经济和创新驱动发展的时代背景下，人文人力资本对经济发展有

着深远的影响。从苏州案例中我们发现，第一，人文人力资本中所涵盖的教育、文化、艺术等领域的知识和技能能够提升个人和团队的创造力和生产力。这种提升不仅限于技术创新，还包括管理创新、文化创新等多个方面。例如，苏州的高水平教育普及确保了居民具备广泛的知识储备，培养出能够在各个领域进行创新的人才，从而推动产业升级和经济结构优化。

第二，文化产业是现代经济的重要组成部分，而人文人力资本的多样性和创新性为文化产业的发展提供了源源不断的动力。苏州的深厚文化底蕴和居民的文化素养使得该地区在文化创意产业方面具备独特优势。这不仅为经济发展提供了新的增长点，而且提升了城市的综合竞争力和国际影响力。

第三，人文人力资本不仅影响个体的经济行为，而且通过塑造社会规范、信任和合作等方式促进社会资本的积累。这些社会资本在促进经济活动中的协调与合作方面发挥重要作用。苏州居民的创新精神和开放态度不仅促进了经济发展，还在社会中形成了良好的合作文化，这种合作文化反过来又促进了经济活动的顺利进行。

第四，人文人力资本可增强经济韧性。人文人力资本能够增强社会和经济系统应对变化和冲击的能力。一个拥有高水平人文人力资本的地区，其居民具备更强的适应性和应对能力，可以更有效地应对经济波动和全球化带来的挑战。例如，苏州居民展现出的创新精神和开放态度，使得该城市在面对全球化和技术变革时能够迅速调整经济策略，保持经济的稳定增长。

第五，高质量的人文人力资本有助于推动社会包容和公平的发展，这对经济的长期可持续增长至关重要。苏州的多样性和包容性特征不仅丰富了城市的文化氛围，也促进了对各类人才的吸引和保留，为经济发展提供了多样化的人力资源支持。

苏州的经济奇迹背后是强大的人文人力资本在发挥作用。这一人文人力资本不仅源自苏州深厚的文化传统和历史积淀，而且受到现代教育体系和科技创新体系的推动。苏州独特的人文人力资本以多样性、创新性和包容性为主要特征，并体现在高水平的教育普及和广泛的知识传播上，确保了大量高素质人才的培养和引进。此外，苏州的文化底蕴为城市居民提供了丰富的精神滋养，鼓励创新思维和开放态度，这使得苏州能够持续吸引并包容大量新移民和外来人才。苏州通过创造有利的宏观环境，不仅促进了多元文化的发展，还形成了多样化的企业家群体。苏州在高科技产业上的持续投资和政策支持，为企业家和科研人员提供了广阔的发展空间。同时，这种对高科技产业的重视和投入不仅推动了城市的技术创新，还强化了苏州作为产业科技创新中心的地位。丰富的文化传统与现代科技的结合，使得苏州在人文经济领域取得了显著成就。这种独特的人文人力资本不仅帮助苏州在全球化的浪潮中保持竞争优势，也使其成为创新和创业的热土，为城市的长远发展奠定了坚实的基础。

第六章
苏州的人文政府

　　苏州的经济成功离不开苏州市政府的作用。改革开放以来,苏州市政府在"士大夫"人文精神的引领下,本着以人为本、务实创新的政治理念,以具有远见卓识的战略部署推动了苏州市经济不断壮大和发展。范仲淹的"天下为公"精神和顾炎武的"经世致用"精神为苏州市政府的治理提供了深厚的文化基础和价值导向,强调了公共利益和实际应用的重要性。这种精神激励着政府在施政过程中,始终把人民利益放在首位,推动实际问题的解决。在改革开放的过程中,苏州市政府通过持续优化的政府治理和政策支持,推动了经济的高速发展和结构转型。苏州市政府高度重视发挥政府的生产性职能是苏州缔造经济奇迹的重要原因。苏州市政府不断优化治理和政策支持,这是苏州实现经济高速发展的关键原因。政府在发挥其生产性职能上的承诺,是苏州经济奇迹的重要基石。本章通过分析改革开放背景下苏州市政府的生产性支出,探讨其在基础设施建设、教育、环境保护、科学技术与创新方面所发挥的关键作用,进一步揭示苏州在中国经济转型中的独特路径和政府在苏州经济奇迹中的重要作用。总结苏州经验,旨在为其他地区提供可行的政策建议和实践指导,为其他地区"复制"苏州经济奇迹提供经验借鉴,助力全国范围内的经济高质量发展。

　　在人文经济学的视角下,苏州市政府不仅关注经济增长,还重视传统与现代的协调发展。通过将人文精神融入经济政策,苏州实现了经济与社会的双重进步。这种以人为本的经济发展模式,为其他地区提供了宝贵的经验,彰显了人文经济学在现代社会发展中的重要作用。苏州市政府的策略和举措，不仅体现了其在经济发展方面的远见卓识，更展示了其在人文关怀和社会责任方面的卓越领导力。这些综合因素共同缔造了苏州独特的经济奇迹，为全国范围内的经济高质量发展提供了有力的示范。

一、文化-政府-经济的关系

在现代经济发展的框架下，探讨文化-政府-经济的一般关系，有助于揭示政府在人文精神影响下推动经济进步的深层机制。有为政府推动有效市场的一般原理指出，政府在提供公共物品、保护产权、规制市场等方面的积极作为，能够有效弥补市场失灵，从而促进经济增长。人文精神能够引领政府治理，从而对政府治理质量产生影响。文化与价值观在塑造官员行为、提升治理水平方面具有重要作用，良好的治理需要兼具技术能力和人文关怀。以苏州士大夫精神为代表的传统政府治理模式是中国历史上文化与政治互动的典范，这种精神不仅体现在廉洁自律、关怀民生的治理理念上，也体现在对经济发展的促进作用上。综合来看，文化、政府与经济三者之间存在复杂而密切的互动关系，文化提供了价值导向，政府实现了制度保障，经济则是最终的实践场域。通过深入研究这一关系，可以为当代社会治理和经济发展提供有益的启示。

（一）有为政府与有效市场的关系

有为政府推动有效市场的一般原理是实现经济发展和经济增长的重要理论基础。该原理强调政府在市场经济中不仅是监管者，更是积极的推动者和保障者。通过提供公共物品、健全法治环境、保护产权等措施，政府能够有效地弥补市场失灵，促进市场健康运行。产权保护理论进一步说明，明确和保护产权是市场有效运作的基础，能够降低交易成本、激发创新活力，并推动资源的优化配置。习近平经济思想则将这一原理提升到新的高度，提出了"有为政府＋有效市场"的发展模式，主张在政府引导和市场机制相结合的框架下，推动经济高质量发展。这一思想强调政府要在关键领域发挥主导作用，同时尊重市场规律，让市场在资源配置中起决定性作用。综合来看，有为政府推动有效市场不仅是现代经济治理的核心理念，也是实现经济持续健康发展的必由之路，为各国政府提供了宝贵的理论指导和实践经验。

1. 内生增长理论

内生增长理论认为，经济增长主要由内在因素（如技术进步、人力资本积累和创新）驱动，而政府政策可以通过影响这些内在因素来促进或阻碍经济增长。政府可以通过投资于教育、科研和基础设施等生产性支出来促进长期经济增长。[①] 在经济出现短期波动的时候，政府可以通过实施财政政策和货币政策来平滑经济周期。在经济衰退时，政府应增加支出、降低税收，以刺激需求，从而促进经济增长；在经济过热时，政府应减少支出、提高税收，以抑制需求，防止通货膨胀。[②] 政府亦可通过政策实现经济的长期稳定与可持续，如政府可以通过建立和维护有效的制度、法律和监管框架，减少交易成本、保护产权，从而更好地发挥市场机制的作用[③]；通过制定和实施环境保护政策、资源管理政策和社会福利政策，促进经济的可持续发展[④]。但是，政府也可能存在效率低下、官僚主义和寻租行为，即政府行为可能会偏离社会最优状态，从而对经济增长产生负面影响。[⑤]

政府在经济增长与经济发展中发挥着重要的作用。经济增长理论为解释经济增长提供了丰富且有力的理论工具。政府收支是政府对市场发挥作用的主要手段，其中，学界主要围绕税收与生产性支出展开分析。税收是政府筹集财政收入的重要手段，通过合理的税收政策，政府可以调节资源配置、缩小贫富差距，促进经济稳定发展。[⑥] 生产性支出是指政府在基础设施、教育、

---

① Romer, P. M. "Increasing Returns and Long-run Growth." *Journal of Political Economy*, 1986, 94 (5): 1002 - 1037; Lucas, R. E. "On the Mechanics of Economic Development." *Journal of Monetary Economics*, 1988, 22 (1): 3 - 42.

② Keynes, J. M. *The General Theory of Employment, Interest, and Money*. Macmillan, 1936.

③ North, D. C. *Institutions, Institutional Change and Economic Performance*. Cambridge University Press, 1990.

④ Daly, H. E. *Beyond Growth: The Economics of Sustainable Development*. Beacon Press, 1996.

⑤ Buchanan, J. M. and Tullock, G. *The Calculus of Consent: Logical Foundations of Constitutional Democracy*. University of Michigan Press, 1962.

⑥ Lipset, S. M. "Some Social Requisites of Democracy: Economic Development and Political Legitimacy." *American Political Science Review*, 1959, 53 (1): 69 - 105; Acemoglu, D. and Robinson, J. A. *Why Nations Fail: The Origins of Power, Prosperity, and Poverty*. Crown Business, 2012.

科技、公共服务等方面的投资，这些支出不仅能直接提高生产力，还能间接促进经济增长和社会福利的提升。①

2. 习近平经济思想："有为政府＋有效市场"

如何处理政府与市场的关系，更好发挥政府对经济增长的作用，是所有经济体都面临的问题，也是中国式现代化进程中面临的重要问题。对于此问题，习近平新时代中国特色社会主义思想给出了回答：应该通过有为政府与有效市场的有机结合实现经济高质量发展。该思想主张政府和市场的关系应以协同合作为基础，既要发挥市场在资源配置中的决定性作用，又要更好发挥政府作用。党的二十大报告指出："坚持和完善社会主义基本经济制度，毫不动摇巩固和发展公有制经济，毫不动摇鼓励、支持、引导非公有制经济发展，充分发挥市场在资源配置中的决定性作用，更好发挥政府作用。"这是对市场与政府关系的基本定位。高质量发展是全面建设社会主义现代化国家的首要任务，正确认识市场、政府在高质量发展进程中的作用，是实现有效市场与有为政府良性互动的前提条件和重要基础。

如何实现有为政府与有效市场相结合？习近平同志早在十八届中央政治局第三十八次集体学习时的讲话中便已作出解释："市场作用和政府作用是相辅相成、相互促进、互为补充的。要坚持使市场在资源配置中起决定性作用，完善市场机制，打破行业垄断、进入壁垒、地方保护，增强企业对市场需求变化的反应和调整能力，提高企业资源要素配置效率和竞争力。发挥政府作用，不是简单下达行政命令，要在尊重市场规律的基础上，用改革激发市场活力，用政策引导市场预期，用规划明确投资方向，用法治规范市场行为。"②这要求发挥政府与市场各自的优势，互相补充、互相促进、形成合力，共同促进经济高质量发展。有效市场是指市场机制在资源配置中能够充分发挥作用，通过价格信号引导资源的最优配置，实现经济效率最大化。有为政府是指在市场失灵和社会发展的关键领域积极干预，通过政策制定、资源配置和市场监管等手段，推动经济和社会的协调发展。在现代经济体中，单纯依赖

---

① Barro，R. J. "Government Spending in a Simple Model of Endogenous Growth." *Journal of Political Economy*，1990，98（5）：S103–S125.

② 把改善供给侧结构作为主攻方向 推动经济朝着更高质量方向发展. 人民日报，2017–01–23.

市场或政府都无法解决复杂的经济和社会问题，必须通过政府与市场的协同合作，共同推动经济和社会的可持续发展。

（二）苏州士大夫精神与传统政府治理

苏州，素有"人文之邦"之美誉，历来是文化荟萃之地，儒家思想在这里深深扎根。《论语》中有"为政以德，譬如北辰，居其所而众星共之"；《孟子》中有"惟仁者能为之，惟德者能有之""民为贵，社稷次之，君为轻"。这些古语蕴含的"德政"思想深深浸润着苏州历朝历代的政府。

自古以来，苏州涌现出了众多名人，如伍子胥、白居易、范仲淹、顾炎武、冯桂芬等，这些杰出人物共同彰显了士大夫精神的光辉，他们也是苏州传统优秀人文"士大夫"精神的主要接力军。他们以各自的才华与胸怀，在历史长河中留下了不朽的印记，为苏州乃至整个中国的文化发展做出了卓越贡献。其中，春秋战国时期伍子胥以民为本、注重民生福祉。唐代白居易热爱自然，并强调人与自然和谐共生。宋代范仲淹以"先天下之忧而忧，后天下之乐而乐"道出"以天下为己任"的精神。明末清初顾炎武提出"经世致用"，倡导将学问与实践相结合，使知识真正造福社会，推动社会进步。冯桂芬主张"以中国之伦常名教为原本，辅以诸国富强之术"，强调要注重科技兴邦。

文化可以通过影响社会规范、价值观和信任水平来塑造政府的行为和绩效。正是因为"天下为公"、"经世致用"、"人与自然和谐共生"和"革故鼎新"的优秀人文精神深植于苏州政府体系，所以才有了苏州市政府以民为本、注重民生福祉的政府治理行为，从而为经济增长与经济发展奠定了坚实的基础。

1. 范仲淹的"天下为公"精神

范仲淹以"先天下之忧而忧，后天下之乐而乐"的名言流传千古。他主张"天下为公"精神，即国家事务应以全民福祉为重，而非为少数人谋利，强调的是忠诚与责任、以民为本、廉洁奉公与改革精神。这一精神不仅体现在他的政治主张中，也贯穿于其具体的治理实践中。如在治理中，范仲淹注重廉政建设，推行了一系列改革措施，以提高官员的廉洁性和政府的效率。

例如，他主导的庆历新政虽然在实施过程中遭遇了重重阻力，但其核心思想却深植于后来的政治文化中，强调以民为本，改善民生，推动社会公正。这种治理理念在苏州的地方政府中得到了传承，形成了独具特色的地方治理模式。

2. 顾炎武的"经世致用"精神

顾炎武以"经世致用"精神著称。他主张学问应与实际结合，强调关注民生、实事求是。顾炎武认为，士大夫应关注现实问题，注重实践与理论相结合；积极参与社会事务，为国家和人民谋福利。顾炎武的"经世致用"精神在苏州的政府治理中有着重要的体现。例如，苏州历史上注重发展实业，推动社会经济发展，这与顾炎武的实用主义思想有着密切关系。政府在制定政策和推动地方发展时，注重实事求是，结合地方实际，推动经济和社会的全面进步。这种务实的治理理念对苏州经济的持续发展起到了重要作用。

苏州士大夫精神不仅仅体现在范仲淹和顾炎武的思想和实践中，还在后来的历史发展中不断传承和发扬。苏州的地方政府在治理过程中，始终强调"天下为公"精神和"经世致用"精神，注重廉政建设、民生改善和社会公正。苏州士大夫精神不仅影响了地方治理，也对整个中国的政治文化产生了深远影响。现代中国的政治理念，如以人民为中心的发展思想、注重实效的政策执行等，均可见到苏州士大夫精神的影子。习近平新时代中国特色社会主义思想中的"以人民为中心"的发展理念，也与苏州士大夫精神一脉相承，强调政府应在发展中关注民生、促进公平、实现共同富裕。

苏州士大夫精神在传统政府治理中的体现，不仅为地方治理提供了重要的思想资源，也为中国政治文化的发展贡献了独特的智慧。范仲淹的"天下为公"精神和顾炎武的"经世致用"精神，不仅塑造了苏州独特的治理模式，也为现代中国的政治理念和实践提供了宝贵的经验。通过传承和发扬这种精神，可以更好地实现高质量发展和社会进步，推动中国式现代化进程的深入发展。

在现代经济发展中，有为政府与有效市场密不可分。一个有为政府通过制定和执行合理的政策，保障社会的有序运行，为市场活动创造稳定和安全的环境。有为政府在推动有序社会建设中起着关键作用，通过政府的生产性支出、产权保护、社会保护措施，如法律法规、公共服务和福利保障，确保社会成员的基本权益和生活质量。这种有序社会不仅有助于减少社会矛盾和冲突，还为市场经济提供了和谐的氛围，使市场机制能够有效运行。

同时，有德文化是推动有为政府的重要力量。道德规范不仅为政府行为提供了伦理指南，而且塑造了公民的价值观和行为模式。一个以道德为基础的社会易于形成互信、合作和公平的环境，从而支持市场的有效运作。在这样的环境下，市场参与者能够更好地遵守契约精神，减少交易成本，提高市场效率。有为政府的有效实践可以激发市场的活力，维护社会的稳定，从而促进经济的健康发展。在这个过程中，有德文化扮演着重要的角色，它不仅为有为政府提供了精神动力和道德底线，还在塑造社会共识和规范方面发挥着重要作用。有德文化的传承和弘扬有助于建立起公民的信任和责任意识，促使市场参与者更加自律和诚信，从而促进了市场的公平、透明和高效运行，进而为政府的施政行为提供了良好的道德基础。有德文化所强调的社会责任和良好行为规范将渗透到市场中。这种精神引领和道德规范的共同作用，有助于构建一个积极向上、和谐稳定的经济社会环境，为有效市场的健康发展提供了有力支持。有为政府、有序社会和有效市场三者之间形成了一种良性互动的关系，而有德文化是这一关系的核心驱动力（见图 6-1）。通过道德规范的引导和制度保障，可以实现政府、社会和市场的协同发展，推动经济的可持续增长和社会的全面进步。

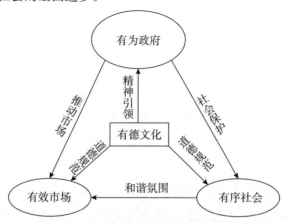

图 6-1 有为政府推动有效市场的一般原理

二、苏州的人文政府与高水平市场治理

在现代城市治理中，苏州有为政府推动有效市场的实践为其他城市提供了一个独特的范例。苏州以其深厚的人文精神为基础，积极推进一系列治理行为，显现出政府在市场运作中的重要作用。苏州市政府通过大力投资基础设施建设，不仅提升了城市的硬件条件，还为市场活动提供了坚实的物质基础；通过重视教育的发展，不仅为市场输送了大量高素质人才，还促进了创新文化的形成；通过将环境保护作为政府工作的重点，体现了对可持续发展的承诺，也为市场的长期健康发展奠定了基础；通过推动科技进步与创新，使苏州在全球化竞争中脱颖而出。苏州市政府通过政策支持和资源投入，激发了企业和研究机构的创新活力。在产权保护方面，苏州市政府通过完善法律法规和执法机制，增强了市场主体的信心和安全感，激励了更多的投资和创业活动。同时，苏州市政府适度放松约束，减少不必要的行政干预，使市场机制能够更有效地发挥作用。苏州的有为政府在重视人文精神的前提下，通过一系列具体措施，成功地推动了有效市场的形成和发展。这一治理模式不仅为本地经济的发展提供了有力支持，也为其他城市的治理提供了宝贵的经验和启示。

（一）建设基础设施：发挥基础设施的正外部性

自春秋战国、秦汉六朝、隋唐五代直至宋元明清，苏州历代政府都高度重视兴修水利工程，这种长期的水利建设使苏州从"水乡泽国"的"沮洳之地"逐步转变为"膏腴兼倍"的"鱼米之乡"。苏州古人注重基础设施建设的治理行为与以民为本、注重民生福祉的内在精神贯穿在历史长轴之中。春秋战国时期，伍子胥主持修筑吴国的都城——苏州。这座城池的修建不仅增强了吴国的防御能力，还促进了吴国的经济和文化发展。苏州城的设计和建设体现了当时先进的城市规划理念，如设计和建设了完善的水利系统、道路系统和城防设施。宋朝范仲淹在苏州任职期间，实施了一系列基础设施建设措施，包括疏浚河道、修建水利工程等。例如，他主持修建了吴中大堤（即范公堤），以防止洪灾。这一工程不仅保护了苏州地区的农业生产，还改善了百

姓的生活环境，促进了地方经济的发展。这些措施体现了范仲淹"先天下之忧而忧，后天下之乐而乐"的家国情怀。

这些穿越时间的成就不仅源于当地丰富的自然资源，更是苏州历代传承的士大夫精神接力棒的体现。在古代中国，士大夫阶层不仅是知识分子和官员的代表，更是社会道德和文化的引领者。他们以天下为己任，强调家国情怀，注重民生福祉。正是这种精神，使得苏州的一代代治理者们不断投入财力、物力、人力于基础设施建设和维护中。

倡导公共利益优先，为民谋福祉的精神也延续到了现代，体现在苏州现代政府治理行为中。在这种传承与具有远见卓识的发展战略的共同推动下，苏州市政府高度重视基础设施建设，并进行了大力度投资。基础设施是支撑经济运行的基础产业，决定着其他产业的发展水平。一方面，对于苏州本地经济而言，基础设施建设能够提高生产交易效率，改善交通，从而加速货物和人员的运输速度，进而提高经济发展总效能；另一方面，苏州作为重要的交通枢纽，完善的基础设施可以加强它与周边城市的连接，推动经济要素的跨区域流动和与其他城市的友好合作关系的建立，促进城市群协同发展。

古代苏州的市政建设主要集中于修筑道路、修建桥梁和疏浚河道。然而，古城街道狭窄，大多为残砖乱石铺就的路面，桥梁多为木桥和石拱桥，排水设施为砖砌暗沟，雨水和生活污水均直接排入河内。民国时期，苏州市政府虽然着手规划和改善市政设施，但进展甚慢，仅拓宽了几条街道，新建了少量桥梁。中华人民共和国成立后，苏州的市政建设有所进展，但仍不能满足日益增长的基础设施需求。中共十一届三中全会之后，这一现状有了真正的改观，市政府将发展和改善市政设施作为主要工作之一，投入大量资金，新建和改造道路、桥梁，改建排水系统，新建防汛设施和城市河道换水泵闸。与过去相比，苏州的市政设施发生了巨大的变化，城市基础设施得到了显著改善，为经济发展奠定了坚实的基础。相比其他地区，水路是苏州得天独厚的地理优势，政府重视水路与水利建设也使苏州得以更好地发挥自身的优势。苏州市政府继承和发扬注重公共利益和民生福祉的精神，展现出高度的社会责任感和历史使命感，为苏州的持续繁荣和发展奠定了坚实的基础。这种精神引领下的政府治理模式，为全国各地提供了宝贵的经验和示范。

1. 水利水务

在苏州市政府的领导下，水利水务事业的发展不仅是为了保障全市人民的生命财产安全，满足城乡居民的生产生活需要，更是为了促进全市经济社会稳步发展。这也源于苏州市政府秉持的士大夫精神，即以民为本、勇于担当、追求卓越的人文精神。

（1）水利工程。

水利工程方面，苏州市政府采取了一系列积极举措，从治理水患到建设现代水利设施，都是政府重视民生福祉、推动经济发展的具体体现。特别是环太湖大堤的建设作为一项历史性工程，不仅提高了苏州的抗洪能力，还改善了苏州的农业生产条件，推动了当地经济的发展。这一工程的成功实施，凸显了政府投资水利建设的重要性，也展现了政府为民谋福祉、开拓创新的决心与担当。

苏州地处长江和太湖下游，地势低平而倾于东南，城区中间高四周低，地面高程在 4.0~4.5 米，最高也仅 6 米，沿河及城郊大多在 3.5 米以下，汛期常遭水害。由于降水集中、排水不畅，观前街几乎能"陆地行舟"。为控制、调节水源，提高抗御旱涝灾害的能力和通航能力，苏州历代政府都兴办过规模不等的河道工程。改革开放初期，苏州市政府本着"建纲理网，纲举目张"的治理方针，对境内河道全面进行调查研究，合理规划。

1977 年，中共苏州地委和苏州专员公署决定，并经江苏省水利局批准，按照太湖流域综合治理规划，以抗御历史最高洪水位同遇 10 级台风侵袭为标准，对环太湖大堤进行整修。这是苏州在基础设施建设方面的重大投资和政府生产性支出的典范。同年冬天，环太湖大堤修复工程正式动工。经过 8 年的艰苦奋战，到 1985 年，全线修复工程顺利完成。在此期间，省、地、县（市）各级政府共投资 1 814.63 万元，投入工日 590 万个，征用土地 6 409.87 亩，补贴粮食 260 万公斤。项目完工时，共完成土方 959 万立方米，建成顶高 8 米、顶宽 5 米、堤外青坎 20 米、堤内青坎 10 米的环太湖大堤 152 公里，浆砌块石挡墙（护坡）51.84 公里，建筑涵闸、排灌站 31 座，桥梁 12 座，沿湖公路 10 余公里，绿化植树 650 亩计 16 万株。这一基础设施建设项目不仅大幅提升了防洪能力，而且大大推动了当地经济和社会发展。环太湖大堤的建成为苏州古城及阳澄、淀泖、浦南三片洼地筑起了坚实的防御洪涝灾害的屏障，显著降低了自然灾害对农业和民生的影响。通过大规模的水利建设，政府成功将"水乡泽国"的"沮洳之地"改造为"膏腴兼倍"的"鱼米之乡"，提高了土地的生产力和农业的稳定性。此外，环太湖大堤工程还在吴江庙港和吴县胥口的堤段上，建造了两座纪念碑，以铭记这一历史性工程。碑亭石柱上刻有一对联"兴水利养稼穑农本永固，御巨浸捍建设功盖禹迹"，充分表达了对政府在基础设施投资中的贡献和成就的赞誉，此举也无不体现着苏州市政府对文化传承与水利工程建设的重视。通过政府的有效投入和规划，苏州不仅提高了抗洪能力，还促进了农业生产和经济发展，通过建设公共基础设施不断对社会经济产生积极影响。环太湖大堤的建设，不仅是政府在基础设施建设方面的一次重大投资，更是对改善民生、保障农业生产和促进区域经济发展的一次成功实践。

之后，苏州市政府为完善城市排水系统，增强宣泄能力，结合水利水务建设目标，有计划地改造防护区的下水道，抬高道路标高，疏浚河道，修建驳岸。1980—1985年，市区共修建驳岸10多处，总长2.8公里，以增强苏州城区防御洪涝的能力。1986—2005年，全市围绕治水用水开展水利水务建设，继续加强长江苏州段、太湖苏州沿岸和境内河流湖泊整治，加高加固长江江堤144公里；组织实施太湖流域综合治理，修筑环湖大堤141公里，其中加高加固太湖大堤116公里；组织建设胥口水利枢纽、太浦河和望虞河等重大水利工程；组织实施阳澄湖、澄湖、淀山湖、昆承湖、尚湖等湖泊治理工程；建设苏州城区防洪工程和河道整治工程，建成古城区防洪大包围，提高城区和各县（市）防洪标准，成功抗击1991年和1999年特大洪涝灾害；根据实行农村家庭联产承包制后出现的农业统分结合的生产经营新特点，各级政府加大政府投入，开展农村水利建设，加固圩堤5 692公里，建成200亩以上联圩676个，建造机电排灌站7 253座，闸、桥、涵洞47 750座。

通过政府的生产性支出，苏州在水利水务方面取得了显著成效。这些投入不仅提高了苏州的防洪抗灾能力，还大大改善了农业生产条件，促进了经济发展，改善了居民的生活质量，体现了公共基础设施对社会经济的长期积极影响。环太湖大堤和其他水利工程的建设，不仅是政府在基础设施方面的重大投资，更是对改善民生、保障农业生产和促进区域经济发展的成功实践。

（2）河道整治。

在河道整治方面，苏州市政府以科学规划和务实行动为指导，不断提升城市的防洪能力和水资源利用效率。这些举措不仅改善了城市环境，还为经济社会的持续发展提供了坚实保障。

苏州自古就是一座著名的水城，自公元前 514 年吴国建立都城以来，经过千百年的人工开挖和整治，到唐宋时期，城内的水道体系已相当完备。据宋《平江图》测算，当时城内河道约 82 公里，除内城河外，还有横河 12 条、直河 5 条，尤以城北最为密集，形如棋盘。历史上，苏州城内的水道体系在城市生活中发挥了极大的作用，集引水、排水、运输、防御、消防隔离、美化环境、调节气候功能于一体，是当时条件下实用而先进的城市基础设施建设，具有很强的科学性。

然而，苏州历史上没有完善的污水排放系统，城内河道兼有排放污水功能，久而久之，河道污染成为公害。由于自然变迁与社会发展，苏州河道屡有兴废，自清代以来逐渐减少，特别是在 20 世纪六七十年代，利用河道修筑防空工事，打乱了苏州古城水系，使污染更趋严重。苏州属平原水网地区，河道底坡平缓，故城内河道流速较慢，泥沙等物易于沉积，造成河床变浅，甚至淤塞，需要不断疏浚。随着城市人口剧增，工业生产迅速发展，排入城区河道的生活污水和工业污水越来越多。

改革开放前，沿河居民、单位和进入市内的农用、运输船只，任意向河道倾倒各种垃圾，加剧了河道水质恶化和河床淤积。市政府及有关部门对河道整治工程多次进行调查研究，作出近期、远期规划，先后 10 次疏浚河道（其中群众性大规模疏浚有 4 次），并增加引水和换水两项措施。改革开放后，政府对古城河道的问题日渐重视，先后疏浚和打通部分河道，拆除防空工事，整修驳岸，基本保持和恢复了三横三直骨干水系的昔日风采。自 1984 年起，苏州市财政每年投资 100 万元用于城区水利项目，建设了桃坞、盘门、南园、平江、北园五个小包围片，以旧城墙为防洪屏障，在 12 个通向外城河的口门建闸。进入 20 世纪 90 年代以后，苏州市政府加快河道整治进程，并持续投入资金。如表 6-1 所示，在市政府持续的战略重视与资金支持下，1996—

1998 年，全市开展了多轮河道整治工作。至 2002 年，共疏浚各级河道 15 596
条、14 747.9 公里，完成土方 1.26 亿立方米。2002 年 10 月至 2005 年 6 月，
继续疏浚各级河道 8 092 条、5 218 公里，完成土方 5 229 万立方米，投入资
金 2.5 亿元，极大地改善了水环境质量。2002 年 9 月，苏州市实施《苏州市
农村河道长效管理考核办法》，加强河道管理，提升了环境质量。

表 6-1 1996—1998 年苏州城区河道整治情况

时间	整治河道	疏浚土方（立方米）	驳岸（米）	投资（万元）
1996.1—1997.5	尚义河、仓桥浜、桃花坞河、平门小河	33 022	1 337	98.63
1996.6—1997.5	学士河、中市河	20 425	426	48.67
1996.1—1996.8	临顿河、西北街河、齐门河	21 093	36	27.91
1996.9—1997.4	平门河、娄门内城河、新桥河、凿桥河、柳枝河、东园暗河、胡厢使河	37 173	—	110.22
1996.6—1997.5	东北街河、麒麟河、娄门内城河、北园小河	25 242	—	70.04
1996.1—1997.5	十全河、道前河	12 131	650	180.02
1996.9—1997.4	南园河、望星河、官太尉河、二郎河	35 407	—	150.3
1996.4—1997.3	盘门内城河	21 882	—	100.94
1996.1—12	竹辉河、薛家河、羊王庙河、庙家浜河	16 326	—	178.47
1997.5—7	南园河银杏桥至苗家浜段（三角潭、陆家潭）	2 216	360	266.2
1997.6—1998.1	沧浪亭河	7 100	702	128.08
1997.5—12	白莲浜	50 400	—	193.59
1997.5—12	彩香浜南段到淮阳河	36 000	70	82.41
1997.5—12	凤凰泾等	43 176	—	129.39
1997.5—1998.5	三元四村河、凤凰泾河	38 586	—	83.39
1997.5—1998.9	巴里河、高木桥河	29 033	—	73.02
1997.6—11	胡家浜河、黄石桥河	46 647	—	192.08
1997.6—11	三香河、虎啸塘河、夏家浜河	4 548	—	93.43
1997.6—12	网船浜	89 590	—	176.21
1997.6—12	网船浜（桐泾新村胥江段）	31 071	—	101.28

资料来源：苏州市地方志编纂委员会. 苏州市志（1986～2005）. 南京：江苏凤凰科学技术出版社，2014.

2. 市政设施

（1）交通运输业。

改革开放初期，苏州交通运输业在国民经济发展中仍是一大薄弱环节。车船过境与日俱增，而干线公路、航道通过能力弱，处于超负荷状况，车船事故随之增多。苏州市政府为分流铁路运量和发挥水运优势，增加了对干线公路、航道的建设力度，以提高车船通过能力；严格交通管理，确保交通安全，加强运输市场整顿和对交通全行业管理，以适应整个经济建设发展的需要。苏州市政府在交通运输领域的投资和管理实践，彰显了一种以民为本、勇于担当的政府形象，体现了政府致力于改善民生、促进经济发展的初心和使命。这些努力不仅提升了苏州的交通基础设施水平，还为全市经济社会的可持续发展奠定了坚实基础。

一是桥梁建设方面。苏州市政府在桥梁建设方面的大规模投资，不仅提升了基础设施水平，还显著促进了经济发展和城市现代化。苏州自古以来水多桥多，随着岁月流逝，许多古老的木桥逐渐消失，只有造型独特、工艺精湛的石拱桥和石板桥得以保存下来。20世纪70年代，苏州开始兴建钢筋混凝土大型桥梁，但进展较为缓慢。改革开放后，政府加大了对基础设施建设的投资力度，使桥梁建设进程大幅提速。

1978年6月，苏州市政府改建了全长52.33米的泰让桥。1980年，又自行设计建造了全长52.25米的坝基桥。这些桥梁成为苏州交通网络的骨干，极大地改善了苏州的交通条件。到1985年，苏州已有桥梁361座（郊区只含主要桥梁），主要类型包括石拱桥、石板平桥、半拱半平桥和钢筋混凝土桥。苏州1986年的桥梁数量为326座，至2005年增加至1 619座。苏州市政府持续投资推动建成了寒山桥、索山桥、跨运河大桥和官渎里、友新立交桥，形成了城市古桥、新建桥梁和立交桥并存，传统古韵古香与现代多元开放共存的新格局。

通过对桥梁建设的大规模投资，苏州市政府显著提高了城市交通的便利性和通达性，促进了区域经济的发展和繁荣。这些桥梁的建成不仅缓解了交通压力，还带动了沿线区域的商业和房地产开发，创造了大量就业机会，提升了居民的生活质量。完善的桥梁网络提升了城市的综合竞争力，吸引了更多投资和人才，为苏州的长远发展奠定了基础。

二是道路运输方面。1972—1985 年，苏州市政府分段新建东环路，并于 1980 年 7 月向西延伸红旗路（1981 年 5 月竣工通车，后改名为三香路）。此外，新建城北公路和杨枝塘路，使其与东环路贯通，避免北来及上海经苏州驶往吴江、浙江的过境车辆进入市区，缓解了苏州市区交通压力。1984 年，苏州市政府投资拓宽道前街，有效减轻了古城和新区的交通负担。

1986—2005 年，为适应人流物流的发展要求，苏州加大基础设施投资力度，形成了公路、铁路、水路和航空综合性立体化的交通运输新格局，有力支撑了经济社会的快速发展。加快推进公路建设，使客货运输成倍增长；加强国道、省道的等级提升，先后建成通车的包括沪宁高速公路、苏嘉杭高速公路、沿江高速公路，开工建设苏州绕城高速公路，实现了镇镇通公路班车、村村通公路，形成了由高速公路、国省道干线及农村公路组成的公路网络。具体来说，全市境内公路里程从 1986 年的 1 378 公里增加到 2005 年的 8 267 公里，其中农村公路里程从 1986 年的 929 公里增加到 2005 年的 7 173 公里。客运班线从 1986 年的 160 多条扩展到 2005 年的 1 032 条，全年公路发送旅客从 1986 年的 8 129 万人次增加到 2005 年的 30 703 万人次。公路货运汽车从 1987 年的 13 112 辆增加到 2005 年的 56 452 辆，货运业务量增长了 5 倍多。铁路运输方面，货运保持相对稳定，但客运增长较快，苏州站接送旅客从 1986 年的 1 241 万人次增长到 2005 年的 2 126 万人次。水路运输方面，苏州市政府加强航道整治，持续加大水路运输建设支出，提高内河航道标准等级，实施苏州城区运河改道工程，改扩建苏州轮船码头；加强长江沿岸的港口建设，整合张家港港、常熟港和太仓港，成立苏州港，开辟国际货运航线。

通过这些大规模的基础设施建设投资，苏州市政府有效提升了城市交通网络的整体水平，为经济社会的快速发展提供了坚实的支撑。道路运输的改善不仅便利了物流和人流，为商贸活动提供了坚实的基础，还带动了相关产业的发展，拉动了经济增长。完善的道路运输网络提升了城市的综合竞争力，吸引了更多投资和人才，为苏州的长远发展奠定了基础。

苏州市政府在桥梁和道路运输方面的生产性支出，极大地改善了城市的基础设施条件，提高了交通运输能力，促进了经济的持续发展。桥梁和道路建设作为政府有效投入和规划的成功范例，充分展示了公共基础设施对社会经济的长期积极影响。这些投入不仅提高了城市的现代化水平，还提升了居民的生活质量，为苏州经济社会的可持续发展提供了强有力的保障。通过政府的大规模投资，苏州形成了公路、铁路、水路和航空综合性立体化的交通运输新格局，为经济社会的快速发展提供了坚实的支撑。

（2）市政维护。

苏州市政府在环境保护和市政建设中始终秉持着士大夫精神，特别是范仲淹的"天下为公"精神和顾炎武的"经世致用"精神。这不仅在古代水利建设中体现了出来，更在现代城市治理中得到了发扬。

首先是城市绿化方面。苏州气候宜人，雨量充沛，植树种花素有传统。然而，历次战争破坏和管理疏忽导致新中国成立初期绿化覆盖率极低，除了洋关、阊门、留园马路一带有少量枫杨、刺槐等树木外，其他地方树木稀少。1978 年改革开放后，城市绿化事业得到恢复和发展。1981 年 4 月，苏州建立了市、区两级绿化组织，实行市、区两级管理。主要干道的行道树、重点绿地和古树名木由市绿化工程队负责施工管理，其余街巷由区绿化工程队负责。几年来，苏州绿化了 46 条道路，总长 71.2 公里，基本形成了城市绿化骨架。道路两旁浓荫蔽日，宛如绿色长廊。多品种树木配置使名贵树木进入街坊行道和绿地栽植。工厂、学校、机关等单位开展垂直绿化和屋顶花园建设。沧浪、平江、金阊 3 个区开展综合治理，有空就绿，部分街道堆山点石，建花坛、门楼，实施立体绿化。至 1985 年，苏州 24 条主干道共植树 11 975 棵，新增绿地 293 块，绿化面积 32 371 平方米，栏杆长度 11 446 米。这些绿化项目不仅美化了城市环境，提升了居民的生活质量，也增强了苏州的吸引力。这一系列措施通过实际行动解决了环境问题，改善了民生，促进了社会进步，正是顾炎武的"经世致用"精神的现代体现。

其次是市政设施养护维修方面。苏州市政设施养护维修包括市管道路和桥梁、快速路、市区主干道雨水管网、市区防汛泵站的日常维护和修复。市政府负责修复破损的道路与桥梁、修复开挖后的道路、更换缺失边井窨井盖、查勘疏通堵塞雨水管等。这些设施的养护维修经费由市财政按市政设施量逐年拨付，专项用于市管市政设施的养护维修。苏州市政府对于基础设施建设的养护维修给予了高度重视。如表 6-2 所示，1995 年苏州市政设施养护维修经费为 705 万元，至 2005 年已为 2 394.7 万元，是 1995 年的三倍之多。1995—2005 年期间，苏州市政设施养护维修经费基本呈现连年增加的状态。

表 6-2 1986—2005 年市管市政设施养护维修经费财政拨款一览表

年份	财政拨款额（万元）	年份	财政拨款额（万元）
1986	208.5	1996	890
1987	242.38	1997	972.7
1988	140	1998	884
1989	154	1999	869.55
1990	158.64	2000	1 070.77
1991	180	2001	1 866.43
1992	170	2002	1 310.3
1993	235	2003	1 890.54
1994	370	2004	1 764.52
1995	705	2005	2 394.7

资料来源：苏州市地方志编纂委员会. 苏州市志（1986～2005）. 南京：江苏凤凰科学技术出版社，2014.

在苏州市政府的持续努力下，城市绿化和市政设施得到了显著改善。这不仅体现了苏州市政府对环境保护和市政建设的高度重视，更是苏州市政府对范仲淹"天下为公"精神的真实践行。苏州市政府在市政维修方面做出了诸多成绩。2002 年，苏州市政府维修改造彩香浜、夏家浜、麒麟河等河道驳岸 400 米，建造和维修平江河、官太尉河、十全河、干将河、彩香浜、胡家浜、沧浪亭河等河道护栏 1 234 米。2003 年，苏州市政府建造仙人大港、夏驾浜、九曲河、里双河驳岸 500 多米，建造和维修沿河护栏 1 739 米。2004 年，苏州市政府建造和维修钱塘河、官太尉河、淮阳河、张家浜、学士河、临顿河、西塘河、北五泾浜等河道护栏约 1 500 米，建造和维修朱家港河、曾家角河、活络浜等河道驳岸 1 000 米。2005 年，苏州市政府建造和维修青山绿水浜、凤凰泾、塔影河、冶坊浜、齐白桥河、葑门外河驳岸 1 107.6 米，建造和维修里双河、黄石桥河、活络浜、方家浜、官太尉河、中市河、桃坞河、临顿河、羊王庙河、凤凰泾、桐泾河、南园河、薛家河、仙人大港护栏 3 761.5 米。

自 2004 年起，苏州市财政每年核定城区驳岸养护维修经费 300 万元，栏杆养护维修经费 150 万元。这些投入大大改善了苏州的河道状况，不仅提高了城市的防洪能力，也改善了环境质量，为居民提供了更加宜居的生活环境。通过政府的生产性支出，苏州市在河道整治方面取得了显著成效。政府的有效投入和规划，不仅使古城水系的历史风貌得以恢复，还大大提升了城市的防洪能力和环境质量，促进了城市经济和社会的可持续发展。

（3）公共建筑与城市建设。

苏州市政府在公共建筑与城市规划部署方面重视保护传统建筑，旨在打造传统与现代相结合的特色旅游城市。这体现了其对传统文化的珍视与对传统精神的传承，同时也体现了苏州市政府善于发挥比较优势的战略智慧。自 1978 年起，苏州市政府便着手推动古迹建筑与文化的保留和维护。为了兼顾发展旅游业和交通便捷的目标，苏州市政府加大了对园林名胜区道路建设的投资力度，例如，对寒山寺周边道路进行市容整顿、路面改造和绿化，使风景区保持古色古香；对从山塘桥至白姆桥的道路进行改造，铺设人字形小方石路，沿河岸种植桃树、柳树，并修筑古朴典雅的石栏杆。

在城市规划方面，苏州市政府积极推进城市建设，将保护古城和建设新城相结合。从 20 世纪 90 年代开始，苏州城就逐渐形成了"古城居中、东园西区、一体两翼"的发展格局。2001 年，苏州市调整行政区划，城市建设向南北两个新设的行政区域拓展，城区规模进一步扩大，形成了"五区组团"的城市格局。这些城市规划和调整举措为苏州的经济发展提供了更加宽广的空间，为产业布局和城市建设提供了更为有利的条件。

在苏州市政府的努力下，苏州于"六五"期间被列入全国 24 个历史文化名城和 4 大旅游城市。在此期间，中央和江苏省向苏州专项拨款 8 800 万元（其中 2 400 万元用于污染源治理），用于支持苏州古城的保护和建设。在中央政府、江苏省政府的支持下，苏州市政府不断提升苏州旅游业的竞争力。

在城市改造方面，苏州市政府始终秉持着"惠民惠利"的人文精神，不断推动实施城市老街坊改造工程、低洼地及无地队改造工程和保障房建设工程，使城区居民特别是困难群众居住条件逐步得到改善。1978—1985 年，苏州市政府财政拨款 2.39 亿元（为 1950—1957 年的 3.8 倍），主要用于新建住房 40 余万平方米，翻修和抢修房屋共 86.5 万平方米。苏州城市道路保洁逐步机械化，城区新建了一批高标准公共厕所，生活垃圾填埋场、粪便处置场等大型环保设施建成使用，生活垃圾焚烧发电厂正在建设中；城市道路照明广泛应用新光源、新灯型，城市景观亮化工程稳步推进；5 万平方米以上的居民住宅区由 1986 年的 16 个增加到 2005 年的 51 个，城区居民的居住条件得到改善。此外，苏州还改革城市管理体制，建立城市管理局，实行城市统一执法管理；积极创建国家卫生城市，并取得了成效，于 1998 年获"国家卫生城市"称号。

通过对公共建筑和城市建设的特色谋划与持续投资，苏州市政府不仅弘扬了传统文化、践行了"惠民惠利"的精神，也为经济的持续增长和城市的可持续发展奠定了坚实基础。这些举措不仅提升了城市形象和居民生活品质，也为苏州的经济繁荣和文化传承注入了新的活力。

整体来说，自改革开放之后，苏州市政府持续增加基本设施建设投入，如 1986—1990 年共投入 8 228 万元；1991—1995 年共投入 29 160 万元；1996—2000 年共投入 208 336 万元。[①] 1986—2005 年间大多数年份里，苏州市经济建设费占政府总支出的比例为 24%～32%（如图 6 - 2 所示）。由于政府对基础设施建设的持续支出，苏州在水利水务、市政设施建设方面取得了显著成效。改革开放初期，苏州全市境内公路总里程为 1 000 多公里，最高公路等级仅是二级，且其长度仅 16.4 公里。当时市域境内无高速公路，路的主骨架由 312 国道、318 国道、204 国道及 227 省道组成，共 400 多公里。支线为农村公路，大多呈鱼刺形依附于干线公路，里程约为 800 公里。随着改革开放的不断深入，历届市委、市政府始终保持对公路建设的有效投资力度，全市境内公路等级和里程不断提升，覆盖区域也越来越广。截至 2017 年末，全市公路总里程为 12 658 公里。同时，苏州水运体系也发展迅速，在政府加强航道整治和港口调整的持续努力下，于 2002 年将原有三个长江港口（太仓港、常熟港、张家港港）合一，建立苏州港，目前苏州港已成长为中国内河第一港。苏州经济的高速发展为城市交通立体化建设奠定了坚实的资金基础；

---

① 苏州市地方志编纂委员会. 苏州市志（1986～2005）. 南京：江苏凤凰科学技术出版社，2014.

与此同时，政府不断完善基础设施建设也为苏州经济的高速发展提供了条件。

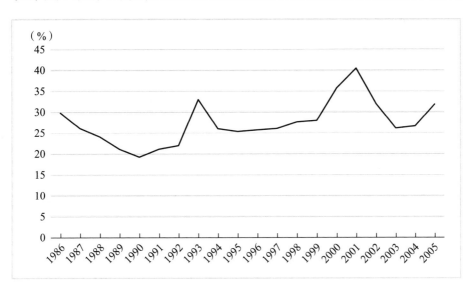

图6-2　经济建设费占政府总支出的比例

资料来源：苏州市地方志编纂委员会. 苏州市志（1986～2005）. 南京：江苏凤凰科学技术出版社，2014.

（二）重视教育：提升人力资本

苏州自古以来就是文化重镇，历代都有许多注重教育和人力资本培养的名人，他们对苏州乃至整个中国的教育发展产生了深远影响。春秋战国时期伍子胥在苏州城内设立教育机构，注重人才培养。唐代陆龟蒙在苏州一带讲学，倡导儒学，培养了许多学生。他注重实际学问，主张学以致用，对苏州的教育事业产生了重要影响。宋代范仲淹创办了著名的应天书院，培养了大批人才。他的"先天下之忧而忧，后天下之乐而乐"的精神激励了无数后人。明末清初顾炎武主张学以致用，强调知识的实际应用和对社会发展的贡献，注重培养具有实际操作能力和创新精神的人才，推动教育与经济社会发展的紧密结合。清代潘祖荫强调"教育之道，务本而求实"。他在苏州创办书院，提倡经世致用的教育思想，重视实学和人才的实际能力。他藏书丰富，注重保护和传播文化经典，为苏州的文化教育事业做出了重要贡献。

现代苏州市政府在教育设施建设中，也始终秉持教育要"务本求实"的精神，并重视文化的传承和发扬。通过对教育的持续投入和建设，苏州不仅培养了大量高素质人才，为城市的经济发展提供了坚实的人力资源基础，也通过教育事业的繁荣，传承和弘扬了中华民族优秀的文化传统。

苏州市教育经费来源包括财政性拨款、教育税费征收、非义务教育阶段学杂费收入、勤工俭学收入、教育基金、捐资助学等。其中，财政性拨款是苏州市教育经费的重要来源。1986—1990 年，苏州市教育财政拨款 5.59 亿元，增长率高于同期财政经常性收入增长 11 个百分点。1991—1995 年，苏州市教育财政拨款（含教育费附加）26.4 亿元。1996—2000 年，苏州市教育财政拨款 69.5 亿元。2001—2005 年，苏州市教育财政拨款 154.29 亿元。2005 年，苏州市教育经费财政总投入 75.29 亿元，其中财政拨款 48.56 亿元。

通过持续的教育投入，苏州市政府不仅为苏州的经济发展提供了强大的人力资源支持，也为苏州在现代化进程中的社会进步和文化传承打下了坚实的基础，从而得以兼顾经济发展和文化传承，推动社会的全面进步。

1. 学校建设与设备更新

（1）学前教育。

在学前教育方面，苏州市政府大力推动幼教事业的发展，并取得了显著成效。1978 年，苏州市开始逐步恢复和发展公办及民办幼儿园，如恢复了大部分公办小学附设幼儿园班，创办了教育幼儿园，同时，集体和其他部门办的幼儿园也得到了发展。到 1985 年，苏州市城区共有幼儿园 262 所，在园幼儿28 060 人。

在幼儿教育的发展过程中，苏州市政府不仅注重幼儿园数量的增加，更注重教育质量的提升和教育设施的完善。1980 年，市实验小学附设幼儿园被江苏省教育厅确定为省示范幼儿园。各区、局、街道相继办起一批重点幼儿园，新建居民住宅区也开始建立配套教育设施。到 2000 年，全市幼儿园数量从 1992 年的 3 092 所减少至 907 所，平均每所幼儿园的幼儿人数则从 60 人增加到 150 人。

2001 年，全市 3～6 周岁儿童的入园率达到 97.13%，学前三年教育在城乡得以普及，并逐步向 0～3 岁儿童延伸。幼儿园开设托班，2 岁左右的幼儿便可入托班就读。2002 年，苏州市建立了 6 个 0～3 岁婴幼儿亲子教育基地。

到 2005 年，全市独立设置的幼儿园数量为 347 所（自 2001 年起，附属于中心小学的幼儿园或中心幼儿园管理的幼儿园不列入统计范围），在园幼儿总数为 141 666 人，其中 3 岁以下幼儿为 6 497 人，全市 3～5 周岁儿童的入园率为 99.9%，市区达到了 100%。

（2）小学教育。

在小学教育方面，苏州经历了恢复与发展的艰难过程，凭借对教育发展的坚定投入和创新措施，最终实现了初等教育的普及。

"文化大革命"期间，苏州各校普遍出现了停课"闹革命"的现象，尤其是农村地区生源流失现象更为严重，能系统完成五年小学教育的学生仅占学生总数的 60%～70%。面对这样的困境，苏州市政府展现出了非凡的魄力和决心，迅速采取措施恢复和发展教育事业。1968 年，苏州的小学开始实行五年一贯制。

中共十一届三中全会后，苏州市政府紧紧抓住拨乱反正的契机，全面推进普及初等教育的工作。从 1978 年到 1982 年，苏州市学龄儿童的入学率连续五年达到或超过 99%。在此期间，政府不仅恢复了许多因各种原因停办的小学，还在郊区农村通过设置初级小学和完全小学的"下伸点"，恢复复式班教学，办简易小学、少年夜校和渔船民寄宿制学校等多种形式，确保每一个孩子都能接受教育。初级小学根据当地农副业生产特点，采取农闲多学、小忙少学、大忙放学的形式，使上全日制小学有困难的儿童和流动性较大的渔船民子女也能获得教育机会，推动了农村初等教育的普及。1985 年，郊区学龄儿童入学率达 99.7%，渔民子女入学率达 97.4%；城区学龄儿童入学率达 99.9%，在校学生年巩固率达 98.6%，毕业班学生毕业率达 95.2%，12～15 周岁少年儿童初等教育普及率达 98.8%，连续多年达到教育部的要求。

（3）中学教育。

第一，苏州市政府高度重视学校与教育团队建设，通过一系列举措促进教育事业的发展。尽管在"文化大革命"期间教育事业遭受了严重破坏，但中共十一届三中全会后，苏州市政府迅速恢复教育秩序，调整学校布局，重建中心小学及各乡镇中心小学辅导区，并落实知识分子政策，加强教师队伍建设。在教育设备更新方面，苏州市政府也进行了大规模投资。1999 年，苏州市第十六中学等 23 所学校通过评估验收，成为首批江苏省实施教育现代化工程的示范初中。这标志着苏州市在推进教育现代化方面迈出了重要一步。到 2000 年，全市共有普通高中 113 所，其中 9 所达到国家级示范性普通高中标准。2004 年 3 月，苏州中学等 12 所学校被评为江苏省首批四星级高中。这一荣誉不仅体现了苏州市在中学教育方面的卓越成就，也体现了苏州市教育改革的成果与创新精神。

第二，苏州市重视教育体制改革与创新，率先全面贯彻实施九年制义务教育与扫除文盲。1992 年，全市城乡 2 988 所中小学全部通过江苏省实施义务教育办学条件标准验收，成为全国第一个依法全面实施九年制义务教育和高标准扫除青壮年文盲的城市。苏州市政府实施"科教兴市"战略，确立教育优先发展的地位，在江苏省率先建立教育发展目标责任制。1996 年，苏州市政府批转市教育委员会制定的《苏州市教育基本现代化实施纲要（1996—2000 年）》，启动教育现代化工程。该纲要推动了高水平、高质量的九年义务教育普及，并改革办学体制，打破了教育由政府包揽的格局，形成了公办学校和多种形式并存的办学格局；组建教育集团，促进了义务教育优质化、均衡化。

第三，苏州市重视教育结构部署与体制改革，通过管理体制发挥工作人员积极性。1993 年，苏州市政府开始加速普通中学的布局结构调整，继续实行普职分离，并着手进行初中和高中分离或分设。同年年底，市教委直属中学全部进行了内部管理体制改革，实行校长负责制、教职工全员聘任制、岗位责任制、校内结构工资制和考核奖惩制。这些改革措施大大提升了中学教育的管理水平和教学质量，使成人教育向社区教育、终身教育领域拓展，从而逐渐实现了苏州教育的现代化与教学多元化。

苏州市政府的教育投资不仅促进了教育事业的发展，还为经济增长提供了坚实的人力资源基础。通过提升教育质量和扩大教育覆盖面，苏州市吸引了更多人才，增强了城市的创新能力和竞争力，从而推动了经济的可持续发展。苏州市通过一系列改革措施和政策支持，不仅提升了中学教育质量，还显著优化了教育资源配置，体现了苏州市在中学教育发展中的独特优势和创新思路。

2. 人才引进与培养

苏州市政府积极推动人才引进和培养，注重教育的国际化合作和教育信息化工程的实施。1988 年，苏州市被国家教委列为全国城市教育综合改革实验城市；1992 年，昆山市被国家教委列为全国"百县农村教育综合改革实验区"。通过这些措施，苏州市政府不断提升教育普及程度和现代化水平，形成了城乡一体、布局合理、结构优化、富有生机和活力的现代区域国民教育体系。自 2000 年起，苏州市加快发展地方高校，深化调整教育资源布局，建设国际教育园，开展全方位的国际交流与合作，进一步提升了自身的教育水平和国际影响力。

（三）环境保护：实现人与自然和谐共生

苏州自古以来就是自然风景美丽的古城，素有"人间天堂"之美誉。其山水秀丽、园林精致，是无数文人墨客心中的理想之地。苏州诗人们常常用优美的诗句咏怀苏州，通过对自然景色和人文风光的描绘，表达他们对这座城市的热爱与赞美。唐朝白居易在《钱塘湖春行》中用"最爱湖东行不足，绿杨阴里白沙堤"来表达他对自然的热爱和对民生的关切。苏州古人亦重视园林建设，也正是这种观念和精神的传承，使得苏州市政府在市政建设中重视保留苏州园林建筑，实现传统文明和现代文化的有机结合。明代文徵明注重园林建设，深谙造园艺术，主张园林应与自然相融合，讲求景致的自然美和人工美的和谐统一。他参与设计和建设的拙政园，是苏州园林中的杰出代表。拙政园以其典雅的布局、精致的建筑和秀美的风景，完美展现了文徵明的园林理念和艺术风格。文徵明在《拙政园》中所写的"篷窗清对远山色，画舫闲随绿水行"便是对拙政园的美丽景色的刻画，表达了诗人对自然与人文和谐的追求。这种注重人与自然和谐共生的精神在苏州的现代环境治理保护工作中得到了传承。

20 世纪 60 年代以前，苏州市 6 县（市）环境状况良好，生态基本平衡。随着 20 世纪 70 年代中期工业的发展，废气、废水、废渣增多，加上农药、化肥的大量使用，导致大气和水污染日益严重，严重威胁着人民的生活和健康。面对这一局面，苏州市政府秉承责任担当，发扬士大夫精神，毫不犹豫地投入环境保护事业，并以此促进经济的可持续发展。从 1979 年起，苏州市政府大规模投资环境治理，推动了经济的可持续发展。县（市）及乡两级先后成立了环境保护机构，较大的工厂和污染严重的单位建立了防治网络。政府重点治理电镀、纺织、印染和化工等行业的"三废"问题，严格控制新的污染源，对排放超标的企业征收排污费，并对严重污染环境的企业实行处罚和限期治理。农业方面，推广高效低毒低残留农药，减少有机氯和有机磷农药的使用，减轻了污染。到 1985 年，6 县（市）工业废水处理率达 17.4%，废气处理率为 25.3%。

1986—2005 年，苏州市政府针对经济社会快速发展带来的环境污染问题，不断强化环境保护意识，明确各级政府的环境保护责任，创新环境保护措施，健全环境保护组织体系，加强环境监测和城乡环境综合整治。通过实施太湖"零点行动"关停污染企业，开展生态城市创建活动，苏州市环境保护和治理取得了显著成效。1996 年，苏州市颁布《苏州市阳澄湖水源水质保护条例》，通过地方立法保护饮用水源。2000 年，苏州市被国家环保总局授予"国家环境保护模范城市"的称号。2004 年，苏州市委、市政府制定《关于促进可持续发展的若干意见》和《关于全面推进苏州生态市建设的若干意见》，将环境保护纳入全市可持续发展总体布局，推动生态城市创建。

在重点污染企业治理方面，苏州市政府从 1988 年起投入大量资金进行治理，逐步提高废水和废气的处理能力。例如，1988 年投资 950 万元完成 10 个工业水污染治理项目，1989 年完成第二制药厂"制药废水深井曝气"处理工程等 10 个项目，1991 年市区日处理工业废水能力达到 13 万吨。1997 年，苏州市利用世界银行苏南环保贷款完成 AO 废水处理设施建设，并投入 1 亿元搬迁治理枫桥水泥厂。2004 年，市区开展油烟噪声专项整治行动，有效改善了市区环境质量。

在地表水环境整治方面，苏州市政府提出水环境整治"疏、截、引、管、用"五字方针。1993 年，"苏州城河水环境综合整治项目"被列为国家第二批环境保护示范工程。"十五"期间，苏州市区通过严格总量控制管理和一系列水环境治理工程，改善了市区水质。2002 年，全市完成 15 499 艘挂桨机船防污技术改造，疏浚各级河道 2 078 公里。2003 年，市域 11 个省界断面水质有所改善，阳澄湖渔业管理进一步规范。2004 年，实施太湖清淤工程，改善了太湖水质，使苏州市区水质综合污染指数有所下降。

苏州市政府通过大规模的生产性支出投资于环境保护，不仅有效治理了环境污染，还促进了经济的可持续发展。这些投资提高了环境质量，改善了居民生活环境，增强了苏州市的经济吸引力，推动了经济增长。通过持续的环境保护措施，苏州市实现了环境与经济的协调发展，为其他城市提供了成功的范例。

（四）革故鼎新：推动科技发展与创新

苏州成为中国的文化与科技重镇，源于其源远流长的革故鼎新精神。革故鼎新精神源于《礼记》中的"苟日新，日日新，又日新"，在《诗经》中则体现为"周虽旧邦，其命维新"。唐代陆羽是著名的茶学家，被誉为"茶圣"。他在苏州期间对当地的茶文化进行了深入研究，撰写了《茶经》，系统总结了茶叶的种植、加工和品饮方法，推动了茶文化的发展和传播。宋代范仲淹倡导统治者应以公共利益为重。其在科技投入方面的努力和成就，展示了其为公共利益谋福祉的精神。宋代沈括在苏州任职期间对水利工程、气象学、天文学等领域都有深入研究，提出了许多创新性的理论和观点，是后世科技创新的行动榜样与精神领袖。他撰写了《梦溪笔谈》，该书中涵盖了天文、地理、物理、数学、医药等多方面的知识，展示了宋代的科技成就。明末清初的顾炎武主张学以致用，注重知识对社会发展的贡献。清代冯桂芬主张"以中国之伦常名教为原本，辅以诸国富强之术"，其通过《校邠庐抗议》号召知识分子积极参与社会事务，发挥自己的作用，为社会进步和改革贡献力量。

革故鼎新精神在苏州市政府推动现代科技发展与创新过程中发扬光大。改革开放之后，苏州市科技投入主要集中于轻纺、轻工、电子技术、仪器仪表、精密机械等传统产业和农业项目的技术攻关。在推动科技进步的过程中，苏州市政府不仅提升了城市整体的科技水平和竞争力，还为居民创造了更多的就业机会和更高的生活质量。

1989 年起，市、县（区）将新产品试制费、中间试验费、重大项目补助

费（简称科技三项费用）和科学事业费列入财政预算。20 世纪 90 年代初，苏
州以"科技兴市"为战略目标，重点组织火炬、星火、科研攻关、软科学研
究、科技成果推广应用，推进工农业生产的技术进步。2002 年，全市科技三
项费用和科学事业费占财政实际支出的比重为 2%。2005 年，苏州市投入科
学事业费 4 914 万元，科技三项费 55 591 万元。"七五"至"十五"的 4 个五
年计划期间，全市投入的项目经费和新上项目分别为 1 433.6 万元、691 项，
4 387.6 万元、674 项，7 613.3 万元、1 090 项，39 814 万元、2 486 项。

自 1989 年确立"科技兴市"方针以来，苏州市政府大力培育企业的自
主创新能力，采取了一系列措施引导企业增加科技投入。这些措施包括出
台财税激励政策、实行政府采购、直接资助科技计划项目、支持中小企业
创新的信贷和融资等，目的是激励企业成为技术创新的主体。政府鼓励企
业调整投入结构，通过多渠道筹集资金，加大研发投入，建立多元化科技
投入体系。至 2005 年，苏州市企业科技经费投入逐年增长，其中用于研究
与发展的经费占比超过 45%。表 6-3 列出了 1986—2001 年全市财政科技
投入情况。

表 6-3　1986—2001 年全市财政科技投入情况

年份	地方财政支出 （万元）	科技拨款 （万元）	科技拨款占地方 财政支出的比重（%）
1986	50 584	837.4	1.7
1987	51 635	745	1.4
1988	61 297	724.6	1.2
1989	75 352	787	1.0
1990	79 935	989.2	1.2
1991	84 889	1 172.3	1.4
1992	93 028	1 541	1.7
1993	184 298	2 460	1.3
1994	199 574	2 645	1.3
1995	247 333	3 499	1.4
1996	315 448	4 607	1.5
1997	393 869	5 040	1.3

续表

年份	地方财政支出 （万元）	科技拨款 （万元）	科技拨款占地方 财政支出的比重（%）
1998	463 983	5 762	1.2
1999	571 415	7 239	1.3
2000	799 092	5 080	0.6
2001	1 137 936	25 934	2.3

资料来源：苏州市地方志编纂委员会. 苏州市志（1986～2005）. 南京：江苏凤凰科学技术出版社，2014.

1. "科技兴市"战略的实施

1986—2005 年，苏州市坚持经济建设依靠科学技术，科学技术面向经济建设，制定并实施了"科技兴市"战略。政府加大科技投入力度，开放和发展科技市场，积极推动科研机构和科技服务体系建设，组织实施国家"火炬计划"项目，广泛开展科普活动，加强科技人才队伍建设和科技合作。1989年，市委、市政府颁发《关于"科技兴市"的决定》，制定了"科技兴市"的35 条措施，加快推动科技进步。1991 年，苏锡常火炬带苏州火炬区正式设立，开始组织实施国家"火炬计划"项目，加快推动科技进步的成果转化。1995 年，全市科技大会召开，市委、市政府提出"科教兴市"战略，政府对科技的投入占财政实际支出的比重逐步提升。

2. 科研人员培养与科研机构建设

在"文化大革命"期间，苏州的科技工作机构被撤销，科技事业严重受损。1971 年，苏州市政府本着"以人为本"的精神，恢复科技机构，并在极为困难的情况下完成了一批科学研究和新产品试制项目。1977—1978 年，中央、省、市三级科学大会的召开，使科学研究和新技术应用得到了高度重视。

第一，苏州重视科研人员培养，政府的投入促进了科技人才的培养和集聚。20 世纪 90 年代初，伴随着新兴产业的快速成长，市科技情报研究所在全市率先成立电脑培训部，面向科技人员开展新知识新技术的职业培训。1992年，政府部门与高校科研机构签订"产学研合作"协议，科技人才培养与交流成为重点内容，科技培训进修活动渐趋多样化、专业化与小型化。1992 年10 月，市委、市政府发布《苏州市重奖工业战线有突出贡献科技人员的办法

（试行）》，对在工业战线做出突出贡献的科技人员按照绩效挂钩的原则实行重奖；1994年，市政府设立总额为150万元的苏州市优秀科技人才奖励基金，约定实施奖励时，本金基本不动，奖金从利息收入中列支，以此调动科技人员的积极性。至1996年底，全市共有各类专业技术人员20.5万人，其中从事自然科学的人员6.5万人。各类专业人员占职工总数的比例为12.8%，平均每万人口中有358名。专业技术人员中拥有高级职称的有7 700人，拥有中级职称的有4.2万人。全市申报并被批准的国家级有突出贡献中青年专家16名、享受国务院政府特殊津贴专家484名、江苏省有突出贡献中青年专家111名。1997年12月，苏州医学院院长、江苏省血液研究所所长阮长耿当选为中国工程院院士，成为在苏州工作的首位院士。1996年，在政府机构职能调整中，科技人才培养和引进的职能划归人事局主管。至2005年，苏州人才总量为82.9万人，其中科技人才62.5万人，占78.6%，每万人口拥有科技人才1 076人。这一人才储备为科技创新和经济发展提供了丰富的人才资源，不仅提高了苏州市的科技创新能力，也为各类企业提供了技术支持。

第二，苏州市政府积极支持科研机构和技术中心的建设。截至2005年，苏州市拥有部、省属科研机构9家，市属国有独立科研机构46家，国家级工程技术研究中心1家，省级工程技术研究中心6家，市级工程技术研究中心27家，企业技术中心34家，市级重点实验室8家，企业重点实验室10家，企业博士后科研工作站13家，企业博士后技术创新中心7家。这些机构和中心的建设，为科技创新提供了重要的基础设施和平台支持。

第三，政府大力推动技术贸易和高新技术企业的发展，为该领域取得巨大的经济效益创造了条件。截至2005年，苏州市约有各类技术贸易机构1 000家，有国家级重点高新技术企业58家，实现高新技术产业产值3 085.17亿元。这些企业和机构在技术转移、成果转化和市场应用方面发挥了重要作用，推动了科技创新与经济发展的紧密结合。

通过上述措施，苏州市政府大力投资科技领域，显著提升了全市的科技水平和经济效益。政府的支持不仅促进了科技进步，还带动了产业发展和经济增长，为苏州的持续繁荣奠定了坚实的基础。

（五）产权保护：保障市场运行的基础

苏州历史悠久，文化底蕴深厚，在其发展历程中涌现了许多注重产权保护和经济发展的先贤。春秋时期的范蠡帮助越王勾践灭吴雪耻后，弃官从商。范蠡强调诚信经营，积累了大量财富，并致力于保护个人和商业的合法权益。北宋时期的沈括在《梦溪笔谈》中所倡导的科技创新和经济发展的理念为保护知识产权和促进经济发展提供了理论支持。明代董其昌以书画闻名，与苏州的艺术经济关系密切。他注重保护艺术家的版权和知识产权，且他的艺术作品在苏州市场上交易频繁，推动了苏州文化市场的发展。明代中期"吴中四杰"强调作品的独特性和版权保护，对苏州文化产业的发展做出了重要贡献。

苏州市政府一贯重视产权保护工作，通过多种举措促进经济发展。改革开放以来，苏州市政府在产权保护方面做出了诸多努力。1995 年，苏州产权交易所成立。在国家宏观调控和产业政策的指导下，交易所充分发挥市场机制的作用，为各类出资人从事企业购并、资产重组、托管经营等产权交易活动提供了合法交易场所和配套服务。这一机构的设立，规范了产权合理流动，促进了资源优化配置，防止了国有资产流失，为苏州市企业产权制度改革和经济的健康发展提供了有力支持。至 2018 年上半年，苏州产权交易所国有产权交易项目达 27 个，交易金额达 3.83 亿元，体现了其在市场中的重要地位和积极影响。

作为中国和新加坡政府间合作的旗舰项目，苏州工业园区开启了国际合作成片开发的先河，改变了当时人们的思维模式和发展理念。园区以世界眼光和国际标准，为人们确立了更高的目标定位。30 年来，园区始终坚持"合作中有特色，学习中有发展，借鉴中有创新"，创造了诸多令人瞩目的全国"唯一"和"第一"。园区不仅是我国首批生态工业示范园区、国家知识产权示范创建园区，还成为我国首个服务外包示范基地、鼓励技术先进型服务企业优惠政策试点区域，以及国内唯一的国家商务旅游示范区、纳米技术创新及产业化基地。

苏州工业园区作为我国改革开放的试验田、国际合作的示范区，已成为中国发展速度最快、最具国际竞争力的开发区之一。苏州市政府在园区建设中，注重保护产权，推动了区域经济的高速发展和结构优化。通过园区的发展，苏州市不仅吸引了大量外资，提升了技术水平和管理效率，还为全国其他地区提供了宝贵的经验和借鉴。

苏州市政府通过重视产权保护和市场机制的有效运用，促进了经济的持续发展和繁荣。产权保护工作的不断加强，不仅为企业提供了公平透明的交易环境，还为苏州市经济发展注入了源源不断的活力。未来，苏州市将继续在产权保护和市场化改革方面探索创新，为全国经济发展贡献更多的苏州经验。

（六）放松约束：为市场多样性创造条件

苏州市作为中国历史上重要的经济和文化中心，涌现出许多具有重商主义精神的古人，他们通过放松约束、推动经济发展，对苏州乃至全国的商业繁荣做出了重要贡献，也为后人留下了宝贵的治理经验。春秋时期范蠡善于采用灵活的商业策略和放松约束的管理方式发展商业。晚清时期陆心源通过放松对工商业的传统约束，在苏州创办了许多商业机构和工厂，推动了苏州的经济繁荣，这些都体现了苏州的重商主义精神。

新中国成立后，苏州市区的生产和建设规模迅速扩大，所需物资种类和数量大幅增长。随着国家计划经济体系的全面确立，市区生产和建设物资主要依靠中央和省的计划分配。然而，国家计划分配部分难以完全满足实际需求，分配数额的增长往往滞后于生产发展的需要，而且有些物资并不列入计划分配，需要自行采购。于是，苏州市逐步形成了计划分配与地方自筹相结合的模式，从五六十年代的以计划分配为主、地方自筹为辅，发展到七八十年代的以地方自筹为主、计划分配为辅的模式。

随着工业生产的发展，苏州市政府根据计划经济的要求，逐步建立了一批国家专业公司的分支机构，由市物资局管理，执行重要物资的分配供应任务。1956 年社会主义改造基本完成后，原有的私营企业或并入专业公司，或成为专业公司的零售网点。同时，各工业主管局也建立了供销科。20 世纪 70 年代，供销科改建为综合经营生产资料的供销经理部，执行本系统的计划物资分配和供应工作，并积极参与市物资部门组织的对外协作和开辟货源工作，其中苏州市政府在中央、省与地方计划管理权限上，在国家与企业关系上，都做了放宽与改进，其在管理体制方面放松约束的种种行为为市场多样性发展创造了重要的基础条件。

1. 物资协作制度改革

20世纪80年代，为增加物资交易渠道，苏州市政府开始探索改革物资流通体制，允许专业公司批零兼营。这一举措解除了专业公司在物资流通方面的约束，并催生了一批经营生产资料批发和中介的公司，促进了物资的多渠道流通。这一改革措施显著提高了物资供应的灵活性和效率，为企业的生存和发展提供了重要保障。随着计划经济向市场经济的过渡，苏州逐步扩大地方自筹物资的比例。从五六十年代的以计划分配为主，到七八十年代的以地方自筹为主，地方企业在物资供应方面的自主权大大增加。通过自筹物资，企业能够更加灵活地应对市场需求变化，增强了自身的竞争力和生存能力。

苏州市政府的这些举措为新兴企业的产生和市场多样性的提高创造了基础条件。随着物资流通体制的改革和市场约束的放开，苏州市涌现出一批经营生产资料批发、中介等业务的新兴企业。这些新兴企业通过多渠道流通物资，促进了市场多样性和竞争力的提升。此外，政府支持企业自主创新和多样化发展，鼓励企业在不同领域进行探索和投资，推动了市场的繁荣和经济的发展。

放开对物资流通的约束和管制，有利于企业的生存和发展，推动了经济的繁荣，促进了市场多样性的提高。这些措施不仅提高了物资供应的效率和灵活性，还增强了企业的竞争力，推动了区域经济的可持续发展。苏州市在物资流通体制改革方面的成功实践，为全国提供了有益的经验和借鉴，进一步推动了中国市场经济体制的完善和发展。

2. 商业和外贸计划的改革

1980年，苏州市政府对日用工业品的销售方式进行了重大改革。长期以来，日用工业品一直采用统购包销制，但在这一年改为商业选购与工厂自销并行。这一举措打破了"工不经商"的传统限制，同时发展了日用工业品贸易中心和工商联合销售等批发经营单位。1985年，政府对人民生活必需的重要工业品的收购和调拨实行指令性计划，确保生产部门按计划生产，商业部门负责收购。

三、苏州的人文政府与有序社会治理

苏州市政府在社会保障方面采取了一系列措施，通过完善的社会保险制度，积极推进有序社会的构建。这些措施涵盖了养老保险、医疗保险、工伤保险和失业保险等多个方面，体现了政府在保障社会成员基本权益、维护社会稳定和促进经济发展方面的重要作用。同时，苏州市政府始终坚持"以人为本"的精神，将人民的福祉置于社会政策的核心地位。

（一）养老保险：铸造社会养老安全网

1990年5月，苏州市对由劳动部门介绍使用的城镇户口临时工、季节工试行社会养老保险。保险费由单位和临时工本人共同缴纳，单位按临时工月工资总收入的18%缴纳，临时工个人按月缴纳2元。截至当年年底，市区有165家单位的884名临时工参加了养老保险，共收缴养老保险费5.2万元。1993年，随着统一企业职工养老保险办法的出台，城镇临时工社会养老保险并入统一的养老保险制度。同年，苏州市社会保险局推行了统一的企业职工养老保险制度，对企业及其职工实行统一的计缴基数、计缴比例和结算办法。基金由苏州市社会保险局统一管理和使用。这一制度的实施，确保了企业职工养老保险的公平性和规范性。同时，对于外埠员工，苏州市实行"市民待遇"，确保他们与本地员工享有同等的权益。随着改革的深入，苏州市不断扩大养老保险覆盖范围（涵盖了乡镇企业、城镇私营企业、个体经济组织的从业人员以及自由职业者、自谋职业者和灵活就业人员），逐步实现了全民养老保险的目标。

自1993年起，苏州市政府通过实施一系列养老保险政策，积极推进构建有序社会，确保社会成员的基本保障和权益，为经济和社会的稳定发展奠定了坚实基础。这些政策涵盖了企业职工、乡镇企业从业人员、私营企业和个体经济组织从业人员、灵活就业人员以及外籍员工，逐步实现了社会保险制度的全面覆盖和公平待遇。

在统一企业职工养老保险制度方面，1993 年，苏州市社会保险局开始实行统一的企业职工养老保险制度，对企业及其职工实行统一的计缴基数、计缴比例和结算办法，由苏州市社会保险局统一管理和使用养老保险基金。1993 年之后，养老保险基金总数持续增加，如表 6-6 所示。这一措施不仅提高了养老保险的管理效率，还提高了企业职工基本养老保障水平。在市民待遇政策方面，苏州市政府对外埠员工实行"市民待遇"，即同样缴费，享受同等待遇。这一政策体现了公平、公正的原则，促进了外来务工人员与本地职工的融合，有助于构建和谐的社会环境。在乡镇企业和农村从业人员的养老保险方面，苏州市政策允许乡镇企业除"城镇户口职工"以外的从业人员，及有条件的乡村企业职工纳入城镇企业职工养老保险。这一举措扩大了养老保险的覆盖范围，使更多的农村和乡镇从业人员能够享受到社会保障。在集体企业和新办企业职工的保险转接方面，1996 年 4 月，中国人民保险公司苏州分公司将其受理的集体企业合同制工人、新办集体企业职工等人员的社会保险业务转给市社会保险局，使这些人员的养老保险转为全市统一的企业职工养老保险，进一步统一了社会保险的管理和服务。

（二）医疗保险：铸造社会医疗安全网

苏州市医疗保险制度呈现逐步推进的特点，并分为初期改革与试点阶段、扩大覆盖范围阶段和全面覆盖与细化阶段。

（1）初期改革与试点阶段（2000—2001 年）。2000 年，苏州全市城镇职工医疗保险制度改革完成试点并正式启动，配套实施了保险基金征缴管理和账户管理等措施。苏州市医疗保险参保单位达 7 936 家，参保人员达 49.34 万人，其中市区为 5.09 万人。2001 年，各区机关事业单位、省属企事业单位以及自谋职业人员也被纳入基本医疗保险范围。参保人数增至 102.7 万人，其中市区为 42.7 万人。

（2）扩大覆盖范围阶段（2002—2004 年）。2002 年，退养人员、个体工商户等也被纳入基本医疗保险范围，全市基本医疗保险覆盖面超过 90%，市区覆盖面超过 95%。2004 年，苏州在完善城镇职工基本医疗保险制度的基础上，以政府令形式颁发《苏州市城镇职工基本医疗保险管理办法》，并推行征地保养人员的基本医疗保险。

（3）全面覆盖与细化措施阶段（2005 年至今）。2005 年，市区 20 世纪 60 年代被精减退职人员、灵活就业人员（此前称为自谋职业人员）、在苏就业的外国人、华侨和台港澳人员均被纳入基本医疗保险范围。同年，出台了《苏州市少年儿童住院大病医疗保险试行办法》和《苏州市区居民医疗保险试行办法》，城镇职工基本医疗保险办法逐步覆盖全体社会成员。苏州市的医疗保险体系进一步完善，涵盖基本医疗保险、大额医疗费用社会共济、地方补充医疗保险和社会医疗救助四部分。2005 年末，全市医疗保险参保人员达 240.32 万人，其中市区参保人数为 87 万人。市区基本医疗保险参保人数为 71.82 万人，包括灵活就业参保人数 4.2 万人、协保参保人数 2.3 万人、征地医保参保人数 1 489 人、外籍及港澳台医保参保人数 10 人。在职人员参保人数为 52 万余人，退休人员约 20 万人。少年儿童医保参保人数达 15 万人，离休干部 3 007 人，二等乙级伤残军人 60 人。

苏州市政府通过不断完善和扩大医疗保险制度，实现了对全体社会成员的覆盖。这一系列措施不仅提升了市民的医疗保障水平，也为构建和谐有序的社会环境奠定了坚实基础。苏州市成为全国率先在制度上实现"医疗保障覆盖所有人群"的地区，充分体现了有为政府在社会保障和社会治理中的重要作用。这一成功经验表明，有为政府通过有效的社会保护措施，可以促进社会的有序发展，为市场的有效运作提供良好的环境。

（三）其他保险制度：助力铸牢社会安全网

自 1993 年 11 月后，苏州市待业保险改称失业保险。1999 年 1 月，国务院颁发《失业保险条例》后，苏州市全面实施失业保险制度，该制度覆盖全市城镇事业单位及其职工。2000 年 7 月，民办非企业单位及其职工以及军队事业单位中无军籍的职工被纳入失业保险范围。2005 年，个体工商户及其雇工也被纳入失业保险范围。

在生育保险方面，1989 年，苏州市出台了《苏州市女职工生育费用补偿暂行办法》，为女职工的生育费用提供了统一的补偿标准。该办法规定，女职工生育的费用平均为 1 000 元，由男女双方单位各承担一半，男方单位将补偿

费 500 元交付女职工所在单位。这一措施操作简便，实现了合理分担女职工
生育费用和均衡企业负担的目的。1994 年，苏州市开始探索通过筹集女职工
生育基金的方式来完善生育保障，并在常熟市进行试点。积累了试点的成功
经验后，1997 年 7 月，苏州市正式实施《苏州市职工生育保险暂行办法》。该
办法按属地原则建立生育保险基金，实行生育保险费用的社会统筹。生育保
险基金的筹集遵循"以支定收、收支基本平衡"的原则，用人单位按当年全
部职工缴费工资总额的 1‰ 缴纳生育保险费，职工个人则无须缴纳生育保险
费。符合计划生育规定的参保女职工，其企业可以获得由生育保险基金支付
的生育保险补偿费，补偿标准以苏州市上年度职工月平均工资为基数。顺产
可补偿 6 个月，难产和多胞胎生育则可补偿 8 个月，因病理原因引起的流产
补偿 1 个月。生育保险补偿标准基数每年 7 月 1 日起按市统计局公布的上年
度城镇职工社会平均工资增长的比例进行调整。

　　苏州市政府通过实施一系列社会保险制度，积极推进社会保护，构建了
有序的社会环境（见图 6-3）。这些措施不仅保障了市民的基本权益，还为市
场的有效运行创造了和谐的氛围。苏州市政府始终坚持"以人为本"的精神，
将人民的福祉置于社会政策的核心地位。这种人本理念不仅体现了政府在社
会保护中的积极作为，还推动了经济发展和社会进步的良性互动，为构建和
谐社会提供了坚实基础。

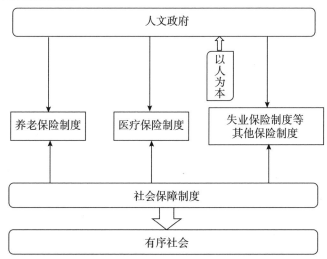

图 6-3　苏州的人文政府与有序社会治理

　　综上，苏州的经济成功不是偶然的结果，而是长期以来政府在士大夫人文精神的指导下，通过务实创新和具有远见卓识的战略部署所取得的成果。苏州市政府在改革开放过程中，致力于将人文精神融入经济政策，注重物质经济与社会发展的协调，体现了其在基础设施建设、教育、环境保护、科技、产权保护、放松约束、社会保障方面的关键作用。苏州的成功经验表明，将人本理念与实际政策相结合，能够有效推动经济的高质量发展，并为其他地区提供了宝贵的实践指导和政策借鉴。

　　通过深入分析苏州市政府在推动经济奇迹中的作用，我们不仅揭示了苏州在中国经济转型中的独特路径，也展示了政府生产性支出在促进经济发展中的关键作用。这些经验和实践为全国范围内的经济高质量发展提供了重要示范，也为其他地区的政策制定和实施提供了可行的参考。未来，苏州市的成功经验将继续为全国经济的高质量发展贡献智慧和力量，推动更多地区实现可持续的经济繁荣与社会进步。

第七章
苏州的人文市场制度

苏州自古以来便是江南"吴文化"的中心，拥有深厚的传统文化底蕴。苏州在历史长河中实现了文化交融和经济繁荣，成为江南地区乃至全国的中心市场之一。苏州的这一中心市场地位来自两方面：一方面，苏州作为京杭大运河沿线的重镇，交通便利，商运繁荣，享有"系客商船集辐辏之处"的美誉，其四通八达的交通网络如同血脉般贯穿南北，促进了商贸的繁荣，使它成为江南乃至全国范围内商品流通与市场交易的枢纽，市场辐射广；另一方面，苏州古代长期的经济繁荣不仅得益于其得天独厚的地理条件与交通优势，更得益于其在长期文化融合和经济发展中形成的一套符合经济发展的成熟且富有活力的人文市场制度与管理体系，以及通过时间沉淀形成的"竞争合作、开放包容、履约守信、务实创新"的独特的人文市场精神。这种人文市场精神已经成为苏州文化的重要组成部分，植根于这座城市发展的各个时期，成为苏州人文特质和城市性格中不可或缺的一部分。

改革开放以来，苏州更是抓住历史机遇，借助国家一系列改革开放政策的强力支持，以及紧邻中国开放窗口——上海的地理优势，谱写了经济腾飞的新篇章。在融入全球化浪潮的过程中，苏州不仅继承了传统文化中的精髓，更勇于创新，将"竞争合作、开放包容、履约守信、务实创新"的人文市场精神与现代市场经济的理念深度融合，打造出了独树一帜的"苏州人文市场制度"经济模式。基于这一经济模式，苏州不仅吸引了全球范围内的优质资本与优秀企业家，更培育和引进了高水平、大规模的人力资本，从而推动了经济的转型升级和创新发展，成为全球工业明星城市。苏州的人文市场制度，融合了传统人文文化的精髓与现代市场经济的先进理念，为苏州人文鼎盛和经济繁荣提供了坚实保障。

一、人文市场制度的特征

（一）市场经济制度的内涵

市场经济制度作为现代化经济体系的重要组成部分，发挥着不可替代的作用。市场经济制度通过确立产权制度、市场规则和市场秩序，达到优化资源配置、提高经济效率、改善社会福利、增强经济韧性和实现经济可持续增长等经济发展目标。

1. 产权制度

产权是市场经济制度的基础，它明确了资源的归属和使用权。市场经济下的产权制度包含了产权的明确界定、产权的保护和产权的激励作用等方面的内容。产权的明确界定能够激励产权所有者最大限度地发挥其资源的价值，促进资源的有效配置和利用。产权的保护是市场经济正常运行的必要条件。只有当产权得到严格保护时，市场主体才能放心地进行交易和投资，而不用担心其权益受到侵犯。产权的激励作用能够激发市场主体的创新活力。例如，专利法的保护使创新者能够从其创新成果中获得收益，从而可以激励更多的创新活动。另外，有效的产权制度除了能够保护私有财产权外，还能够保护公有财产权，确保各类市场主体的平等法律地位和发展权利。

2. 市场规则

市场经济是竞争经济，公平竞争是市场经济的基本原则。市场规则应确保所有市场主体在竞争过程中享有平等的权利和机会。公平竞争的市场环境能够激发市场主体的积极性和创造力，还能够防止市场垄断和不正当竞争行为的发生，保护消费者和弱势市场主体的利益，推动市场不断向前发展。市场规则应以法律法规为基础，确保市场行为的合法性和规范性。政府应制定和完善相关法律法规，为市场主体提供明确的行为准则和预期。同时，政府法律法规的制定和执行应坚持公正、公开、透明的原则，确保市场规则的权威性和有效性。市场规则应确保市场信息的真实、准确和及时传递，使市场主体能够充分了解市场动态和交易信息。

3. 市场秩序

市场秩序体现的是经济主体在市场运行中的相互关系。首先是市场进出秩序，即市场主体在进出市场时应遵守相关规则和程序，确保市场的有序运行。其次是市场商品和服务的质量标准与价格机制，即市场上交易的商品和服务应符合相关标准，其定价也应符合相关规定，以确保消费者的合法权益不受侵害。最后是政府管理部门或其他市场监管机构的职能履行，这在市场秩序维护中发挥着重要作用。监管机构应建立健全监管制度和机制，提高监管效率和水平。同时，监管机构还应加强与市场主体的沟通和协作，共同维护市场秩序和促进市场健康发展。

产权制度、市场规则和市场秩序等市场经济制度的确立，是市场经济有效运行的前提。市场经济制度的绩效表现，需要用资源配置效率、经济增长、社会福利和经济韧性等发展目标来衡量。市场规则要求资源配置方式以市场为导向，通过价格机制、供求关系以及竞争机制等，激发生产者积极性和创造力，从而提高效率、降低成本，促进经济增长，满足消费者的需求，提升全社会福利水平。同时，在市场经济中，企业可以根据市场变化灵活调整经营策略和生产计划，以应对市场需求的波动和不确定性，增强经济韧性。

（二）人文市场制度的特质

人文市场制度指除了强调公平竞争、追求效率，以及资源配置优化的市场制度普遍特征之外，还强调以人为本、关注人的全面发展、人的价值追求以及道德、伦理、文化和心理等因素在市场经济行为中的重要地位的经济规则。与传统市场制度相比，人文市场制度更注重人与经济的和谐发展，充分考虑人的需求、利益和福祉，以实现经济与社会的可持续发展。人文市场制度运行的市场经济行为不仅遵循通行的市场制度，而且有着强烈的人文底蕴。与传统西方市场制度相比，人文市场制度的核心理念还应该涵盖以下几个方面：

第一，以人为本，崇尚知识。"以人为本"的理念强调在人文市场促进经济发展的过程中，不应该仅仅追求量的增长，更应该聚焦于人的全面发展与福祉的增进，这是人文经济发展的终极目标与核心价值所在。人文市场中的每一个经济主体，无论是生产者、消费者还是管理者，他们的权益、利益与需求都应得到充分的关注与满足，以构建一个充分尊重和保障人的尊严，更加人性化和更加广泛包容的市场经济体系。同时，"崇尚知识"的理念强调知识在推动社会经济进步中的不可替代的作用，重视知识的价值，充分保障知识产品的产权。人文市场制度强调高度重视知识的积累、传播与应用，鼓励创新思维与终身学习，为每一个追求知识、勇于探索的个体提供广阔的空间与有力的支持；强调建立健全知识产权保护体系，确保知识产品的创作者能够享有其劳动成果带来的合法权益，从而激发全社会创造活力，为经济的持续健康发展注入不竭动力。"以人为本，崇尚知识"的理念，要求在市场经济体制机制中，坚守人本立场，尊重知识的价值，这是对传统市场经济发展模式"人文化"方向的明确指引，是人文市场制度的首要核心理念。

第二，追求社会公平与正义。这一理念强调在市场经济中坚守社会公平与正义原则，倡导通过公平竞争、履行社会责任、改善收入分配和福利制度等措施，维护市场稳定，促进经济社会的和谐。因此，这一理念要求建立公平透明的市场竞争机制，确保所有市场参与者都能在公平条件下展开竞争，避免任何形式的不正当竞争行为；同时，加强市场监管，维护良好的市场秩序，保障消费者权益，为市场经济健康发展奠定坚实基础。这一理念除了强调公平的机会之外，还强调了公正的结果，即市场制度的人文化、正义化，特别是改善收入分配和福利制度，以缩小贫富差距，促进社会的和谐与稳定。只有努力消除一切形式的歧视与偏见，才能为每个市场主体创造公平的竞争环境和发展空间；只有关注社会结果的公正性，努力确保每个人都能够分享到社会发展的成果，才能实现个人价值与社会价值的统一。

第三，以德为先，诚信守约。这一理念强调在市场经济活动中应遵循道德和伦理原则，培育诚信、公平、合作、责任等价值观，以引导所有市场经济参与主体自觉遵守普遍认可的市场规则。这一理念有助于实现经济行为的道德化和市场秩序的规范化，以建立一个更加诚信有序的市场经济环境。具体而言，这要求在日常的市场经济行为中，始终将诚信守约视为最宝贵的财富。诚信守约不仅体现为对合同条款的严格遵守，更贯穿于信息沟通、商业承诺等一系列市场行为中，它构建了信任的桥梁，降低了交易成本，促进了长期合作关系的形成，确保了市场高效运行、资源得到合理配置。这一理念不仅突出了市场制度的人文性，而且大大提高了市场经济效率。

第四，社会责任，服务治理。市场经济的发展不仅要追求经济效益，还要考虑社会责任和治理环境的长远影响。这一理念要求市场经济主体在追求经济效益的同时，积极承担社会责任，关注弱势群体，推动社会公益事业的发展。高度的社会责任感是企业可持续发展的基石，也是社会文明进步的标志。倡导社会责任，能够激发社会各界的爱心与责任感，共同为构建一个更加和谐、美好的社会贡献力量。在人文市场制度中，政府不仅作为市场治理者对各市场经济主体的行为起到监督与管理作用，更作为市场服务者为市场主体提供各类公共服务。通过优化资源配置，政府能够确保基本公共服务的均等化、普惠化、便捷化，从而提升全体民众的生活质量和幸福感，增强社会的凝聚力和稳定性。

二、苏州历史上的人文市场制度特征与表现

苏州这座江南古城有着深厚的"吴文化"底蕴，不仅在文化领域人才辈出，作品繁多且卓越，而且在经济上也以工艺精湛和贸易发达著称，成为文化与经济双重繁荣的中心。清代前期的沈寓评论道："东南财赋，姑苏最重；东南水利，姑苏最要；东南人士，姑苏最盛。"这一评论深刻地概括了古代苏州在江南地区乃至全国的经济、交通和人文方面的领先地位。宋代以来，苏州是全国经济最为发达的城市之一，是"东南财赋"的重要来源地。康熙年间的江苏巡抚韩世琦曾说："然财赋之重，首称江南，而江南之中，惟苏、松为最。"

（一）历史上的苏州人文市场经济繁荣

苏州自古以来就是人文荟萃之地，文化底蕴深厚，在文学、艺术方面

成就斐然。在文学上，苏州吸引了众多文人墨客前来定居和创作。这些文人墨客在苏州留下了丰富的文学遗产。在艺术上，苏州在绘画、戏曲、音乐、舞蹈等多个领域都取得了卓越的成就，如唐寅、文徵明等著名画家的作品。历史上苏州是教育和学术的繁荣之地。宋朝时期，苏州的书院制度得到了大力发展，培养了大量的人才。明清时期，苏州还涌现出了一批著名的学者和思想家，如顾炎武等，他们的学术成果和思想观点对后世产生了深远的影响。

除文化鼎盛之外，苏州还经济发达，市场繁荣。苏州历史上就是商业贸易的重镇。在明清时期，苏州成为全国最繁华的城市之一，商贾辐辏，百货骈阗。苏州的丝绸、茶叶、瓷器等商品远销国内外，享有极高的声誉。苏州的市场繁荣离不开其优越的交通地理条件。苏州太湖之滨，地势平坦，土地肥沃，气候温和，雨水充沛。这种得天独厚的地理位置为苏州的农业生产和商品贸易提供了有利条件。太湖流域的丰富水资源和肥沃土地，使得苏州成为古代中国重要的粮食和农产品产地，为贸易提供了充足的货源。同时，苏州地处长江下游、京杭大运河南段，又拥有太湖水系发达的干支航线，形成了四通八达的水路交通网络。在古代中国，水路交通是主要的运输方式之一。苏州这种优越的水路交通条件，使其能够方便地与其他地区进行贸易往来，因而成为商品集散和转运的重要枢纽。这种便捷的交通条件促进了苏州内部市场的繁荣，形成了众多专业性市镇和商业街区，还通过水路与国内其他地区进行贸易，成为古代江南乃至全国的商品市场贸易中心。同时，古代苏州松江地区处于长江入海口，海运也非常方便（见图 7-1）。例如，明永乐三年（1405 年）郑和下西洋便是从苏州太仓刘家港出发。明清时期，苏州与东亚的日本、朝鲜，东南亚的菲律宾马尼拉、交趾、占城、暹罗等地建立了贸易关系。苏州的丝绸、茶叶等商品远销海外，同时也吸引了大量外来商品进入苏州市场。独特的地理环境和交通条件使得苏州与全国各地乃至海外都保持着密切的商业往来，山海所产之珍奇、外国所通之货贝皆汇聚于此，形成了"四方往来，千万里之商贾，骈肩辐辏"的盛况。

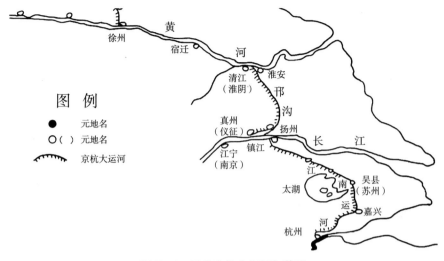

图 7 - 1　元代京杭大运河与苏州

资料来源：孙冬虎. 京杭运河沿线地名文化遗产的形成轨迹，2022 - 12 - 30.

　　发达的地理交通条件不仅促进了苏州的贸易繁荣，还带动了整个地区的经济发展。随着贸易的扩大和市场的繁荣，苏州的商业、手工业、农业等各个行业都得到了快速发展，苏州也因此成为古代中国最繁华的城市之一。清朝前期的宫廷画家徐扬于乾隆二十四年（1759 年）绘制完成的《姑苏繁华图》展现了当时苏州的繁华景象。据粗略统计，图中人物摩肩接踵熙来攘往者多达 12 000 余人；各色房屋建筑 2 140 余栋，各种桥梁 50 余座；河中船帆如云，官船、货船、客船、杂货船、画舫、木排竹筏等近 400 条；街道上商店林立，市招高扬，可以辨认的各类市招有 260 余家，涵盖了珠宝、鞋帽、凉席、乐器、盆景和丝绸等 50 多个手工行业。① 《姑苏繁华图》中绘录丝绸店铺共 14 家，包括绸缎庄、绵绸、富盛绸行、绸缎袍褂、山东茧绸、震泽绸行、绸庄、濮院宁绸、绵绸老行、湖绉绵绸、山东沂水茧绸等；绘录棉花棉布店铺共 23 家，包括布行（重复者 4 家）、大布、崇明大布、松江标布、青蓝梭布、松江大布、本客自置布匹等，充分展示了盛清时期苏州高度文明的盛况和商品经济的繁荣。

　　苏州这种独特的人文经济长期繁荣的景象，不仅体现了苏州深厚的人文

---

① 范金民. 清代苏州城市工商繁荣的写照：《姑苏繁华图》. 史林，2003（5）：104 - 115，124.

文化传统，也展现了市场经济的人文特质。清代刘大观认为，相比于杭州"以湖山胜"，苏州则是"以市肆胜"①，正如纳兰常安所感叹的："（苏州）为水陆冲要之区，凡南北舟车，外洋商贩，莫不毕集于此……其各省大贾，自为居停，亦曰会馆，极壮丽之观。近人以苏杭并称为繁华之都，而不知杭人不善营运，又僻在东隅。凡自四远贩运至者，抵杭停泊，必卸而运苏，开封出售，转发于杭。即如嘉、湖产丝，而绸缎纱绮，于苏大备，价颇不昂。"苏州的市场经济繁荣在明清时期尤为显著，苏州的丝绸、茶叶等商品不仅享誉国内外，其背后的文化内涵和工艺技艺也成为苏州文化鼎盛的重要表现。苏州是全国乃至全球重要的商品集散地和商贸中心，各地商贩纷纷前来苏州采购和销售商品，这促进了各种市场经济活动的兴起和发展。这种发展模式融合了人文文化与市场经济的精髓，形成了极具特色的苏州人文市场经济。而人文市场制度正是苏州人文市场经济发展与繁荣的基石。

历史上苏州的文化鼎盛与市场繁荣是相互交织、相互促进的。商品市场的繁荣为文化的发展提供了物质基础和经济支持，而文化的繁荣又进一步推动了经济的发展。这种良性循环使得苏州在古代中国乃至世界范围内都享有极高的声誉和地位。

（二）苏州历史的人文市场制度特征

历史上苏州经济发达，市场繁荣，其市场经济运作不仅遵循了普遍的市场制度，而且有深厚的人文底蕴作为支撑，由此形成了独有的人文市场制度，为其市场经济运行提供了坚实的保障。苏州历史上的人文市场制度有如下特征：

第一，尊重知识，保护产权。苏州历史上对文化的重视和对教育的投入，不仅孕育了众多领域的杰出人才，而且催生了种类繁多的文化产品。古代苏州崇文重教不仅让其赢得了"状元之乡"的美誉，更在科举考试之外，形成了文学、艺术、音乐、园林建筑以及科学技术等多个领域"百花齐放、百家争鸣"的繁荣景象。苏州历史上文人墨客众多，人们对文化艺术的认同和尊

---

① （清）李斗. 扬州画舫录：卷六. 北京：中华书局，2004.

重程度高，具有原创性和独特性的知识产品不断涌现，著作权观念深入人心。这种文化氛围有助于形成尊重和保护知识产权的意识，尽管这种保护可能更多地依赖于道德和习惯，而非明确的法律条款。另外，苏州历史文人的雅致生活不仅产生了对精益求精的艺术产品的需求，而且产生了对知识型人才及其产品予以尊重与保护的需求，形成了普遍的传统产权意识。这种在艺术上追求精益求精的精神不仅是一种生活态度，更是一种对传统手工艺产权的尊重和传承。苏州以其精湛的手工艺而闻名，无论是刺绣、雕刻、制扇还是其他传统工艺，都体现了苏州人对工艺美和技艺精进的不懈追求。对手工艺的尊重和传承，自然形成了一种对知识产权的保护意识。

自春秋战国以来，古典文献大都有作者的署名，一些作品在署名作者之外，还会将学派或家族署上，有些作品甚至会署上收藏者的名，剽窃抄袭者会受到社会谴责。这自然孕育了一种朴素的产权意识。即便在缺乏明确的知识产权保护的背景下，后人在传承和模仿知识产品时，也会自觉尊重原创性和独特性。早在宋神宗时代，朝廷就曾下令禁止一般人随便刻印《九经》监本，即"禁擅镂"，这实质上是对版权进行保护的一种专有权。在清朝时期，苏州部分行业已经开始对知识产权予以初步保护。例如，在苏州刺绣等手工艺行业内部形成了一定的规范或自律机制，以保护技艺的独特性和创新性，维护各自的利益和声誉。例如，清乾隆元年（1736年）苏州府长洲县布商黄友龙冒用他人布匹的"牌谱"，地方政府除按律惩治之外，还特地为此颁布了禁令，并将禁令刻在石头上以昭示公众。虽然这种保护与现代版权保护相比较为片面，但它确实体现了对知识产品专有权的重视。以苏州稻香村（该品牌自1773年创始于苏州）为例，其在清朝末年就向清商部申请了商标注册，这显示了苏州稻香村对知识产权保护的重视，以及富有前瞻性的品牌保护意识。苏绣、缂丝、核雕、古典家具等传统手工艺在发展过程中也注重保持其独特性和原真性，不断创新和发展新的技艺及图案。这种文化传承与创新的过程离不开对知识产权的有效保护。

第二，分工协作，有序竞争。苏州以其精湛的手工艺闻名遐迩，如苏绣、制玉、缂丝等。这些技艺在历史长河中不断传承与发展，形成了"分工协作，互信共赢"的市场制度。苏州传统的"精益求精"的工艺精神，塑造了其发

达的古代手工业及细致的行业分工。以玉器制作为例，明清时期苏州的琢玉
行业集中在专诸巷，这里集中了好几百家琢玉作坊，每个作坊都有自己的专
长和特色。《姑苏繁华图》中绘录了丝绸店铺 14 家，棉花棉布店铺 23 家，染
料店铺 4 家，蜡烛店铺 5 家，酒馆店铺 4 家，凉席店铺 6 家，油漆和漆器店铺
5 家，铜、铁、锡器店铺 5 家，金银首饰珠宝玉器店铺 8 家，图书字画文化用
品店铺 10 家，窑器瓷器店铺 7 家，粮食店铺 16 家，医药店铺 13 家……①这
些产品的市场划分极为细致，来源广泛，各有专长。在苏州园林这种大型工
程或复杂项目建设中，苏州工匠往往能够形成有效的团队协作。以香山帮为
例，这个建筑群体涵盖了木作、水作、砖雕、木雕等多个工种，他们看似松
散却又能一呼百应地进行"集体作战"。这种团队协作的精神和能力使得香山
帮在明清时期的园林建设中取得了辉煌的成就。这种细分的行业结构和团队
协作的精神，促进了技艺的交流和提升，同时推动了古代苏州市场细分与协
作。苏州地区长期以来形成了独特的文化认同和审美观念，这使得苏州市场
经济主体在创作和交易过程中能够相互理解和支持，形成了良好的合作氛围。
苏州文化中的"精细雅洁"等价值观也促进了市场经济主体之间的有序竞争。
在有序竞争的基础上，苏州工匠们能够不断追求卓越、提升技艺水平，从而
形成了一种既强调技术独特性又倡导公平竞争的市场制度。

第三，开放包容，互信共赢。古代苏州凭借其优越的交通地理条件和繁
荣的经济，成为江南地区乃至全国的中心市场。作为京杭大运河的重要节点，
苏州拥有发达的运河经济；作为长江入海口的重要城市，苏州对外贸易也长
盛不衰，人称"凡四方难得之货，靡所不有……天下财货莫不盛于苏州"。嘉
靖初年的《吴邑志》载："运河，一名漕河，在西城下……此河自阊门北马头
抵胥门馆驿，长五六里，东西两岸居民栉比，而西岸尤盛。……凡此河中，
荆襄川蜀大船多于东泊，盐艘商贾则于西泊，官舫钲鼓，昼夜不绝，绮罗箫
管，游泛无禁。盖西闉之盛，自唐以来为然。自此过钓桥，水北流，由南濠
至枫桥将十里，人烟相续，而枫桥为盛，凡上江、江北所到菽麦、绵花大贸
易咸聚焉。"意大利传教士利玛窦高度称赞苏州："它（苏州）是这个地区的

① 范金民. 清代苏州城市工商繁荣的写照：《姑苏繁华图》. 史林，2003（5）：104-115，124.

最重要的城市之一，以它的繁华富饶，以它的人口众多和使一个城市变得壮丽所需的一切事物而闻名，经由澳门的大量葡萄牙商品以及其他国家的商品都经过这个河港，商人一年到头和国内其他贸易中心在这里进行大量的贸易，结果是在这个市场上样样东西都能买到。"这也正体现了清代《姑苏繁华图》中"商贾辐辏，百货骈阗"的景象。

　　这一繁荣市场离不开苏州开放包容的人文特质。苏州作为江南"吴文化"的中心，具有悠久的历史文化传承和开放包容的人文特质。这使得苏州在国际贸易和吸收外来移民的过程中，对外来多元文化的接纳和包容具有显著的人文特征。苏州这种文化上的开放性与包容性不仅促进了不同背景人士的融合，孕育了共同的价值观和文化认同，而且为多元和谐的市场秩序和公平正义的市场制度奠定了基础，推动了地区经济发展经久不衰。在这种文化认同的基础上，市场经济主体行为井然有序，形成互信共赢的市场精神，这大大降低了交易成本和契约风险，为市场秩序的稳定与苏州经济的繁荣打下了坚实的信任基础，也使苏州在早期就出现了现代契约的萌芽。同时，苏州的高度开放包容为各类企业和创业者提供了平等的发展机会，不同规模和类型的企业在市场中自由竞争激发了市场的活力和创造力。

　　第四，崇文重教，积极承担社会责任。苏州发达的市场是其经济长期繁荣的基础，市场运行离不开各经济主体，如士绅、商人、工匠等。这些市场经济主体作为社会的精英群体，不仅对市场运行和经济发展发挥主体作用，对文化的传承和发展也起到了至关重要的作用。他们不仅自身崇尚文化，还积极倡导和推动教育事业的发展，形成了浓厚的文化氛围。士绅阶层、商人会馆和手工业行会通过兴办学校、资助学子等方式，为地方教育事业的发展做出了重要贡献。这种崇文重教的传统不仅帮助苏州培养了大量的人才，也为苏州人文经济的繁荣奠定了坚实的基础。同时，他们还积极承担社会责任，积极参与兴学、赈灾等公益事业，通过捐资助学、修建公共设施等方式，改善了民众的生活条件和教育环境。在灾害发生时，他们更是慷慨解囊，为受灾群众提供救助和支持。这一精神使得古代苏州形成了传统的人文市场秩序，强调以人为本，关注人的全面发展，重视人的价值追求以及道德、伦理、文化和心理等因素在经济行为中的重要作用。与传统市场经济相比，人文市场经济更加注重人与经济的和谐发展，充分考虑人的需求、利益和福祉，以实现经济与社会的可持续发展。

苏州历史上崇文重教和积极承担社会责任的风气在市场制度的形成和发展中起到了积极的促进作用。这种人文精神和责任感不仅体现在个人和企业的行为上，更深刻地影响了整个社会的商业道德和市场规范。家国情怀促使苏州传统企业家和个人在追求经济利益的同时，不忘对国家和社会做贡献。这种人文精神促使他们在商业活动中自然形成了诚信为本、公平交易的商业道德，为市场的健康发展奠定了基础。苏州企业家在追求利润的同时，积极承担社会责任，如参与公益事业、支持教育发展、关注环境保护等。这些行为不仅提升了企业的社会形象，也推动了社会对企业的正面评价和信任，逐渐形成了一套自我约束和自我完善的市场制度体系。

苏州在历史长河中最为显著的人文市场特质，源自其得天独厚的地理交通优势。这种人文市场特质孕育了苏州开放包容、互信共赢、生机勃勃的市场经济。在长期浸淫于这种人文特质的市场活动中，苏州的广大民众，包括商人、工匠，甚至农民，积累了深厚的市场实践经验，不仅在追求利益最大化这一目标的驱动下，更是在对"雅致生活"的追求和高度的社会责任感的驱使下，不断锐意创新，革新生产技术，优化经营策略，推动了生产力的飞速发展。同时，苏州的官员与士绅阶层亦展现出强烈的务实精神，他们不仅恪尽职守，维护教育、治安等社会基石，更积极倡导经世致用的学问，致力于构建一个公正且高效的人文市场经济制度。苏州的人文市场经济制度既反映了市场经济的普遍特征，又展现出深植于其丰富人文传统的独特风貌。

三、苏州现代人文市场制度的特征与表现

改革开放以来，苏州深厚的文化底蕴和人文市场精神在当代焕发出新的生机，通过与现代文明的深度融合，实现了人文特质的创新性转化。苏州以开放的姿态面对新时代的挑战，将自身传统市场的人文特质与现代市场竞争制度相结合，形成了"竞争合作、开放共赢"的苏州新型市场精神。苏州传统的人文市场精神推动了其现代市场经济主体之间竞争协作，互信共赢，并以高度的开放性和包容性，积极拥抱全球化，融入国际市场。

（一）现代苏州人文市场制度的形成

全球化发展、改革开放、政府治理与现代法治等多重因素共同塑造了支撑苏州经济奇迹的现代人文市场规则，重塑了苏州人文市场秩序。

全球化浪潮促进了不同国家、不同民族间经济文化的交流与融合，为苏州重获市场中心地位提供了广阔的舞台，推动了苏州的人文市场基因的现代化转型。全球化促进了苏州经济的开放和市场的竞争。在国际产业转移与和平发展的大背景下，苏州通过大量吸引外资企业入驻，不仅吸纳了全球制造业产能，还吸收了西方科技革命的成果，将"苏州制造"推向世界，重新成为世界制造业中心。在这一过程中，外资企业的进入在带来先进技术和管理经验的同时，也加剧了市场竞争。随着全球化的深入发展，国际市场规则逐渐趋同。截至 2023 年底，苏州累计实际使用外资超过 1 600 亿美元，位居全国第三，这些外资的来源地结构见图 7 - 2。从外资来源地和企业数量来看，截至 2022 年，苏州已集聚以新加坡为代表的东盟企业 2 794 家、日资企业 2 987 家及韩资企业 2 452 家，成为日韩在华的投资高地。从外资质量来看，2022 年末 175 家世界 500 强跨国公司在苏州投资设立了 486 个项目，吸引跨国公司地区总部和功能性机构累计达 210 个，外资研发中心及外资开放式创新

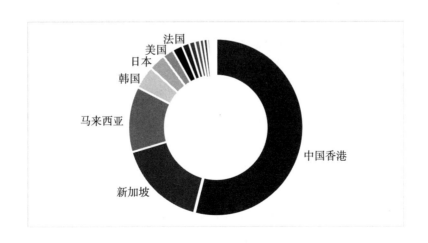

图 7 - 2　2023 年苏州实际使用外资来源地结构

资料来源：《苏州统计年鉴（2023）》。

平台 173 个。从行业来看,苏州吸引的外资项目涵盖了制造业、服务业、资源开发和高科技等多个领域,形成了多元化、高质量的产业结构。特别是在制造业领域,苏州吸引了大量汽车、电子、机械等行业的外资企业入驻。引进这些高质量市场经济主体的前提是:苏州发挥其优秀的市场人文特质,积极与国际市场接轨,不断调整、完善和优化其市场规则,提升市场的竞争力和吸引力,以适应全球化的要求。融入全球化浪潮这一过程激发了苏州市场经济主体的创新活力,提升了市场经济的发展水平,使苏州能够充分利用全球资源,实现产业结构的转型升级和经济的可持续发展。

改革开放为苏州市场经济注入了新的活力,促进了经济思想的解放与市场制度的转型。所有制结构的调整促进了乡镇企业、民营企业、外资企业的蓬勃发展。这些新兴的企业形态如同雨后春笋般涌现,成为推动苏州经济发展的重要力量,使苏州的生产潜力得到了前所未有的释放。随着市场经济的深入发展,传统的士绅商人逐渐向现代企业家转型。这些企业家不仅拥有敏锐的市场洞察力,更具备创新精神和冒险精神。企业也成为创新的主体,不断推动技术革新和管理创新,使苏州的人文特质在经济发展中发挥越来越重要的作用。根据苏州市统计局公布的数据,截至 2023 年上半年,苏州市的市场主体总量已经达到 291.5 万家,其中个体工商户约占全市市场主体总数的三分之二。仅 2023 年上半年,苏州市新登记市场主体就达到了 15.6 万家,同比增长 17%,这反映了市场主体的快速增长趋势。截至 2022 年,苏州市存续企业总量为 87.7 万家,其中私营企业达到 79.2 万家,成为最主要的市场主体之一。改革开放后,苏州秉承开放包容精神,不仅积极吸引外资,更广泛吸收全球的先进科技、管理经验和文化元素,始终与世界经济紧密相连。同时,伴随着改革开放带来的经济思想解放,市场经济的理念深入人心。苏州的企业和政府机构都在不断探索适合本地发展的经济模式和管理方式,推动经济持续健康发展。

在现代经济背景下,政府通过加大政策支持力度,提供高效便捷的政务服务,规范了市场秩序,优化了营商环境,在市场经济治理中发挥了重要的作用。近年来,苏州市政府在打造市场化、法治化、国际化一流营商环境方面取得了显著成效,连续 5 年入选全国"营商环境最佳口碑城市",连续 4 年获评江苏省民营企业心目中的"最优营商环境设区市"。此外，苏州还荣获了中央广播电视总台发布的"年度创新城市"称号，并在"创新要素完善"和"公共服务优化"两个维度上获评"创新城市"。在政策支持方面，苏州出台了一系列优化市场环境的政策措施，如《苏州市 2024 年优化营商环境十条政策措施》等。这些政策措施从助企服务网络、一件事一次办、免申即享、免证苏州等多个方面入手，充分吸收企业反馈意见，让广大企业家安心经营、放心投资、专心创业。同时，苏州市政府通过"苏商通"等数字化平台，实现了企业开办、不动产登记等高频事项的"一网通办"，大幅提高了办事效率。同时，还构建了"1＋10＋N"助企服务网络，为企业提供融资对接、产业链畅通等"一站式"服务，建立了高效便捷的政务服务体系。通过完善政府诚信履约机制、在项目审批等事项中全面使用信用承诺等措施，苏州市政府提升了法治诚信建设水平，有力保障了企业的合法权益。苏州市政府积极对接国际经贸规则，打造公平竞争的市场环境，通过实施出海企业"护航行动"等措施，鼓励企业"走出去"抢订单，拓宽海外市场。此外，苏州市政府还积极筹措资金建设开发区，促进区县合作，加大科教投入和人才引进力度，以创新驱动引领经济高质量发展。这一系列举措不仅展现了苏州市政府进行服务型治理的人文特质，更为苏州人文经济奇迹的创造提供了强大的保障。

在新时代，苏州在其享誉世界的人文经济历史的基础上，吸纳现代市场经济核心理念，形成了符合苏州经济发展的人文市场制度，促进了经济繁荣。

（二）现代苏州人文市场制度的作用

苏州人文市场制度深受其悠久人文传统的滋养，在市场经济一般特征的基础上，又内含了发轫于人文特质的特殊元素，形成了兼具一般性和特殊性、经济效率性和人文包容性的特征。这些特征充分表现在市场发展、市场规则、营商环境以及市场环境四个方面。

第一，繁荣昌盛的人文市场发展是人文市场经济的主要表征。

苏州市 1 600 多万人民同心携手，与 280 多万市场主体克难共进。2023年苏州新增市场实体 29.2 万家，年末用工备案实有人数突破 554 万，创下历史新纪录。从企业数量来看，2022 年底，苏州大约有 87.7 万家企业，其中私营企业 79.2 万家，成为最主要的市场主体。从企业的行业结构来看，苏州市企业主要分布于批发和零售业（25.50 万家）、科学研究和技术服务业（15.29 万家）、制造业（15.04 万家）、租赁和商务服务业（11.05 万家）。其中租赁和商务服务业与科学研究和技术服务业企业数量的占比远高于全国平均水平，是苏州具有比较优势的行业，市场主体众多，市场经济活跃（见图 7‑3）。2023 年，苏州地区生产总值达到了 2.4 万亿元，一般公共预算收入为 2 329.2 亿元，稳居全国地级市第一。规模以上工业产值超 4.4 万亿元，居全国前列。苏州在中国消费者协会发布的《2023 年 100 个城市消费者满意度测评报告》中排第四名，其中观前街区、同里古镇获评"国家级夜间文旅消费集聚区"，全年社会消费品零售总额达 9 010.7 亿元，保持全省第一。2022 年，苏州的人均 GDP 达到 18.6 万元（约 2.7 万美元），苏州居民人均可支配收入高达 7.1 万元，与北京、上海和深圳等处于全国城市第一梯队。在高科技行业方面，苏州引领全国的高端装备制造产业，形成了以电子信息、装备制造、生物医药、先进材料为主导的高科技产业体系，在多个产业领域居于世界领先地位。截至 2022 年底，苏州的境内外上市公司总数达到 241 家，其中包括 48 家

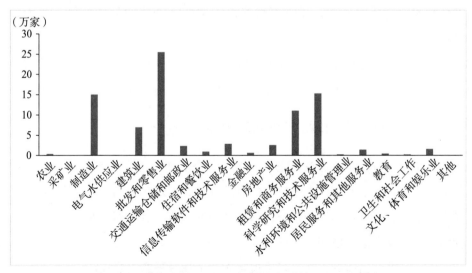

图 7‑3 2022 年苏州市各行业的市场主体（企业）数量

资料来源：《苏州统计年鉴（2022）》。

科创板公司，位列全国第三。近年来，苏州高新技术产业快速发展，友达光电、矽品科技、通富超威、大族激光、立臻科技、盛虹储能、恒力环企中心等一批百亿级产业项目相继落户。苏州成为人文与创新、创新与产业、产业与资本相结合的典范城市。

第二，竞合有序的人文市场规则是人文市场经济的核心支撑。

市场规则是市场主体生存和发展的土壤，规则明则企业兴，企业兴则经济强。"法治是最好的市场规则"，苏州自1993年4月获批"较大的市"并因此取得地方立法权以来，始终把规范市场主体行为、发挥市场调节资源的作用、营造良好的市场竞争秩序、服务保障经济高质量发展作为地方立法价值追求的重要目标，先后出台了产品质量监督管理、国有企业法定代表人离任审计等方面的法规；为了打造国际一流营商环境，着力破解市场主体关切难题，激发市场主体活力，制定了优化营商环境条例。苏州不断加强政府自身建设，"行政立法全过程质量监控体系"经验获评"中国法治政府奖"。苏州奇迹也离不开区域和主体间的有序竞合，通过实施"主动接受上海辐射，实行错位发展"战略，苏州与上海之间形成了互为辅助、携手并进的竞合关系。"一核四城"、多中心的现代化大城市格局促进了苏州县域经济协同创新、共同发展，资源共享、合作共生的苏商竞合关系使得苏州企业能够实现"共赢多赢"、增强竞争能力。苏州开放包容的城市特质、全国性市场中心的历史传统，培养了其市场主体普遍的竞争合作意识。在这种开放包容的氛围下参与市场活动的区域及主体之间构建了普遍信任，为市场契约奠定了基础，最终形成了竞合有序的人文市场规则。

第三，高效便捷的营商环境是人文市场经济的关键基石。

"无事不扰、有求必应"的营商环境在苏州奇迹中起到了至关重要的作用。苏州市政府着力营造市场化、法治化、国际化一流营商环境，让国企敢干、民企敢闯、外企敢投。改革开放之初，苏州借鉴新加坡经验，在国内首创敲门式招商，设置招商办事处，主动对接、服务企业需求。敲门式招商因配备专业招商部门、能准确抓住企业需求、主动出击诚意十足而成效显著。进入新时代，苏州深入实施"一网通办"改革，推出26个高频"一件事"服务，实施370项"两个免于提交"清单，实现市场主体登记"全城通办通取"。苏州全面推广重大工程建设"拿地即开工"模式,在国内率先探索开展"审管执信"闭环管理。苏州持续做优"12345"热线,政府网站"公众监督""领导信箱""寒山闻钟"等平台,积极回应市民关切,加快建设数字政府样板城市,推动政务服务事项标准化,进一步打造"苏式服务"品牌。极佳的营商环境节省了企业投资前期的磨合成本,赢得了外资青睐。2020年苏州工业园区营商环境得分79.6,模拟排名全球第25位。截至2023年3月底,苏州工业园区累计吸引高质量外资项目超5 100个,其中101家世界500强企业投资落户了166个项目,实际利用外资超380亿美元,外资"雁阵"已然成形。2023年,苏州在全国率先组织包机赴日本、欧洲开展招商,帮助企业抢市场、争订单,完成进出口总额2.57万亿元,增长1.6%;全年实际使用外资74.2亿美元,逆势增长35.9%。苏州率先打造外资总部经济,吸引了空中客车、西门子、飞利浦、霍尼韦尔等一批总部型、研发型外资项目密集落户。苏州工业园区获评全省唯一的"外资总部经济集聚区"称号,在国家经开区综合考评中实现"七连冠"。苏州自贸片区全面深化服务贸易创新发展试点案例入选国务院最佳实践案例。苏州优质营商环境的形成同繁荣鼎盛的千年阊门商业文化密切相关,尤其是江南"经世致用"的人文环境以及低调务实高效专业的能吏作风起到了关键作用,苏州传统文化中"诚实守信"的高尚品质也奠定了政商互信的基础。

第四,开放包容的人文市场环境是人文市场经济的孕育载体。

苏州开放包容的人文环境和历史文化传承,使得来自不同地区和国家的人们能够更好地融入这座城市,形成共同的价值观和文化认同。苏州站在中国开放型经济前沿,外贸、外资、外经"三外"齐上,合作、合资、独资并举,实现了开放型经济的全面腾飞。苏州进出口总额从1990年的18.8亿美元增长到2022年的3 866亿美元,年均增速高达26.9%,其中进口增速为30.2%,出口增速为25.7%。截至2023年底,苏州累计吸引外资超过1 600亿美元,引进外资企业2.33万家。苏州在外贸和外资方面均居于全国前列。

苏州作为一座拥有丰富历史文化底蕴和美丽自然风光的城市,在教育方面享有较高的声誉,特别是基础教育质量较高。同时,苏州拥有众多文化遗产,如苏州园林、昆曲、苏绣等,这种浓厚的文化氛围吸引了许多热爱文化和艺术的外地人。此外，苏州的社会风气以和谐、宽容、互助为主导，这样一个和谐的社会氛围使得外地人更容易融入和适应当地生活。苏州的生活环境、休闲娱乐设施和社会服务等非物质因素，使得在苏州生活和工作更加便利，增强了苏州这个城市的吸引力。苏州江南水乡的环境、优美的自然风光、独特的旅游资源等对人们的生活品质和心理需求产生了积极影响。比如，昆山市人民政府因给外来人口提供基本服务的创新举措而荣获 2010 年联合国人居奖，2022 年苏州市和太仓市分别被评为中国最具幸福感的地级市和县级市。通过利用长三角 G60 科创走廊人才峰会、国际精英创业周、校园苏州日、苏州科学家日等平台，苏州加速集聚海内外高层次创新创业人才，2023 年这类人才达到 34 万人。此外，人文环境也帮助苏州凝聚创新力量，如中国人民大学、北京大学、清华大学、南京大学、中国科学技术大学、哈尔滨工业大学等国内顶尖高校都在苏州进行了重大布局。苏州的创新驱动还受到了求真务实的工匠精神的影响，"苏工苏作"精致典雅背后有着深厚的技术底蕴，本质上体现了技术导向的创新精神，苏州高端制造业发展转型正是对传统工匠精神"韧性、耐心和定力"的一脉相承。在城市与城市的竞争中，最高层次的竞争实际上是人文环境的竞争。拥有优越人文环境的城市对人们具有更大的吸引力，也能更好地留住人才。

苏州作为历史悠久的文化名城，历史上出现市场经济繁荣的景象绝非偶然，而是深植于千年文脉之中的优势人文特质的反映。这种人文特质如同一条隐形的纽带，连接着过去与未来，不仅推动历史上苏州的市场经济蓬勃发展，更巧妙地与现代市场理念交织融合，形成新时代苏州独特的人文市场制度。苏州人文市场经济繁荣离不开其优秀的文化基因，也离不开全球化、改革开放、政府治理等的结合。在这一过程中，苏州紧紧抓住全球化浪潮的历史机遇，成为改革开放政策的先行者和政府高效治理的市场典范。苏州积极拥抱全球化，通过吸引外资、促进国际贸易、加强国际文化交流等方式，不断拓展市场边界，充分利用"两个市场，两种资源"，提升苏州市场经济主体的竞争力。改革开放激发了市场活力和创新热情，推动了苏州产业结构优化升级，形成了苏州以高新技术产业、现代服务业和先进制造业为主导的现代产业体系。在这个过程中，苏州市政府展现出了卓越的治理能力，通过创新政策制度、优化营商环境、强化公共服务等措施，为市场经济的发展提供了坚实的制度保障和良好的发展环境。政府与市场之间的良性互动，共同构建了苏州现代人文市场制度的独特框架，既保留了传统人文文化的精髓，又融入了现代文明，实现了传统与现代的和谐共生。总之，苏州人文市场制度不仅是对苏州历史文化的传承与发扬，更是对现代文明的积极吸纳与人文转化，人文与市场的深度融合共同铸就了苏州经济繁荣与文化昌盛的辉煌篇章，更为全国乃至全球的城市发展提供了宝贵的经验和启示。

第八章
苏州的人文企业家精神

企业是市场经济的微观主体，在经济增长和社会发展中具有基础性地位。企业家作为赋予资源以财富生产能力的人[①]，是企业生存和发展的最核心的因素。企业家精神是企业家这一特殊群体的共同特征，是对其独特的个人能力、价值取向以及思维模式的抽象概括，更是经营企业和发展经济的稀缺资源。

马克斯·韦伯（Max Weber）在《新教伦理与资本主义精神》中指出，工业革命的主要推动力是资本主义精神的出现，以及随之而来的对企业家成功美德的强调，这至少包括追求利润、勤劳、节俭等方面。[②] 其可能的局限性在于：一是经济发展、制度运行均不能脱离一个国家或地区的人文基因而独立存在，因此企业家精神除了韦伯所指出的一般性特征外，也必然长期浸淫在该国或地区的文化传统、道德规范、社会制度、精神价值、生活方式、社会风气等多重因素中，从而体现出其特殊性。知名经济学家的观点改变也恰恰验证了这一判断，美国联邦储备委员会原主席艾伦·格林斯潘（Alan Greenspan）作为经济传统派，早期对于文化价值观与经济发展、人类进步之间的联系持怀疑态度，他首先断定人人都是天生的资本主义者，断定资本主义是"人的本性"，可是当他谈到苏联解体后俄罗斯的经济灾难时，又说这

[①] "现代管理学之父"彼得·德鲁克（Peter Drucker）把企业家定义为能带来财富生产能力的人。

[②] ［德］马克斯·韦伯. 新教伦理与资本主义精神. 上海：上海人民出版社，2018：43-45.

"根本不是本性，而是文化"①。二是文化的作用的发挥需要满足一定的条件。尽管戴维·兰德斯（David Landes）曾对文化的重要作用有高度体认，指出"如果我们能从经济发展史学到什么，那就是文化会使局面几乎完全不一样"②，但更重要的是，同样的文化属性在不同的社会，甚至在同一个社会的不同时期，对于经济进步而言，可能具有不同的意义。③ 比如，储蓄和投资的习惯都是可取的一般性文化属性，它们当然与繁荣有关联。储蓄习惯固然是好的，但关键要看储蓄的资金是否得到了产生经济效益的配置。重视教育也是经济发展的关键性因素，但同样关键的是看追求什么样的教育，以及将教育用于什么样的目的。对于何种文化究竟在何种条件下对经济发展产生影响，尤其是企业家精神如何对经济发展产生影响，需要结合具体的制度条件和文化土壤来分析。

一、苏州人文企业家精神的特征

苏州的人文特质和环境是当地企业家和企业家精神长期浸淫其中并赖以生长的土壤，是塑造苏州人文企业家精神特征的文化和环境基础。熊月之在为上海书店出版社策划出版的"江南文化研究"丛书撰写的总序中，把江南文化特质概括为四个方面：开放包容、择善守正；务实创新、精益求精；崇文重教、坚强刚毅；尚德重义、守望相助。也有学者把江南文化的精神特质归纳为有"南方之强"、启蒙精神与经世致用情怀。④ 经过对苏州经济社会发展的典型事实的实地调研和分析归纳，我们尝试把在此文化环境中孕育的人文企业家精神概括为如下六个方面：一是实业兴邦；二是契约精神；三是开放包容；四是创新能力；五是本土情怀；六是公益向善。

（一）实业兴邦

苏州的传统人文特质中包含着崇尚实学的经世致用思想。这一思想发源

---

① William Pfaff. "Economists Hatch a Disaster." *The Boston Globe*, 30 August 1999, p. A17.
② David S. Landes. *The Wealth and Poverty of Nations: Why Some Are So Rich and Some So Poor*. New York: Norton, 1998.
③ ［美］塞缪尔·亨廷顿，劳伦斯·哈里森. 文化的重要作用：价值观如何影响人类进步. 3 版. 北京：新华出版社，2010：59.
④ 胡发贵. 江南文化的精神特质. 江南论坛，2012（11）：20-22.

于浙东学派的"事功学之学"①，倡导一种更为平典质朴的、以古制的考订为手段的"确实有用"之学，以求在现实政治事务的合理处置中收到其价值的"实效"②。昆山人顾炎武作为明末清初的三大思想家之一，治学始终以"明学术、正人心、拨乱世、以兴太平之事"为宗旨，曾自言"载之空言，不如见诸行事"③，其中即包含着重实用、重实践的理念，家国天下的情怀和入世担当的精神。在此人文特质的熏陶下，苏州形成了对于发展实业的长期偏好，进而形成了较好的工商业发展基础。

（二）契约精神

契约精神是指一种遵守承诺、信守诺言的行为规范和道德准则。在商业、政治和社会交往等各种场合中，契约精神是维持人际关系、合作交往的重要基础，也是满足交往双方合理预期、维护公共利益的必要条件。"人无信不立，业无信难兴，政无信必颓"，契约精神是市场经济的基础。苏州普遍重视契约精神，个人将此作为社会交往必备的道德准则，企业将此作为核心竞争力的重要组成部分，政府以此打造一流的营商环境，由此形成了普遍较高的社会信任度。

（三）开放包容

开放包容的内涵是指尊重和接纳不同的观点、意见和文化，以促进多元化和平等的社会发展。由于苏州在历史上是商业中心和交通要道，因此苏州人得以耳濡目染各种文化，这有利于他们克服地域乡土、血缘世系、宗教信仰等的局限性，养成求同存异、借鉴圆融的开放胸怀和包容心态，也有利于他们主动借鉴外来的先进技术和经验等，在保有自身优势的基础上吸收外部优势，从而加速经济社会发展。

---

① 南宋定都临安时期为江南学术的繁荣创造了条件，以陈亮为代表的永嘉学派和以吕祖谦为代表的金华学派合称浙东学派，亦称"事功学派"，主要以经世的实用目的为旨归。

② 董平. 浙东学派及其历史发展//浙江师范大学人文学院. 江南文化研究：第1辑. 北京：学苑出版社，2006：27-28.

③ 顾炎武. 顾炎武全集：第21册. 上海：上海古籍出版社，2011：139.

（四）创新能力

创新能力是指一种通过独立思考，寻找新的观点、思路和方法来解决问题或创造新的价值的能力。梁启超在《清代学术概论》中对"南学之精神"进行过全方位、多角度的分析，指出"其对于北方学派，有吐弃之意，有破坏之心"，意思就是江南文化中所具有的基于独立思考的批判精神，尤以包括苏州在内的江浙地区最为典型。① 苏州人文企业家的创新能力既是一种工作态度，也是一种生产技能，更是一种文化追求，反映了其所具有的独立思考和敢于创新的文化本底。

（五）本土情怀

本土情怀是一种对本土文化、历史、习俗的深刻理解和情感联系，以及对本土社区和环境的认同感。这种情怀不仅涉及对本土文化的热爱和尊重，还涉及对本土问题的关注和参与，以及对本土发展的责任感。苏州人文企业家精神中的本土情怀体现为深厚的情感纽带，它促使个人和群体致力于保护、传承及发展本土的文化与精神价值。这也与尤其强调主客二分、对人文价值的关注十分薄弱②，甚至将企业家精神扭曲异化为对物的控制和占有的西方文化形成了鲜明的对比。

（六）公益向善

公益向善是予人关怀，富有同情心，在没有外来压力的情况下自愿地奉献爱心与提供援助的行为。慈善（明清以前一般称作善举）不仅是一种民间

---

① 浙江余姚人王阳明本着传承圣道的使命感，并不墨守当时导致思想僵化、故步自封的程朱理学的官方意识形态，经过自己的实践与思考，抓住了从心上下功夫的"格物致知之旨"，发现了"向之求理于事物者误也"，创立了以"良知即天理""知行合一""致良知""明德亲民"为主题的阳明心学。明末清初的思想家昆山人顾炎武，不仅在学问上多有创见，更对专制主义中央集权制度展开了强烈的批判。他反对"尽天下一切之权而收之在上"，主张"以天下之权、寄天下之人"，分散君主权力，扩大统治基础。在当时的时代背景下，这种对专制君主的批判，从挑战权威、创新思想方面看具有振聋发聩的意义。

② 楼宇烈. 中国人的人文精神（上）. 北京：北京联合出版公司，2020：24.

社会主导的生活救助行为，还是一种以劝人为善为宗旨的教化活动。[①]"积金积玉不如积书教子，宽田宽地莫若宽厚待人"，这副置于苏州洞庭商帮宅第明善堂中的对联[②]，正体现了苏州的人文特质和人文环境对工商群体的认知和行为的影响，由此吴地慈善风气得以绵延千年，流芳百世。

二、历史上苏州人文企业家精神的表现与绩效

苏州作为我国重要的历史文化名城，在 2 500 多年的建城史中创造了光辉灿烂的地方文化。明清时期的苏州作为江南地区乃至全国的经济中心，工商业兴盛，贸易发达，城市繁华，是"天下四聚"之一，史称"东南一大都会，商贾辐辏，百货骈阗，上自帝京，远连交广，以及海外诸洋，梯航毕至"[③]。拉长历史的镜头，不管是吴越、唐宋、明清还是近代以来，苏州经济社会发展总能与其特有的人文特质建立貌似草蛇灰线却又有迹可循的联系。从历史的视角出发，我们尝试把苏州人文企业家精神的表现与绩效大致归结如下。

（一）以实干铸就良好的工商业基础

苏州的传统人文特质中包含着崇尚实学的经世致用精神，历史上又形成了较好的工商业发展基础，由此形成了苏州企业家对于发展实业的长期偏好。经世致用就其核心要义而言，是指经邦治国、济世安民的学问。作为传统儒家的核心思想之一，经世致用在江南地区得到了最为显著的传承与弘扬。

早在吴、越两国统治期间，出于争霸战争的需要，曾采取许多发展经济、富国强兵的举措，从而使江南地区的社会经济得到了一定程度的发展。农业方面主要表现为农具的改进、生产技术的提高、水利设施的兴建和农产品产量的增长等。春秋时期，手工业也初具规模，不仅门类较多，而且质量很高，其中，吴越盛产铜、锡等金属，青铜冶铸业已达到鼎盛阶段。春秋后期历史

---

① 《江南文化概论》组委会，王卫平. 江南文化概论. 苏州：苏州大学出版社，2023：542.

② 彼时洞庭商帮在东西山的宅第均有堂名，并常用"和""睦""亲""善""仁""德""义"等字样，这体现出工商群体以德修身、心怀仁义的价值追求。

③ 苏州博物馆，江苏师范学院历史系，南京大学明清史研究室. 明清苏州工商业碑刻集. 南京：江苏人民出版社，1981：84.

上著名的冶铸家干将即出于此。《战国策·赵策》云："夫吴干之剑，肉试则断牛马，金试则截盘匜。"深埋地下 2 500 余年后出土的吴王剑保存完好，基本上没有腐蚀，仍然散发出耀眼的光芒，锋利异常，表明当时的冶铸水平已达到鼎盛阶段。造船业也已经较为发达，能制造各种形制和性能的船只并达到较高的工艺水平。吴越地区设有专门的造船工场——舟室。《越绝书》中提到的船只长度按照先秦度制测算，"大翼"长约 20.10 米，"中翼"长约 19.30 米，船只除大翼、中翼、小翼外，见于史籍的名称还包括突冒、楼船、桥船等，这些从规格和种类上都说明了当时造船的工艺水平之高。纺织业更是发达，吴越地区是我国养蚕缫丝业和纺织业的发源地，丝织服饰品种多样且华丽美观，在当时就出现了刺绣工艺等较高水平的技术。[①] 明清时期，苏州以手工业发达而著称，突出表现为生产规模扩大、行业增多、分工趋细、产品质量提高以及生活方式变化等。[②]

近代以来，尤其是随着晚清"实业救国"思想的广泛传播，在外国资本的刺激、洋务企业的示范引领以及拯救民族于危亡的使命的感召下，中国民族资本开始逐渐兴起。甲午战争后，中国出现了投资兴办民族工业的高潮，民族资本主义进入初步发展时期。江苏是民族资本主义发展最早、最快的地区之一，苏州官绅和商人开始建立现代工厂和企业，1896 年和 1897 年苏经丝厂与苏纶纱厂的相继创办标志着苏州民族现代工业的开端。

光绪二十一年（1895 年），经清政府批准，张之洞筹划成立苏州商务局，下设商务公司，额定资本白银一百万两，开办苏经丝厂和苏纶纱厂，以丁忧在籍的原国子监祭酒陆润庠为公司总董，筹建两厂。后因商股一时难以筹集，由官方奏准借用中日战争商款移作股本，向苏州、松江、常州、镇江、太仓五地以典当业为主的商人，按年息七厘借得白银 54.8 万两，借户即作股东，官督商办，开办苏经丝厂和苏纶纱厂，厂址定在盘门外青旸地附近。光绪二十二年（1896 年）夏，苏经丝厂建成投产，这是苏州最早的现代化民用企业，也是江苏省最早使用机械缫丝的工厂之一。初建时有意大利进口的缫丝车共

---

① 汉代刘向的《说苑》中记载，晋平公派重臣叔向出使吴国，吴王僚举行欢迎仪式，欢迎人群中"有绣衣而豹裘者，有锦衣而狐裘者"，说明当时的纺织业已经出现了刺绣工艺。

② 《江南文化概论》组委会，王卫平. 江南文化概论. 苏州：苏州大学出版社，2023：71.

208 台，一年后缫丝车全部装齐，增至 336 台，职工有 857 人，使用蒸汽锅炉 2 台、引擎 1 台为动力，日产厂丝 170～200 斤，年产厂丝 500～620 担。产品由上海洋行转销英、法、美等国。苏经丝厂的产品质量较好，宣统二年（1910 年）参加在南京举行的南洋劝业会，所产生丝因品质优良获超等奖。①

光绪二十三年（1897 年），苏纶纱厂建成投产，使用当时最先进的英国"道勃生"纺织机器，共有 1.8 万锭全套纺纱机器，配以蒸汽机、磨电机，是我国最早的十多家机器纺纱企业之一。光绪三十一年（1905 年），以银 5.7 万余两，进口纱锭 4 368 枚，纱锭增至 2.24 万枚。投产时有工人 2 200 名，日夜两班生产，年产粗纱约 1.4 万件。苏纶纱厂与南通大生纱厂、无锡业勤纱厂等，"皆为中国纱业之先进，亦新工业之前导"②，在中国工业史上占有重要地位。

更为重要的是，苏经、苏纶两厂的开办与发展不仅带动了苏州丝织业和纺织业的发展，也促进其他现代企业的创办。光绪二十二年（1896 年），黄宗宪、王驾六等集资银 5.9 万两，于葑门外觅渡桥筹建恒利丝厂（即吴兴丝厂），翌年投产，有意大利产缫丝车 104 台。光绪二十六年（1900 年），由华商杨奎侯与意大利商人康度西合作，华商集资银 10 万两，在葑门外灯草桥开办延昌永丝厂，康度西任经理，用意商名义经营，有缫车 200 台，后增至 300 台。光绪三十一年（1905 年），太仓富绅蒋伯言在沙溪镇创建济泰纱厂（后改称利泰纱厂），为当时江苏三大新式棉纺企业之一，有纱锭 1.3 万枚，所产太狮、醒狮牌棉纱誉满华南。光绪三十三年（1907 年），怡和洋行的买办菁梅贤投资 7 万元，以其族人蒉敏伯为经理，于苏州南浩街创设生生电灯公司。宣统元年（1909 年），无锡民族资本家祝大椿及苏州银钱业庄主洪少圃等加入合资经营，改名为振兴电灯公司。

据资料统计，从光绪二十二年至宣统三年（1896—1911 年），苏州地区创办了约 35 家新式工厂企业，主要集中在缫丝、棉纺和食品工业，其中 20 家工厂企业在苏州城区，11 家工厂企业在常熟。苏州工商业群体扎实发展丝绸、

---

① ② 《苏州通史》编纂委员会，王国平. 苏州通史：导论卷. 苏州：苏州大学出版社，2019：369.

棉纺等实业，并对现代企业性质、生产方式和管理方式等进行了多种探索。[①]
苏州的丝绸、棉纺等产业呈现出企业创办较早、企业规模较大、企业数量较
多等特点。

（二）以诚信融合传统文化与契约精神

苏州的诚信是中国文化中内诚外信的传统与市场文化中契约之信的传统
的融合。诚信是各个民族都珍视的基本价值，中华民族更是把诚信作为人之
所以成为人的基本特点之一，认为人无信不立。西方社会步入近现代之后，
由于市场经济对履行契约的基本要求，开始把诚信作为最重要的个人品质加
以强调。中国加入全球分工体系，特别是实行市场经济之后，契约精神所要
求的诚信维度也愈发凸显。

从历史上看，我国早在吴越时期就强化商业诚信建设。吴越均重视市场
管理，注重商业诚信，将市场贸易之政（当时简称"市政"）列为振兴国家
的"五政"之一。对于各种违反市场规定的现象，如不符度量、有悖礼制、
欺买诈卖、偷盗抢劫等行为，均予以坚决打击。《越公其事》载："越邦服农
多食，王乃好信，乃修市政。凡群度之不度，群采勿之不对，佯偷谅人则刑
也。"这说明当时的越国注重市场诚信体系建设，从制定律法的角度建立诚信
的市场交易环境。当时除了官市之外，还存在民间商业贸易行为[②]，这说明越
国重视诚信、完善市政的举措客观上为民间商业的发展提供了良好的土壤。

在我国商业发展的数百年历史中，中华老字号是中华优秀传统文化与现
代商业文明融合的优秀结晶，也是体现人文企业家精神的绝佳载体。中华老
字号通常遵循中国传统文化与中国传统思想所推崇的行为原则，拥有世代传
承的产品、技艺或服务，具有鲜明的中华民族传统文化背景和深厚的文化底

---

① 首先，企业性质逐步由官督商办向商办转化，产权关系逐步明晰；其次，生产方式由手工生
产向机器生产转变，后者作为一种全新的生产方式有着更高的生产效率；最后，管理方式改为招股经
营，具有股份制企业的某些特征，同时产生了一批民族资本家和产业工人，这些民族资本家和产业工
人成为新生的社会阶级力量。引自《苏州通史》编纂委员会，王国平. 苏州通史·导论卷. 苏州：苏
州大学出版社，2019：371-372。

② 《淮南子》《韩非子》等书中均有鲁国商人至越地贩卖冠等记载。

蕴，得到了社会广泛认同并形成了良好信誉。[1] 在"2023 年度中国上市公司价值榜"中，中华老字号企业贵州茅台和五粮液分别居于第 16 位和第 32 位。[2]

苏州繁华的商业孕育了数量众多的老字号企业，这些企业坚守商业初心，历经风雨沉浮，始终屹立于商业潮头，成就了一个又一个金字招牌。目前，苏州经商务部、省商务厅、市商务局认定的各类老字号企业共 98 家[3]，处于全国前列。苏州老字号企业大都创办于明清时期，它们从传统产业起步，如今主要分布于餐饮食品、工艺美术、黄金饰品、医药器械、酒业茶叶、眼镜钟表、零售服务等多个行业。它们见证了时代变迁，至今仍与百姓生活密切相关。

以老字号为代表的苏州企业是诚实守信方面的典范。几乎所有中华老字号企业都将诚信作为最基本的企业文化，这也是中国传统文化的核心。[4] 始创于 1914 年并获评"中华老字号"的苏州"李良济"医药品牌，100 多年来坚持"以专制药，以诚为人"的经营理念，积极发挥中医优势，整合优质中医资源，举办名医江苏行等义诊活动，其承载的正是中国传统文化的诚实守信内涵，彰显了丰富的人文意蕴。

老字号企业中人文企业家精神的价值，从企业的经济行为和资本市场表现中亦可观察到。一系列经济学实证研究表明，老字号企业所承载的人文企业家精神，一是可以形成更强的声誉机制，从而降低公开发行环节的抑价幅度，缓解资本市场融资约束，使企业股票在资本市场获得更高的认可度，表现为短期和长期的投资收益率均更高；二是可以提供更好的风险防范机制，

---

① 见《商务部关于认定第一批"中华老字号"的通知》。

② 该评选由澎湃新闻发起、上海交通大学高级金融学院提供学术支持。另外，在中国上市公司协会评选的"2017 年度最受投资者尊重的上市公司"百强榜中，老字号企业占比高达 16%，其中包括贵州茅台（600519）、马应龙（600993）、东阿阿胶（000423）等著名中华老字号企业，但 2017 年后该协会未再发布此类评选结果。

③ 截至 2023 年 12 月末，苏州市经商务部认定的"中华老字号"企业共有 29 家，占全国的 6.74%，占江苏省的 30.5%；经江苏省商务厅认定的"江苏老字号"企业共有 45 家，占全省的 26%；经苏州市商务局认定的"苏州老字号"企业共有 24 家。

④ 比如，中华老字号企业北京同仁堂的堂训是"炮制虽繁必不敢省人工，品味虽贵必不敢减物力"，这体现的就是诚实守信文化。

使企业的经营业绩更稳健，表现为老字号企业销售收入确认的激进程度显著更低，盈利能力的稳定性和增长性也显著更强[1]；三是可以形成更高质量的治理机制，表现为企业的会计行为更加规范，会计操纵更少[2]。

（三）以包容应变创造商业的繁荣

苏州建城并改变落后面貌的历史，正是主动学习、积极吸收中原文化，并且在与中原诸国及楚、越等国文化的碰撞、交流过程中，实现吴文化自身的进步、升华的过程。

大约 3000 年前，地处西北的周族首领之子太伯、仲雍南奔荆蛮之地，建立了被称为"句吴"的国家，这个国家后来发展成为吴国。吴国名君寿梦曾"朝周适楚，观诸侯礼乐"，为中原先进文化的魅力所折服并大发感慨："孤在蛮夷，徒以椎髻为俗，岂有斯之服哉！"[3] 吴国君主阖闾上台以后，先后任用来自楚国的伍员、齐国的孙武等人，向中原先进国家学习，进行经济、政治、军事等各方面的改革，取得了"西破强楚、北威齐晋、南伐越人"的显赫功绩。

唐宋时期，包含统治阶层、名门望族、士子工匠在内的北人南迁和"衣冠南渡"的过程，事实上是包括生产方式、生活方式、文化知识、价值观念、审美情趣等在内的整体性文化流动，对江南而言，则是一种全面的文化开放与交融交流。[4] 苏州的人文特质不是故步自封，而是适时顺变，以开放的姿态进行学习，不断改造自身品质，从而使得苏州城在 2 500 多年的历史长河中始终富有生机与活力。

历史上苏州商业的繁荣突出表现为长途贩运贸易的发达，这充分体现了利用好分工与合作关系的企业家才能。明清时代的苏州充分发挥开放优势，凭借便利的交通条件和生产高质量商品的能力，不仅"将绸布、书籍、家具木器、工艺品等成品源源销往全国乃至外洋，同时还从全国各地输入大量的

① 许荣，等. 公司声誉能带来更高的金融市场价值吗：基于中华老字号上市公司的证据. 经济理论与经济管理，2023（3）：98-112.

② 徐星美，权小锋. 中华老字号的会计基因：基于盈余管理的视角. 管理科学学报，2022（1）：81-94.

③ （汉）赵晔. 吴越春秋全译. 贵阳：贵州人民出版社，1993：42.

④ 郭骥，等. 孕育与蜕变：从江南文化到海派文化. 上海：上海书店出版社，2021：2.

棉花、粮食、木材、纸张、染料等生产原材料和食糖、杂粮等副食品，并且衣履天下，辐辏海内，充当着中转输送全国尤其是南北物资的重要角色"①，苏州由此成为当时全国最为突出的赋税钱粮重地、举世闻名的商品生产加工中心、全国物资的流通转运中心和高度发达的银钱金融中心。

工商业的发达使得苏州既可能也必须形成"开放包容、海纳百川"的商业文化，会馆等组织为工商业合作搭建了平台。明清时期，在苏州工商业的各个部门都能看到数量众多的外地客商，乾隆《吴县志》卷八《市镇》中提及："吴为东南一大都会，当四达之冲，闽商洋贾、燕齐楚晋百货之所聚，则杂处阛阓者，半行旅也。"② 明代郑若也提到，苏州"开张字号行铺者，率皆四方旅寓之人"。最为活跃的有徽州商人、浙江商人、秦晋商人、闽粤商人、江西商人、江苏商人等，其中，江苏商人按地域可分为洞庭商人、金陵商人、毗陵商人等。洞庭商帮为苏州本地商人团体，以善贾著称，有"钻天洞庭"之号。③ 这些商贾在苏州自发形成会馆这一组织，联乡语、叙乡情、共互助，在苏州当地开展业务、互通信息、制定行规、办理善举等，形成开放包容文化的一个事实载体。

另外，作为商品生产和流通高度发达的城市，苏州不但吸引着国内各地的商人，而且与海外的经济联系也非常频繁。康熙二十二年（1683 年）清政府统一台湾后，次年开放海禁，设立了江、浙、闽、粤四海关，管理对外贸易事务。民间贸易自此取得了合法地位，苏州对海外各地的贸易更是盛况空前。大量从苏州起航或者运载苏州出产货物的船只往来于日本、东南亚甚至欧洲，又将大量洋货如布、檀金和巨额硬通货如金、银等带回苏州，这无疑对苏州形成开放、包容、竞争、合作的商业文化特质产生了极大的影响。

（四）以创新追求技术与制度的领先

明代万历年间的王士性曾指出，江南人"既繁且慧，亡论冠盖文物，即百工技艺，心智咸儇巧异常。虽五商奏集，物产不称乏，然非天然也，多人

---

① 范金民，罗晓翔. 明清苏州经济中心地位略论. 史学集刊，2021（3）：48－59.
② 李伯重. 工业发展与城市变化：明中叶至清中叶的苏州（中）. 清史研究，2002（1）：62－70.
③ 《江南文化概论》组委会，王卫平. 江南文化概论. 苏州：苏州大学出版社，2023：74.

工所成，足夺造化"①，这足以说明江南地区工艺先进、技艺突出。尤其到了明清时期，苏州的民间工艺臻于鼎盛，江南百工不仅技术精湛，而且品类繁富，计有22个大类，超过3 500个品种。据碑刻资料的粗略统计，苏州的手工业行业有丝织业、棉纺织加工业、刺绣业、踹布业、染布业、冶金业、造纸业、刻书业、蜡烛业、漆作业、木作业等数十种，尤以丝织业和棉纺织加工业最有影响、最具特色。据估计，乾隆年间，苏州城内约有织机1.2万台，从事丝绸生产和贸易者约有10万人。②

明代张瀚在《松窗梦语》中指出，吴人制作的服饰华丽精致，吴人制造的器具精美漂亮，其中都蕴含着工艺、技术上的或重大或细微的革新，由此形成了全国各地对"苏作""苏式""吴品""吴样"产品的追捧。清中期纳兰常安对苏州的百物制造极为推崇，认为"故苏之巧甲于天下"。不可忽视的是，明清政府在苏州设有织染局，专门织造供皇室使用的绸缎，这对苏州民间丝织业技术的提高、产品质量的提升，起到了很大的推动作用。当时有"破归破，苏州货"之说，苏州成为高质量产品的代名词，并出现了许多质量好、声誉佳、广受消费者欢迎的品牌行业和店铺，比如雷允上药材、陆稿荐酱肉等，这些流传数百年的老字号至今仍受到市民百姓的高度信任。

传统的苏工苏作因与百姓生活息息相关而广为人知，但更能反映苏州高超技术水准的制造等行业却鲜为人知，而这恰恰是苏州历史上在实业领域勇于创新的典型事实，比如苏州的眼镜制造行业曾在较长时期内处于技术领先地位。明末清初，德国耶稣会传教士汤若望著《远镜说》，这是西方光学知识传入中国的早期文献之一。吸收西方光学知识并加以创新，最终取得成就较多的代表性人物是苏州吴江人孙云球。他利用苏州传统的琢玉工艺，以水晶为材料，成功磨制了各种凹凸透镜，并在此基础上制作了70余种光学仪器，把我国民间光学制造业推向了一个新的起点。孙云球根据其积累的经验撰写的光学专著《镜史》成为中国人撰写的第一部光学著作，坊间工匠皆依照其法

① （明）王士性. 王士性地理书三种. 上海：上海古籍出版社，1993：227.
② 王翔. 中国丝绸史研究. 北京：团结出版社，1990：226.

仿制，苏州也因此成为清代光学研究和光学仪器制造的重要地区之一。[①]

特别值得一提的是，清代苏州还出现了"经造纱锻账房"，这种由资本自由雇用工人开展生产的情况，被学界视为中国资本主义萌芽的典型表现，也是彼时苏州在生产方式方面的创新。民国《吴县志》卷五十一《物产》中记载："经营此项纱缎业者，谓之账房……各账房除自行设机督织外，大都以经纬交与织工，各就织工居处雇匠织造。"这表明账房或自己开设工厂雇人织绸，或通过发放原料，收回成品，实行计件工资的形式进行生产，机工的身份自由，受资本的雇用并以自己的劳动获得报酬。

（五）以情怀实现本土扎根与文化体认

从历史上看，苏州历代仁人志士都有着深厚的人文精神与本土情怀。比如，北宋名人志士范仲淹慨然有志于天下，写下了"先天下之忧而忧，后天下之乐而乐"的千古名句，其为人宽容、乐善好施，为政忠厚、所至有恩。范文正公生前扩建自家居处为义宅，以聚族人，置田千亩办义庄，以赡族人[②]，以至"范氏无穷人"，开宗族有组织地从事慈善义举的先河，故所谓"苏郡自宋范文正公建立义庄，六七百年，世家巨室踵其法而行者指不胜屈"[③]。

顾炎武始终以"天下兴亡，匹夫有责"为职志，"救国以力"不成则致力于"救民以言"，从事"明道救世"的学问，提出了一整套社会经济和政治改革方案。他的《天下郡国利病书》是记载明代各地区社会政治经济状况的历史地理著作。书中对全国各地的形势、险要、卫所、城堡、关寨、岛礁、烽堠、民兵、巡司、马政、草场、兵力配备、粮草供应、屯田，以及有关农民企业和其他社会动乱等方面的资料，无不详细记录。

（六）以慈善发挥工商业的社会价值

中国历史上盛行民本主义思想，重视"民"的作用，强调"民为邦本"。

---

① 孙承晟. 明清之际西方光学知识在中国的传播及其影响：孙云球《镜史》研究. 自然科学史研究，2007（3）：363 - 376.

② 《苏州通史》编纂委员会，李峰. 苏州通史：人物卷：上. 苏州：苏州大学出版社，2019：170.

③ 王国平，唐力行. 明清以来苏州社会史碑刻集. 苏州：苏州大学出版社，1998：257.

自汉代以来，成为历代封建王朝统治的精神支柱的儒家思想，其基本的出发点是"仁政"，传入的佛教与本土的道教也都强调因果报应，主张劝善去恶、积德行善。苏州的慈善行为可以追溯至先秦时期，吴王阖闾"亲巡孤寡，而共其困乏""勤恤其民，而与之劳逸"的做法，可以视为较早期的慈善救济行为。①

宋代以后，苏州的慈善救济事业具有如下特点：一是机构种类全、数量多，救助对象广。二是机构规模大、设施全。比如，苏州收养孤老、寡妇、孤儿的居养安济院除拥有大量房产外，还拥有田产1 660亩，每年收租米700余石，提供老有所养、病有所治、死有所葬等多方面服务。三是区别于宋代之前慈善救济事业一般由政府主持的特点，宋代开始出现民间慈善事业。如开禧三年（1207年），陈耆寿向苏州居养安济院捐田1 120亩，另一较大规模的慈善机构广惠坊的资金也有部分来自民间捐献。明代后期，以袁黄②为代表的一些人发起了劝善运动，旨在"以道德立说，劝人为善"③，集中表现在三个方面：一是以功过格体系为中心的劝善书大量出现④；二是善书注解作品大量出现；三是劝善活动由精英阶层渗透到底层民众，形成全社会覆盖。

明清时期，苏州当地碑记中就有洞庭商帮从事慈善公益惠及乡里的大量记录，包括在洞庭山里掘公井、设义渡、造桥铺路、修理寺庙、接济贫寒等。乾隆《吴县志》中记载："吴中富厚之家多乐于为善者，冬天施衣施被，夏则施帐施扇，死而不能殓者施棺，病而无医者施药，岁荒则施粥施米。近时皇上又开好善乐施之例，社仓、义仓给奖议叙，进身有阶，人心益踊跃矣。"⑤

会馆、公所的救助善举到清朝康乾年间逐渐增多，嘉道时期达到顶峰。除了正常的行业业务管理外，会馆、公所重要的活动内容就是救助同业或同

① 《江南文化概论》组委会，王卫平. 江南文化概论. 苏州：苏州大学出版社，2023：543.
② 袁黄生于嘉靖十二年（1533年），号了凡，祖籍浙江嘉善，后迁至江苏吴江。他博学多才，精通河图洛书之理、星命之学等，并对兵备、水利、农业颇有心得，一生著述宏富，其中以《了凡四训》流传最广，影响也最深。他也是迄今所知中国历史上第一位具名的善书作者。
③ 吴震. 明末清初劝善运动思想研究. 台北：台湾大学出版中心，2009：1-2.
④ 袁黄. 功过格分离汇编//丛书集成续编：第62册. 台北：台湾新文丰出版公司，1988：239-257. 它是通过把每次所做之事记录下来，分为善恶，增减计数，善恶相抵，以善、恶数量的多少判定道德水平的高下，并以此决定福祸，最终改变自己的命运，实际上是一种道德自律的工具。
⑤ 《江南文化概论》组委会，王卫平. 江南文化概论：苏州：苏州大学出版社，2023：542-543.

乡，办理社会救济。许多公所都制定了较为详细的章程，对善举内容及其相应的经费筹措办法、管理方式做了规定。① 一些企业直观地把"仁""德""信"作为其经营思想与商业精神，并用其作为名称的组成部分，比如苏州中药企业同德堂直接点出"德"的传统文化，并呼应"医者大德也"的行业价值取向。

苏州还是最早成立商会的城市之一。1905 年成立的苏州商务总会以"保护营业、启发智识、维持公益、调息纷争"为宗旨，既是沟通晚清政府与工商群体的中介组织，也是近代中国公益慈善事业的重要组成部分。苏州商会建立了一种遍布全市的基层街道组织——市民公社。这种组织既是市民自治团体，也是商人团体，以"联合团体、互相保卫、专办本范围以内一切公益之事"为宗旨。1909 年成立的观前市民公社是苏州第一个市民公社，初期涉及的事务以公共卫生和消防为主，后来逐渐扩展到治安冬防、巡逻勤务，最后扩展到金融、税务、物价以至军需杂捐等领域，在苏州的经济、政治乃至社会文化生活中发挥着重要作用。②

三、现代人文企业家精神与苏州企业发展奇迹

对人文企业家精神的继承和发扬是现代苏州及其企业创造出发展奇迹的重要因素。根据国家统计局发布的数据，截至 2023 年底，苏州的地区生产总值达到 24 653.4 亿元，在全国主要城市中排名第六，仅次于深圳、上海、北京、广州、重庆，而后者中上海、北京、重庆均为直辖市，深圳和广州为副省级城市，仅为地级市的苏州在依据城市行政级别分配公共资源的体系中有着天然劣势，却依然交出了亮眼的成绩单，其中人文企业家精神的作用不可或缺。

（一）以实业经世致用

苏州求真务实的人文特质形成了发展高质量产业所需的文化积淀。高质

---

① 《苏州通史》编纂委员会，王国平，唐力行. 苏州通史：清代卷. 苏州：苏州大学出版社，2019：273.

② 市民公社. 苏州档案信息网，2016 - 11 - 09.

量产业发展要求有求真务实的科学素养、精工细作的工匠精神、追求精致的
审美品位，而这些恰恰在苏州园林、丝绸、家具等典型苏工苏作中得到了淋
漓尽致的体现，由此形成了苏州发展高质量产业的重要文化积淀，并从文化
基础上助力苏州成为世界范围内重要的制造业中心城市。

　　制造业是苏州经济发展的重要基石。据统计，苏州拥有 16 万家工业企
业，涵盖 35 个工业大类，是国内工业体系最完备的城市之一。图 8-1 展示了
对全国代表性省份①的制造业上市公司的分析结果。由该图可以看出，2015—
2023 年期间，江苏省的制造业上市公司总量突破了 500 家，从制造业上市公
司数量占全部上市公司的比重看，自 2000 年以来基本保持在 70% 以上的高
位，与浙江省的制造业上市公司呈现并驾齐驱的态势。

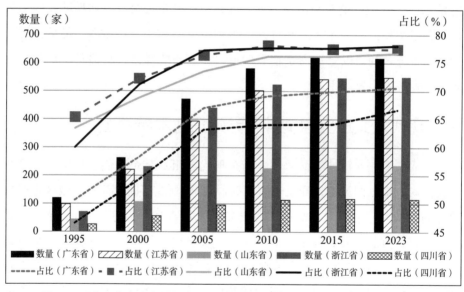

图 8-1　全国代表性省份的制造业上市公司数量及其占比（1995—2023 年）

　　我们进一步选取全国代表性城市②进行比较。从图 8-2 可以发现，在深
圳、广州、苏州、成都和杭州这五个城市中，除深圳外，苏州的制造业上市
公司无论在数量还是占比方面均遥遥领先。

<hr>

　　① 我们选取了 2023 年地区生产总值位居全国前五名的省份进行横向比较，分别是广东省、江苏
省、山东省、浙江省和四川省。
　　② 我们选取了 2023 年地区生产总值位居全国前五名的城市进行横向比较，分别是深圳、广州、
苏州、成都和杭州，直辖市北京、上海和重庆除外。

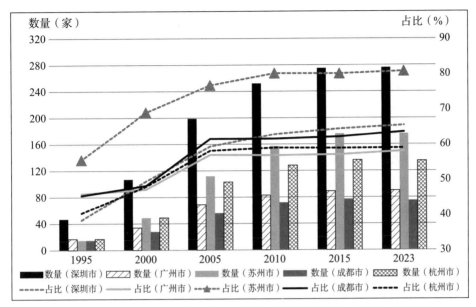

图 8-2　全国代表性城市的制造业上市公司数量及其占比（1995—2023 年）

数十年聚焦主业、一以贯之谋发展的企业在苏州比比皆是，这恰恰体现了苏州始终扎根实业的精神。以在北京证券交易所上市的苏州太湖雪丝绸股份有限公司为例，作为位于中国蚕丝被家纺名镇——吴江震泽镇——的一家集蚕桑种植、生产、设计、销售为一体的专业真丝家纺生产企业，公司自 2002 年成立以来，始终聚焦真丝家纺产品主业，先后开发了蚕丝被、床品套件、丝绸饰品、丝绸服饰四大产品系列，并坚持科技创新发展战略，不断丰富传统真丝产品的科技内涵，共获得 71 项授权专利，并参与起草国家标准 5 项、行业标准 3 项、团体标准 2 项。公司 2022 年实现营业收入 3.40 亿元，净利润 3 155 万元，毛利率达到 41.65%，表明其品牌价值和技术创新已经得到市场认可。公司把"让全世界都能感受丝绸之美、感悟中国五千年的丝绸文化"作为发展愿景，自创品牌"太湖雪"已经成为市场上具有较高知名度的丝绸代表性品牌。[①]

（二）以诚信开拓市场

作为全国最早提出"依法治市"的城市之一，苏州坚持把各项工作纳入

---

① 资料来源于苏州太湖雪丝绸股份有限公司招股说明书和 2022 年年度报告。

法制轨道。自 1993 年 4 月获批"较大的市"并取得地方立法权以来，苏州始终把规范市场主体行为，发挥市场调节资源的作用，营造良好的市场竞争秩序，服务保障经济高质量发展作为地方立法追求的重要目标。1993 年，苏州便率先在个体工商户中开展评选"信得过摊位（商店）"活动。2000 年，苏州观前街被授予全国"百城万店无假货"活动示范街称号，苏州人民商场、苏州工艺品商场购物中心被授予全国"百城万店无假货"活动示范店称号。在全国工商联发布的 2023 年度万家民营企业评营商环境的调查中，苏州营商环境在全国地级市中位居前列，并获评"最佳口碑地级市"，这也是苏州连续第五年被评为"营商环境最佳口碑城市"。

以企业为例，苏州姜思序堂创办百年，坚持古法纯天然颜料的制造和经营，始终秉持契约精神与诚信原则，对国画颜料事业的发展产生了较大影响。

姜思序堂国画颜料的制作技艺最早可追溯至明朝崇祯年间，由苏州进士姜图香的后人始创。清代乾隆年间，姜氏在苏州阊门内都亭桥设了铺面，从事国画颜料的专门制作与专业经营，品牌开始打响。因姜图香这一宗支的堂名为"思序堂"，所以该铺以"姜思序堂"命名。300 多年来，姜思序堂坚持守正创新、固本培元，一直传承古法制色技艺，通过矿石、动植物来制作国画颜料，成为苏州现存商铺中历史第二悠久的老字号。2011 年，其制作技艺被认定为"第三批国家级非物质文化遗产代表性项目"。

姜思序堂国画颜料制作技艺的第六代传人张佰林自 1984 年入厂开始已经工作了 40 年，他深知自己所肩负的责任与使命，并坚持不懈地将这门技艺传承下去。传统的颜料制作工艺讲究、工序复杂，光研磨这一步，就要每天磨 8 小时，连续 20 天以上，才能磨到上面浮现碟光，达到画家要求的细度。整个过程多半需要手工操作，对经验和技艺的要求非常高，只有耐得住辛苦、劳累、肮脏和寂寞，才能制作出细若轻尘、入水即化、纯净光润、色泽庄重的"姜思序堂"颜料。历代姜思序堂的传人就这样慢工出细活，细活出精品，最终成就了百年品牌。

姜思序堂制作的颜料产品一直是中国传统国画颜料的"上品"，尤其在书画创作专业领域拥有良好口碑。在北京荣宝斋、上海朵云轩等经营文房四宝的老字号店铺，姜思序堂的国画颜料必定有着一席之地。2022 年北京冬奥会期间央视播放的专题系列片《当非遗遇上冬奥——颜色》和苏州电视台的系列报道《光影十年间》都关注了姜思序堂的国画颜料。纪录片《我在故宫修文物》中，姜思序堂的国画颜料也再次发挥作用，使得那些承载历史记忆的文物重新焕发生机。

为了使老字号能更好地适应市场需求，姜思序堂积极创新，不仅研制了更便捷的膏状颜料，还不断改进包装并推出文创产品等，进一步拓展产业链。姜思序堂 2022 年与国家级非遗桃花坞合作设计的生肖版 12 色颜料，2023 年与抖音 4 600 万粉丝博主"一禅小和尚"联名制作的国画颜料等都深受书画爱好者喜爱。为了拓宽销售渠道，公司将传统销售模式与互联网销售模式并举，进一步打开国画颜料的海内外市场，推动国画颜料走出国门，2023 年国画颜料销售额达到了 1 600 万元。

姜思序堂在坚守传统技艺的同时，积极弘扬非遗文化，走进学校、社区、新时代文明实践所（站）开展公益性展览及讲座，向大中小学生及市民宣传非物质文化遗产，使原本小众的国画颜料被越来越多的"圈外人"知晓。

在多元文化竞相发展的社会形态中，姜思序堂以市场需求为标尺，以传统文化为根基，以创新思路为命脉，以产业构建为助力，让非遗在人文经济花园中竞放异彩。[①]

（三）以开放成就互补

包容开放的人文特质形成了苏州各市场主体协同发力的有利局面。不同类型的市场主体形成互补关系是建设完整产业链的重要基础，苏州不断探索打造乡镇企业、引进外资等模式，受益于包容开放尤其是不排外的人文特质所引起的创造性转化，形成了国有企业、集体企业、民营企业和外资企业等各市场主体融合发展的良好局面。截至 2023 年底，苏州全市内资企业总量达 90.13 万户，外资企业总量达 2.36 万户，且新登记内外资企业与 2022 年相比均呈现增长态势。

以 20 世纪 80 年代初期为例，苏州的商业实践就浸淫在开放共享与合作

---

① 本案例材料由苏州工业园区唯亭街道办事处提供。

互补的人文特质中。比如，昆山抓住机遇，自费创办开发区，提出"东依上海、西托三线、内联乡镇、面向全国、走向世界"的发展思路，引进上海和内地"三线"企业，借助外力奠定了昆山工业发展的基础，为发展开放型经济搭建了良好的承接载体。1985 年 2 月投产的中国苏旺你有限公司是苏州首家中外合资企业，由昆山市轻工业公司、中国银行信托咨询公司和日本苏旺你株式会社共同投资组建，总投资 150 万美元，占地 11 863.5 平方米，拥有职工 400 名。[①] 在中国苏旺你有限公司的日常运营中，如果中方没有开放包容的心态，没有从开放和共享的角度对当时部分人质疑的"白白让出市场、白白让出利润"进行解释、引导，那么昆山后续热火朝天的台资企业大发展也就不可能实现了。再比如，苏州企业也善于根据国家政策以既有竞争又有合作的方式快速推动企业"走出去"。1985 年 10 月，国务院制定了境外投资的有关政策措施，常熟市虞山镇的常熟市丙纶厂即成为苏州市首家试点单位。该厂的丙纶长丝年产量居全国同行业首位。1985 年 11 月，该厂、中科院化学研究所下属一公司与浙江海宁化纤厂一起作为中方单位，与泰国亿峰（集团）公司正式签署在泰国曼谷工业园内合资兴办"丝特（集团）有限公司"的合同。[②] 该项目 1987 年获两国批准，成为苏州首家境外投资企业和全省首家由乡镇企业牵头去国外开办的合资企业。[③]

在此人文特质中发展起来的企业对苏州的经济社会发展产生了持续影响。我们选取了两个维度进行考察：一是全国代表性省份和城市的外资上市公司数量及它们分别占本省或本市上市公司数量的比重；二是全国代表性省份和城市的私营上市公司数量及它们分别占本省或本市上市公司数量的比重。其中，第一个指标反映内资与外资的合作互补程度，第二个指标反映国有企业与私营企业的竞争力和活力。

外资企业的发展情况是考量地区对外开放程度和营商环境的"试金石"。图 8-3 显示，从 2023 年 GDP 排名前五的代表性省份来看，外资上市公司数

① 《昆山》编委会. 昆山. 北京：当代中国出版社，2011：71.
② 项目总投资 292 万美元，中方投资 119 万美元，其中常熟丙纶厂以设备、技术投资。项目包括新建聚丙烯母粒厂和丙纶长丝厂各一座，产品填补了泰国工业的空白。投产营运后中方每年可赚回外汇 30 多万美元。
③ 蒋正行. 常熟市丙纶厂在泰国建办合资企业纪事. 苏州日报，1988-07-15.

量最多的是广东省，这与其所在的粤港澳大湾区的便捷地理位置有关。至
2023 年末，广东省外资上市公司数量达到 73 家。其次便是江苏省，其外资上
市公司数量自 1995 年以来呈稳步上升态势，紧跟在广东之后。图 8 - 4 显示，
在 2023 年 GDP 排名全国前五的代表性城市中，苏州的外资上市公司数量仅
次于深圳市，并且其外资上市公司占本市上市公司数量的比重自 2005 年以来
始终保持高位，2023 年达到了 11.47%。

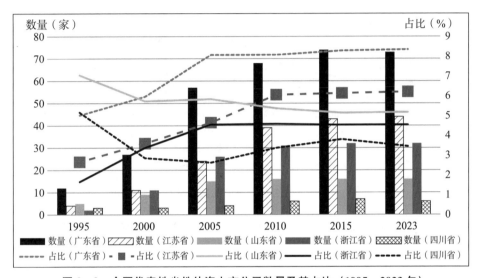

图 8 - 3　全国代表性省份外资上市公司数量及其占比（1995—2023 年）

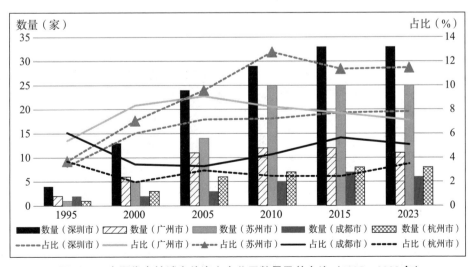

图 8 - 4　全国代表性城市外资上市公司数量及其占比（1995—2023 年）

图 8-5 显示，在 2003 年 GDP 排名前五的江苏省内代表性城市中，与南京、无锡、南通、常州相比，苏州外资上市公司数量及其占本市上市公司数量的比重均呈现出绝对领先的趋势。

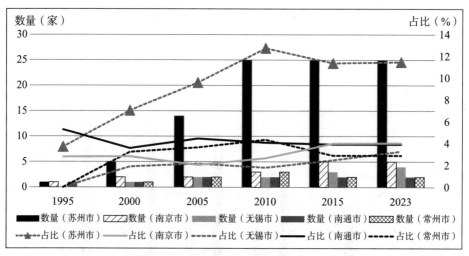

图 8-5　江苏省内代表性城市外资上市公司数量及其占比（1995—2023 年）

私营企业的发展情况大体反映了地区的经济活跃度和竞争度。从图 8-6 来看，在全国代表性省份中，江苏省的私营上市公司数量并不占优势，少于广东省和浙江省，私营上市公司占本省上市公司数量的比重也低于浙江省，

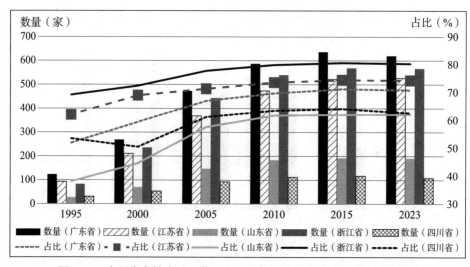

图 8-6　全国代表性省份私营上市公司数量及其占比（1995—2023 年）

自 2005 年以来与浙江省的差距保持在 7~8 个百分点。不过，图 8-7 显示，在全国代表性城市中，苏州的私营上市公司具有较大优势。从数量看，深圳保持与其地域特征相称的领先优势，但从占比看，苏州私营上市公司占本市上市公司数量的比重自 2000 年以来维持在 70%~80% 的高位，远高于深圳、成都等城市，这充分体现了苏州经济的竞争力和活力。

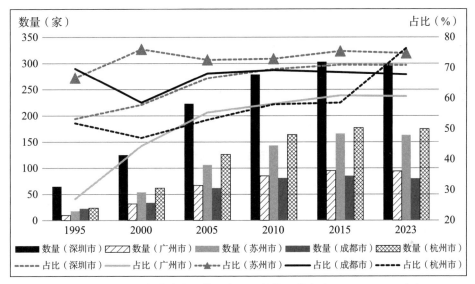

图 8-7　全国代表性城市私营上市公司数量及其占比（1995—2023 年）

（四）以创新追求极致

创立企业是一项高风险活动，因此地区新设企业的数量反映了一个地区的创新意愿。图 8-8 显示了 2010—2021 年间江苏省内代表性城市的每万人新增企业数量。[①] 其中，苏州市每万人新增企业数量稳居江苏省内第二，仅次于省会南京，并且 2017 年苏州市的新增企业数量超过了每万人 100 家。[②]

连续 20 年位居全国百强县首位的昆山市，正是凭借一次次创新，始终走在发展前列。40 年来，从第一个创办自费开发区，到成立全国第一个县级市国家级高新区，从开通全国第一条跨省轨道交通线，到建成全国第一条县级环城快

---

① 受数据可得性所限，用江苏省内数据展开分析。

② 南京市 2016 年的数据超过了每万人 200 家，显著异于前后年份，我们复核了数据来源并保留了此异常值。

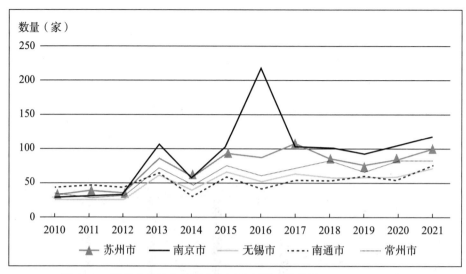

图 8-8　江苏省内代表性城市每万人新增企业数量（2010—2021 年）

速路……昆山创造了许多历史性的"首次"和多项重量级的"第一"。正是靠着这种"不甘人后、争先进位"的态度、"攀高比强、勇立潮头"的劲头，昆山才能始终保持领先优势。昆山被列为全国 18 个改革开放典型地区之一，成为全国首个 GDP 突破 5 000 亿元的县级市。20 世纪 80 年代中期，昆山抓住国家沿海开发开放的战略机遇，在全省县市中率先发展外向型经济。1992 年邓小平同志南方谈话以后，昆山抓住浦东开发开放、昆山开发区国批等机遇，大力实施外向带动战略，奠定了外向型经济基本格局。亚洲金融危机期间，昆山于危中寻机，通过"台资扩张"掀起了又一轮开放发展高潮。进入 21 世纪，昆山顺应经济全球化大趋势，积极承接国际制造业转移，全面融入国际产业分工体系。

　　闻名全国的"苏南模式"以乡镇企业为特色，其创新性体现为：绝大部分乡镇企业的创业资本源自社区范围内的集体投入，这些村级经济既是集体经济的典型代表，也是拥有一定经营自主权、自负盈亏的企业主体。这与其他农村在实行联产承包责任制后有"集体"无"企业"的情况不同，苏州农村的乡镇企业有"集体"有"企业"，这一自发创设的企业主体有助于形成较为扎实的原始资本积累，体现了乡镇企业自发把社队企业的风险内部化的危机应对策略，从而降低了政策环境等多种因素的不确定性。

　　改革开放以来，苏州市在丝绸、轻纺、钢铁等传统产业科技攻关方面也

不断推动渐进性创新。1986 年，纺织工业部确定苏州市为"七五"期间全国
12 个重点纺织品深加工出口基地之一，苏州市区实施了 10 多项重大技改项
目，成功开发出改性中长毛型纤维、苎麻花色织物、牛仔布、仿毛型华达呢、
仿真丝绸和仿羊绒针织面料等一大批新产品，苏纶纺织厂的纯棉普梳纱获国
家银质奖。① 1994 年，沙钢集团与港商兴建亚洲首座 90 吨超高功率交流竖式
电炉，同时引进五流弧形连铸机、高速线材轧机等，次年投产后形成年产 70
万吨钢、63 万吨硬质高速线材的生产能力，电炉钢生产能力成为"全国之
最"，被冶金部确认为代表当时冶金工业发展方向和先进水平。彼时沙钢集团
的总资产达 34 亿元，销售收入达 23.6 亿元，完成利税 1.2 亿元，在全国大
中型工业企业竞争力百强中位居第 10 位，成为全国首个跻身十强的县属企
业。② 吴江芦墟永鼎集团从国外引进 20 世纪 90 年代最先进的设备，从美国贝尔
实验室和中科院聘请多名高级专业人才，开发生产出前波光缆、软光缆等 100
多个处在国内通信光缆前沿的品种，1999 年生产各类通信光缆 200 万芯公里，
并创造出多项"中国之最"，成为当时全国唯一能够制造 25 公里无接头长跨距
光缆的企业，成为进入全国大型工业企业之列的首家乡镇企业。③

当前，苏州的传统优势产业纺织行业已经建立了"从一滴油到一匹布"
"从一根丝到一品牌"的完整产业链，并培育了恒力集团、盛虹控股集团等世
界 500 强企业④，夺取了中国在化纤原料领域的话语权，并形成了聚集 7 000
多家从事面料生产与贸易的企业的产业集群，这也充分体现了创新过程的历
史延续性和渐进性。

以创新追求极致的精神还可从企业的知识产权研发中窥得一斑。我们选
取全国和江苏省代表性城市的数据进行了比较。图 8 - 9 列出了截至 2023 年末
全国代表性城市的上市公司的发明专利和授权数量。从该图中可以看出，深
圳市的上市公司发明专利和授权数量保持在 12 万件以上，遥遥领先，苏州市

① 《苏州通史》编纂委员会，姚福年. 苏州通史：中华人民共和国卷（1978—2000）. 苏州：苏州
大学出版社，2019：95.
② 沈石声. "沙钢"90 吨竖炉炼钢连铸热调试一举成功. 苏州日报，1995 - 10 - 04.
③ 徐国平，沈卫新. 吴江光电缆产业乘势而上. 苏州日报，1998 - 08 - 05.
④ 根据 2024 年 8 月 5 日发布的最新《财富》世界 500 强排行榜，恒力集团、盛虹控股集团分别
位列榜单第 81 位和第 171 位，较 2023 年排名分别上升 42 位和 51 位。

居杭州之后，位列第三，超过了 34 000 件。从图 8-10 列出的江苏省内代表性城市的情况看，苏州市的领先地位更为明显，且苏州市的上市公司发明专利和授权数量占苏州市所有企业的发明专利和授权数量的比重达到了 79.67%。

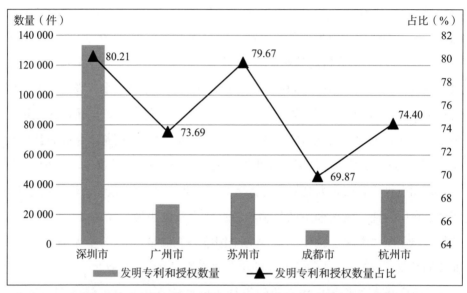

图 8-9　全国代表性城市的上市公司发明专利和授权数量及其占比（截至 2023 年末）

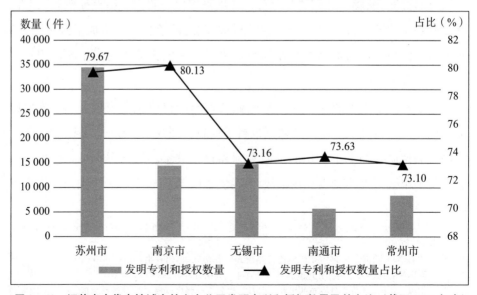

图 8-10　江苏省内代表性城市的上市公司发明专利和授权数量及其占比（截至 2023 年末）

（五）以情怀扎根本土

本土企业家立足本土社会并反哺本土社会，具有人文关怀的企业家兼顾企业效益与社会责任，兼顾个人利益与共同富裕，这也构成了苏州人文企业家精神的又一典型事实。这在具体行为中体现为：一是普遍对苏州怀有深厚的感情和深沉的眷恋，在课题调研中，许多本土企业家提到"创业初期就没有想过要出去，觉得苏州很好""当时创业时考虑过到深圳等沿海地区打拼，但是父母亲不同意跑出去，认为苏州最好"，这些最朴素和直白的表达，充分反映了苏州优良的人文环境代代相传的感召力和影响力。二是在这一刻到骨子里的对苏州人文特质和人文环境的高度认同下，苏州的企业家即便在企业不断发展壮大后也不离开本土，而是充分利用当地社会资源进行资源内置化经营，并将收益再次投资于苏州的经济建设和社会发展，由此形成"企业—区域—企业"的良性循环。三是企业家除了在本地办实业外，还会采取给百姓分红、土地入股、就地办教育、捐资助困等方式，主动追求个人价值和社会价值的一体化，谋求发展企业与贡献苏州的同向而行。

以张家港永联村永钢集团为例，改革开放 40 多年来，永钢集团走出了一条以工业化牵引、带动城镇化建设，进而实现农业农村现代化的道路，成为全国乡村振兴的排头兵。其立足本土实现共同富裕的具体行动包括：一是奖农补副，共享工业发展成果。永联村利用工业来贴补农业，从企业利润中拿出钱来实施"奖农补副"，鼓励村民靠自己的双手，在老本行上谋发展。二是并队扩村，一家人不吃两家饭。自 1995 年起，永联村为带动周围的穷村共同致富，先后五次"并队扩村"，并坚持"进了永联门，就是永联人，凡是永联人，待遇都平等"的原则。三是给村民保留 25％的股份。1998 年和 2000 年，永钢集团先后两次进行现代企业制度改造，并给全体村民保留了企业 25％的股份。这样一来，永联村村民和永钢集团股民也形成了一个利益共同体。如今，依托这 25％的股份，村集体每年可获分红将近 2 亿元，村民每人每年获得现金分红 1 万元。四是共享就业机会，倡导勤劳致富。永联村投入资金与大学合作，把课堂搬到村里，培养村民的就业技能；成立劳务公司，把村里年纪大、学历低的人群吸收进来，然后以公司的名义承接永钢集团以及周边企业的保洁、保安、保绿等工作，解决了 1 500 多位村民的就业，让村民个个有工作，活得更有尊严。①

员工持股计划是商业领域加强利益协同、促进成果共享、实现共同富裕的重要举措，数据表明苏州在这方面也走在了前列。图 8 - 11 显示，在全国代表性城市中，苏州市实施员工持股计划的上市公司数量超过 45 家，仅位列深圳之后，占全部上市公司的比重达到了 21.1%。图 8 - 12 显示，从江苏省内看，苏州无论在实施员工持股计划的上市公司数量还是其占比方面，均遥遥领先于南京和无锡等城市。

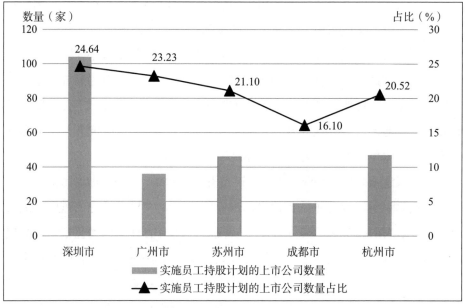

图 8 - 11　全国代表性城市实施员工持股计划的上市公司数量及其占比（截至 2023 年末）

（六）以向善体认价值

作为一座德善之城，苏州始终把慈善事业摆在重要位置，与社会事业建设、社会保障体系建设、精神文明建设一起部署、共同推进。广大爱心企业、慈善组织、志愿者以及社会各界爱心人士等慈善力量凝心聚力，在扶弱济困、应急救助、公益事业等领域，用责任担当书写了一份有温度、有力量、有情

---

① 资料来源于张家港永联村网站。

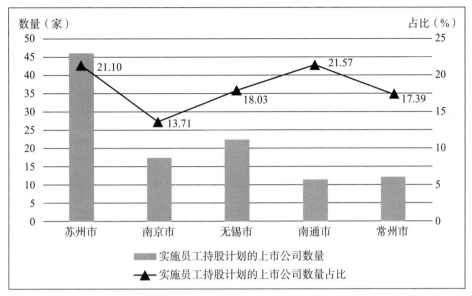

图 8 - 12　江苏省代表性城市实施员工持股计划的上市公司数量及其占比（截至 2023 年末）

怀的苏州慈善答卷。"十三五"时期，苏州全市社会捐赠总额约 77.5 亿元，捐赠总量位居全省前列；在第五届"中国城市公益慈善指数"评选中，排名全国第五，紧跟在北京、广州、深圳、上海四个一线城市之后。

成立于 2003 年的苏州市慈善总会也是全国较早成立的地市级慈善总会之一，并于 2021 年被评为"全国先进社会组织"。2023 年，苏州市县两级慈善总会共募集款物 6.95 亿元，支出款物 5.9 亿元。①

苏州也出现了许多以商业向善作为价值依归的本土企业家代表。比如，2023 年 9 月，在中国公益慈善领域的政府最高奖项——"中华慈善奖"表彰大会上，来自苏州市吴江区的通鼎集团创始人沈小平被授予第十二届"中华慈善奖——捐赠个人"。他在带领企业高质量发展的同时，富而有责、富而有义、富而有爱，在公益慈善领域持续投入 25 年，将慈善作为自己的第二份事业，每年把企业利润的 5％～10％拿出来捐给社会公益事业，多年来通鼎集团累计向社会捐赠超 9 亿元，慈善公益足迹遍及全国 23 个省、20 个国家级贫困县、11 个经济薄弱地区。在 2024 年 1 月举办的"文明苏州向上向善"新年慈

---

① 数据来源于苏州市人民政府网站。

善晚会上，苏州全市共有16家爱心企业举牌捐赠款物超5 900万元。

综上所述，在2 500多年的历史长河中，苏州在物质方面从相对落后发展为较为富裕，在精神方面从令人鄙薄的蛮夷之地转变为世人公认的人文渊薮，在行为方面从崇尚武力转变为崇文重教，体现出由野蛮到文明、由落后到先进的发展轨迹。在这一过程中，苏州的人文企业家精神发挥的重要作用体现在以下方面：一是其所具有的"实业兴邦"精神与"本土情怀"正好有利于在苏州本土实现"物的全面丰富和人的全面发展"，而这正是中国式现代化的重要特征，与西方现代化进程中对人的忽视形成了鲜明对比。二是其所具有的"契约精神"与"创新能力"有助于培养企业的基本生存技能、发展能力，并形成应对各种危机的战略和举措，从而在制度变迁与文化变革的长历史周期内，使商业行为得以延续。三是其所具有的"开放包容"与"公益向善"，恰恰是中华优秀传统文化在经济领域的长期实践，是传统与现代的结合，是文化与经济如何融合这一问题的可行答案。

第四篇

苏州的现代文明新形态

第九章
苏州的现代农业农村文明

今天的苏州以其发达的工商业、优美的城镇建设而闻名，然而苏州还有鲜为人知的辉煌另一面，即苏州现代化水平极高的农业农村发展。尽管今天苏州的农业及其相关产业规模并不突出，但是其高水平、高质量的农业农村发展，先人一步的乡村振兴战略推进，都让我们从苏州的故事中看到了中国现代农业农村文明的样板。实际上，今天高度发达的苏州农业农村并不是一蹴而就的。早在千年之前，以苏州为代表的吴语文化圈的农业经济发展水平在中国就是首屈一指。甚至早在1 800多年前，东汉末年的孙吴政权就将以苏州为代表的太湖地区打造成了与华北平原、黄土高原、四川盆地等区域交相辉映的前现代中国农耕文明的核心区之一。苏州千年的农业农村发展孕育出了独特的地域乡土文明。蕴含在苏州乡土文明中的人文基因内核在时代的变迁中发芽、生根并成长为今天的面貌，帮助苏州农业农村从前现代的国之重器一步步变为今天的首批实现农业农村现代化的发展样板。本章我们将讲述苏州农业农村从历史到当代的发展故事，探寻千百年来凝结在其中的人文基因内核，梳理长时段中苏州发展与人文经济学的故事。

一、苏州的农业农村现代化

（一）历史上的农业农村发展

苏州的农业农村发展历史悠久，其发展模式在中国乃至全球都具有重要的示范意义。自古以来，苏州便是中国的农业经济中心之一。早在春秋时期，以苏州为代表的吴文化圈便有了较为完善的农业生产系统和农村社会组织。宋代之后，随着全国政治和经济环境的持续变化以及政治经济中心的长期南移，苏州逐渐成为全国的粮食、棉花、桑麻产地和商业中心之一，农村经济高度繁荣，"苏湖熟，天下足"，如是而已。

从明清到近代，以苏州为代表的江南更是发展出传统时期中国最发达、最成熟的农业经济体系：本区的水稻亩产量长期保持在 500～600 市斤/亩的水平，且增长趋势维持了数个世纪；在城市化水平领先全国的情况下，以少于平均水平的农业生产者得到了高于平均水平的农业人均产出；农户劳动生产率约超过全国平均水平 20％，而以个体农业劳动力衡量的劳动生产率则可能达到了全国平均水平的 2 倍左右；经济结构中农业所占比例长期保持在 40％左右的水平，远超全国 65％的平均水平，体现出生产角度的早期农业现代化特征；农村地区耕织结合、手工业并重的生产模式和市镇为主的农村商业市场体系呈现出早期农村现代化特征；本区成为整个中国的粮食和棉布长距离贸易中心，影响着全国大宗农产品市场价格的稳定；本区农家经济全年收入长期与欧洲该指标最高的地区之一——英国——保持一致，直到 18 世纪初期才逐渐落后于英国（见图 9-1），但依然超过欧洲大部分经济体。[①]

总体来看，历史上以苏州为代表的江南地区的农业农村发展水平在同时期的中国乃至世界上都是领先的存在。相比传统时期中国大部分地区的农业农村发展情况，苏州和江南的领先主要可以总结为以下几个方面：

---

① Zhai, Runzhuo. "Toward the Great Divergence: Economic Growth in the Yangzi Delta, 1393-1953." D. Phil. Thesis. University of Oxford, 2023; Zhai, Runzhuo. "Toward the Great Divergence: Agricultural Growth in the Yangzi Delta, 1393-1953." SSRN working paper, 2024.

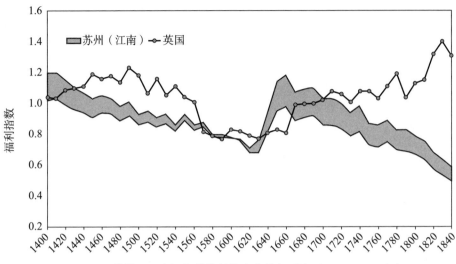

图 9 - 1 苏州（江南）和英格兰的农家收入对比（1400—1840 年）

资料来源：苏州（江南）数据来自 Zhai, Runzhuo. "Toward the Great Divergence: Agricultural Growth in the Yangzi Delta, 1393 - 1953." SSRN working paper，2024. 英格兰的数据来自 Horrell, Sara, Jane Humphries, and Jacob Weisdorf. "Family Standards of Living over the Long Run, England 1280 - 1850." *Past & Present*，2021，250（1）：87 - 134.

说明：福利指数是用一年之内农家总收入除以一年之中满足体面生活水平的总消费篮子价值，表示可比的真实收入水平。具体计算方法见 Allen, Robert C., Jean-Pascal Bassino, Debin Ma, Christine Moll-Murata, et al. "Wages, Prices, and Living Standards in China, 1738 - 1925: in Comparison with Europe, Japan and India." *Economic History Review*，2011，64（1）：8 - 38.

第一，苏州和江南率先实现了农业生产向经济作物的转变。尽管苏州和江南地区气候湿润，适宜水稻等传统农作物的种植，但苏州和江南人民并没有满足于传统的农业模式。相反，他们积极探索适合当地条件的经济作物种植，如棉花、蚕桑、茶叶、水果、花卉、蔬菜等。这一举措不仅提高了农产品的附加值，也为当地经济的发展打下了坚实的基础。

第二，苏州和江南农村产业的多元化发展也是其领先同时代的重要特征。除了农业生产外，苏州和江南人民还发展了棉纺织、碾米、酿酒、榨油、家具等手工业产业，形成了独具特色的农村产业链。这种产业结构的多元化，使得苏州农村不再仅仅依靠传统的农业生产维持生计，而是通过农村工商业的发展实现了农业、手工业、商业的有机融合，为当地经济的持续繁荣奠定了基础。从"夫妇并作"到"男耕女织"不仅仅体现了农村生产模式的转变，还隐含了多层次的农村社会变革，包括产业结构、供应链条、城乡融合一体化进程、两性关系现代化、妇女解放、农村治理体系、农村市场体系、农村乡风文化等多个方面。

第三，苏州和江南农村社会组织的发展也是其农业农村现代化的重要组成部分。在历史上，苏州的村落自治组织非常发达，村民自治、互助合作的传统有着悠久的历史。士绅与农民生活的高度融合嵌入产生的基层农村自治形式，不仅促进了农村社会的稳定与和谐，也为农村经济的发展提供了有力支撑。

然而，尽管传统时期以苏州为代表的江南农业农村在同时代高度发达，人地关系的日趋紧张和资源环境恶化使得本区的发展模式已经逐渐接近传统时期资源禀赋的极限，即进入类似历史学家尹懋可提出的"高水平均衡陷阱"①。技术方面的变化并未突破资源环境的限制也使得苏州和江南的农业经济发展开始落后于西方发达经济体，即出现了所谓的"大分流"。但无论如何，若以传统时期的生产模式标准来看苏州和江南，那么本区的农业农村发展无疑是成熟和发达的。

（二）走向现代化的苏州农业农村

尽管传统时期本区的农业农村发展模式在整个中国的大环境下已经走入资源禀赋约束下的极限，并形成了与西方的一段时间的分流，但是苏州和江南的农业经济并未真正陷入长期衰退之中。随着近代开埠及现代思想和技术的引进，更重要的是随着新中国的成立，苏州的农业农村发展逐渐走向现代化。新中国成立之后，传统农业农村发展中的资本密度低这一难题逐渐通过之后的工业化进程和改革开放之后的多渠道持续投资得到解决。限制农业经济长期发展的技术、制度、市场等问题也于 20 世纪 80 年代之后，在政府、农民、市场和资本等多方互动下，逐渐得到缓解，资源配置效率达到了一个前所未有的高水平。基于高水平的传统农业经济底蕴，结合新时代的新制度、技术、思想、资本等新动力，苏州的农业农村顺利实现了从传统向现代的过

---

① Elvin, Mark. *The Pattern of the Chinese Past : A Social and Economic Interpretation*. Stanford: Stanford University Press, 1973.

渡，走上了农业农村现代化之路。

根据《苏州统计年鉴（2023）》、《2023年苏州市国民经济和社会发展统计公报》和《苏州市情市力（2024）》的数据，2023年，苏州全年地区生产总值达 24 653.4 亿元，比上年增长 4.6%。第一产业增加值 195.2 亿元，增长 3.1%；第二产业增加值 11 541.4 亿元，增长 3.6%；第三产业增加值 12 916.8 亿元，增长 5.5%，三次产业比例为 0.8∶46.8∶52.4。百年间，苏州的农业经济比重从 40% 下降到如今的不到 1%，经济结构呈现出完全的现代化特征。尽管产业结构比重降低，但这并不代表苏州农业经济实力减弱，相反，在新时期苏州农业农村的发展正从传统时期的"高数量农业"转向今天的"高质量农业"。

第一产业的增长速度快于第二、第三产业，高增长潜力的背后是现代化农业体系的构建。苏州农业农村致力于打造现代农业生产体系，"三高一美"（高标准农田、高标准蔬菜基地、高标准池塘和美丽生态牧场）建设是苏州长期坚持的农业经济发展目标，目前基本实现了区域内全覆盖。

2022 年和 2023 年，苏州粮食亩产分别为 960 市斤和 958 市斤。优良品种水稻覆盖率约 90%。南粳 46、宁香粳 9 号和常香粳 1813 号等水稻品种亩产约 1 180 市斤，常优粳 10 号亩产甚至达到了 1 673 市斤。亩产量最直接地反映了农业生产的革命性变化，相比传统时期稳定了数个世纪的亩产水平有了质的飞跃。

农业现代化的结果也体现为高质量的投入和产出组合。2022 年，苏州农业信息化覆盖率超 72%，主要粮食作物耕种收综合机械化率达 97.6%，绿色优质农产品比重达 75.4%，市级以上农业园区共 75 个，农业园区建成面积比例达 86.3%。从事农业规模化、标准化、集约化生产经营的现代家庭农场发展迅速。截至目前，苏州纳入名录管理的家庭农场有 10 211 家，总经营面积 107.23 万亩。苏州各地也在努力提高农业生产中现代化要素的密度。如 2023 年秋收，为保证 25.32 万亩水稻适时收割，张家港市投入各类农业机械 2 000 多台（套）；2023 年，昆山农村公路总里程达 1 205.028 公里，行政村双车道四级公路覆盖率、特色田园乡村等级公路通达率、规划发展村庄硬化路通达率均达 100%。特色、高质量和农业文化遗产品牌打造日趋成熟，阳澄湖大闸蟹、碧螺春、水八仙等已经享誉全国。苏州农业农村现代化建设的成就有目共睹。2022 年，昆山入选国家乡村振兴示范县，吴江入列国家现代农业产业园。

苏州乡村建设基于第一、第二、第三产业融合贯通的基本原则，采用片区化的方法建设宜居宜业和美乡村，通过多元化的渠道促进农民农村共同富裕。全市乡村振兴片区化发展已全面启动，2023 年底，全市近 1 000 个行政村全部纳入片区。农业产业化发展和乡村旅游并举，将苏州的自然人文资源与农业发展有机结合起来，共同打造新型乡村产业体系。2023 年，苏州市共有乡村休闲旅游农业精品村 47 个，乡村旅游精品线路 60 条，乡村旅游精品民宿 80 家。农村常住居民人均可支配收入达 43 785 元，是全国平均水平的 2.17 倍。城乡收入比缩小至 1.82∶1，是全国城乡收入比的 74%。

很显然，苏州已经在短短半个多世纪里成功实现从传统农业农村发展模式向现代化农业农村发展模式的转变。苏州农业农村现代化之路是历史积淀和现代化思潮结合的产物。没有历史上传统时期几乎最高水平的农业农村发展作为基础，苏州无法快速实现农业农村现代化的目标；而没有新中国成立之后的一系列对传统农业农村的现代化改造，苏州的农业农村也很难如此顺利、高效地摆脱传统时期的“高水平均衡陷阱”模式，实现从“大分流”到“大合流”的转变。劳动、资本、技术、制度等要素是帮助苏州农业农村实现现代化的直接原因，而贯穿整个历史进程，我们发现，还有一个无法忽略的要素在悄然直接或间接产生影响：作为吴文化圈的核心地区之一，苏州数千年来传承、革新而最终凝练出的人文基因内核在不同时期都推动着苏州农业农村的发展，并最终助力苏州走上今天的农业农村现代化之路。

二、苏州乡土文明的人文基因内核

苏州的人文基因内核并不是一成不变的，而是在数千年的历史中与苏州独特的吴语文化和耕织一体、江南鱼米的乡土文明以及 20 世纪出现的现代化思潮碰撞而形成了今天的模样。苏州历经数千年形成的别具特色的乡土文明中的人文基因内核可以总结为五点：粮农为本、守正务实、勤勉传家、爱乡重土、和谐包纳。

粮农为本是苏州农业农村发展的基石。中华农耕文明的一大特质就是重农和民以食为天。农业发展和粮食安全是保证文明顺利存活的基石。历史上苏州从"苏湖熟"时代起就成了中国的粮食生产中心之一。苏州的农业发展不仅关系着江南地区的安定，也关系着整个国家的兴衰。明代洪武时期开始的"苏松重赋"传统尽管有其形成的历史背景，但是也侧面表明苏州对于整个国家财政和粮食安全的巨大影响。苏州人民对于农业的重视深入骨髓。尽管明清时期江南已经成为全国的纺织中心，棉花由于附加值高已被大量推广，但是苏州人民并没有一味逐利而放弃粮食作物的生产。实际上明清四五个世纪中，以苏州为代表的江南地区的经济作物播种面积始终占全部播种面积的10%上下。无论是一茬作物还是复种，水稻和小麦都始终是本地播种面积最大的作物。尽管苏州在清代已经成为中国粮食贸易的中心，但是苏州人民从未因为贸易的便利而放弃对于农业和粮食的关注。实际上现代的苏州亦是如此。尽管2022年苏州的第一产业比重已经不超过1%，且相比第二、第三产业利润微薄，但苏州人民依然没有全盘放弃农业生产。相反，苏州人民不断开发新的技术和经营方式，最大限度利用现存的农田，打造高标准农田，努力提高农业特别是粮食生产的质量。粮农为本的人文基因内核本质上体现了苏州人民未雨绸缪的风险意识。受外部冲击影响最大的农业农村发展本质上需要这种居安思危的农本思想指导。

守正务实是苏州农业农村走上现代化之路的关键推手。粮农为本本质上是一种守正思维，但是只靠守正思维很难彻底摆脱传统发展模式的束缚。只有根据不同环境和约束条件，实事求是，随时更新思维方式和发展模式，才能在现代化的进程中迎头赶上。传统时期的苏州农业经济已经呈现出与同时期其他地区的不同。明清时期对于传统农业生产与工业藩篱的破除就是极好的例子。从"夫妇并作"到"男耕女织"，将妇女解放到手工业生产中，不但是对于生产模式的多层次探索，更是对于传统儒家男尊女卑思维方式的反思和改进。不拘泥于传统时期以种植业为主的生产模式，是苏州农业农村在传统时期创造辉煌的关键原因。而这一传统时期的人文基因也为此后苏州农业农村走上现代化之路提供了重要的思想支持。乡镇企业异军突起的"苏南模式"曾经是苏州经济快速增长的原因，其背后处处体现了守正务实的精神。

然而，随着不同村庄独自为战，乡镇企业的协调能力不足以及依赖外资的弊端也逐渐显现。针对这个问题，从苏州的政府到苏州的农村农民都在努力推进新模式以求新发展。随着外部资本的撤离，苏州的农村工业模式曾经陷入低谷。然而，在政府与守正务实的精神的推动下，近些年特色旅游农业、绿色农业、古镇文化、森林乡村等新的品牌模式被创造出来，苏州乡村产业发展进入新阶段。第一、第二、第三产业不断融合，协调并举，使得苏州的乡村产业体系布局更加丰满、合理和有效。

勤勉传家是苏州农业农村在不同时期克服困难迎头赶上的精神源泉。勤勉这一美德本身并不局限于苏州或江南。勤勉也不是一味地通过延长劳动时间来人为增加劳动投入。苏州的勤勉本质上是一种与时俱进、实事求是、充满理性的勤勉。将勤勉用在正确的地方并不断传承，是苏州人民的智慧结晶。传统时期，在面对人口日益膨胀的压力时，苏州和江南的应对方式是农业上发展复种和经济作物生产，产业结构上发展乡村手工业和纺织业。然而，在具体落实时要考虑时间的合理配置，而这并非仅靠一腔热血就能实现。苏州乡村的纺织业利润并不高，如果在农忙时将劳动力配置到纺织业实际上反而是得不偿失的。[1] 因此，苏州人民并没有一味无节制地发展纺织业，而是形成了"农忙时候夫妇并作"以及"农闲时候夫妇并织"的新模式。这本质上是对于劳动力的理性配置。[2] 而在农田种植上，复种的发展则体现了苏州人民为了克服人口压力带来的资源不足而艰苦奋斗的精神。在没有现代化肥工业的前现代，复种对于二茬作物的苛刻要求自不必多提。但更困难的是，即使选择合适的二茬作物，农民也要承受巨大的身体和精神压力，在十几天的时间内完成对于第一季作物的收割并对第二季作物进行播种，时间紧、任务重，而目的仅仅是获得约占第一季作物利润不到40%的第二季作物利润。勤勉的传承实际上也处处体现在如今苏州农业农村的发展进程中。改革开放之后，对于外部资金的吸引是很多乡镇企业挖掘第一桶金的必要条件。它们发扬勤

① Allen, Robert C. "Agricultural Productivity and Rural Incomes in England and the Yangtze Delta. c. 1620 - c. 1820." *Economic History Review*, 2009, 62（3）：525 - 550.

② Ma, Debin, and Kaixiang Peng. "'Involution' or Seasonality: A New Perspective on the 19 - 20th Century Chinese Agricultural Development." 经济研究, 2021, 72（4）：334 - 348.

勉精神，想对策、出方案、去实地招商引资，这也是外部资金看多苏州模式的重要原因。

爱乡重土是苏州农业农村"以人为本"的发展目标的思想基础，也是千百年来苏州集聚丰富的人力资本的原动力。爱乡重土就是爱家乡，爱故土，爱自己生活过的村庄、城市，爱脚下每一寸土地。苏州人民把对家乡的热爱转化成对于建设家乡的动力。

和谐包纳是每一个中国人与生俱来的高尚品质，这在中国广袤的疆土上随处可见。然而，在经济快速变革的时代，要将这一高尚品质转化为实际行动却不是一件容易的事情，特别是在农业农村这种按照标准经济学理论会因工业化深入而逐渐萎缩的领域。从20世纪初期的前现代经济模式到新中国成立后的全方位工业化运动，再到改革开放后逐渐融入世界市场体系，走上高效、可持续的现代经济增长之路，中国不同地区的农业农村都在这一进程中不可避免地进入了规模持续缩小的阶段。安土重迁的中国农民开始逐渐离开家园，进入城市，成为"城里人"。这一现象本身符合经济发展规律，然而，经济快速发展进程中必然经历城乡不均衡发展阶段，并非所有农村居民都可以融入城市化进程。事实上，在发展初期，农村地区具备较高人力资本的青壮年劳动力往往大部分甚至全部离开农业农村领域。这使得农村剩余人口在人力资本结构上失衡严重。"老弱幼"人口大量存在，受教育程度高的劳动力流失程度较高。这种情况不利于通过持续积累人力资本来缩小城乡差距。同时，从长期看，农业农村领域会加速萎缩，陷入一种规模小但质量没有提高的"质量、规模双衰退"的困局。健康的农业农村发展模式不排斥农业农村规模逐渐缩小这一现象，但是在规模缩小的情况下，提高发展质量是农业农村发展模式可持续的必要条件和根本目标。

在苏州农业农村的百年发展历程中，本地居民和外来移民对于苏州乡土的热爱和依恋溢于言表。与其他地区农业农村大量高素质劳动力流失的情况不同，苏州农业农村在不同时代背景下都呈现出劳动力流入流出较为适度的局面。

第一，高质量劳动力理性分析自身情况，并未呈现"一边倒"地离乡的热潮。很多掌握了最新知识和技术的农民选择在家乡扎根经营农业及相关的非农产业。对于家乡的热爱激励他们努力奋斗，用实际行动提升本地农村收入水平，积极缩小城乡发展差距。《苏州市情市力（2024）》显示，2023 年苏州农村居民可支配收入为 46 385 元，而同时期全国平均水平为 21 691 元，说明苏州农民的生活水平大大超过全国平均水平。更重要的是，苏州城乡居民可支配收入之比为 1.79∶1，远远低于全国平均水平 2.39∶1，这意味着苏州不但农民收入水平更高，而且城乡收入差距也更为合理。

第二，苏州周边地区劳动力流入苏州地区较多，流入的劳动力不但投身苏州城市地区的建设，也将巨大的生产和生活热情投入苏州农业农村领域，通过自身的资源助力苏州农业农村高效持续发展。这也是苏州地区现今流行的称呼"新苏州人"面貌的重要体现。尽管从未在苏州出生或成长，但是苏州的经济、环境和文化魅力吸引了大量移民涌入。扎根于此的"新苏州人"以苏州为家，以主人翁的姿态建言献策，用实际行动推动苏州发展。

第三，千百年来苏州独特的地域魅力打造了"人间天堂"的城市名片，也产生了一种著名的"文人"情结。这种情结在古代体现为所谓的"致仕文化"，即各籍贯官员退休后纷纷选择移居苏州，将苏州作为自己新的故乡。以拙政园、留园等为代表的 108 处存世苏州园林就是"致仕文化"的集中体现。致仕官员的履历尽管此前不一定与苏州有关联，但移居苏州后往往以苏州为家，将其智慧、精力和资源大量投入苏州地区，其多年所学所历而积累的厚实人力资本融入苏州，成为苏州发展的不竭动力。"文人"情结在当代则体现为：知识文化界的学者发挥聪明才智，将其对于苏州的热爱转化为助力苏州发展的行动。苏州农业农村领域最有名的例子之一就是著名社会学家费孝通姐弟与开弦弓村的不解之缘。费孝通与费达生二位先生分别从学者和企业家两个角度将毕生的心血投入开弦弓村的发展建设中。在二位先生的引领和推动下，开弦弓村从默默无闻的苏州小村庄发展为世界知名的人类学和社会科学田野基地，成为苏州农业农村发展的一面旗帜。开弦弓村也成为苏州百年农业农村发展的代表性案例，苏州农业农村一个多世纪的风雨变革都可以从开弦弓村的故事中窥见一斑。

爱乡重土使得农业农村现代化进程中普遍面临的最为严重的人力资本流失问题在苏州没有出现。高质量的本地人力资本、高水平的外来人力资本以及高度的人才关怀，使得苏州农业农村在工业化和市场化进程不断深入的今天依然具备旺盛的活力和无限的潜力。这也给我国其他地区农业农村发展以及实现乡村振兴战略提供了范例：只有热爱家乡，居民和劳动力才会最大限度释放自身的潜力，将人民自身的发展与家乡的发展有机统一起来，通过以"人"为核心的人力资本构建推动本地的现代化建设。

和谐包纳是苏州农业农村发展打破城乡界限、走上现代化之路的重要保障。在农业农村现代化进程中，需要打破传统的城乡藩篱观念。现代农业不一定非在农村，而现代农村也不一定非做农业。只有将农业农村纳入现代经济发展体系中，与城市生产和文化圈有机结合，鼓励人才自由流动，打破对乡村的刻板印象，才可以高效实现现代化发展。历史上苏州的市镇经济深刻体现了苏州人民和谐包纳的精神。明清江南市镇本身是为了应对乡村区域内的小规模市场交易而形成的。然而，随着分工扩大、市场深化和经济发展，建立区域性的大型生产贸易中心迫在眉睫。与传统模式不同，苏州并没有刻意将生产和贸易中心转移到内城。本来作为贸易补充的市镇如雨后春笋般出现，并很快成为集生产和贸易于一体的大型农村商业中心。据调查，苏州的震泽镇在明初从仅仅五六十家的规模发展为清末年产丝绸九十万匹的丝织中心。[①] 从此城市和乡村的界限变得模糊起来，市镇作为"不是城市"但也"不是农村"的形式存在下来，并最终演变出了今天苏州和江南各异的古镇文化。当代苏州的农业农村现代化进程中也处处体现出和谐包纳的精神。都市农业、旅游农业、绿色农业等概念将现代工业文明的基因深深刻入农业体系中，第一、第二、第三产业融合发展，形成"你中有我，我中有你"的新型产业格局。由于城市和乡村的界限模糊，因此农业农村被完整嵌入整个区域经济的发展框架中。更重要的是，人民的观念也受到了影响，即传统农业农村的刻板印象为高技术、绿色现代发展模式所消除。现代工厂、江南古镇、鱼米之乡有机统一在和谐包纳的环境之中，呈现出正外部性和规模经济效应。

---

① 樊树志. 明清江南市镇探微. 上海：复旦大学出版社，1990：287－293.

三、苏州农业农村现代化的人文经济学

千百年中，苏州的农业农村与不同时代外部环境不断碰撞形成了独特的人文基因内核，它们对经济增长中的各个要素产生了显著而持久的影响，从而推动苏州农业农村顺利走向并成功实现现代化。图9-2展示了苏州农业农村现代化及其人文基因内核之间的逻辑关系。

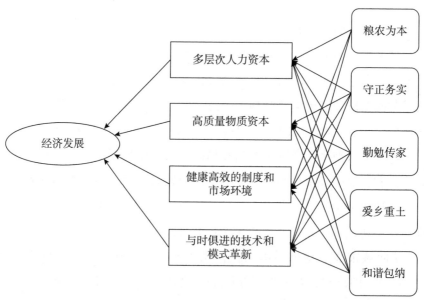

图9-2　苏州农业农村现代化及其人文基因内核之间的逻辑关系

（一）多层次人力资本

构建苏州农业农村发展中的多层次人力资本体系意义重大。人力资本被认为是从前现代传统增长模式转向现代经济增长模式的最重要因素之一。[①] 构建服务于经济发展的高水平人力资本也强调了经济发展过程中以人为本的核心要义。只有人的素质提高了，人力资本的内涵丰富了，才能让人民更好地创造并享受经济发展的果实。

---

① Galor, Oded. "From Stagnation to Growth: Unified Growth Theory." in Pilippe Aghion and Steven Durlauf, edited. *Handbook of Economic Growth*. volume 1A. North-Holland, 2005: 171-293; Galor, Oded. *Unified Growth Theory*. Princeton University Press, 2011.

重农传统使得苏州从未放弃农业特别是传统种植业生产，因而高水平新型农民的培养和农业高科技人才的引入一直是苏州农业农村事业的重要关注点。培养高素质农民队伍，不但可以提高农民的科学知识水平，还可以助力传统种植业向高科技密度、高附加值和品牌效应的现代种植业转变。苏州市出台的《高水平建设农业强市行动方案》显示，苏州2023年底累计培养集聚600名左右市级优秀乡土人才并计划每年培育高素质农民 6 000 人次以上；2023 年实现涉农地区定向委培工作全覆盖；到 2025 年，全市定向委培生总数达 1 800 名以上。高素质农民队伍成为苏州农业生产的人力资本基石。苏州市政府的这些举措不但有利于将人力资本留在苏州的农业农村，更重要的是可以保证苏州农业农村人力资本积累的持续性和增长性，确保苏州农业生产现代化的顺利实现。此外，以务实和勤勉作为指导原则也保证了培养出来的人才兼具实事求是的理性精神和吃苦耐劳的优良品质。以本地居民为主导的苏州农民队伍传承了苏州发展过程中历经千百年积累的优良品德。

爱乡重土与和谐包纳思想的结合打破了农村本地人力资本积累的怪圈和人才引入的藩篱，让高层次人才不再畏惧农村，让移民人力资本也不再畏惧本地化隔阂，使农业、非农业领域的各层次人才都以最大热情投身到苏州农业农村建设和乡村振兴事业中，享受苏州农业农村发展成果，为成为苏州乡村振兴的参与者而感到自豪。这一点在某种程度上甚至可以被认为是苏州农业农村发展中人力资本构建的最重要的因素。如前所述，农业农村现代化过程中农业农村规模逐渐变小是不可避免的阶段。但是，规模变小的另一面是质量提高，这就要求人力资本流失问题不能太严重。城乡差距是导致大部分农村地区人力资本流失的重要因素，而人力资本流失又会造成城乡差距进一步扩大，最终陷入某种恶性循环，这也是目前很多地区农村人力资本建设面临的最大难题。苏州独特的自然和人文环境持续吸引着本地和外地居民，让农村居民不以农村为"耻"，不以黄土地的村居生活为忧，而是发自内心地热爱农村生活，并以所生活的农村为荣。这些使得苏州的农业农村不但不是人才外流的推手，反而是人才持续流入、人力资本持续积累的保证。爱乡重土情结确保了人才以主人翁姿态扎根农业农村，和谐包纳思想为苏州农业农村成为吸引八方来客源源不断加入苏州乡村振兴事业的精神力量。2023 年，苏州全市人才总量占常住人口的30％，高技能人才数量占人才总量的26％。前者比 2022 年提高了 4.5 个百分点，后者提高了 5.7 个百分点。两项指标比更早的 2010 年分别提高了 114 个百分点和 37 个百分点。这些数据表明，苏州的人力资本积累水平高、速度快，人力资本体系构建成效显著。

（二）高质量物质资本

物质资本积累是经济增长的重要途径，然而在经济增长初期如何持续吸引资本，在经济增长成熟期如何重组并提高资本利用效率、不做无效投资将影响最终资本在经济增长中发挥的作用。苏州人文基因内核中的守正务实、勤勉传家、爱乡重土以及和谐包纳等对于积累高质量物质资本尤为重要。

改革开放之前，苏州农业农村的资源禀赋结构一直是劳动力资源多于物质资本，人力对于经济的贡献大于土地和资本等要素。[①] 劳动力价格相对更低也使得苏州更适合发展轻资本的产业。苏州的百年发展体现了苏州人民结合资源禀赋所选择的最优道路。新中国成立之前，苏州农业农村的传统种植业在人口压力下逐渐发展出复种、经济作物优先等多种新型生产和经营模式。19 世纪初，以苏州为代表的江南地区的复种指数达 1.7，棉花和蚕桑种植面积占比约为 9.2％。同一时期全国平均复种指数约为 1.3，棉花和蚕桑种植面积占比约为 3.0％。[②] 这些变化强调基于当时的禀赋结构，以节省资本并充分发挥劳动力资源丰富的优势为主要发展方向。在种植业之外，以苏州为代表的江南地区发起了以乡村手工业、纺织业等轻资产副业为核心的农村原始工业化运动。这些行业充分考虑苏州的禀赋结构特点，结合江南地区成熟的贸易网络，使苏州逐渐成为前现代中国的轻工业中心；同时，以这些产业的发

---

① Zhai, Runzhuo. "Toward the Great Divergence: Agricultural Growth in the Yangzi Delta, 1393 - 1953." SSRN working paper, 2024; Zhai, Runzhuo, and Zhaohui Lou. "Chinese Agricultural Output and TFP: 1661 - 2019." *Economics Letters*, 2022 (213): 110415.

② 史志宏. 清代农业的发展和不发展（1661—1911 年）. 北京：社会科学文献出版社，2017；Broadberry, Stephen, Hanhui Guan, and David Daokui Li. "China, Europe, and the Great Divergence: A Study in Historical National Accounting, 980 - 1850." *Journal of Economic History*, 2018, 78 (4): 955 - 1000; Zhai, Runzhuo. "Toward the Great Divergence: Agricultural Growth in the Yangzi Delta, 1393 - 1953." SSRN working paper, 2024; Zhai, Runzhuo, and Zhaohui Lou. "Chinese Agricultural Output and TFP: 1661 - 2019." *Economics Letters*, 2022 (213): 110415.

展为前提，逐渐积累资本，实现产业转型，利用本地人力资本的优势，在近代开埠后积极引进外资，逐渐建立起高技术密度的轻工业体系，从传统副业中逐渐发展出交通、金融、化学等适应现代化经济体系的新行业。

新中国成立后，苏州的农业农村依然沿着理性配置发展所需物质资本的思路，并没有盲目学习其他地区全盘发展重工业的模式，而是沿着新中国成立前的以轻工业为主、以建立高附加值工业为目标的路子继续发展。在计划经济时期，大批知识青年下乡，一些干部下放到苏州农村，他们基于其非农业生产领域的知识和经验，结合本地原有的手工业合作社基础，率先办起了五金、纺织等乡村工业产业。特别是结合 20 世纪 70 年代在苏锡常地区推行的"双三制"，苏州的农村工业化起步大大早于全国其他地区。这一时期的农村副业虽然因为时代原因并没有得到很大的发展，但是也没有改变此前传统的副业结构，为改革开放后苏州以轻工业为主的乡镇企业体系的形成提供了重要的前置条件。① 苏州在改革开放前数个世纪的发展体现出其农业农村的物质资本积累和发展始终遵循最优禀赋结构的思路进行，不盲目过度和无效投资，而是在历届政府的指导下，本着"精打细算"的原则稳健前行。

改革开放以来，苏州的农业农村基于过去数个世纪的发展经验，形成了以乡镇企业为主导的发展模式，即著名的"苏南模式"。这一模式建立在对本地物质资本存量和形态的充分利用的基础上。然而，随着乡镇企业的发展，建立更为成熟的现代企业体系是不可避免的，在这一阶段，如何获得持续的物质资本积累一直是乡镇企业面临的"老大难"问题。为了解决此问题，苏州市政府坚持守正务实，本着不折腾、因势利导的原则帮助乡镇企业沟通、联络，打破制度枷锁，获取灵活、高效的外部资本。在政府的帮助下，苏州乡镇企业新设外资项目从 1990 年的 164 个增加到 2023 年的 1 339 个，在 30 多年的时间内增长了 8 倍左右。② 在很大程度上可以说，苏州乡镇企业发展的第一笔启动资金来自苏州市政府的帮助。在乡镇企业发展成熟期，面对部分外部资本离开苏州的困局，苏州市政府和企业家带动村民努力整合资源，改

① 陶友之，顾存伟，周一烽，真理. 苏南模式考察报告：发达地区社会主义农村经济发展途径的探索. 上海经济研究，1986 (6)：10 - 18.

② 数据来源于苏州市人民政府网站。

善基础设施，将乡村产业模式转变为以绿色旅游和高科技农业、工业为主导的新模式，并发掘古村古镇中的文化要素，为后乡镇企业时代苏州乡村发展的成功转型整合资源，积累高质量、高效对口的物质资本。

（三）健康高效的制度和市场环境

制度和市场环境对于经济发展的影响无须赘述。打破 20 世纪 80 年代以前的体制枷锁并构建新的适应市场发展的新体制、新环境是苏州农业农村现代化过程中的重要转折点。苏州市各级政府发挥实事求是的务实精神，坚持稳中求进，形成的"三大法宝"体现出推陈出新的魄力和改革精神。同时，在苏州的发展过程中，引导苏州及周边城市形成竞合有序的良性关系背后也蕴含了苏州和谐包纳的大气和慷慨。爱乡重土的传统也使得无论是苏州土生土长的本地居民还是从外地迁移到苏州的移民，都以主人翁的姿态建设好、维护好本地的制度和市场环境，消除经济发展中的制度壁垒，实事求是，灵活应对来自外部的各项变化，走出一条实事求是、自力更生、灵活、高效、健康的发展之路。前文所述的 20 世纪 70 年代的苏南工业化就是典型的例子。在全国普遍遵循计划经济模式的背景下，苏南地区的农民率先冲破当时主流舆论关于乡村工业"挖国家墙脚"的思想阻力，抓住 20 世纪 70 年代全国工业产品奇缺这一机遇，逐渐建立起一系列社办工厂，并取得了非常好的效果，显著提高了农民收入，如苏州著名村庄开弦弓村的社员人均分配在 20 世纪 70 年代中期比 20 世纪 60 年代初期提高了约 50%。[1]

（四）与时俱进的技术和模式革新

历史表明，技术往往是经济增长最直接的推动力。苏州的农业农村发展从传统模式转换为现代化模式，一个最直观的表现就是技术和经营模式不断创新。在传统时期，苏州农业农村在粮农为本、守正务实、勤勉传家、爱乡重土和和谐包纳思想的指导下，发展出一系列新的生产经营模式，如明清时

---

[1] 陶友之，顾存伟，周一烽，真理. 苏南模式考察报告：发达地区社会主义农村经济发展途径的探索. 上海经济研究，1986（6）：10-18；朱云云，姚富坤. 江村变迁：江苏开弦弓村调查. 上海：上海人民出版社，2010：311；以及本书课题组 2023 年 12 月 25 日在苏州调研座谈会上的记录。

期复种指数一度达到 1.7 的稻麦复种模式、平滑劳动力在时间方面分配不均的男耕女织模式或是有克制地扩大经济作物生产模式，这些新的生产经营模式本质上都提高了农业产出和农家收入。然而，从诱致性技术变迁角度看，这些创新都是基于当时"人多资源少"的局面形成的。[①] 这在传统时期是符合历史进程和资源禀赋的，但也导致经济发展模式被锁死在"高水平均衡陷阱"之中。

为了适应新时期的农业现代化模式，走技术研发之路，即节省资本而非人力的技术发展之路至关重要。本着守正务实的态度，苏州市各级政府、企业家和农民在改革开放初期努力通过引入资本改善苏州农业发展的原始禀赋结构，让苏州的禀赋结构更有利于实现自主技术革新。在改革开放初期因势利导的政策扶助下，苏州的技术革新迅猛发展。2023 年底，苏州全市有效发明专利量达到了 129 899 件，相当于每百人就有 1 件有效发明专利。数字经济核心产业占 GDP 比重约 16.2%，智能化改造和数字化转型实现规模以上工业企业全覆盖。2021—2023 年苏州的研发经费支出占 GDP 比重分别达到了 3.84%、4.01% 和 4.10%，已经超过美国 2021 年 3.46% 的水平。[②] 全方位与时俱进的科技创新和模式离不开求真务实的发展文化和全市居民以主人翁姿态不断追求新变化、新模式的与时俱进精神，这背后也体现了苏州历经千百年积累起来的人文基因内核：粮农为本、守正务实、勤勉传家、爱乡重土、和谐包纳。苏州的企业和农村博采众长，不断革新技术、经营理念和模式，最终走上了持续创新的发展之路、实现自我创新的正反馈之路。

四、开弦弓村：一个村庄的农业农村现代化

（一）"江村"何在？

前文梳理了苏州农业农村现代化的百年进程和其背后的人文动力，本部分我们将通过一个典型苏州村庄的具体发展故事复现苏州农业农村是如何一

---

① 速水佑次郎，佛农·拉坦. 农业发展：国际前景. 北京：商务印书馆，2014.
② 数据来源于苏州市人民政府网站及世界银行网站。

步步走上现代化之路的。

苏州并不大，苏州也并不小。只从宏观层面看问题，有时并不容易直观地看清楚苏州农业农村现代化百年进程究竟是什么样子的。是否存在这样一个地方或村子，可以把苏州农业农村现代化历程浓缩成一个短小精悍却又丰满充实的发展故事？是否存在这样一个村庄，见证了苏州百年农业农村发展的全过程？事实上，有一个代表性村庄在约90年前就被选定并从那时起一直作为世界了解苏州农业农村发展的最重要的窗口之一。这个村庄的名字叫开弦弓村。

开弦弓村位于苏州市吴江区七都镇东北。村子东距上海120公里，南距杭州100公里，北距苏州50公里，西侧为太湖。"开弦弓"其名源自村内一条名为小清河的河流的形状。这一东西流向的小河像一张弯曲的弓，结合本村地貌，形势上如"拉开弦的弓"一样，村子故而得名。开弦弓行政村包括五个自然村，分别为开弦弓村、荷花湾村、西草田村、天字圩村和四方圩村。从20世纪50年代至今，村人口长期保持在2 500～3 000人的规模，其中自然村开弦弓村的人口占一半以上。整个开弦弓行政村人口以汉族为主，是一个典型的长江三角洲太湖沿岸村庄。[①]

这一村庄乍看起来平平无奇，与苏南浙北吴语地区的常见村庄并无区别。村庄本身既没有特色的历史沿革，也没有出众的产业结构，更没有庞大的人口聚落。总体来看，开弦弓村的自然环境和发展历程在本区域内并没有特别优秀出众之处，当然也算不得后进贫瘠，这一村庄从"硬件构成"上看更像是本区域内众多村庄中的"大众脸"。然而，这个"大众脸"却有着另一个举世闻名的名字：江村。

提起江村，大多数人并不陌生。长期以来，这一名字在学界和文化界俨然成了中国乡村的别名。无论是中国的还是国际的研究者，当进行中国农业农村研究特别是进行基于历史视野的研究的时候，很多人都是从"江村"这个文化名称开始的。这个名称最早出自我国著名社会学家费孝通先生的社会学和人类学研究名著《江村经济》。该书是费孝通先生1936年秋天赴英国伦

---

① 江苏省苏州市吴江区七都镇开弦弓村志编纂委员会. 开弦弓村志. 北京：方志出版社，2017：10-23.

敦政治经济学院攻读博士学位的最终成果。费孝通先生基于自己 1936 年夏天在开弦弓村为期两个多月的田野调查，写就了这本详细描绘江南典型村庄农民经济和社会生活方方面面细节的博士论文。

费孝通先生使用十六章的篇幅，详细讨论了开弦弓村的经济制度、农业生产、乡村副业和手工业、教育、技术、医疗、健康、人口、婚姻、文化等内容。在这本书中，费孝通先生总结了中国传统时期农村发展的典型特征，即以传统农业为基础，以乡村手工业为辅助，以家庭为基本生产、生活单元的中国特色乡土文明模式，这也是著名的"乡土中国"概念的核心内容。这本书随即成为当时世界了解中国农业农村发展的第一手资料并被广泛引用，也成为中国人类学研究的开山研究之一，是社会学和人类学领域绕不过去的经典研究。"江村"从此逐渐成为中国村庄的一张世界级名片，成为中国村庄的另一个替代名字。此外，以开弦弓村为核心总结出来的中国农业农村发展模式也从此成为费孝通先生贯穿一生所坚持的学术观点。

"江村"因费孝通先生闻名世界。"江村"平平无奇的"大众脸"样貌使得其在学术研究和政策意义上对江南村庄具有很强的代表性。而江南村庄又是传统中国实现农业农村现代化甚至整个社会经济现代化的最具潜力、活力的代表之一[1]，体现出传统和现代并存的特点，成为传统中国走上现代化发展之路的一个样板。因此，开弦弓村的发展故事也是苏州、江南乃至传统中国乡土故事的典型代表。

然而，我们的故事并未止步于 20 世纪 30 年代的一部学术专著。实际上，"江村"与费孝通先生的故事在成书之日起才刚刚开始。凭借在《江村经济》中确立的全新的学术范式和研究主题，费孝通先生成为中国社会学和人类学研究的最权威学者之一。然而，费孝通先生并未满足于此。自提出"江村"和"乡土中国"概念后，费孝通先生将一生的治学之路与开弦弓村紧紧绑定在一起。自 1936 年开始的大半个世纪中，费孝通先生共二十六次访问开弦弓村。[2] 他身体力行，详细记录了开弦弓村在 20 世纪的发展历程，追踪了开弦

① Pomeranz, Kenneth. *The Great Divergence: China, Europe, and the Making of the Modern World Economy.* Princeton University Press, 2000.

② 朱云云，姚富坤. 江村变迁：江苏开弦弓村调查. 上海：上海人民出版社，2010：12.

弓村从传统时期走上现代化发展道路的每个细节。可以说，费孝通先生的学术生涯和成果完整展现了开弦弓村的百年发展故事。费孝通先生为我们留下了清晰连贯的第一手记录。跟从费先生开创的"江村"研究及其留下的诸多资料，我们不但可以梳理开弦弓村的百年发展历程，也可以从开弦弓村的发展故事中看到苏州农业农村为走上现代化之路所做的每一步尝试。

然而，本部分想重点着墨的却是费孝通先生为开弦弓村所做的另一个独特贡献。费孝通先生对"江村"数十年持之以恒的研究事实上从另一个角度形成了一种独特的"学者文化"。理论上，作为研究者，其自身与研究对象的关系往往是独立和客观的。研究者作为外界力量更多是从观察者视角给读者提供研究对象的第一手信息。然而，在人类学的田野调查中，充满感情的研究者很难不与研究对象水乳交融、共同成长。费孝通先生长期观察开弦弓村，开弦弓村影响了他个人的命运，他的存在实际上也在极大程度上影响了开弦弓村。这也是本部分希望重点讨论的苏州地区的"学者文化"现象。实际上，由于费孝通先生的巨大影响力，开弦弓村的发展故事早已被学界熟知，其中总结出来的苏州农业农村现代化道路和模式也并无太大争议。因此，本部分不再重复前人论述，而是重点阐述前人在研究中关注较少的"费孝通现象"对本地的长期影响。

费孝通先生对开弦弓村 70 多年的研究为开弦弓村打造了一个独特的学术标签，即"江村"名片。在这张名片的影响下，世界范围内的人类学研究者也将开弦弓村作为人类学和社会科学领域的长期实验室和观察基地。自改革开放后费孝通先生重启著名的"三访江村"调研后，国内外学者陆续进入江村，开始长时间的田野调查，产生了大量学术成果，甚至现在每月也有三到四批学界、政界和新闻界的到访者来到这个不足 3 000 人的小村庄。有学者一度评价开弦弓村是社会学研究"永远的圣地"[①]。费孝通先生以一己之力，将开弦弓村从一个普通的江南村庄发展为一种文化现象、一张地区名片。某种程度上，这甚至为开弦弓村创造了一种全新的经济产业体系，即学术、文化和旅游结合的综合产业体系。实际上，如前所述，开弦弓村所代表的这种

---

① 朱云云，姚富坤. 江村变迁：江苏开弦弓村调查. 上海：上海人民出版社，2010：29.

"文人情结"在苏州历史上并不罕见。著名的苏州园林、"人间天堂"等标签都来自历史上不同时期文化名人对于本地的热爱和持续的精力注入。这些看似不经意的干预往往会给平平无奇的地区注入发展活力，形成独特的文化名片，推动本地向着健康、持续的发展方向大步前行。

（二）开弦弓村的百年变迁

在谈到以开弦弓村为代表的苏州农业农村所走的现代化道路的时候，我们依然需要再次描述"开弦弓村都发生了什么"这种老生常谈的问题。然而，由于开弦弓村在社会科学领域久负盛名，笔者无意重复太多前人总结的共识性细节，在此只做简单描述，以期给不熟悉开弦弓村发展故事的读者一个可以快速上手、基本清晰的事实框架。根据开弦弓村的资料，我们可以将该村百年发展历程分为如下四个阶段：超稳定农业农村发展结构的传统时期、新中国成立初期的曲折尝试时期、改革开放带来的异军突起的"苏南模式"时代以及"后苏南时代"的农业农村现代化实现时期。

新中国成立之前的时期可以被认为是"超稳定农业农村发展结构的传统时期"。这一时期的开弦弓村的情况就是费孝通先生在所著的《江村经济》中所反映的风貌。以稻米经济为主的种植业始终是本地农业农村发展的支柱性产业。尽管长期来看传统种植业很难帮助农民脱贫致富，但是在前现代生产力水平下，坚持稻米经济保证了在生产波动较大、风险程度较高的传统时期农民的基本温饱和生活水平，增强了农民抵御风险的能力，这也是农村稳步积累财富、逐步迈向现代化的重要前提。然而，由于人口密度大，人均土地不足，想要增加生产剩余，就不能局限于传统的粮食种植。于是，本地居民在种植过程中逐渐引入利润更高的棉、桑、麻等经济作物。然而，由于农业生产的季节性，每年依然存在大量的农闲时期。[①] 开弦弓村的村民合理分配农闲时间，发展了以乡村纺织业为核心的非农业副业。家庭分工也从数个世纪

---

① Ma，Debin，and Kaixiang Peng. " 'Involution' or Seasonality：A New Perspective on the 19 -20th Century Chinese Agricultural Development."经济研究，2021，72（4）：334 - 348.

之前的"夫妇并作"转变为中国特色农村经济中经典的"男耕女织"模式。[①]
这一农副业并举的发展模式也是整个江南地区农村经济的主流形式。

相比内陆地区长时期专注于单一粮食种植的农业农村发展方式，江南农村经济是前现代中国最接近也最有潜力实现现代化的经济类型。然而，这一发展形式也有很大的局限性。由于人口密度过大，整个经济体出现的"新变化"如复种、经济作物、副业等本质上依然属于劳动密集型创新。这一形式的创新本质是节省资本的诱致性技术变迁的结果，即通过增加大量廉价的劳动力投入换取总产出的增长，而其代价是劳动生产率日益下降，即黄宗智所提出的"内卷化"[②]。一个简单的例子是复种。复种是江南地区较早采纳的旨在增加耕种面积的技术创新。然而，由于土地肥力有限，苏州和江南地区的第一季作物主要是水稻，而第二季作物一般是小麦和油菜等"春花"类型的作物。"春花"的种植往往需要投入多于水稻的劳动力，但每亩获得的收益少于水稻。尽管从总量上看，复种相当于增加了一倍土地，给农民带来的全年总收入也高于单季种植，但是由于第二季作物的投入产出比远低于第一季作物，因此复种整体的劳动生产率反而低于第一季作物种植。

"内卷化"的结果是：以开弦弓村为代表的苏州农村经济发展水平尽管在前现代的中国是首屈一指的，甚至是最有可能实现现代化目标的，但也因为诱致性技术变迁，本地的技术进步形成了一种"节省资本、过度使用劳动力"的劳动密集型发展范式，而与以"蒸汽化、电气化"为代表的前两次工业革命渐行渐远，这也是历史学家尹懋可的"高水平均衡陷阱"所指的超稳定结构。如果不主动进行变革，这一传统时期的发展范式是否无法自主实现现代化？事实上，费孝通先生的姐姐费达生先生曾经进行过成效显著的尝试。作为从日本留学归来并且掌握了前沿丝织业知识的技术专家，费达生先生拒绝留日的优渥生活，主动回到故乡，来到开弦弓村办起了第一家符合近代工业标准的缫丝厂，引领乡亲开启了开弦弓村的第一次工业化运动。短短数年内，

---

① 李伯重. 从"夫妇并作"到"男耕女织"：明清江南农家妇女劳动问题探讨之一. 中国经济史研究，1996（3）：101-109.

② Huang, Philip C. *The Peasant Family and Rural Development in the Yangzi Delta*，1350-1988. Stanford：Stanford University Press，1990.

开弦弓村的村民通过从事缫丝业开辟了新的收入来源,生活水平快速提升。不幸的是,由于日本侵华战争,费达生领导的开弦弓村缫丝厂最终未能幸免于战火。轰轰烈烈的第一次乡村工业化运动就此夭折。历史无法重来,我们对于反事实的结果无从猜测,但能够确定的是,仅仅依赖自身的自然发展,这一超稳定结构很可能短期内不易被改变,因为费达生先生引入现代化技术和经营模式的努力某种程度上也是一种不同于本地传统发展模式的外来力量。

如果想改变这一超稳定的困局,那么该怎么办?随着对该问题的探索,开弦弓村的发展进入了第二阶段,即"新中国成立初期的曲折尝试时期"。这一时期全国各地农业农村的发展模式非常相似。面对资本积累不足、劳动力素质普遍较低、劳动力廉价的局面,自新中国诞生起,我党一直竭尽所能努力寻找变革之法。然而,独立自主的发展道路并不是一帆风顺的。新中国成立初期,党和人民为了努力提高经济发展水平,不得不"摸着石头过河"。集体化是新中国成立初期农业农村发展面对资本积累严重不足必须采取的重要手段。各种合作社和集体性质的组织逐一出现。开弦弓村逐渐解决了传统时期小农经济天然的各自为战、资本不足的难题。水利基础设施等的建设以及初步机械化生产稳步推进,农业农村发展逐渐从新中国成立前的动荡停滞进入稳定增长的新时期。然而,随着集体化的过快推进,一些不符合经济规律的地方教条举措导致的问题也逐渐显现。开弦弓村在新中国成立之前的重要副业(即村民兼业帮助运输农产品到口岸等)因被认为具有"资本主义性质"而被叫停,很多类似的乡村副业也转而由生产队和公社进行集体化经营管理。公社食堂和"大锅饭"的出现助长了消极激励。到三年困难时期,居然出现了这个曾经富足的鱼米之乡的村民大量整户流入浙江地区乞讨的现象。

随着20世纪60年代初期自上至下的调整巩固,开弦弓村的农业农村经济逐渐恢复稳定。但是,由于本地农副兼业的传统优势禀赋未得到充分利用,农民增收依然进展缓慢。勤劳聪明的开弦弓村人并不满足于缓慢的收入增长。面对困局,就要"求变"。开弦弓村人在60年代末70年代初开始自发破除思想枷锁,逐渐找回传统时期的副业"天赋"。1968年,在费达生先生的鼓励下,缫丝厂得到重建。70年代中期,开弦弓南村的红卫大队在书记周明芝的带领下主动推进"粮改桑",顶住压力,率先开始恢复经济作物种植。1978

年，在缫丝厂被收归公社后，开弦弓村人不畏困难，重新开始，又白手起家办起了丝织厂。这些乡村工业的重拾不但开了改革的先河，也为 20 世纪 80 年代开始的享誉全国的"苏南模式"的形成打下了基础。

随着 70 年代末 80 年代初改革开放的全面展开，开弦弓村进入了"异军突起的'苏南模式'时代"。在这一时期，自 70 年代建立起来的乡村工厂有了良好、健康的制度环境。从上到下的政策支持使得开弦弓村的村办工厂迅速盈利，开弦弓村也开启了迟到了近 50 年的工业化运动。相比新中国成立前费达生先生短暂的工业化尝试，这一时期的工业化是彻底、持续和高效的。在村办企业的带动下，开弦弓村也真正迈上了现代化之路。村民人均收入持续走高：六七十年代长期稳定在 100 元上下的水平，到 80 年代初期几乎每年翻一番。到 1999 年，即改革开放 20 年的前夜，开弦弓村人均收入达到 5 117 元，是 1962 年的 61 倍、1979 年的 33 倍。

然而，由于村集体制度僵化，激励不足、吃"大锅饭"的弊端在村办工厂中开始显现。到 90 年代中期，集体经济主导下如火如荼的乡村工业化一夜间陷入了停滞甚至破产。尽管相比计划经济时代的发展模式，"苏南模式"是一种新的、具备活力的发展模式，但是"苏南模式"在发展中期也陆续呈现僵化、不灵活的趋势，管理逐渐官僚化，发展战略也日渐脱离实际。生产目标僵化，库存积压，市场份额流失，企业与村发展分割不清、负担沉重，这些问题直接导致了开弦弓村集体经济的迅速衰败。"瞧不起"以温州为代表的地区所实行的个体家庭经济模式，使得开弦弓村在走上农业农村现代化之路的过程中，在 90 年代经济大环境发生剧变、全国市场与世界市场接轨的新形势下险些被排除出局。

以个体私营企业为代表的家庭工业化道路成为开弦弓村打开农业农村现代化之门的最终钥匙。尽管 90 年代中期的集体工业化最终失败，但是开弦弓村人对致富之路的探索一直没有终止。"后苏南时代"的农业农村现代化实现时期从 90 年代中期之后华丽开启。在新的领导班子的带动下，开弦弓村充分发挥家庭工业化灵活、高效的特点，将附近的市场有机统一起来。羊毛编织业名镇横扇镇、"羊毛衫第一村"叶家港村、丝绸之乡盛泽镇等周边市场都被纳入开弦弓村的家庭工业体系中。由于分工明晰、市场主导、科技为基，开弦弓村的工业化重获新生。随着村民收入的逐渐提升，工业逐渐反哺农业。文旅融合、"重走江村路"、绿色农业等地区名片，以及高附加值的"江村大米"等知名品牌落地生根。"后苏南时代"的开弦弓村，工业发展成熟，农业经营多样，环境美丽宜居，向着农业农村现代化、实现乡村振兴的伟大目标大步前行。

（三）开弦弓村的人文经济学内涵

开弦弓村的百年发展历程不仅反映了这个江南鱼米之村的脱胎换骨之路，也是苏州乃至整个江南农业农村发展的缩影。回顾开弦弓村的百年发展历程，其所代表的"江村"甚至苏州农业农村发展的背后，处处可见苏州乡土文明的人文基因内核，包括粮农为本、守正务实、勤勉传家、爱乡重土、和谐包纳。这些人文基因内核实际上在中国其他村庄也屡见不鲜，只不过苏州的农业农村同时兼具全部并将其深深刻在经济发展的基因里。笔者这里希望用不多的篇幅着重讨论前文所提的"费孝通现象"或"学者文化"所关联的"爱乡重土"这一人文基因内核，其是开弦弓村及其所代表的苏州农业农村经济走上现代化之路的重要推手。

如前所述，作为研究者，费孝通先生在 70 多年的学术生涯中与开弦弓村建立了密不可分的联系，他对于开弦弓村来说早已不仅仅是一个观察者。"费孝通"这个名字已经深深融入开弦弓村的历史中。如果说 1936 年之前的开弦弓村仅仅是太湖东岸一个随处可见的普通小村，没有显赫的历史，也没有图腾式的名人，那么这一切都在 1936 年那个夏天发生了改变。"华夏社科第一村""世界观察中国乡村的最好窗口"这些如今的开弦弓村所独占的文化名片的形成都离不开费孝通先生对开弦弓村倾注的毕生心血。费孝通与费达生等名字已经深深写入《开弦弓村志》的各个篇章。甚至不用谈"江村"，费孝通本人就早已是开弦弓村的最佳名片。这是当代的苏堤、白堤的故事，是人文精神具象到一个具体的人身上的最佳体现。地因人而垂史，人因地而圆满。

这种独特的"学者文化"本质上是高强度人力资本注入所产生的持久的经济发展动力。苏州的农业农村具有独特的自然和人文魅力，不但吸引了本地居民和外地移民，也持续吸引着文化名人来此扎根。这些"人"以本地为家乡或第二故乡，在现代化过程中不可避免地出现农村人力资本流失的常态下，不但守住了本地的人力资本，还以自身为养分将本地的人力资本水平提升到一个前所未有的高度。"费孝通现象"就是一个极端的例子：将一个世界级水平的人力资本注入开弦弓村的现代化进程中，打造出一条全新的赛道、一个全新的产业体系。可以预见，开弦弓村和"江村"将因费孝通而永载史册。这个村庄不会因为农业发展规模的缩小而消失，相反将成为中国农业农村图腾式的存在，在多年后仍被人们津津乐道。尽管苏州农村并不是村村都可以幸运地获得费孝通这样的世界级水平的人力资本注入，但是很多村庄的人力资本流入依然是"费孝通式"的，只不过程度各不相同。这为与城市收入差距较大、人力资本流失、老弱幼问题严重的大部分中国式村庄走上现代化之路提供了一条新的思路，即培养村民爱乡重土的情怀，打造个人特色的文化品牌，鼓励人才流入，守住高水平人力资本。只要有源源不断的"人"扎根于此，热爱这片土地，那么农业农村现代化就会有不竭的动力。归根结底，经济发展永远是人的发展。

纵观苏州的农业农村发展之路，我们可以发现，在不同时期，苏州的农业经济发展一直是同一时期中国经济发展的典范。在前现代时期，特别是明清以来，随着中国南方地区的开发以及伴随而来的经济重心的南移，以苏州为代表的江南地区的农业成为中国农业发展甚至整个中国经济发展最重要的引擎之一。苏州和江南的农业安定，则整个中国富足繁荣、王朝政权稳定；苏州和江南的农业波动，则整个中国动荡不安、王朝政权危机四伏。19 世纪以后，传统经济发展模式日趋均衡、稳定，增长空间逼近极限，以苏州为代表的江南地区在农业经济发展中引入国际先进的技术和理念，基于其传统的农副混合的经济结构，将农村副业部门的经营模式从传统家庭模式逐渐转变为近代化工厂模式，率先迈出了走向农业农村现代化的第一步。随着新中国成立后持续进行工业化建设以及改革开放后提出解放思想、实事求是，苏州农业经济中的工业化思想被彻底解放，乡镇企业异军突起，"苏南模式"火遍中华大地。此后，尽管乡镇企业发展略有曲折，但是很快苏州的农业农村就调整步伐，跟上节奏，最终发展出了今天高产、高质、小而精、宜居、绿色、科技的现代化农业经济模式，为全国实现乡村振兴战略提供了宝贵经验和发展模板。

　　苏州农业经济的漫长发展历程反映了实现现代化的过程中各个要素的融合、碰撞。人力资本、物质资本、创新、技术、组织、政策、制度等各要素在不同阶段或一枝独秀，或形成合力，全面推进苏州农业经济实现现代化。而这些要素背后都少不了苏州千百年来所形成的独具特色的人文基因内核：粮农为本、守正务实、勤勉传家、爱乡重土、和谐包纳。这五个凝结了苏州悠久文化传统的人文基因内核从不同角度深刻影响着苏州农业经济发展的各个要素，帮助苏州这一中国传统的核心经济区一步步从过去走向今天、从传统走向现代、从安居小康走向富足富庶。

第十章
苏州的现代工业文明

　　苏州的工业现代化包含了优秀传统文化产业的现代化和顺应经济全球化发展的高科技制造业的现代化。悠久的历史传统使得苏州的工业文明在传统与现代的融合中展现出独特的魅力，在传统手工业的坚实基础上迈入现代。通过技术创新和工艺升级，传统工艺得以更好地适应当代市场需求。同时，苏州在继承求真务实的人文基因内核的基础上，利用自身在改革开放进程中的区位优势，充分吸收来自西方的现代科学素养，形成了勇于追求科技创新的现代精神。改革开放以来，苏州一方面凭借早期在传统产业中积累下来的殷实家底和敏锐的商业嗅觉，不仅持续深挖丝绸这一传统文化元素，还依托自身丰富的文化资源，在地方发展中引入了一系列新兴业态，让"老字号"继续发光发热；另一方面依靠"苏沪文化"一体、人文相亲的传统优势，紧紧抓住改革开放以来上海作为"改革开放排头兵、创新发展领头羊"的发展契机，趁势而起，成为以"沪-苏-杭"为代表的长三角经济圈的一分子，走到了全国城市发展的前列。

　　苏州能够在继承和发扬优秀传统文化产业的基础上，发展出以高科技制造业为中心的现代化工业体系，与其内在的文化基因，特别是崇文重教的文化传统及其传承与实践、求真务实的工匠精神、开放包容的市场文化精神、诚实守信的契约精神和心系天下的士大夫精神等有深层关联。这些人文特质使得苏州能够在中国融入全球化的过程中，紧抓经济全球化和信息技术革命的机遇，立于世界潮头，成为全球工业现代化文明中的奇迹。苏州的工业发展离不开其对传统人文文化的继承，也离不开其在新时代结合西方先进的工业化理念进行的创造性转化。在此期间，苏州不仅保留了其独特的文化基因，更在吸收外来先进科技成果的基础上，形成了独具特色的"三大法宝"："团结拼搏、负重奋进、自加压力、敢于争先"的张家港精神；"艰苦创业、勇于创新、争先创优"的昆山之路；"借鉴、创新、圆融、共赢"的园区经验。这"三大法宝"既是对苏州传统工业精神的传承，也是对新时代工业现代化的有力推动。这种工业化模式积极贯彻落实新发展理念，为实现中国现代工业化指明了道路。

一、苏州传统产业的现代化

自古以来，苏州都是我国江南宝地，素有"鱼米之乡"的美誉。苏州的气候四季分明，风调雨顺。苏州水陆并行的双棋盘格局历经 2 500 多年未变，河港交错、湖荡密布的江南孕育出塘浦圩田、桑基鱼塘、连片蟹塘、碧螺茶山，向世人展示着悠久而迷人的江南水乡风貌。苏州还是我国重要的工商业都会，其丝绸闻名世界。

凭借早期在农业和工商业领域积累的殷实家底和敏锐的商业嗅觉，苏州人民和政府又积极布局工业，实现了农转工、轻转重的突破。第一，工商业兴盛。随着丝绸和棉花织造等手工业的发展，运河的运输能力提升，苏州地区的经济飞速发展。随着各行各业的发展，金融业也开始出现并成形。第二，轻工业工厂萌芽。苏州在改革开放以后就开始设立以农副产品、轻纺产品生产为主的加工工厂，推动贸工农全面发展、农工商齐头并进，使本地的小加工厂、小作坊规模越做越大，出现了长风机械厂、苏州钢铁厂、人民纺织厂等大型生产工厂。遍地开花的乡镇企业和如雨后春笋般涌现的中小企业，曾使苏州市经济总量迅速扩张，成为我国一个令人瞩目的经济大市。第三，外国资本进入。苏州 1984 年设立利用外资领导小组办公室，1986 年提出全面实施"外向带动"战略，实行外贸、外资、外经"三外齐上、三外联动"，1988年设立海关，1992 年明确外向型错位发展战略。通过吸引外国资本进入，苏州和外国资本一起开设工厂、引进商务服务业、建设运营园区，工业化实现了量和质的飞跃。第四，教育氛围浓厚。自古以来，"崇文重教"就是最有苏州味道的标签之一。历史上先后有 51 名状元、1 500 余名进士出自苏州，截至 2021 年，当代苏州籍的两院院士达 139 人。第五，文化旅游资源丰富。历朝历代，姑苏都是无数达官贵人、富商巨贾、文人墨客在功成名就之后休闲养老、享受余生之地，因此这里留下了众多历史遗迹和文化遗存。目前，苏州拥有包括苏州古典园林和中国大运河苏州段在内的世界物质文化遗产，以及昆曲、古琴、苏州端午习俗、苏州宋锦、苏州缂丝、苏州香山帮传统建筑营造技艺、碧螺春制作技艺在内的世界非物质文化遗产。除各朝代的文物建筑以外，还有各类博物馆，这些博物馆收藏了书画、陶瓷、工艺品、铜器、太平天国忠王府彩画等珍贵文物。

通过市场改革、对外开放、抓住浦东发展机遇等，加上工业化、信息化、城镇化、农业农村现代化的助力，苏州的支柱产业早已从纺织、钢铁、机械、代加工转型升级为电子信息、装备制造、生物医药、新材料，实现了制造业由基础向精细的升级。与此同时，全市高新技术产业、新兴产业产值的比重也在不断上升。第一，融入国内大循环，完善现代流通体系，扩大商品销售渠道。第二，实现工业结构转型，已形成门类齐全、产业链完备的制造业体系。第三，提升"引进来"与"走出去"水平。截至 2021 年底，有 156 家世界 500 强跨国公司在苏州投资并开展业务，这些跨国公司涉足的产业包括能源化工、机械、汽车、电子信息、生物医药、商贸、金融等战略新兴产业。第四，提高各类研究院科技创新对苏州产业转型升级的引领和支撑作用。第五，塑造"江南文化"品牌，构建现代文化产业体系。通过厚植苏州特质文化根基，拓展创意设计、演艺娱乐、文化旅游、工艺美术、数字文化、装备制造等重点领域，做强智慧文旅平台，聚力建设国家文化和旅游消费示范城市；通过打造文化旅游景点，强化苏州文化形象的推广，扩大苏州在对外文化交流合作中的影响力，促进苏州消费的转型升级。

（一）苏州历史上的传统手工业和民族工业基础

1. 传统手工业

苏州地处长江三角洲的太湖平原，是古老的江南水乡城市，手工业有着悠久的历史。早在春秋时期，吴国造船手工业就已有所发展，冶铁技术也较为先进。到了封建社会，苏州的手工业和农业已构成国民经济的两大基本生产部门。唐宋以来，随着农业和农民家庭手工业生产的发展，商品经济日益壮大，社会分工日益细化，城市手工业生产日益发达，独立丝织业的机户已经出现。造纸业和冶炼业作坊已具相当规模。明清以来，苏州的手工业生产在全国占有相当重要的地位。苏州与南京、杭州并列为全国丝织手工业生产的三大基地，苏州的绸缎、锦地绉、缂丝以及盛泽的盛纺久负盛名，畅销国内外市场；苏松地区一向是国内著名的棉纺织手工业中心，号称"衣被天下"；苏州的刺绣是我国四大名绣之一，在国内外市场上享有很高声誉；苏州其他传统日用品手工业和工艺美术手工业，均以精工细作著称于世。苏州手工业行业繁多，品类齐全，长期以来手工业劳动者从生产实践中积累了丰富的生产经验，形成了独特的风格和浓郁的地方特色。可以说，苏州手工业在全国国民经济中具有典型意义。在苏州手工业发展的历史长河里，丝织业和棉纺织业的变化最为显著。丝织业是苏州的主要手工业行业，在明末清初时已经有了资本主义萌芽，进入半殖民地半封建社会后，在新的历史条件下，过渡到资本主义工场手工业，其中一部分发展为机器工业。棉纺织业长期以来是苏州地区与小农业相结合的主要农民家庭手工业，在外国资本主义入侵以后发生了剧烈的变化。19世纪90年代末，随着中国资本主义纺织工业的发展，出现了棉织手工工场，一部分过渡到机器工业。这种手工业行业与国民经济的关系密切，发展历史的全过程又很完整。自元朝以来，江南棉纺织业的中心是松江府、大仓州以及常熟、江阴等县，清初随着棉布整染业转移到苏州后，棉布集散地也就转移到苏州和常州府属的无锡。苏州和吴江盛泽是丝绸的著名产地，其原料依靠浙江湖州、吴江震泽和无锡供应，后来使用厂丝，原料则由吴江、吴县、常熟、太仓、昆山等县提供。此外，无锡的缫丝业、花边业和针织业，常熟的织布业、花边业和刺绣业，吴县的刺绣业、织席业和丝织业，吴江的丝织业和缫丝业，昆山的夏布业，太仓和江阴的棉织堂，都是各具特色的手工业。在手工业发展和演变的历史过程中，城市手工业与农民家庭手工业往往相互渗透、相互影响。

2. 民族工业

苏州作为中国历史上的工商业重镇，其民族工业的发展历程是中国经济现代化进程的一个缩影。苏州的工业发展可以追溯到 19 世纪末，当时西方的工业技术和资本开始进入中国，苏州凭借其地理位置和历史积累，迅速成为民族工业的重要基地。

苏州纺织业的兴起与苏纶纱厂的建立密切相关。1896 年，这家工厂建立，不仅引入了西方的纺织机械，还促进了当地纺织技术的革新。信和纱厂的建立更是将苏州纺织业推向了一个新的高度。信和纱厂不仅在生产规模和技术上领先，而且在品牌建设上也取得了显著成就，其产品不仅满足了国内市场的需求，还远销海外，成为民族工业的一张亮丽名片。进入 20 世纪，苏州的工业开始多元化发展。机械制造业的兴起为苏州乃至整个长三角地区的工业发展提供了坚实的基础。苏州机床厂等企业通过生产高质量的纺织机械和其他工业设备，不仅满足了本地工业的需求，也为周边地区的工业发展做出了贡献。化工行业的兴起，尤其是染料和化肥的生产，进一步丰富了苏州的工业门类，增强了其工业竞争力。

抗日战争期间，苏州的民族工业遭受了巨大的冲击。许多工厂受战争的影响被迫停产或迁移。然而，一些有远见的企业家，如荣氏家族，将工厂迁往内地，不仅维持了生产，更为抗战提供了重要的物资支持。这一时期的工业转移面临重重困难，展现了苏州民族工业的韧性和企业家的爱国主义精神。

新中国成立后，苏州的民族工业经历了深刻的变革。在社会主义改造的浪潮中，许多私营企业转变为公私合营企业或国有企业。例如，苏纶纱厂在 20 世纪 50 年代初转变为国有企业。在国家的大力支持下，苏纶纱厂的生产规模和技术水平都得到了显著提升，成为新中国工业发展的一个亮点。改革开放以来，苏州的民族工业迎来了新的发展机遇。传统工业通过技术改造和产品升级，提高了自身的竞争力。苏州纺织业的升级，就是一个典型的例子。引进国外先进技术和设备后，苏州纺织业的产品质量和生产效率都有了显著提升。同时，新兴产业，如电子信息产业和生物医药产业的崛起，为苏州工业的发展注入了新的活力。苏州工业园区的建立更是吸引了大量外资企业，推动了苏州工业的国际化进程。

（二）苏州的文化产业

近年来，政府高度重视文化产业的发展，将其作为推动经济结构转型升级和实现可持续发展的重要战略。《中华人民共和国国民经济和社会发展第十四个五年规划和 2035 年远景目标纲要》以及《"十四五"文化和旅游发展规划》都明确提出了文化产业的发展目标和方向。在此背景下，苏州市委、市政府出台了一系列政策。2021 年 1 月，中共苏州市委办公室、苏州市人民政府办公室印发《关于实施文化产业倍增计划的意见》，该意见提出聚焦动漫游戏、影视、网络文化等重点领域，推动文化与科技、金融、体育等产业融合发展，构建具有苏州特色的现代文化产业体系。同时，苏州还印发了《关于落实文化产业倍增计划的扶持政策》，制定了扶持文化产业的具体措施，包括支持重大项目建设、培育市场主体、建设文化载体、生产原创内容、引进和培育人才、支持文化金融、扩大文旅消费规模、落实对外文化贸易政策、提供财政资金保障以及实施减税降费政策等。2021 年 9 月，苏州市文化产业发展领导小组办公室建立了文化产业园区的动态评价机制，按照科学性、导向性、公正性原则，从园区运营管理、文化企业发展、县级市（区）文化产业主管部门意见等方面对苏州市文化产业示范园区进行考核，以确保园区持续健康发展。2022 年 12 月，苏州市政府印发《苏州市文化产业示范园区（基地）认定管理办法》，明确了文化产业示范园区和示范基地的申报、认定、评价和管理工作，旨在通过示范引领，推动文化产业集聚发展。苏州市政府旨在通过政策扶持和引导，促进文化产业的高质量发展，实现文化产业的倍增计划。这些政策涵盖了重大项目建设、市场主体培育、文化载体建设、原创内容生产、人才引进和培育、文化金融支持等各个方面，形成了一个全方位、多层次的政策体系。

　　苏州文化产业政策的实施取得了显著成效。作为独具魅力的国家历史文化名城，苏州有着跨越千秋、博大精深的传统文化，也有活力十足、潮流鲜活的现代气息，苏州应该更好地利用延续了千年的文化基因，擘画新图景，散发新魅力。苏州拥有平望四河汇集、石湖五堤、水陆盘门、平江古巷、浒墅关、宝带桥、横塘驿站、虎丘塔、枫桥夜泊、吴门望亭等传统旅游景点，传统文化的发展位居全国前列。随着数字时代的来临，苏州的文化产业仍存在一定的升级空间。

　　近年来，虽然受到国内外宏观环境严峻复杂、新冠疫情多发频发等不利因素影响，但苏州的文化产业发展仍呈现出蓬勃向上的良好势头，这不仅体现为市场主体数量快速增加，产业规模持续扩大，产业结构逐步优化，还体现为文化与数字技术进一步融合，创新动能明显增强，产业影响显著扩大。苏州市政府通过实施文化产业倍增计划等，促进了文化产业的健康发展。

市场主体方面，苏州规模以上文化产业单位和就业人数快速增加。2022年末，苏州规模以上文化产业单位达 1 286 家，比上年同期增加 143 家，增幅为 12.5%，连续两年保持了两位数增长。其中，文化产业核心领域单位达 606 家，文化产业相关领域单位达 680 家，增长最快的是文化辅助生产与中介服务单位数，其贡献了总增长的近一半。在文化产业单位增加的同时，苏州文化产业的就业人数也同步加快增长，2021—2022 年年均增速保持在两位数。图 10 - 1 显示了 2022 年苏州文化产业细分领域规模以上法人单位的数量。

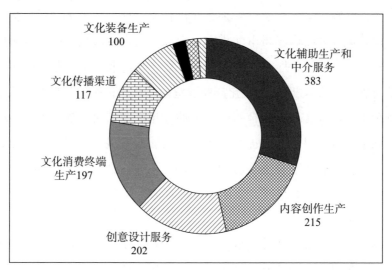

图 10 - 1　2022 年苏州文化产业细分领域规模以上法人单位的数量

资料来源：《苏州统计年鉴（2023）》。

在文化产业规模方面，2022 年苏州文化产业规模以上单位营业收入达 3 380.04 亿元，同比增长 3.2%，增速比上一年提高了 0.7 个百分点。文化产业核心领域企业增长较快，实现营业收入 825.81 亿元，同比增长 20.7%；文化产业相关领域企业实现营业收入 2 554.23 亿元，同比下降 1.4%（见图 10 - 2）。

其中，文化服务业增长最快，增速达到 29.3％，是苏州文化产业增长的最主
要动力。2014—2022 年，苏州规模以上文化、体育和娱乐业法人单位的营业
收入虽出现了短期波动，但长期呈现出平稳增长之势，并在 2021 年前后快速
增长。与企业规模和营业收入稳步增长不同，苏州文化企业的营业利润剧烈
波动，且在很多年份为负。这说明，营业收入的增长伴随着营业成本的不断
上升，常年亏损的现象难以得到有效遏制和改善。

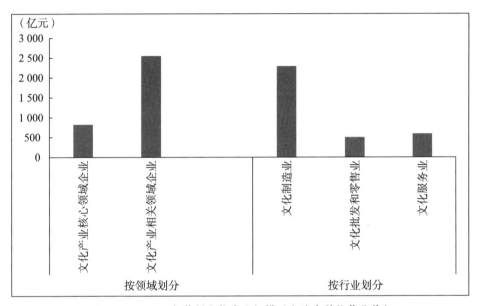

图 10 - 2 2022 年苏州文化产业规模以上法人单位营业收入

资料来源：《苏州统计年鉴（2023）》。

在产业结构方面，近年来，苏州的文化服务业快速发展，成为苏州文化
产业的动力。同时，苏州传统文化产业与数字技术深度融合，新业态优势显
现，成为文化产业发展的突出特点与趋势。苏州利用传统文化内容打造的数
字化场景，创造出了许多有底蕴、有朝气的文化数字化成果，使文物、非遗、
传统苏作技艺等以更便捷、更活泼的方式，通过互联网走近大众，进一步推
动了苏州传统文化的创造性转化和创新性发展。

根据苏州市统计局对 2022 年苏州规模以上文化产业发展情况的分析，苏
州新业态文化企业受疫情影响较小，全年实现营业收入 1 051.35 亿元，比上
年同期增长了 30.4％（见图 10 - 3），增速是文化产业全部规模以上企业营业

收入的近 10 倍。新业态文化企业营业收入占文化产业全部规模以上企业的比
重达到 31.2%，比 2021 年提高了 6.5 个百分点。其中，互联网信息服务、互
联网游戏服务、互联网生活服务、其他数字内容服务四个行业的营业收入实
现了翻番。

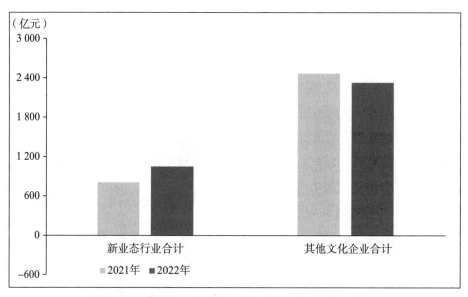

图 10-3　苏州新业态文化企业和其他文化企业营业收入

　　苏州是联合国评选的手工艺之都，作为传统文化的苏州工艺美术历史悠
久、资源丰富，是苏州一张重要的城市名片。知名的苏作有苏绣、核雕、玉
雕、丝绸、砖雕、苏扇等，业内的企业数量众多。但是，苏州文化产业依然
存在"短板"。首先，领先企业不足。虽然苏州文化产业规模大，企业数量
多，但是规模以上（年营业收入在 2 000 万元以上）企业稀少。在文化制造业
中，仅有太湖雪、上久楷等少数借助纺织产业发展起来的丝绸企业，其他文
化企业特别是工艺美术相关企业很少有达到规模以上标准的。其次，文化服
务业比重较低，传统企业比重较高。2022 年，苏州文化服务业营业收入占全
部规模以上文化产业营业收入的比重为 17.4%，不仅低于苏州市服务业营业
收入比重，而且远低于周边城市文化服务业营业收入比重。例如，南京的文
化服务业营业收入比重为 57.9%，深圳、杭州等文化产业发达的城市的文化
服务业营业收入比重更是在 70% 以上。最后，文化产业格局剧烈变化。近年

来，受疫情反复影响，苏州文化产业企业的盈利状况出现了较大幅度的波动，产业格局变化剧烈。图 10 - 4 展示了以法人数量划分的文化产业内部格局，不同细分产业法人数量占文化产业全部法人数量的比重在近些年变化剧烈，例如，新闻和出版业从 2014 年的 55％降至 2018 年的 33％，而后上升至 2022 年的 63％；体育业则从 21％上升至 22％，而后下降至 12％；广播、电视和电影业从 9％上升至 11％，而后下降至 5％；文化艺术业从 5％上升至 24％，而后下降至 11％；娱乐业则一直维持在 10％左右的水平。

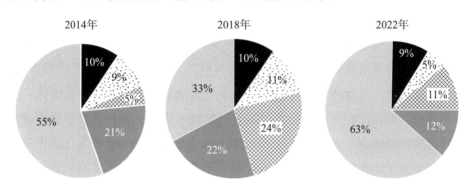

图 10 - 4　以法人数量划分的文化产业内部格局

资料来源：相关年份《苏州统计年鉴》。

苏州的文化产业虽然在不断升级迭代，但目前仍存在上述问题，可能对文化产业的长期平稳发展造成一定影响。本小节针对这些问题提出如下政策建议：

第一，明确文化产业发展的战略定位，将文化产业作为城市发展的支柱产业纳入城市总体规划。要通过制定长期、中期和短期的文化产业发展规划，确立文化产业在城市经济中的战略地位。同时，结合苏州的文化特色和资源禀赋，打造一批具有国际影响力的文化品牌，提升城市的文化软实力和国内、国际竞争力。

第二，优化文化产业结构，推动传统文化产业结构升级。对于传统工艺、表演艺术等领域，通过引入现代科技和设计理念，推动其向高端化、精品化方向发展。例如，利用数字化技术对苏州园林进行虚拟现实再现，或开发具有江南特色的文创产品；培育新兴文化业态，大力发展数字内容产业、动漫游戏产业、网络视听产业等新兴产业，形成多元化的文化产业结构；鼓励文化企业与互联网企业合作，开发具有苏州特色的网络文化产品和服务；促进产业集聚发展，建设一批文化产业园区和基地，吸引优质文化企业入驻，形成产业集聚效应；通过提供税收优惠、租金减免等政策措施，有效降低企业经营成本，推动产业集群化发展。

第三，运用数字技术和智能化手段对苏州的传统文化产业进行改造和升级。可以利用数字化技术对苏州的传统工艺（如丝绸工艺、纺织工艺等）进行保护和传承，同时开发智能化的生产工具和设备，提高生产效率和产品质量。同时，鼓励传统文化企业结合现代市场需求，创新商业模式和营销手段，不断引入和发展文化新业态；利用互联网和社交媒体平台等拓展销售渠道，开发线上线下的互动体验项目，吸引更多年轻消费者的关注。在数字化人才建设方面，加强传统文化企业管理团队的建设，培养一批具有数字化理念和互联网技能的管理人才，通过引进外部科技人才和开展内部数字化培训等方式，提高企业的数字化水平和市场竞争力。

第四，促进现代文化产业与传统文化的融合发展。要深入挖掘苏州的传统文化元素，如园林艺术、昆曲表演等，并将其与现代文化产业有机结合，开发出具有苏州特色的现代文化产品和服务；以苏州的传统文化为基础，打造一批具有影响力的文化 IP（知识产权），通过授权、合作等方式推动其在现代文化产业中的应用和传播；与苏州各博物馆合作，定期举办以苏州传统文化为主题的文化活动，如艺术节、展览、演出等，吸引国内外游客和投资者的关注，推动现代文化产业与传统文化相互协调、相互配合、融合发展。

第五，加大对科技研发的扶持力度，强化文化产业创新驱动与科技支撑。鼓励文化企业与高校、科研机构密切合作，共同开展关键共性技术研发和创新应用。通过设立专项基金、提供研发补贴等方式支持企业加大科技研发投入力度；培养创新人才团队，支持高校开设文化产业相关专业和课程，培养具备创新精神和实践能力的文化产业人才。同时，实施文化产业人才引进计划，吸引国内外优秀人才来苏州创新创业，打造一批具有创新能力的人才团队。

第六，完善文化产业园区、基地等基础设施建设，营造良好的文化产业发展环境。建立健全文化产业公共服务体系，提供包括信息咨询、项目对接、人才培训等在内的公共服务，有效降低企业经营成本，提高企业营业利润和市场竞争力。同时，加强行业自律和规范约束，通过制定行业标准、规范市场秩序等方式，促进文化产业健康有序发展。

第七，聚焦细分行业，实施文化产业倍增计划。不断贯彻落实中央、省委和市委关于推动文化高地建设和文化产业高质量发展的决策部署，打响"江南文化"品牌，加快发展数字文化产业，聚焦动漫游戏、影视、网络文化等细分行业，拓展创意设计、演艺娱乐、文旅融合、工艺美术、数字文化装备制造等重点领域，大力推进文化与科技、金融、体育、商贸、会展、娱乐等相关产业融合发展，着力构建具有苏州文化特色和核心竞争力的现代文化产业体系，进一步巩固文化产业的国民经济支柱产业地位，推动文化类消费。

综上所述，苏州应进一步明确战略定位，优化产业结构，推动传统文化产业现代化，强化创新驱动，并营造良好的文化发展环境和氛围，在提升文化软实力的同时提升苏州的国内国际竞争力。

二、苏州高科技制造业的现代化

苏州的经济发展主要有三个标签：上海、制造和外资。苏州的外向型经济从以丝绸为主的外贸生产起步，到 1987 年获得了外贸自营进出口经营权。20 世纪 90 年代后，苏州紧紧抓住国家对外开放和上海浦东新区开发的战略机遇，外贸、外资、外经"三外"齐上，合作、合资、独资并举，实现了开放型经济的全面腾飞。外资的进入带动了区域制造业的升级，帮助苏州发展为经济大市和工业大市。

作为长三角区域的地理中心，苏州一直是我国重要的核心城市之一，也是中国改革开放的经济前沿。苏州市总体工业化水平不仅在全国范围内长期处于领先地位，在全世界范围内也较为靠前。在全部工业门类中，苏州拥有35 个大类、172 个中类、513 个小类，工业体系较为完备，是长三角地区乃至国内很多产业循环的起点和连接点。

从总体规模来看，2021 年苏州全市规模以上工业总产值突破 4 万亿元，成为全球第一大工业城市。2022 年，面对全球经济下行等多重压力，苏州工业保持了稳定发展，全年规模以上工业总产值同比增长 4.1%。从产业结构来看，苏州在工业结构转型升级方面表现突出，高技术制造业[①]在苏州工业中的占比不断提高。2022 年，苏州全市高技术制造业产值达 15 735.5 亿元，占规模以上工业总产值的比重达 36.1%，比 2002 年提高了 17.2 个百分点（见图 10-5）。高技术制造业成为苏州工业现代化的一面旗帜。

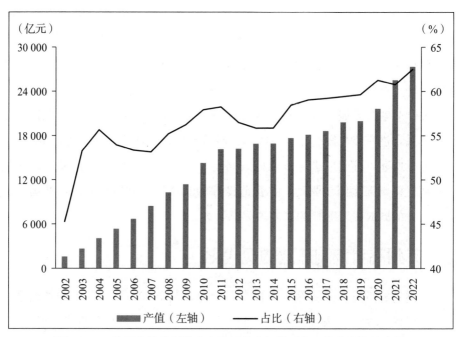

图 10-5　苏州高技术制造业产值及其占规模以上工业总产值的比重

资料来源：历年《苏州统计年鉴》。

从增长态势来看，在刚加入 WTO 后的 2002—2004 年，苏州高技术制造业快速增长，占规模以上工业总产值的比重很快达到 55.7% 的高位，之后一直维持在高位并有所上升。苏州高技术制造业企业在 2002—2011 年经历了快速增长，年均增速高达 23.6%。2012 年及以后，高技术制造业企业扩张放缓，增速大幅降低。从细分行业来看，计算机、通信和其他电子设备制造业对高技术制造业增长的贡献最大。在 2002—2011 年的快速增长期，计算机、通信和其他电子设备制造业总产值增加了 9 083 亿元，对高技术制造业增长的

---

① 对不同技术水平制造业的划分根据 OECD 标准。

贡献高达 61.9%。即使在 2012—2022 年的增长放缓期，计算机、通信和其他电子设备制造业对高技术制造业增长的贡献也达到了 26.4%。

在高技术制造业的布局上，苏州凭借其深厚的文化底蕴，展现出了具有前瞻性的战略思想和敏锐的洞察力。2023 年苏州市出台的《加快建设制造强市行动方案》提出，聚焦电子信息产业、装备制造产业、先进材料产业、生物医药产业四大产业创新集群产业，显著提升产业基础高级化水平和产业链现代化水平。这一战略部署不仅彰显了苏州对高端制造业发展的坚定信心，也预示着苏州将在新的历史起点上，以更加开放和进取的姿态，引领城市工业发展迈上新台阶。

截至 2022 年，苏州的电子信息产业、装备制造产业和先进材料产业三大集群的产业规模分别为 12 819.7 亿元、13 777.4 亿元、10 578 亿元，成为苏州规模过万亿元的三大"压舱石"产业。从企业看，2023 年初，苏州 A 股上市企业突破 200 家，位列全国第五，其中电子信息产业、装备制造产业、先进材料产业、生物医药产业四大主导产业的上市企业数量占比接近 90%。从人才看，苏州市顶尖人才和重大创新团队全部集中在四大主导产业，四大主导产业的国家重大人才工程、省双创人才和姑苏领军人才均占此类人才总数的 90% 以上。从载体看，苏州市国家级重大创新载体全部分布于四大主导产业，市级以上新型研发机构、企业研发机构和产学研研发机构 90% 以上集中在四大主导产业。由此可见，苏州四大主导产业发展实力强劲，为城市经济发展提供了坚实支撑。

（一）电子信息产业

电子信息产业是苏州第一主导产业，是苏州首个年产值破万亿元的产业，对苏州的整体经济发展起到了不可忽视的作用。2022 年，苏州电子信息产业规模达 12 819.7 亿元，同比增长 6.2%。截至 2022 年底，苏州电子信息产业拥有上市企业 72 家，独角兽培育企业 82 家，国家级专精特新"小巨人"企业 46 家，高新技术企业 2 435 家，从业人员近百万人，形成了较为完善的产业链和较有竞争力的产业集群，是全省、全国乃至全球重要的电子信息产业生产基地。在创新研发方面，建有国家企业技术中心 9 个、省产业创新中心

1 个、省制造业创新中心 1 个，以及国家超级计算昆山中心、长三角量子科技产业创新中心、苏州深时数字地球研究中心等重大创新平台，布局建设了 27 家新型研发机构、380 个省级工程技术研究中心，拥有电子信息产业国家高新技术产业基地 4 个、省级科技产业园 10 家、科技企业孵化器 45 家、众创空间 16 个。在人才资源方面，引进扶持顶尖人才（团队）和重大创新团队 8 个，姑苏创新创业领军人才 1 022 名，建有外籍院士工作站 1 个，集聚了院士团队 2 个（周成虎团队、吴一戎团队）、国家重大人才工程专家 81 名、省双创人才 442 名。

苏州电子信息产业拥有较为深厚的产业基础。早在 2008 年，苏州市规模以上电子信息产业就已实现工业总产值 7 215.2 亿元（按原国家信息产业部统计口径），同比增长 21.01%；完成出口交货值 5 187.3 亿元，同比增长 22.17%。从电子信息产业规模总量来看，2008 年苏州市电子信息产业规模总量继续位列全省第一，占全省电子信息产业的比重达 55%，占全国电子信息产业的比重约为 10%。

苏州在电子信息产业方面的前瞻性布局和高质量发展成功巩固了其在全国乃至全球的领先地位。凭借完善的产业链、高度集中的产业集群和众多领先的研发机构，苏州的电子信息产业持续保持强劲增长，为苏州的经济发展注入了强大动力。电子信息产业不仅成为苏州的主导产业，更是推动城市创新和产业升级的重要引擎。

（二）装备制造产业

装备制造产业是制造业的基石，也是苏州的传统优势项目。装备制造产业也是苏州市又一个万亿级产业。2022 年，苏州装备制造产业规模达 13 777.4 亿元，同比增长 7.9%；从企业数量看，苏州装备制造类企业超万家，其中规模以上企业 4 536 家，市级以上专精特新企业 602 家，上市企业 54 家。从细分领域看，苏州已建立起门类齐全、独立完善的制造体系，拥有汽车整车、电子及零部件、智能车联网、机器人及数控机床和新能源五个千亿级产业，航空航天产业加速崛起，电梯产业跻身全国前列。从创新研发看，截至 2022 年底，苏州拥有装备制造产业重大创新平台载体 17 家。

近几年来，苏州也在积极推动各类装备制造产业创新集群的建设和发展，出台了一系列与高端装备产业创新集群、机器人及数控机床产业创新集群、汽车产业创新集群、新能源产业创新集群、航空航天产业创新集群等有关的指导行动和计划。随着这些创新集群的持续建设和发展，苏州的装备制造产业将实现更高水平的创新和升级，为城市的经济增长注入新的活力，并推动苏州在全球装备制造产业竞争中取得更大的成就。

（三）先进材料产业

先进材料产业是苏州又一个万亿级产业。2021 年，苏州的纳米新材料产业入选国家先进制造业集群；2022 年，苏州的先进材料产业入选首批省级战略性新兴产业融合集群发展示范，常熟市电子氟材料产业入选国家级中小企业特色产业集群。2022 年，苏州先进材料产业规模达 10 578 亿元；全市有规模以上企业 3 878 家，市级以上专精特新企业 221 家，上市企业 55 家，《财富》世界 500 强企业 3 家。在细分领域，苏州先进材料产业拥有纳米新材料、先进金属材料和高性能功能纤维材料三个千亿级产业。在创新研发上，截至 2022 年底，苏州已布局建设先进材料产业新型研发机构 25 家，拥有浙江大学苏州工业技术研究院、清华大学苏州环境创新研究院等先进材料重大产学研机构 46 家，占苏州市产学研研发机构的 29.11%；建设培育了 30 家先进材料领域的创新联合体，涵盖盛虹控股集团有限公司等多家世界 500 强企业。苏州在先进材料领域拥有长三角先进材料研究院、材料科学姑苏实验室等多个先进材料产业重大创新载体，集聚了 93 名入选"国家重大人才工程"的人才，列四大重点产业首位，先进材料领域院士人数、国家级专精特新"小巨人"企业数量、独角兽企业数量排名全国第二。在地区分布上，苏州全市先进材料产业加速布局，并各有侧重，形成产业推进合力，如张家港、常熟重点发展钢铁新材料产业，张家港、常熟、太仓主要发展先进石化化工新材料产业，吴江重点发展高性能纤维及制品和复合材料产业，苏州工业园区重点打造世界领先的纳米新材料产业创新集群，形成了百花齐放的局面。

苏州正加大先进材料产业创新集群精准布局力度，逐步形成具有国际竞争力和全球影响力的先进材料产业创新集群。

（四）生物医药产业

苏州生物医药产业历经 16 年深耕发展，成为全市焦点赛道。2022 年，苏州市生物医药产业入选首批国家级战略性新兴产业集群发展工程，生物医药及高端医疗器械产业入选国家先进制造业集群。2023 年，虎丘区多肽类生物药入选国家级中小企业特色产业集群。从产业规模看，2022 年苏州生物医药产业规模达 2 188 亿元，五年产值规模翻番，与北京、上海、深圳同列全国第一方阵。在中国生物技术发展中心发布的 2022 年中国生物医药产业园区竞争力排名中，苏州工业园区生物医药产业综合竞争力和产业、技术、人才竞争力仅次于中关村，位列全国第二，连续多年稳居全国第一方阵。全市共 4 个产业园区入围全国生物医药产业园区 50 强，数量居全省第一。苏州生物医药产业已集聚企业超 3 800 家，拥有规模以上企业 557 家，上市企业 34 家，国家专精特新"小巨人"企业 31 家，入围中国医工百强企业 2 家。从创新成果看，我国 9 款国产 PD-1/PD-L1 抗癌药中，6 款出自苏州。在高端医疗器械方面，同心医疗获批我国首个拥有完备自主知识产权的国产人工心脏，迈胜医疗是国内唯一的质子治疗设备生产商，其产品全球体积最小，已列入工业和信息化部发布的《首台（套）重大技术装备推广应用指导目录》。从创新研发看，苏州汇聚了中国科学院医工所、中国科学院上海药物所等国家科研院所 16 家，国家级重点平台 20 个，集聚了入选"国家级人才计划"的人才 87 名，带动各类创新创业人才超 6 万人，拥有 21 家临床试验机构、163 个专业和 6 所专业高等院校。

苏州生物医药产业虽然发展时间短，但是依托其与上海接近的优越地理位置、优质的人力资源禀赋，在政府的大力支持与引导下，走出了一条独特的创新发展道路。

除了四大主导产业的发展以外，苏州也聚焦多个高新技术制造业领域，全力布局未来产业的高质量发展。2023 年，苏州市人民政府发布的《关于加快培育未来产业的工作意见》指出，要结合苏州市电子信息、装备制造、生物医药、先进材料四大主导产业的规模优势，依托光子、集成电路、人工智能、新能源、创新药物、纳米新材料等战略性新兴产业的发展优势，重点发展前沿新材料、光子芯片与光器件、元宇宙、氢能、数字金融、细胞和基因诊疗、空天开发、量子技术等未来产业。2024年初，苏州市召开推进新型工业化工作会议，表明了以新型工业化推进苏州经济社会高质量发展的鲜明导向和坚强决心。会议提出要牢牢把握苏州推进新型工业化的目标任务：加快构建"1030"产业体系，用3年左右的时间，力争形成电子信息、高端装备、先进材料、新能源4个万亿级主导产业，规模以上工业总产值达到5万亿元，实现质的有效提升和量的合理增长，推动GDP迈上3万亿元台阶；到2035年，基本形成具有世界一流竞争力的现代工业体系，奋力打造具有全球领先地位的"智造之城"。这意味着苏州的高技术制造业将得到更多的政策支持和资源倾斜，产业结构将进一步优化，产业竞争力将进一步提高。

苏州高技术制造业保持优势离不开创新思维和技术。苏州在继承和保持传统文化优势的同时，积极引入新思想和新技术，形成了一种创新与传统相结合的独特发展模式，即企业在尊重并保留传统工艺、经营理念和企业文化的同时，也不断探索新的技术、新的市场策略和新的管理方法。2022年，苏州规模以上高技术制造业企业数量达到1 645家，约为南京市的4倍，占全省规模以上高技术制造业企业数量的34％；新认定高技术制造业企业5 531家，有效高技术制造业企业数量达13 473家，排名全国第四；获评省独角兽企业10家、省潜在独角兽企业153家、省高新区瞪羚企业356家、创新型领军企业25家，均列全省第一。此外，截至2022年，苏州拥有国家级专精特新"小巨人"企业172家，江苏省专精特新"小巨人"企业804家，位列江苏全省第一、全国第四；科创板上市企业累计达48家，位列全国第三。从全市创新投入看，2022年，苏州全社会研发投入达948.75亿元，占GDP的比重接近4％，居全省第一。值得一提的是，苏州研发投入里面有四个90％，即90％的研发机构、90％的研发人员、90％以上的研发投入、90％以上的研发成果都是在企业，企业的创新主体地位越发突出。苏州在2022年国家创新型城市排名中居全国第七，位列第一方阵。从创新产出看，截至2022年底，苏州市专利授权数超16万件，居全国大中城市第四位，其中发明专利授权数2.055 8万件，同比增长40.07％；有效发明专利拥有量10.449 5万件，同比增长1.853 8万件，增幅为21.57％；PCT国际专利申请量3 019件；全市拥有高价值发明专利 4.072 7 万件；获第二十四届中国专利奖的专利 36 件，连续 8 年位居全省获奖专利总量榜首。苏州每万人发明专利拥有量达 100.25 件，是江苏平均水平的约 2 倍。高新技术产业产值占规模以上工业总产值的比重为 52.5%，高于全省 4 个百分比。

图 10 - 6 展示了 2002—2022 年苏州研发经费支出与专利授权数。

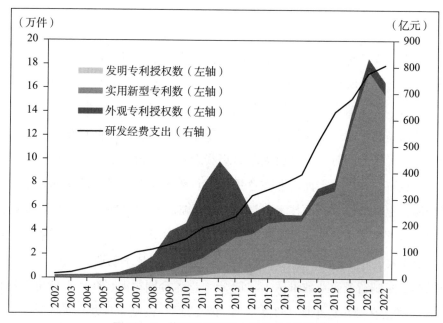

图 10 - 6   苏州研发经费支出与专利授权数

在研发创新能力的培育上，苏州积极推动落实产学研深度融合，为产业创新集群发展提供关键支撑。在教育资源方面，苏州已与牛津大学、哈佛大学、新加坡国立大学等 238 所国内外知名高校、科研院所开展了形式多样的合作，建立了各类产学研联合体 1 500 多个，中科院、清华、北大等 C9 高校全部在苏州进行了重大布局。在引进高校资源的同时，苏州还加快建设重大创新载体，推动各类人才集聚，支持企业创新发展。2022 年起，苏州引导建设了一批"龙头企业牵头、高校院所支撑、各类创新主体相互协同"的创新联合体，"组团"攻关关键技术，加快推进科技自立自强。由盛虹控股集团和东华大学联合组建的国家先进功能纤维创新中心是省内首个国家级制造业创新中心，也是全国第一个由民营企业牵头建设的国家级创新中心。先进技术成果转化中心、工信部电子五所、赛迪研究院、中国工联院、中国信通院等区域中心均落户苏州。2023 年，苏州共有获评国家级企业技术中心的企业 33 家、国家技术创新示范企业 9 家。以苏州独墅湖科教创新区为例，这里汇聚了 33 所中外知名高校（研究院）和 15 家"国家队"科研院所，聚焦生物医药、纳米技术应用和人工智能三大产业，集结了 5 000 余家科创企业，还打造了国家生物药技术创新中心、国家第三代半导体技术创新中心、国家新一代人工智能创新发展试验区核心区"一区两中心"的科技创新矩阵。在先进材料产业的产学研合作平台建设上，长三角先进材料研究院整合了江苏省产业技术研究院在材料领域布局建设的专业研究所，与材料制造及应用龙头企业共建 70 余家企业联创中心，联合国内 26 家高校共同发起组建了长三角高校先进材料创新联盟。成立两年多来，长三角先进材料研究院先后获批国家重点研发计划、重大科学装置前沿研究重点专项、江苏省产业创新中心和江苏省科技公共服务平台等，已成为材料领域国家重大项目的重要承接平台。在产业集群建设方面，苏州培育重点产业集群，大力推进强链补链延链，聚焦优势细分领域，找准主攻方向，通过"整体统筹、区域聚焦、错位布局、协作联动"推进产业集群高质量发展。除拥有 3 个国家先进制造业集群、2 个国家级中小企业特色产业集群外，苏州还有 9 个产业示范基地获评国家新型工业化产业示范基地，数量居全省第一。苏州浓厚的创新氛围和优质的科研环境吸引了全国各地大量的优质人才涌入。2022 年，苏州全市人才总量达到 363 万人，其中高层次人才 34 万人；新增一流领军人才 2 600 名以上，其中包括院士 3 人、国家级人才 8 人，连续 11 年获评"外国专家眼中最具吸引力的中国城市"。

苏州高水平发展的工业也带动了相应生产性服务业的同步发展，以苏州工业园区为代表的产业园区为苏州工业产业集群协调发展做出了突出贡献。从工业带动的相关新兴服务业产值看，2022 年全市电子信息产业、装备制造产业、生物医药产业、先进材料产业四大主导产业创新集群带动规模以上新兴服务业营业收入比上年增长 18.2%；信息传输、软件和信息技术服务业投资增长 34.1%。此外，苏州还高度重视生产性服务业的发展，2018—2019 年，苏州连续两年获得省政府通报表扬，入选全省"生产性服务业发展成效明显的地方"。从增长规模看，2021年苏州生产性服务业增加值增幅达9.5%，占服务业增加值的比重达55%。从增长结构看，苏州信息传输、软件和信息技术服务业，科学研究和技术服务业，金融业等行业增加值近十年（2012—2021年）的年均增速均在10.0%以上，高于GDP增幅3.0个百分点以上。从企业及产业区看，截至2022年，苏州评选出市级生产性服务业领军企业72家，累计有25家企业获评省级生产性服务业领军企业，数量位居全省第二。苏州现代服务业集聚区共96个，入驻企业超8万家。全市累计有21个集聚区获评省级生产性服务业集聚示范区，数量位居全省第一。2023年12月25日，为加快推动新型工业化，《苏州市加快生产性服务业发展实施方案》出台。该方案提出：到2025年，全市生产性服务业增加值规模超过8 000亿元，占服务业增加值的比重达到58%左右，累计培育和打造100家生产性服务业头部企业、品牌企业和示范企业。到2030年，先进制造业与生产性服务业全面实现融合共生，"苏州服务"的价值贡献力、辐射引领力和品牌影响力不断提升，全市生产性服务业增加值超万亿元，实现生产性服务业增速高于服务业增加值增速，生产性服务业增加值比2020年翻一番。

苏州市政府对苏州生产性服务业的未来发展还设立了更明确的目标，如加快培育生产性服务业龙头企业，推动先进制造企业向"制造＋服务"综合集成商发展，到2025年，省、市服务业领域领军企业数量达200家，累计认定市级总部企业350家；加快服务业集聚区质态提升，推动集聚区优化布局和整合，到2025年，累计打造省级现代服务业高质量集聚发展示范区40个；深入推动制造业企业向高附加值服务环节延伸，鼓励"链主"企业拓展和整合上下游服务业务，到2025年，省级两业融合发展标杆典型累计达到20家；深入实施姑苏创新创业领军人才计划，吸引和集聚海内外优秀生产性服务业人才，到2025年，每年度入选市级以上双创人才600人。从工业园区的建设看，目前苏州市拥有14个国家级开发区、6个省级开发区，各工业园区在苏州市产业链协调发展方面发挥重要作用。以苏州工业园区为例，苏州工业园区拥有国家生物药技术创新中心、国家第三代半导体技术创新中心、国家新一代人工智能创新发展试验区核心区三大国家级创新载体，助力创新集群发展，目前形成了以生物医药、人工智能、纳米技术应用三大产业为支柱的创新集群，其中生物医药产业综合竞争力居全国第一，纳米新材料集群入选首批国家先进制造业集群优胜名单。园区形成了以新一代信息技术产业、高端装备制造产业为主导产业，以生物医药产业、纳米技术应用产业、人工智能产业为新兴产业，结合现代服务业的"2＋3＋1"产业体系。2022年，苏州工业园区高技术制造业产值占规模以上工业总产值的比重为73.9％，服务业增加值占GDP的比重为49.9％，高技术制造业产值连续多年年均增长20％以上，园区内工业、服务业、高技术制造业实现同步协调发展。

苏州作为新型工业化的先行者，不仅在高技术制造业领域取得了显著成绩，而且以绿色发展理念为引领，将绿色技术融入工业发展的全链条，实现了经济与环境的双赢。通过持续推动绿色工厂、绿色园区等的建设，苏州在绿色制造体系建设上走在了全省前列。截至2022年，苏州市共创建国家级绿色工厂59家、绿色园区4个、绿色供应链管理企业9家、绿色产品87项，省级绿色工厂163家，工业和信息化部工业产品绿色设计示范企业7家，绿色制造体系建设数量居全省前列。以苏州工业园区为例，苏州工业园区在发展高技术制造业的同时，坚定不移走以绿色为底色的高质量发展之路，先后获批创建首批国家生态工业示范园区、国家循环经济试点园区、首批低碳工业园区试点园区、首批国家绿色园区、国家级能源互联网示范园区（获评江苏首批唯一"双碳"重大科技示范工程），建成全国首个市场化碳普惠交易体系，PM2.5和优良率排名均列苏州市区第一，成为能耗低、生态优、环境美的绿色发展"高新区样本"。在2022年度国家高新区综合评价的五项一级评价指标中，苏州工业园区"绿色发展和宜居包容性"指标排名全国第三。这些成绩不仅为苏州的可持续发展奠定了坚实基础，也为全国乃至全球的城市和园区建设提供了宝贵的经验和参考，为推进新型工业化及实现"双碳"目标贡献了苏州智慧和苏州方案。

苏州历史上是中国工商业最为发达的城市之一。这座城市以其独特的地理位置和人文环境，孕育了丰富的商业文化和繁荣的工商业体系。苏州的人文特质深深烙印着"崇文致远、求真务实、开放包容、心系天下"的基因，这些价值观不仅形成了其深厚的文化底蕴，也为传统工商业的蓬勃发展注入了源源不断的动力。改革开放以来，苏州敏锐地捕捉到了融入经济全球化的历史机遇，将自身深厚的人文特质与西方先进的工业化理念相结合，进行了一场深刻的创造性转化。在这一过程中，苏州不仅保留了其独特的文化魅力，而且在吸收外来文明的基础上，形成了独具特色的"三大法宝"。"三大法宝"既是对苏州传统工商业精神的传承，也是对新时代工业现代化的有力推动。在"三大法宝"的指引下，苏州不断突破自我，在工业现代化之路上实现新飞跃。

三、苏州的文化基因与工业化

（一）区域文化对企业发展的影响

区域文化是当地价值观、行为规范和思维方式的集合，这些因素共同形成了独特的文化特征，对企业的发展产生了深远影响。

1. 价值观

价值观是区域文化中最核心的部分，它深深影响着人们的思想和行为。对于企业而言，这种影响更是无处不在。从战略决策到日常运营，从管理方式到品牌塑造，价值观都发挥着重要的作用。

第一，企业的战略选择并非孤立的，它深受所在地区的价值观的影响。在个人主义盛行的地区，企业可能更倾向于采取进攻性的市场战略，积极寻求新的增长机会。这种战略选择体现了对个人能力和创造力的重视，以及对个人成就和自我实现的追求。相反，在集体主义观念强的地区，企业可能更加注重团队的合作与配合，更倾向于采取稳健的战略，以维护整个组织的利益。这种战略选择体现了对集体目标和稳定的追求，以及对团队合作和相互依赖的重视。

第二，组织结构也是价值观的产物。在个人主义价值观的影响下，企业可能采用更为灵活的组织结构，鼓励员工发挥个人能力和创造性。这种组织结构体现了企业对个人自主权和决策权的尊重，以及快速响应市场变化和客户需求的能力。而在集体主义价值观的影响下，企业可能采用更为紧密的组织结构，强调团队之间的协作和配合。这种组织结构体现了对集体目标和利益的追求，以及对团队合作和相互依赖的重视。

第三，企业管理者的管理方式和风格也会受到所在地区的价值观的影响。

在开放和直接的交流环境中，管理者可能更加注重员工的参与和反馈，倾向于采用民主的管理方式。这种管理方式体现了对员工参与和反馈的重视，以及对员工积极性和创造力的激发。而在等级和权威观念强的地区，管理者可能更加注重自己的权威和决策，管理方式也可能更加命令式。这种管理方式体现了对权威和等级制度的尊重，以及对决策权和指挥权的重视。

第四，区域文化中的价值观也能激发或抑制企业的创新精神。在鼓励冒险和探索的地区，企业可能更倾向于接受和推动创新，即使面临风险也愿意尝试。这种创新精神体现了对冒险和探索的鼓励，以及对未知领域和潜在机会的追求。而在注重稳定和保守的地区，企业可能更倾向于保持现状，避免冒险和创新。这种保守态度体现了对稳定和安全的追求，以及对风险和不确定性的规避。

第五，区域文化中的价值观能够影响企业的定位。例如，在重视传统和稳定的地区，企业可能更加注重品质和信誉；而在重视时尚和流行的地区，企业可能更加注重个性和创意。这种定位的差异体现了对特定价值观的追求和表达，以及对目标市场和消费者需求的响应。

综上所述，价值观这一区域文化因素对企业的影响是全方位的。因此，企业在制定发展策略时应该充分考虑其所处的区域文化环境，因地制宜地制定发展策略，以实现更好的发展。

2. 行为规范

行为规范是指在一个特定地区或文化背景下，人们普遍接受和遵循的行为准则和交往方式。这些行为规范涉及日常生活中的各个方面，如社交礼仪、商业交往、家庭关系等。它们是人们在长期的历史演变和社会实践中所形成的一种共识，对于企业的发展具有不可忽视的影响。

员工行为和组织氛围密切相关，当地文化的行为规范深刻影响员工的行为模式和组织氛围。例如，强调个人主义的文化鼓励员工独立思考和积极创新，而集体主义文化则注重团队合作和协作。了解和适应这些行为规范有助于企业更好地管理和激励员工，提高员工的工作效率，增强员工的归属感。

沟通方式与决策过程同样受到当地文化行为规范的影响。不同文化背景下的沟通方式有很大差异，含蓄或委婉的表达方式可能更受某些文化的青睐，而直接、坦诚的沟通方式则可能更符合另一些文化。了解并适应这些行为规范可以提高企业内部和外部沟通的效率及准确性，减少误解和冲突。在决策过程中，集体主义和个人主义文化的影响不可忽视。企业需要了解目标市场的文化背景，以便更有效地制定决策。

此外，商业模式与创新方向也与当地文化的行为规范密切相关。不同文化背景下的消费者有着不同的消费习惯和价值观，这直接影响企业的商业模式和盈利模式。了解这些行为规范有助于企业制定合理的商业模式和战略规划。在创新方面，文化的差异也会影响企业的创新方向和风险管理策略。在某些文化中，创新和冒险被高度赞扬，而在其他文化中，保守和风险规避可能更为普遍。企业需要平衡这些因素，以实现创新和风险管理之间的平衡。

综上所述，当地文化的行为规范对企业发展的影响是深远而多方面的。

3. 思维方式

思维方式是一个复杂的概念，它指的是在特定地区，由于特定的地理环境、历史背景和民族习惯等而形成的独特的思考问题的方式和价值观。这种思维方式会影响人们的认知、行为和决策，从而影响企业的发展。

第一，地域性思维会对企业的定位和市场选择产生影响。由于不同地区有不同的地理环境、历史背景和自然资源等，因此每个地方形成了独特的思维方式和文化。例如，沿海地区的企业可能更注重与海外市场对接，因为这些地区更注重海洋文化和对外交流。相反，内陆地区的企业可能更注重对国内市场的深耕，因为这些地区更注重农业和稳定。

第二，传统与现代的交融使企业不仅要考虑传统的市场需求，还要考虑现代消费者的期望。传统工艺品企业需要结合现代设计元素，吸引年轻消费者的关注。同时，现代科技企业也需要思考如何与传统行业结合，创造新的价值。这种融合使得企业必须不断创新，以适应市场的变化。

第三，集体主义和个体主义这两种思维方式对企业也提出了挑战。在集体主义思维占主导的地区，企业需要注重团队和社区的利益，避免决策过于个人化。而在个体主义思维较为普遍的地区，企业需要关注个人的体验和感受，以满足消费者对于个性化服务的需求。企业需要在集体和个体之间找到平衡点，以实现更好的发展。

第四，不同地区的文化对于稳定和创新的态度也各异。在注重稳定的地区，企业需要提供可靠、持久的产品或服务，以赢得消费者的信任。而在鼓励创新的地区，企业需要积极投资于研发和市场测试，以不断推出新的产品和服务。这种平衡使得企业能够在保持稳定的同时不断创新和发展。

第五，情感和逻辑的平衡也是企业需要考虑的重要因素。在感性思维占主导的地区，企业需要注重品牌背后的故事和情感连接，以激发消费者的情感共鸣。而在逻辑思考占主导的地区，企业需要注重产品的功能和性价比，以满足消费者的理性需求。了解不同地区的思维方式有助于企业更好地制定市场策略，提高品牌知名度和美誉度。

（二）苏州文化基因对企业发展的影响

苏州文化基因对企业发展的影响体现在企业管理、企业创新、企业品牌建设、企业国际化等多个方面。

1. 企业管理

苏州文化基因对企业管理的影响主要包括对企业的组织结构、决策方式、人力资源管理以及企业的价值观和经营哲学的影响等方面。

在组织结构上，苏州企业注重扁平化设计，以减少中间管理层级，使得信息流通更为迅速，决策更为高效。这种组织结构有助于增强内部沟通，促进团队协作，提高企业应对市场变化的能力。例如，飞利浦家电（苏州）有限公司采用扁平化的组织结构，鼓励员工跨部门合作，打破部门间的壁垒，形成了一个高效、灵活的工作机制。这种工作机制不仅提高了企业的响应速度，还促进了创新思维的产生。

在决策方式上，苏州企业通常采用集体决策，注重多方面考虑和充分论证，避免冒险和草率决策。这种决策方式有助于降低风险，提高决策的科学性和可行性，保证企业的稳健发展。例如，苏州工业园区在制定重大政策时，会充分征求各方意见，进行综合评估。这种集体决策方式体现了苏州文化中的谨慎和稳健特点，有助于降低决策风险，保证企业的稳定发展。

在人力资源管理上，苏州企业重视员工的培养和发展，提供完善的培训体系和晋升通道，激发员工的积极性和创造力。同时，企业注重营造良好的工作氛围，鼓励团队合作和内部沟通，以提高员工的归属感和忠诚度。例如，华为苏州研究所鼓励员工不断学习和成长，同时注重工作氛围营造和团队建设，通过丰富的团队活动和内部沟通，提高员工的凝聚力和归属感。这种人力资源管理方式体现了苏州文化基因中的人本思想，有助于提高员工对企业的满意度和忠诚度，促进企业的可持续发展。

此外，苏州文化基因还影响了企业的价值观和经营哲学。苏州企业通常秉持诚信、务实、精益求精等价值观，这些价值观有助于塑造企业的品牌形象和企业文化。例如，苏州的丝绸企业通常强调品质和工艺的精细，追求卓越的产品质量和服务水平。这种价值观不仅提高了企业的竞争力和信誉度，还为消费者提供了优质的产品和服务体验。

总的来说，苏州文化基因为苏州企业的发展提供了强大的文化支撑，使这些企业能够在激烈的市场竞争中保持领先地位，实现高效、稳健和创新发展。

2. 企业创新

苏州文化基因对企业创新的影响主要体现在产品创新、技术创新、市场创新和管理创新等方面。

第一，苏州文化基因中对工艺和美的追求促使企业不断进行产品创新，在产品细节上不断追求完美。例如，吴江丝绸集团不仅继承了传统的丝绸工艺，而且在此基础上不断创新，将古典与现代相结合，创造出了既有古典韵味又符合现代审美的产品。这种对产品细节的极致追求，不仅提升了产品的附加值和市场竞争力，也满足了消费者的多样化需求。

第二，苏州文化基因中的谨慎和务实精神也鼓励企业进行技术创新。苏州的高新技术企业注重技术研发，通过引进先进技术和设备，提高生产效率和产品质量。它们不仅关注眼前的市场需求，而且主动思考未来的技术发展趋势。例如，华为苏州研究所和华硕电脑（苏州）有限公司注重技术研发，不断投入资源进行技术创新，以提高产品的技术含量和附加值。这种技术创新不仅提高了企业的竞争力，也推动了苏州高新技术产业的发展。

第三，苏州文化基因中的开放和包容也促使企业进行市场创新。苏州企业善于把握市场机遇，通过深入了解市场需求和消费者心理，开拓新的市场领域。它们勇于尝试新的营销策略和商业模式，以创新的姿态应对市场的挑战。例如，苏州的尚美家庭用品有限公司通过创新的营销策略和品牌建设，成功打入国内外市场，成为行业内的一匹黑马。

第四，苏州文化基因中对和谐与稳定的追求也影响企业的管理创新。受苏州文化中和谐、稳定思想的影响，苏州企业在管理上注重建立和谐的人际关系，营造稳定的发展环境。许多苏州企业在此基础上进行了管理创新，如采用扁平化管理、员工持股计划等。这些管理创新有助于增强员工的归属感和忠诚度，提高企业的管理效率和执行力。例如，苏州的尚美家庭用品有限公司采用扁平化的组织结构，减少了中间管理层级，使得信息流通更为迅速，决策更为高效。这种组织结构有助于提高企业的响应速度和创新能力。同时，尚美家庭用品有限公司还注重员工的培养和发展，为员工提供全面的培训体系和晋升通道，以激发员工的积极性和创造力。这种人力资源管理方式体现了苏州文化基因中的人本思想，有助于提高员工的工作满意度和忠诚度，促进企业的持续发展。

3. 企业品牌建设

苏州文化基因对当地企业品牌建设的影响是多方面且深远的。它不仅塑造了企业的品牌形象，赋予了品牌独特的价值，还助力企业在市场中有效地传播品牌。

在塑造品牌形象方面，苏州文化基因中对工艺和美的追求为苏州企业提供了宝贵的灵感。例如，吴江丝绸集团将古典与现代相结合，创造出了既有古典韵味又符合现代审美的产品，不仅提升了产品的附加值和市场竞争力，更塑造了品牌独特的形象。这种品牌形象不仅吸引了国内消费者，而且在国际市场上赢得了声誉。

在品牌价值方面，苏州深厚的文化底蕴和人文精神赋予了当地企业品牌独特的文化内涵。苏州企业深知，一个具有文化底蕴的品牌能够更好地与消费者建立情感连接。因此，它们努力将苏州的文化魅力融入产品之中，提升品牌的附加值。例如，苏州园林品牌就充分利用了苏州园林的独特美学和人文精神，将之融入产品设计之中，从而赋予了品牌无可替代的价值。这种深厚的文化底蕴赋予了品牌无可替代的价值，使苏州园林的产品在市场上独树一帜。

在品牌传播方面，苏州企业同样运用其文化基因中蕴含的智慧，采取了多种具有文化特色的传播方式。它们通过举办文化展览、参加国际展会等活动，将品牌的文化内涵和特色传播到更广阔的市场。以苏州丝绸企业为例，它们借助国际丝绸展览会等平台，向全球展示苏州丝绸的精湛工艺和独特美感，极大地提高了品牌的国际知名度和影响力。此外，苏州企业还善于运用现代媒体和社交平台进行品牌传播。它们通过与知名博主等合作，利用网络平台进行产品推广和品牌宣传，吸引了更多年轻消费者的关注。

4. 企业国际化

第一，苏州文化基因中的开放和包容为企业国际化提供了广阔的视野和灵活的策略。这种文化基因使得苏州企业能够迅速适应国际市场的变化，灵活调整自身的经营策略和产品定位。在国际竞争中，苏州企业能够积极吸收外部资源，整合内外部优势，提升自身的竞争力。例如，苏州工业园区中的许多企业与国际合作伙伴建立了紧密的合作关系，共同研发新技术、开拓新市场。这种开放、包容的态度使得这些企业能够快速融入全球价值链，提升自身的国际地位。

第二，苏州文化基因中对工艺和美的追求在企业的产品和服务中得到了体现，提升了企业的国际竞争力。苏州企业注重产品的品质和细节，这种追求在国际市场上也得到了认可。在国际竞争中，产品的高品质和独特的设计往往能够吸引消费者的眼球，提升企业的品牌形象和市场地位。例如，苏州的丝绸、刺绣等传统工艺品在国际市场上享有盛誉，其精美的设计和卓越的品质赢得了众多消费者的喜爱。这种对工艺和美的追求不仅提升了企业的附加值和市场竞争力，也帮助企业树立了良好的品牌形象。

第三，苏州文化基因中对和谐与稳定的追求也有助于企业建立稳定的国际合作关系。在国际合作中，苏州企业注重与合作伙伴建立长期、稳定的合作关系，凭借诚信、专业赢得合作伙伴的信任。这种稳定的关系不仅有助于企业获取国际资源和技术，也为企业打开了更广阔的市场。同时，苏州文化基因中对和谐与稳定的追求也有助于企业在国际市场中保持良好的公共形象和声誉。苏州企业注重社会责任和可持续发展，积极参与国际合作项目和社会公益活动，树立了良好的公共形象和声誉，这有助于它们在国际市场中建立品牌信誉和影响力，为自身的长期发展奠定基础。

第四，苏州文化中的创新精神也提升了企业在国际化过程中的创新能力。苏州企业在继承传统文化的同时，不断进行技术创新、管理创新和市场创新。这种创新精神使得企业能够紧跟国际市场的变化和趋势，抓住机遇、应对挑战。例如，苏州的生物医药企业在技术创新方面不断取得突破，其产品在国际市场上具有较强的竞争力。创新能力的提升不仅有助于企业增强自身的竞争力，也为企业开拓更广阔的市场提供了有力支持。

苏州作为"江南文化"的核心载体，拥有悠久的历史和深厚的文化底蕴。苏州的文化基因不仅仅体现在文化艺术形式上，还深深融入了苏州人的生活方式和思维模式中。正是这种崇文致远、求真务实、开放包容、心系天下的文化，为苏州工业现代化提供了独特的文化土壤。同时，工业现代化也促进了苏州经济的繁荣和发展。随着工业化的不断推进，苏州的经济实力不断增强，苏州人民的文化品位越来越高，不仅促进了苏州的文化融合和社会进步，而且推动了新时代苏州的全面发展和繁荣。

第十一章
苏州的现代城市文明

作为全球首个"世界遗产典范城市"的苏州，是世界眼中的江南名城。苏州在城市文明史上之所以具有如此地位，是因为其不仅具有赓续古城根脉的文化内核，而且具有改革创新奋发的精神标识，还具有久蕴于江南文化中心的独特物质文化景观。作为现代城市文明的典范，苏州城市文明具有以下三个特点：一是从吴王筑城开始，苏州的城市格局千年未变。同时，唐宋以来的双棋盘格局至今尚存，具有深厚的文脉传承和城市基因，城市格局具有明显的以文化城的特征。二是苏州在长达千年的城市演化中，承载了政治、经济、文化和社会的长期变革。城市作为社会活动和历史演变的载体，具有明显的顺应时代的特征，其形态、空间格局和功能会随着时代的变化而调整。三是改革开放以后，苏州推动城市空间治理传统的创造性转化，正确处理了定位与融入、保护与发展、经济与生态和生产与生活四对关系，承载了新时代苏州奇迹，具有明显的以城促经的特征。

一、悠久的城市空间治理传统

自春秋时期阖闾元年（约公元前 514 年）吴王阖闾筑都城开始，苏州城市空间历时 2 500 多年之久，历经秦汉休整、六朝开发、隋初搬迁、盛唐拓展、平江兴旺、元末重建、明清外扩、民国计划和新中国成立以来的城市规划建设。① 尽管城郭几经战火，几番重建，反复兴衰多次，但城市空间主体一直延续至今，仍然位于公元前吴国都城的城基范围，而与阖闾城同时期建设的开封、洛阳、太原、绍兴等古城址大多已改变。② 并且，从世界城市历史来看，苏州古城面貌的保存程度之高是极为罕见的，苏州城市形态的主体未发生太大变化，形态范围基本局限于古城之内，呈团聚状。著名历史学家顾颉刚先生曾评价道："苏州城之古为全国第一，尚为春秋物。"同时，苏州城市空间治理格局演进中呈现出了以文化城、空间承载、天人合一和以城促经等人文基因，为苏州现代城市文明的形成与发展奠定了深厚基础。

（一）苏州传统城市空间格局演进

苏州传统城市空间格局演进经历了以下六个阶段。

1. 阖闾城时期

古代苏州城市空间的确立始于春秋时期。基于经过严谨、周密的研究而做出的选址规划与布局，作为吴国都城的阖闾城的建设最终顺利完成，奠定了苏州古城的基础。③ 大约公元前 514 年，吴王阖闾成为国君后将都城建造的重任委以伍子胥。伍子胥通过"相土尝水，象天法地"，在"姑苏山东北三十里处"（大体上相当于今日的苏州城）的位置上修建阖闾大城，城墙四周开有八座陆门，以象天之八风，八座水门，以法地之八卦。先设城池用于军事防御，同时具有防洪排涝的作用，外来的洪水可绕城墙而过，宫城周围亦有高大的城墙和深广的城河。受礼制思想的影响，阖闾大城呈现出"宫城、大城、廓城"三重城的型制，方整的城池和居中的宫城奠定了古代苏州最早的格局。

伍子胥选址造城除了基于政治上"兴霸成王"的考虑外，其实也已经结合了对经济的考虑。湖泊位于阖闾城西南方与东南方，阖闾城沿城凿有内外护城河，城内的河道纵横交错，与城外河流相通，为阖闾城提供了水源、良田、丰富的农产品以及完善的棋盘状水路交通系统（见图 11 - 1），这些是城

---

① 陈泳. 近现代苏州城市形态演化研究. 城市规划汇刊，2003（6）：62 - 71.
② 田晓明，陈启宁. 苏州城市转型. 苏州：苏州大学出版社，2014：17.
③ 陈泳. 城市空间：形态、类型与意义：苏州古城结构形态演化研究. 南京：东南大学出版社，2006：37.

市生存发展的重要物质条件。① 当时城内人口聚集、商市繁荣。根据《吴郡图经续记·卷上·坊市》的记载，城内有市（即集市贸易和居民居住之处）三十处。②

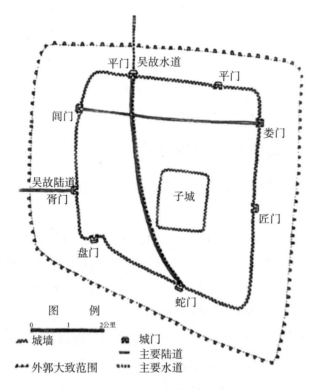

图 11 - 1　阖闾城平面示意图

资料来源：曹子芳，吴奈夫. 苏州. 北京：中国建筑工业出版社，1986：30.

　　阖闾城的建造既反映了吴国的强盛与崛起，也标志着苏州城建史的开端。阖闾城是一座"板凿土城"，由于构筑坚实，其形制基本上保持到了唐代。五代后梁龙德二年（922 年），吴越王钱镠在此基础上进行了扩建，之后经历宋、元、明、清各代的修葺改造，虽然城市的规模有所扩展，但空间结构与空间形态基本未变，现留存的苏州城主要为清康熙年间拓建。③

　　① 张海林. 苏州早期城市现代化研究. 南京：南京大学出版社，1999：17.

　　② 潘君明. 苏州城建史话. 苏州：古吴轩出版社，2022：11 - 13.

　　③ 张海林. 苏州早期城市现代化研究. 南京：南京大学出版社，1999：17.

2. 秦汉六朝时期

秦汉六朝时期，苏州城的空间形态处于缓慢的渐变过程中，被认为是古代苏州的休整阶段。这一时期，吴县城是在春秋吴国都城吴城的基础上重建的，大体上就是吴子城，周回五里，位于今苏州城的中部地区。秦汉时代在子城东北、西北辟有东、西两市，作为专门的商业区，东市在今临顿路和干将路联结点附近，西市在干将路西端和乐桥附近，这两处市场成为当时经济活动的中心。这一时期的空间变化主要集中在城市内部，苏州古城从建城之初的"周四十七里二百一十步二尺。陆门八，其二有楼。水门八"，到战国时期形成"四纵五横"的城内水道格局，到秦汉时再发展为东、西二市。此时的苏州城政治地位不高，但随着经济文化的发展，市场地位有所提高。南北文化的交融以及孙吴政权的初步建立使苏州城的发展出现了多方面的变化，例如，由于梁武王对佛教的崇拜，苏州城出现了许多寺观庙宇等宗教建筑；同时，随着士人文化的发展、隐士雅韵的流行，私家园林也开始兴起，丰富了苏州以往讲究礼制和实用的布局。① 然而，伴随着多发的割据战争，这一时期古城的建构始终处于时破时立、断续渐进的过程。②

3. 隋唐五代时期

隋唐五代时期，苏州古城的空间形态进入了定型阶段。随着隋唐大运河的南北贯通和安史之乱后全国经济中心的南移，苏州人口迅速增长，同时，苏州城原有的格局得以保留，城内水网骨架进一步完善，"水陆相邻，河路平行"的水陆双棋盘式城市格局基本成型，基本形成了"小桥流水人家"的水城风貌。③ 在吴越政权管辖的约 70 年中，统治者所倡导的砖石城墙的首次修筑和园墅寺庙的大量涌现，使古城显得更加雄壮和美丽。④ 隋末大运河刺激了处于运河侧畔的苏州的发展，苏州自此"陆棋水舫"四通八达，隋末战后的大规模修建也体现了统治者的政治军事意图。此番修建后的苏州城市格局规

---

① 田晓明，陈启宁. 苏州城市转型. 苏州：苏州大学出版社，2014：17，18.

② 陈泳. 城市空间：形态、类型与意义：苏州古城结构形态演化研究. 南京：东南大学出版社，2006：38.

③ 田晓明，陈启宁. 苏州城市转型. 苏州：苏州大学出版社，2014：18，17.

④ 陈泳. 城市空间：形态、类型与意义：苏州古城结构形态演化研究. 南京：东南大学出版社，2006：40.

整，子城建筑雄伟，城市中轴线南北延伸。同时，苏州城内功能区在相互的交流和碰撞中趋于松散，引起了市坊制的解体，最终形成了开放的坊巷式居住区和多层次的商业网。脱胎于吴市的商业中心区得到了进一步发展，成为与子城相连的另一城市核心，一个开敞，一个封闭。

唐代的苏州城水陆交通便利，全城被划分为 60 坊（见图 11-2），唐陆广微的《吴地记》中详细记载了各坊坊名。其中干将、吴趋、嘉鱼、黄鹂等坊是主要的居民区和商业区。由于人口增多，苏州的街巷日趋密集，"城中大河三横四直，郡郭三百余巷"。这些坊市、河道、街巷交错并行，形成了苏州独特的城市风貌。

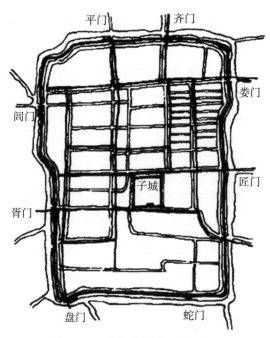

图 11-2　唐代苏州城规划示意图

4. 宋元时期

宋元时期的平江城是古代苏州的成熟阶段，大运河和市坊制解体带来的开放环境带动苏州城内水陆双棋盘架网的建设。宋初已"郛郭填溢，楼阁相望"，而宋代平江城的空间格局（见图 11-3）特征更是奠定了苏州人文性空间秩序的基础。宋代以降，苏州城市空间也开始突破城墙，沿城市放射状的河道为伸展轴向外扩展，尤以间青门外为盛，伸展轴间依然为大片农田，在此期间城市空间形态已由块状开始向星状逐渐演变。

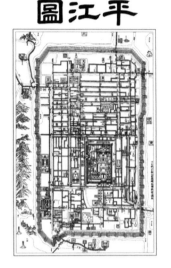

图 11 - 3　宋代平江图

资料来源：张英霖. 苏州古城地图. 苏州：古吴轩出版社，2004.

这一时期，苏州城已形成较为完整的城市功能分区。[①] 随着平江城在政治和军事方面的作用增强，子城、官署等行政中心以及军寨、城墙等军事设施的建设得以强化；同时，随着坊市制被打破，古城经济文化自下而上的发展引起了市场结构和居住模式的变迁，出现了按街巷分地段规划的聚居模式，城内商业区不断扩大。此外，由于儒释道三教融合，平江城内庙宇寺观多达50 余座。平江城的布局很好地适应了上述政治、军事、经济和文化的发展：苏州以子城为核心，北部地区主要是居民聚集区，西北部是商业中心，西南部集聚了高级驿馆、各种管理机构和文教场所，城市空间丰富而有特色。平江城在延续城市原有的水陆双棋盘格局的基础上，水网骨架进一步完善，不仅形成了完善的内河航运系统，同时拥有了通海门户——浏河港[②]，苏州城的空间格局进入了成熟期。

---

① 陈泳. 城市空间：形态、类型与意义：苏州古城结构形态演化研究. 南京：东南大学出版社，2006：43 - 44.

② 田晓明，陈启宁. 苏州城市转型. 苏州：苏州大学出版社，2014：18.

5. 明清时期

明初以来1 800多年里，苏州古城虽几经毁坏重修，但城址、规模、空间结构和空间形态并无多大变化，此间城市发展缓慢，城市设施都集中在城墙范围内，城外的城市商业中心区以阊门为核心，沿主河道形成了阊门—枫桥、阊门—虎丘和阊门—胥门三条伸展轴，通过指状的布局与古城连成一体，城市发展处于明显的点状形成阶段，城市呈现单一而紧凑的块状形态。明清时期，城市重心一度依托外围水运跃迁至西北阊门一带，但城市内部的双棋盘空间格局未变。

明清时期的姑苏城是古代苏州的鼎盛阶段。作为当时中国经济最发达的地区之一，苏州不仅带动了江南地区商品经济的繁荣发展，促进了区域市场的形成，而且对全国市场的形成也起到了极大的推动作用。[①] 清中叶苏州的行政级别相当于现在的省会城市，管辖着整个省的行政、治安、户税、刑法等事务，因此这一时期的苏州既是经济中心，也是行政中心。根据中心地结构理论，苏州也被认为是太湖流域的区域中心城市，太湖流域城镇空间结构的形成过程是以苏州为中心的空间结构的组织过程（见图11-4）。[②] 这一阶段，苏州城市建设在唐宋时期的基础上得到了进一步发展和调整，在空间上主要表现为城市向外扩张的同时城市内部功能区重新整合，不仅改变了城市空间，也使得苏州突破了传统城市的封闭性，逐渐表现出开放性。[③]

明清时期，商品经济的发展和市镇文化的出现为城市空间的发展奠定了扎实的基础，在空间层面，城市经济职能的增强一方面表现为向城外寻求发展空间，城市的商业中心开始跃迁并外拓至城垣之外。位于苏州西北部的阊门一带从南宋开始就形成了商业区，到了明清时期愈加繁荣。随着商品经济的发展，阊门商业区在康熙年间扩展至城墙之外的郊区，与枫桥镇连成一片。另一方面表现为城市在向外扩张的同时，内部功能分区也呈现专业化趋势。从生产商贸的组织结构与空间特征来看，苏州已形成各具特色的专业经济功能区。市作为传统城市中商贸生产的集散地，以玄妙观（吴市）为中心聚集；

---

① 王卫平. 明清时期江南城市史研究：以苏州为中心. 北京：人民出版社，1999：67.
② 陆玉麒，董平. 明清时期太湖流域的中心地结构. 地理学报，2005（4）：587-596.
③ 田晓明，陈启宁. 苏州城市转型. 苏州：苏州大学出版社，2014：19.

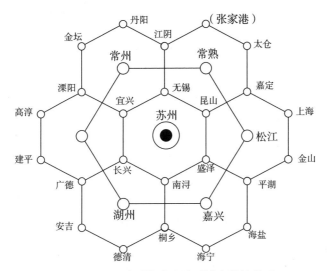

图 11-4　明清时期太湖流域城市结构关系

资料来源：陆玉麒，董平. 明清时期太湖流域的中心地结构. 地理学报，2005（4）：587-596.

东北部是丝织专业区，官办的苏州织造局也置局于此；东南部自清中叶以后逐渐成为以海鲜水产市场为主的新兴商业区；西北部是工商业中心区和棉布织染业聚集区，城西的阊门外（月市）还聚集了大部分同乡会馆组织，主要从事对外贸易；西南部是行政中心，官府衙门、官员宅第与官学机构相对集中；城内的农业生产用地主要分布在城南、城北、城东天赐庄以及荒废的子城和苏州卫一带，有明显的用地分离。[1] 在此阶段，古城的基础设施建设也得到了加强，城池的大规模修建、街路的大范围修砌、水系的持续整治、街巷体系的形成，使苏州城空前繁荣、雄伟和绮丽。[2]

6. 晚清民国时期

晚清民国时期，现代陆路系统成为城市与区域交通的主体，城市街道功能加强，道路系统等级提高，水系日渐萎缩。但就整体而言，双棋盘城市格局并未改变，街道网络体系结构基本稳定。同时，民国时期的苏州由原来的

---

① 王卫平. 明清时期江南城市史研究：以苏州为中心. 北京：人民出版社，1999：55，59；傅舒兰. 苏州传统城市治理的空间结构及其近代化研究. 城市与区域规划研究，2021，13（2）：70-101；张海林. 苏州早期城市现代化研究. 南京：南京大学出版社，1999：30-31.

② 陈泳. 城市空间：形态、类型与意义：苏州古城结构形态演化研究. 南京：东南大学出版社，2006：49.

省会城市降为县城，随着新阶层的出现和近代城市规划技术手段的引入，苏州开展了城市改造计划，较为明确地应用了城市区划、用地分区、城市中心区等概念，城市空间也发生了相应的结构调整与重塑。1927 年以后，苏州城市建设经历了从零星点状的建筑更新开始，到进行有一定规模的大型城市公共设施建设，进而结构性开展街区近代化更新的过程，主要体现在以下三个方面：一是新建道路，拓宽街巷，使区域干道相互连通并形成网络组织；二是重组区域空间，将菜场、消防等设施迁出，建设国营商场、饭店、电影院、青年会等设施，形成了接近现代城市商业中心的空间构成；三是建设大量的住宅，提高了区域内建设用地开发强度和居住密度，形成了接近现代城市住宅区的空间构成。[①] 由于大量的官僚、政客等高消费阶层和农村地主阶级集中居住在古城中，苏州的娱乐型消费行业和服务业得到了迅速发展，苏州也开始由生产性城市向消费性城市转变。[②]

（二）苏州传统城市文明的人文基因

苏州在千年变迁中，尽管城市形态、空间格局和功能分区等物质形态景观发生了变化，但是人文基因却一直贯穿于苏州城市文明变迁的整个过程，在内核上体现为以文化城的文脉传统，在功能上体现为社会变迁的空间载体，在理念上体现为天人合一的城市规划，在绩效上体现为以城促经的城市特质。

1. 以文化城的文脉传统

苏州古城营建和城市格局变迁的过程，不是杂乱无章、毫无根据的演变过程，而是有千年文脉贯穿于其中。苏州的历史可以追溯到公元前 514 年，吴王阖闾在此建城。历经春秋战国、秦汉、三国两晋南北朝、隋唐五代十国、宋元明清等历史时期，苏州始终是江南地区的中心，这种中心地位不仅体现在经济繁荣上，而且体现在文脉传承上。这座被誉为"东方威尼斯"的活着的千年古城，最为明显的特征就是文脉赓续千年不绝。苏州文脉中，与城市治理紧密联系的是脱胎于农耕文化、繁衍于商业文化的市民文化。市民文化

---

① 傅舒兰. 苏州传统城市治理的空间结构及其近代化研究. 城市与区域规划研究，2021，13 (2)：70-101.

② 田晓明，陈启宁. 苏州城市转型. 苏州：苏州大学出版社，2014：19.

承载于城市空间基础之上，影响苏州城市文明的市民文化体现为精致安逸的生活态度和对器物品质的极致追求。在饮食上，苏州人力求精致，清代钱泳的《登楼杂记》记载，苏州宴请宾客"席费千钱而不为丰，长夜流酒而不知醉矣"，达到了"一席之盛，至数十人治庖"①的程度。在器物上，装盛食物的器皿非常考究，明代末年"必用木漆果山如浮屠样，蔬用小磁碟添案，小品用攒盒，俱以木漆架架高"②。在服饰上，苏州的棉制品与丝织品种类繁多且款式新颖，引领全国的时尚潮流，被称为"苏意""苏样"（"吴样"）或"苏式"。"衣则忽长忽短，袖则忽大忽小，冠则或低或昂，履则忽锐忽广。造作者以新式诱人，游荡者以巧治成习。"③对此，有学者描述道："这个城市以享乐主义闻名。马丁·马丁尼（Martin Martini）在他的著作中认为，这里对于酒色的享乐已经达到了最高的层次，特别是在花船中，这些花船的奢华甚至是很多精美的豪宅难以相比的。"④这些体现在饮食、器物、享受等诸方面的奢靡之风，在一定程度上可以理解为一种"过为已甚"的精致生活态度，这不仅仅是苏州人对城市生活的一种追求，甚至成为全国竞相模仿的一种风尚。值得强调的是，苏州人追求精致的奢靡之风并非空中楼阁，其得益于苏州城雄厚的经济实力和繁荣的市镇贸易的支撑。因此，苏州的精致、时尚和考究并不是一般意义上的奢靡，相反，这种闲适安逸、体面考究的生活状态，恰恰和苏州人精明强干、开拓求富的精神共同构成了苏州城市文明的一体两面。

在苏州人精明强干、开拓求富等精神特质造就的经济繁荣和物质繁华的基础上，苏州市民文化中对闲适安逸、体面考究的追求转变为了城市营建和城市文明的文脉内核，进一步形成了独具特色的城市形态和文脉传承的城市形象，表现出了以文化城的演变特征。在苏州城市形象中，最突出地表现了这种文脉传统的当属苏州园林。在苏州城市文明发展演进的过程中，园林文化是一个具有阶段意义和开创意义的文明形态，也是苏州城市文明演进中唯一在空间形态、物质形态和文化形态上保持得最为鲜活的文明形态。从历史进程来看，苏州园林产生于南宋，历经元明清的时代演变而逐渐成为文脉赓

---

①②③④　金钰. 雅与俗的位移：论苏州城市文化形象. 江南论坛，2022（8）：84 - 88.

续传承的典型代表。由园林文化表现出来的苏州文脉赓续可以概括为以下几个方面：一是公共空间和私人空间并存。苏州园林分为私家园林和公共园林两大类，前者由个人建造和维护，后者由政府或民间团体建造和维护。二是与水乡文化融合。苏州园林利用自身地处江南水乡的特征，将园林环境与水乡文化融合，营造出了独特的水乡景观。三是巧妙布局和精致设计。苏州园林的设计者采用"以小见大"的手法，在园林内部营造出山水、建筑和花木等景观，通过这些布局和设计，使得整个园林既具有自然之美，又具备人力之妙，仿佛缩小版的江南水乡。四是注重细节和装饰。苏州园林注重细节，例如影壁、窗格、木雕等，不仅具有浓厚的传统文化特色，而且具有高雅、精致的特征。五是其空间形态成为苏州文化的载体。苏州园林既是一种空间艺术，也是具有综合文化艺术价值的载体，它在格局设计、室内装饰、家具陈设等方面将中国的书法、绘画、雕刻等艺术融入其中，形成了展示苏州文化艺术的和谐空间，由此将苏州文化基因中的生活态度和精神追求都鲜活地展现了出来，构筑了能够引领人们进入苏州精神文化内核的通路。六是体现了苏州传承创新的文化精神。苏州园林的文化特质和精神内核是在历史文化积淀和传承中逐步形成的。由历代艺术家和能工巧匠结合其历史渊源、文化背景设计和建造的苏州园林体现了苏州历代人民的生活态度、精神追求和强大生命力。

因此，苏州园林是中华文化的集大成者，无论是其山水文化，还是其建筑特征及植物选种，都具有中华文化的基本精神和浓厚的地域特色。在一定意义上，苏州园林文化与苏州城市文明具有共同之处，即二者都表现出苏州在自身特有的追求闲适安逸、体面考究和精致等文化传统的影响下，所形成的一种协调了景观和功能、精神与物质、人造与自然、城市与文化的和谐、精致、巧妙的空间文明形态。自古以来，苏州人在为官为学为民方面所持的这种态度代代相传。

2. 社会变迁的空间载体

城市文脉是苏州城市格局演化的内核，而苏州古城演化的另外一条重要线索就是社会变迁和功能变化。苏州古城的城市格局随着社会变迁而发展演化，社会变迁对苏州城市应当承载的功能，例如政治、经济、军事、文化等功能提出了新的要求，苏州城市空间、功能分区和城市规模等均需要做出相应的调整。也就是说，苏州城市格局演进除了依循文脉传承而追求精致之外，还依循社会变迁而追求实用，从而与社会变迁条件下的功能需求相匹配，因此实实在在成为社会变迁的空间载体。从社会变迁引致的功能需求和城市格局互动来看，苏州古城的城市文明经历了如下几个阶段的变化。

（1）春秋时期。这一时期的苏州古城作为吴国的都城初步建立起来，毫无疑问是吴国的政治中心、军事中心，同时也是吴国的商业和手工业集聚的地区经济中心。吴都城的建设奠定了苏州古城的基础。从城市功能来看，除了作为都城的政治功能之外，阖闾城的经济功能尤为凸显。阖闾城建成后，吴国欣欣向荣，逐步强盛。城内人口聚集，商市繁荣，热闹异常。城内虽无街巷之名，但有"市"之名。市者，为集中在一处进行物品交流和买卖活动的地方，类似于现在的市场，也是居民生活的重要场所。因而，古籍中对市（如吴市、东市门、西市门、尽市桥）上发生的故事记载较多，如有阖闾"舞白鹤于吴市中"、子胥至吴"行乞于市"等。

（2）秦汉时期。这一时期的苏州地广人稀，是南方货物集散地。苏州城市建设以衙署宫室等大型行政建筑为主，同时，随着商业的发展，寺庙宫观建筑和私家园林开始出现。苏州古城的形态存在封闭、分散的特征，即苏州古城由城墙围合成一个封闭的单元，整体结构简单而松散。

（3）隋唐宋元时期。这一时期，凭借优越的地理位置和政治经济条件，苏州的工商业经济进一步发展，成为政治、军事和经济功能齐全的大都市，跃升为"人稠过扬府，坊闹半长安"的全国第二大城市。苏州古城的营建逐渐进入定型甚至成熟时期，水陆格局和水城风貌基本成型，寺庙和园墅大量出现，同时子城发展达到极致，园林营建在数量和艺术造诣上都达到巅峰。随着大运河的开通，苏州古城的交通和地理条件得到改善，城市空间由封闭趋于开放，政治、经济、军事和文化等功能区依循水陆架网逐步填充城内空地，同时呈现出一定的集中趋势，例如，商业中心区成为与子城遥相呼应的经济集中区。

以宋代为例，平江城是一个城市功能集合体，具有明显的功能分区特征：古城东北部是丝织作坊集中地，所谓"城北半城，万户机声"，城西北部的阊青门内外地区为繁华都市，省府两级衙门集中于城西南肯门一带。平江城较为重要的功能包括：一是政治军事功能。宋平江城是宋平江军、平江府及长洲县等军政机关的驻地，而平江城内子城或内城，是平江府、军的治所。同时，城内建筑"平江府院"及郡守办公、居住用房均在正门的中轴线，其余建筑则分散在小城内，主次区分明显，城内的主要建筑物绝大部分是为统治阶级服务的，如官署、兵营、仓库、寺观、府第、园林等，足见政治、军事在城市因素中的主导地位。二是经济功能。宋代民间开始流传的"苏湖熟，天下足"的谚语真实地反映了苏湖地区已经成为全国的粮库。同时，宋平江城的手工业也有很大发展，出现了按行业性质的不同而聚居生产的专业坊巷，如醋坊、石匠巷等。这些手工业基本上采用"前市后坊"的模式经营，因此，但凡某类手工业作坊集中之地往往也是这类商品的集市。此外，还有米行、丝行、果子行、药市等专门的行市以及集中各类商品贸易的"大市"。三是文化功能。平江城在规划设计中对文化也极为重视，从《平江图》中可见，当时的城内南园一隅有"府学"，为范仲淹所创，是平江地区的最高学府。此外，《平江图》在西城墙下还有"贡院"，为科举考试之地。

（4）明清时期。这一时期，苏州不仅仅是江南的政治军事中心，更发展为全国乃至全世界的经济文化中心。随着大量外来人口的涌入和经济社会活动的变化，苏州的商业中心区向古城的西北部进一步集中，城市内部的功能区也随着社会变迁的需要而发生重组，甚至出现了呈指状分布的新城拓展区。江南资本主义萌芽催生了经济的繁荣，明清时期苏州经济的繁荣在城市空间方面体现为"市"的数量多、分布广。据明洪武《苏州府志·卷五·坊市》记载，苏州城内的"市"有三十处，分别为：干将市、豸冠市、绣衣市、载耜市、天宫市、必大市、循陔市、仲昌市、富仁市、释菜市、开冰市、丽泽市、南政市、布农市、八貂市、同仁市、布德市、迎春市、建善市、青春市、崇义市、和令市、太玄市、儒教市、旌孝市、迁善市、黄鹂市、孙君市、玉铉市、立义市。《吴郡图经续记·卷上·坊市》也记载："《图经》坊、市之名各三十，盖传之远矣。"这些"市"应是集市贸易和居民居住之处。"市"的规模和布局反映了经济活动日益繁盛对于苏州城市空间格局的影响。

（5）晚清民国时期。鸦片战争之后，苏州的政治经济地位急剧下降，尤其是太平天国运动之后，苏州城由盛转衰，逐渐沦为"销金窝子"和"存钱码头"①。在城市格局上，苏州的商业区回到了古城中部，而工业厂房和外国租界分布在古城外部，因此，道路建设由古城外围向城市内部拓展。战争改变了苏州古城的城市形态，西洋建筑和教会建筑逐渐进入苏州城市建设之中，西洋风格逐渐侵入苏州城市风貌、建筑、厂房和园林。在苏州城市近代化过程中，尽管建筑在数量、分布等可见的形态变化上未呈现出整体的空间结构演变，但其内部功能发生了显著的变化，即最初城市的公共功能在庙宇、马路集会中完成，后期公共建筑和开放空间等公共空间开始介入，如城内出现了花园、市政公所、警署、学校、医院、教堂，城外出现了现代化工厂。由此可知，苏州城市的近代化不是依靠空间结构的整体变化，而是通过内部更替的方式完成的。②

3. 天人合一的城市规划

自然环境与交通条件不仅决定了物产的分布、劳动的模式、交换的频率和市场的格局，也在一定程度上塑造了民情风俗、交往方式和观念意识。③ 因此，自然环境与交通条件对于人类社会的发展而言是非常重要的影响因素。三吴④古地的自然环境与交通条件在苏州城市的发展过程中留下了鲜明的印记。远古时代的海陆变迁造成了江南地区水乡泽国的自然环境，这里有太湖、石湖、阳澄湖、胥湖、黄天荡等众多湖泊，众多湖泊之间又有河、渎、港、浦、汊、湾等错落连接，再加上江南运河及元和塘、新泾塘等人工开凿的纵横交错、分布密集的河道，苏州处于密集的水网之中。⑤ 因此可以说，水是苏州的灵魂，河道是苏州的命脉，苏州因水而生、因水而美、因水而兴。苏州地处江南水乡，逐步形成了"小桥流水人家"的水城特色，城内较大的河道

---

① 陈泳. 城市空间：形态、类型与意义：苏州古城结构形态演化研究. 南京：东南大学出版社，2006：228.

② 傅舒兰. 苏州传统城市治理的空间结构及其近代化研究. 城市与区域规划研究，2021，13(2)：70-101.

③ 张海林. 苏州早期城市现代化研究. 南京：南京大学出版社，1999：1.

④ 所谓"三吴"地区有两种概念：北魏郦道元《水经注》中的三吴，系指吴郡（今苏州）、吴兴（今湖州）、会稽（今绍兴），大致包括苏南、浙西和宁绍平原；唐代杜佑《通典》和李吉甫《元和郡县图志》中的三吴，系指吴郡、吴兴和丹阳（今镇江）。

⑤ 张海林. 苏州早期城市现代化研究. 南京：南京大学出版社，1999：2.

有 6 纵 14 横。在城北的居民区河道最为密集，大大小小的河道纵横交错，形如棋盘；而在小城南面，由于官府的大建筑较多，故河道较为稀朗。同时，居民住宅和商店、酒楼等大都临水而建，形成了前门是街后门是河的独特的水乡城市风貌。总之，苏州城的规划设计注重结合地方自然环境，成为苏州城市文明天人合一的传统地方特色。这种特色突出体现在依水建城、据水治园和因水兴商三个方面。

第一，依水建城，构建水陆双棋盘格局。2 500 多年以来，苏州不仅城市中心稳定，而且水陆双棋盘格局的城市网络形态基本没有变化，这体现了苏州城市文明和空间格局演化的一脉相承。苏州城依水而生，水伴城而存，其古城的诞生与水息息相关，"水边建城，城中有水"，城与水在历史发展的长河中不断演进，相互影响，形成了独特的水城格局。这种邻水而居、依水建城的特征，早在作为吴国都城时就已经出现。公元前 514 年，吴王阖闾派伍子胥修建阖闾大城的基本思想正是"相土尝水，象天法地"。因此，伍子胥一方面设计了外城和内城嵌套的城市结构，另一方面设计了城内的水路格局。《吴地记》记载："陆门八，以象天之八风，水门八，以象地之八卦。"四面城墙上设置了八道路门，以方便车马行人通行；城外通过胥溪和胥浦两处水利连接，使护城河北通长江，西接太湖，既方便漕运又可以避免水患，河上也设置水门八道，使得护城河的水流可以直接通过水门进入城内；城内则河道纵横，水陆并行，河街相邻的双棋盘城市格局初显。[1] 这种设计不仅仅将水作为单一的护城河，而且将自然水系引入城中形成便捷的水路交通，由此形成了防卫与生活并重、水陆并重的城市文化格局，呈现出"彼美吴姝唱，繁会阖闾邦。千坊万井，斜桥曲水小轩窗"的繁荣景象。唐朝时期，苏州城市内"水陆相邻，河路平行"的双棋盘城市格局开始定型，小桥流水的水城风貌基本形成，城内同时有陆路、水路两种交通方式存在，二者纵横交织，相辅相成，既可合并，又可分流，互不干扰，恰如两副棋盘相互嵌套。宋《平江图》显示，苏州城内的主河道有 7 纵 14 横，形成了综合考虑军事防卫、居民用水和运输的"水陆并行，河街相邻"格局，以及四通八达、南北贯通，形似棋

---

① 魏晓芳，吕飞."历史文化保护传承的苏州实践"专栏Ⅴ｜营城塑水、水城融合："水城"空间的苏州范型.微信公众号"规划中国"，2024－06－25.

盘的街巷布局①，城内水系逐渐演变成"三横四直"的格局，水陆双棋盘格局进一步凸显。清代《苏郡城河三横四直图碑》详细说明了苏州古城"三横四直"河的名称、起止、分合与走向，表明明清时期苏州地方政府依旧通过疏浚等手段，很好地维持了"三横四直"的河道体系。② 如今，苏州古城"三横四直"的水网结构依然是串联支流水系的骨架，《平江图》中所描绘的"水陆并行，河街相邻"双棋盘格局依旧能在现实中找到对应。更为可贵的是，街区内的许多建筑遗产仍然保持着原有的居住、商业等城市功能，彰显着苏州城延续了千年的城市规划智慧。

第二，据水治园，形成苏式园林文化。苏州园林既是苏州文化的集中体现，也是苏州城市文明的缩影，苏州园林与苏州发达的城市水系有着密切关系，这也成为苏州园林有别于其他园林文化的重要特征。苏州园林作为苏式文化的代表，处处暗含着理水营城的人居理念。"无水不成园"，水无疑是苏州园林的灵魂。一方面，据水建园。园林建筑专著《园治》中提出"卜筑贵从水面，立基讲究源头"，强调在园林选址和规划时，应当重视水源。苏州园林在选址时首先考虑的就是水源。原因在于：园林建造于临近水系的地方，可以逐水而居，同时也便于引水入园，由此可以打造出精致安逸的生活环境，实现"栖迟隐逸"的生活理想。据水建园的特点使得苏州园林的分布具有阶段特征，两宋时期的私家园林多建造于临近城市水系的近郊地带，而随着城市内部水道的开挖、疏浚，水源对于建设园林的限制不再突出，因此明清以来城市内部的河道密集区域也开始出现私家园林。另一方面，引水治园。除了临近水源选址建造之外，园林营造的另一个重点就是引水入园，在园内顺应自然山水脉络，打造山水景观。针对不同的水源，通过占据、引用天然河湖、城市水系，或是凿井与地下水系连接的方式，将自然水系引入园内。在景观营造上，通过对园内水系的精细设计，赋予各类水体丰富的含义，着重表现自然界的江、河、湖、海等自然风貌。以拙政园为例，它的水面占全园面积的五分之一，布局以池水为中心展开，水体形式多样并相互穿插、处处

---

① 潘君明. 苏州城建史话. 苏州：古吴轩出版社，2022：11-13.
② 魏晓芳，吕飞."历史文化保护传承的苏州实践"专栏Ⅴ｜营城塑水、水城融合："水城"空间的苏州范型. 微信公众号"规划中国"，2024-06-25.

沟通，形成层次丰富的水景观，凸显了据水治园手法的精妙，也被誉为苏州园林之首。[①]

第三，因水兴商，成为江南商贸重镇。城市水系的营建、城市内部河道和外部水系的联通不仅造就了宜居的城市和园林，同时还促成了苏州商贸和市镇的发展。一方面，江河湖海水系带来了丰富、可供交易的水产和农产品。据记载，春秋时期，吴地渔业已从捕捞发展到人工饲养。至隋唐，养鱼已经十分普及，青、草、鲢、鳙四个主要鱼种均能人工养殖[②]，明清时养鱼的技术水平已经相当高超，出现了所谓的桑基或柳基养鱼，清代苏州府的水产品不下百种。这些水产品除了小部分自食之外，大部分都需要拿到集市上售卖，这就促进了城乡初级市场的发育与成长。[③] 水网化不仅使苏州人民最大限度地开垦土地变得可能，而且促进了已垦耕地的土质优化和两熟耕种[④]，这些都有利于农业生产率的提高。在明清时代，苏州的大米、生丝、绸缎、棉花及其制成品土布不仅是本地初级市场上的大宗交易物品，而且已经北上南下走向全国。[⑤] 另一方面，内外联通的水系塑造了苏州联通南北的独特地理优势，为市镇发展奠定了基础。隋唐大运河开通以来，大运河漕运成为维系国家正常运转的命脉。城市内部水系的营建和疏浚使得苏州城内水系也成为大运河漕运体系的一部分。由于苏州的地理位置特殊，历代漕运都要依托苏州作为中转地，因此苏州也成为漕粮的起运地。苏州内外联通的城市水系和水运网络，在当时的生产力条件下是促进商品流通的最基础、最重要的工具。苏州城内水系和大运河水系内外联通，形成了苏州与外界四通八达的河道系统，北面从山塘到浒关，南面从吴江到震泽平望，形成了以水为中心的发展格局和繁荣的水运经济。由此，大运河沿岸和水系交通要道上的村镇迅速发展起来，形成了"水城—水镇—水村"的城镇空间格局。清代前期的沈寓评论道："东南财赋，姑苏最重；东南水利，姑苏最要；东南人士，姑苏最盛。"从货流的汇通，到人才的聚集，苏州因水兴商，因商兴城，形成了独特的水乡特色空

---

① 魏晓芳，吕飞."历史文化保护传承的苏州实践"专栏Ⅴ｜营城塑水、水城融合："水城"空间的苏州范型.微信公众号"规划中国"，2024-06-25.

②③④⑤ 张海林.苏州早期城市现代化研究.南京：南京大学出版社，1999：3，200，4，3-4.

间格局。①

4. 以城促经的城市特质

苏州城市文明不仅仅体现在空间格局和城市形态的独特性上，还体现在对于经济发展的促进上。从这个角度来讲，苏州的城市文明并不是孤立存在的，并且不简单体现为空间上的延展和格局上的演进，而是形成了城市文明和经济发展的良性互动关系。城市文明是经济发展的空间载体，苏州传统城市文明的有益特质为作为江南中心的苏州的经济繁荣提供了空间、创造了条件。对于处于农业文明时代和工业文明转折时代的苏州来说，其传统城市文明中的据水筑城塑造了苏州的交通运输优势，而水运网络和自然条件带来的市镇密集促进了商品经济发展，这些足以使苏州在传统时期脱颖而出。最难能可贵的是，苏州的城市营建、城市规划和城市格局在这一时期出现了与市场发育、发展相辅相成的状态，形成了"城"和"市"，塑造了城市文明和经济发展相互促进的良性格局，这些都为现代苏州的崛起奠定了基础。

第一，据水筑城形成了交通运输优势。在蒸汽时代之前，水运尤其是内陆水运是最便捷、最安全、最快速的交通运输方式，拥有发达的水陆交通就成为一个城市发展非常重要的要素之一。苏州城市建设的一大特征就是据水筑城，不仅整个城市选址靠近水源，而且通过引水入城实现了城内水系和大运河水系的联通，水系河湖的交错纵横促进了苏州交通运输的发展，船运成为苏州地区内部以及苏州同国内其他城市之间相互联络的主要手段。从苏州地区内部来看，水陆双棋盘格局以及交错纵横的河道水系形成了无所不到的水网系统，农民进城卖货、地主下乡收租都是乘船进行。从苏州地区和其他地区的联系来看，苏州的内部水网通过水系与长江、京杭大运河以及吴淞江相连，不仅能够联系到太湖等其他水面，而且能够向北经无锡、常州、丹阳、镇江注入长江，复经扬州北上至北京，向东达上海。明清时期，苏州已经可以通过江、湖、河、海连通全国各地，陆路运输在这里只是一种备用手段，只有当船只无法进入时才会使用。② 发达的水路交通运输为前工业文明时

---

① 魏晓芳，吕飞."历史文化保护传承的苏州实践"专栏Ⅴ｜营城塑水、水城融合："水城"空间的苏州范型. 微信公众号"规划中国"，2024 - 06 - 25.

② 张海林. 苏州早期城市现代化研究. 南京：南京大学出版社，1999：4 - 5.

代的苏州经济发展提供了必要的条件，由于水路交通运输价格便宜，因此苏州水路交通运输的发展不仅扩大了苏州市民的活动范围，进而扩大了市场规模，还由此促进了人口增长、区域专业化、农村商品化和区域内外贸易①，这些因素都对经济发展有着至关重要的作用。同时，由于苏州交通便利，苏州民众之间、城镇之间、城乡之间以及苏州与其他地区之间的商品交换和信息交流广度、频率均大于其他地方，这也造就了苏州文化中开放包容的特质。②

　　第二，市镇密布促进了商品经济发展。苏州市镇密布主要有两个原因：第一个是优渥的自然条件使得苏州拥有较高的农业生产率，产出的剩余水产品和农产品需要拿到市场上进行交易；第二个是河湖水系交织而形成的水路交通运输网，不仅使得因社会分工和劳动生产率提高而出现的剩余产品的交换成为现实，而且扩大了可交易的范围和半径。苏州的市镇具有三大特征：一是市镇密布，分布广泛。以明清时期为例，沿着江南河流交通线兴起了众多的商业性市镇。据初步统计，明初仅苏州、松江、太仓三府州就有市镇 118 个，清末发展到 459 个，其中千户以上的市镇至少有 28 个，甚至出现了盛泽、法华等万户以上的巨镇。③ 二是专业化倾向明显。明清时期，苏南的市镇出现了专业化分工。根据相关资料，明清时期盛泽镇是蚕丝集散中心，四乡农家和镇民大多以养蚕缫丝为业；平望镇是长江三角洲著名的米业市镇；周庄镇处于棉花产区，是棉纱、棉布的交易中心，所交易的棉布有布、綦子布、雪里青布等；唯亭镇以盛产夏布、毛毯和擅长外贸而著称；檀邱市以冶铁而闻名；陆墓镇因产砖销砖著称；章练塘镇以出产水车闻名；浒墅镇生产的草席名扬江南；其余如枫桥、同里、黎里、罗店、江湾、安亭、璜泾等市镇也都有各自的特色商品。④ 三是商品经济发达。市镇是商品经济发展到一定阶段的产物，也是商品经济发达的标志。市镇广泛存在、密集分布，代表江南地区市场体系发达，尤其是不同层级的市镇实际上形成了一个较为完备的市场网络，不仅将苏州地区的市镇居民和农户纳入其中，而且通过长江、大运河

---

　　①②③④　张海林. 苏州早期城市现代化研究. 南京：南京大学出版社，1999：10，9 - 10，11，13 - 14.

编织起一个更大范围的全国性大市场。这一大市场是以苏州为中心、以众多市镇为网络节点编织而成的，苏州城是这个大市场的集散枢纽。在这个市场中，以交换为目的的商品生产和商品流通已经开始出现，苏州和各大市镇汇集了机坊、染坊、练坊、踹坊等作坊主和手工业工匠，开设花行、布行、丝行、绸行等牙行的牙侩，仰食于市镇的船户脚夫，有忙于收购布绸等土特产品的客商及商帮、开设各种店铺和沿街叫卖的商家小贩等经济形态，商品经济发育可见一斑。①

第三，城市与市场互动促进经济繁荣。苏州的城市发展基本沿着"城"和"市"两条路线行进，城市文明支撑了商品经济，商品经济反过来又使城市文明更加璀璨耀眼。其中的逻辑是：苏州的城市文明为苏州发展提供了便利的水路交通运输，催生了苏州的商品交换、市镇发育和专业分工，同时赋予了苏州人开放、包容的人文特质，使得苏州有可能从农业文明中脱胎出来，形成现代文明。因此，苏州经济繁荣的表现似乎印证了苏州传统城市文明与商品经济、城市和市场相互交织，从而促进经济的繁荣和进步这一点。唐宋以来，苏州经济得到了快速发展。明清时期，苏州已经成为全国的棉织、丝织业中心和刻板印刷业中心，以及全国最大的粮食市场和丝棉织品贸易中心之一，发展规模仅次于北京。有文献称："苏州江南首郡，财赋奥区，商贩之所走集，货物之所辐辏，游手游食之辈，异言异服之徒，无不托足而潜处焉。名为府，其实一大都会也。"② 作为粮食、丝棉织品贸易中心，苏州被称为"天下四聚"之一，市场上不仅有来自全国各地的各种名优特产，而且有大量的外国商品。更为重要的是，随着苏州商品经济的发展，苏州农民家庭手工业进一步发展，甚至出现了以雇佣劳动力进行生产的"资本主义萌芽式"的工业化格局，苏州也因此顺利地走上了现代化之路。

二、苏州城市文明人文基因的创造性转化

在前工业化时代，苏州传统城市文明支撑了苏州的经济繁荣，造就了中

---

① 张海林. 苏州早期城市现代化研究. 南京：南京大学出版社，1999：12 - 13.
② 魏晓芳，吕飞."历史文化保护传承的苏州实践"专栏Ⅴ｜营城塑水、水城融合："水城"空间的苏州范型. 微信公众号"规划中国"，2024 - 06 - 25.

国首屈一指的富庶之地。随着现代化进程的推进，苏州城市发展面临着新的变化，例如，政权更迭和军事战争对苏州古城造成了毁灭性打击和侵扰，给苏州城市发展带来交通运输方面的便利、导致大运河运输系统上市镇密布的"漕运"逐步被更加便宜快捷的海运取代等，这些变化使得苏州城市发展必须按照新的逻辑展开，满足新的空间善治需求。值得庆幸的是，苏州传统城市文明中根植的空间善治人文基因，在新的历史条件下得到了创造性转化。苏州通过错位发展、超前规划、古城保护和四角山水等新形式，回应了现代化进程中的空间善治需求，形成了更加适应工业化时代甚至数字化时代经济发展需求的城市文明形态。

（一）苏州现代化进程中的空间善治需求

在现代化进程中，苏州城市发展遭遇了前所未有的冲击，这些冲击既包括漕运为海运所取代、军事战争导致城市破败和人口外迁等既有有利条件变化，也包括产业形态从农业转变为工业、产品贸易从国内贸易转变为国际贸易等新增外部条件的变化。在此过程中，苏州城市发展必须处理好城市定位、格局优化、生态平衡和宜居宜业等问题，协调好定位与竞合、保护与发展、经济与生态、生产与生活四对关系。

1. 定位与竞合

在城市定位上，苏州城市发展必须处理好定位与竞合的关系。这涉及两个问题：在苏州衰落、上海崛起的情况下，苏州城市发展如何定位？苏州在城市发展过程中如何与上海竞争及合作？这两个问题缘起于上海崛起引起的江南城镇格局演变。上海开埠前，其城市地位远不如苏州。1842 年，上海开埠，加之太平天国运动对于苏州城市发展的打击和破坏，以及海运的兴起，上海和苏州的城市地位与江南城镇格局被深刻地改变了。第一，经济中心向上海转移。上海在开埠后的崛起促使经济中心由苏州向上海转移，上海也由此长期保持了在全国的经济领先地位。第二，商贸集散中心向上海转移。鸦片战争之前的苏州既是外地向东南地区输入商品粮的周转、调剂中心，又是长江三角洲丝、棉手工业品的主要集散地。上海开埠以后，海港码头扩展，水陆交通便利，内外贸易日渐繁荣。19 世纪 60 年代，伴随上海内外贸易规模的扩大及相关城市经济的发展，长江三角洲中心城市已由苏州转移至上海，苏州也需要借助上海集散和周转。第三，市镇体系中心向上海转移。受上海崛起后的强大引力的影响，江南地区原先以苏州为中心、以往以运河为纽带的市镇体系转而归向上海，形成了以上海口岸内外贸易为主要联结纽带的新的市镇体系。随之发生的另一重大变化是，新的市镇体系的贸易内容与原有的市镇体系有了很大不同：原有的市镇体系所从事的贸易在经济内容上更多体现为国内市场的粮棉产品交换以及小生产者之间的日用必需品交换或家庭手工业的原料交换，而以海运为渠道、以上海为中心的市镇体系从事的贸易在经济内容上更多体现为外国机制工业品与中国农副产品间的交换等国际市场交换，即进出口贸易。在现代化进程中，江南城镇体系由内向型向外向型逐步转变，而连接国际市场的纽带变成了上海，这是苏州在城市发展过程中不得不面对的现实。因此，苏州城市发展必须基于国际化趋势、上海中心的既成事实，进行重新定位，一方面寻求融入国际化趋势和上海中心的接驳点，另一方面理顺苏州市本级与下辖行政区之间的功能分工和竞合关系。

2. 保护与发展

在格局优化上，苏州在现代城市发展过程中必须解决好保护与发展的关系，也就是说，在经济活动更加复杂、人口涌入规模更大、产业发展需要更大空间的情况下，如何实现古城保护和产业发展？苏州于 1982 年入选第一批国家历史文化名城，苏州古城是苏州传统城市文明和空间善治基因的最佳代表，有丰富的物质文化遗产，包括全国重点文物保护单位 59 处、省级文物保护单位 112 处、市级文物保护单位 645 处、控制保护建筑 298 处。同时，苏州古城体系十分完整，古城、古镇、古村落数量多，因水城特点鲜明被誉为"东方威尼斯"，古城内现存河道 35.28 公里、桥梁 168 座。古城是一种承载着物质文化和非物质文化的空间形态，在城市范围不扩张的情况下，保护古城就意味着产业发展所需的空间需求得不到满足。因此，苏州城市的保护与发展实际上需要处理好两个方面的关系：第一，古城保护和新区拓展的关系。新中国成立以来，为了满足发展工业的需要，苏州古城内部以厂房建设为主，大量民居、园林和寺院被侵占，大量工业厂房散置于居住街坊，后逐步膨胀，吞并周围居住用地，形成一个个"小而全"的封闭单元，古城用地失衡，空间日趋封闭和单调。这一时期，通过在古城内部进行空间重构发展产业的经验和教训表明，单纯通过在古城内部进行空间置换来安置工业产业，既不能保护古城，又不能满足产业发展的用地和空间需求。因此，必须在古城之外另辟新区来规划安置古城所不能容纳的工业、制造业等新兴产业。第二，古城保护和古城发展的关系。在新兴产业向新区拓展的情况下，古城本身也面临着保护与发展的问题，古城保护并不是简单地维持现状，而是要在保护的基础上适应时代，实现创新性发展，创造出价值。这样的文化才是"活着"的文化。因此，既要夯实历史文化保护各项基础工作，又要使历史文化资源实现创造性转化和创新性发展，将历史文化保护工作全面融入城市建设和社会经济发展大局，显著提升城市文化软实力，向世界贡献古城保护的苏州方案，成为展现中国文化自信的苏州样本，将苏州古城建设成为具有世界级文化创新力、传播力、影响力的历史文化名城。

3. 经济与生态

在生态平衡方面，苏州现代城市发展必须协调好经济与生态的关系，也就是在生态约束下协调好生态区和建成区的关系，走生态型绿色发展道路。作为著名的江南水乡、东方水城，苏州生态禀赋独特，城、镇、村都镶嵌于山水林田湖草等生态要素中，逐渐演变出了山水相亲、园城相融的城市基底，也与之伴生了大量拥有较为完好的生态系统和生态要素的生态区。在城市发展过程中处理好发展与生态的关系，需要从以下两个方面着手：第一，协调好生态区和建成区的关系。平衡经济与生态的关系，实质上就是从空间上处理好生态区和建成区的关系。改革开放以来，快速的结构转变导致了以江南市镇为中心的建成区规模不断外延，城镇间的铁路、公路等交通基础设施建设也随之快速推进，生态区与建成区的界限逐渐模糊，城市生态空间遭到一定破坏。近年来，苏州不断加强生态和环境保护，在空间上统筹考虑自然山水和城市建设的关系。截至 2023 年，苏州全市生态空间保护区域占国土空间的 37.63%，国家级生态保护红线范围占国土面积的比重达到 22%。第二，实现生态型城市绿色发展。生态区和建成区是两个既相互区别又相互配合的区域，其平衡关系是发展与生态的底线，而建成区内部实现生态化、绿色化则是城市发展的更高要求。实现生态型城市绿色发展，就是在坚持生态区保护的基础上，引导自然山水向建成区空间内部渗透，犹如苏州园林引水活园一般，将生态保护和绿色发展的需求落实到城市建设上，完善生态网络格局、建设宜居公园城市，坚定走生态优先、绿色发展之路，做美发展与生态的"双面绣"。

4. 生产与生活

在宜居宜业上，苏州现代城市发展必须协调好生产与生活的关系，也就是在城市功能分区和城市格局的规划中，要考虑产城人融合的问题，实现产业区和商业区、生活区的协调，同时提升城市的韧性和宜居性。苏州传统城市文明为其经济繁荣提供的最重要支撑，就在于"城"和"市"的互动，前工业时代的"市"就是能够实现经济繁荣的商贸的场所。在工业时代，经济增长由单纯地依赖商贸转化为更多地依赖工业、制造业等产业发展。同时，在苏州古城保护与产业发展过程中，容易形成住在古城、业在新城的分割状态，这不利于产城融合发展。因此，在协调生产与生活的关系的过程中，需要着眼于产城人融合和宜居韧性城市建设。一方面，推动产城人融合。在一个城市的发展过程中，产业是动力、城市是空间、人是主体，必须推动产城人深度融合。在割裂式发展模式下，产业区所在的城市区域的城市功能并不完善，其实质是通过低价工业用地实现城市低效率空间蔓延，既缺少必要产业和城市功能的支撑，又难以吸引人才集聚。苏州现代城市发展需要在城市和区域科学定位的基础上，实现人口流动和集聚更加合理化，推动城市功能更加完善，促进特色产业创新集群发展。[①] 另一方面，建设宜居韧性城市。在现代化进程中，苏州城市发展将面临人口迁移、经济、外来移民等方面压力，如果不能正确缓解这些压力，就不能够留住人才，因此必须通过增强建筑环境、自然环境、城市政府和当地社区的韧性来建设宜居韧性城市。实现这一目标，既要通过组团式布局解决资源过度集中导致的中心城市规模越来越大，继而引发交通拥堵等共性问题，又要通过现代城市治理增强城市面对社会压力与自然环境动荡时的韧性，实现城市可持续发展。

（二）苏州传统城市文明人文基因的转化

面对现代化进程中对于城市发展提出的新要求，苏州市委、市政府顺应

---

① 段进军. 关于苏州产城人融合发展的思考与建议. 调研与参考，2023（6）.

全球化进程和外向型经济发展要求，重新明确苏州的城市定位，追求与上海和下辖市县的错位发展。在此基础上，苏州市坚持"一张蓝图绘到底"，立足长远进行市域发展规划，为未来预留了无限可能。同时，通过古城保护和四角山水保留了苏州的名城特色和水乡底色，为经济发展提供了软支撑。苏州之所以能够在国际环境剧烈变化、经济结构剧烈调整和地区城镇格局剧烈演化的背景下，走出顺应时代要求的城市发展道路，根源在于苏州拥有历史悠久且有利于经济繁荣发展的传统城市文明人文基因。在苏州市委、市政府敢为有为、敢闯敢干的不懈努力下，这些传统城市文明人文基因实现了顺应时代发展要求的创造性转化和创新性发展，这一系列"做对的事情"成为苏州创造适应现代化进程的现代城市文明，进而创造"苏州奇迹"的关键所在。

1. 以错位发展明确城市定位

上海开埠和国际环境的变化导致上海和苏州的城市地位颠倒了。同时，上海的崛起也改变了江南的市镇格局。苏州顺应这两个趋势，找准了自己的城市定位，走出了融入上海和区域竞合这关键的两步，实现了与上海的错位发展和共同发展。苏州与上海的直线距离只有85公里，是离上海最近的地级市。与其他城市因大城市的虹吸效应而远远落后于大城市的窘迫不同，苏州是融入上海都市圈和上海资源外溢的最大受益者。近代以来，苏州式微而上海崛起，江南市镇格局发生了变化，在这个过程中，苏州做对了三件事。

（1）融入上海。苏州很清楚，上海是长三角，更是全国的经济龙头，只有充分利用紧邻上海的优势，才能有效盘活自身资源。因此，苏州的态度非常明确——融入上海。早在20世纪80年代，苏州就形成了"要发展，靠上海"的观念。融入上海的典型历史标志是"星期天工程师"①，这些在上海工作的工程师每到星期天便利用业余时间为苏州的乡镇企业提供技术服务，他们给苏州带来了上海国营大厂和科研院所的先进技术和经验，造就了乡镇企业异军突起的"苏南模式"。

（2）错位发展。20世纪90年代以来，苏州提出了"主动接受上海辐射，实行错位发展"战略，《解放日报》曾这样描述上海和苏州的产业关系：从20

---

① 艾蒿，洪晗. 苏州发展模式初探. 今日国土，2022（9）：26-29.

世纪 90 年代开始，苏州就定下一个基调，上海做的，苏州一般不去做，而苏州要做的，是上海不想做、不便做，或者做起来成本太高的产业。在这种错位发展战略的引领下，苏州一方面为上海已经发展起来、势头正猛的产业做配套，例如，在信息产业方面，上海发展软件产业，而苏州主攻硬件产业。另外，苏州结合自身具备而上海不具备的独特优势，通过乡镇企业改制等方式培育并发展了一大批纺织企业，其中不乏宏力集团和盛虹控股等 500 强企业，而这两家企业均出自位于上海 100 公里都市圈范围内的小城镇——盛泽镇。通过融入上海和错位发展，苏州能够在产业上形成与上海的互补合作，由此借助上海参与到全球产业分工中，成为全球产业链中的核心城市。在此过程中，苏沪之间的竞合关系逐渐清晰起来。上海有强大的创新辐射能力，而苏州有强大的制造业动能，因此，形成了上海创新、苏州生产、全球销售的苏沪合作模式。近年来，苏州的历任市委书记都曾公开表示，苏州将始终坚持以上海为龙头，深度融入上海大都市圈建设，积极推动"沪苏同城化"。

（3）县域竞合。上海不仅能够辐射到苏州，还能够辐射到苏州下辖的市县，从这个意义上说，苏州也需要在市域内处理好苏州本级城市发展与下辖市县发展之间的关系。苏州县域经济发达，所辖 4 市均跻身于全国十强县市。苏州市共有 6 区 4 市，4 个县级市分别为昆山、张家港、常熟、太仓，这 4 个县级市的经济实力均比较雄厚。2020 年，中国排名前十的县市中，有 4 个来自苏州（昆山、张家港、常熟、太仓）。在苏州市全市工业资产百强企业中，常熟、张家港、昆山、太仓分别有 19、13、21、3 家，集结了超半数的百强企业，包括江苏沙钢集团、江苏永钢集团、江苏中利集团、波司登羽绒服装有限公司等知名企业。① 苏州与下辖市县的关系主要分为两个方面：一是苏州市工业园区、高新区和下辖市县之间差异化发展，各自按照比较优势选择优势产业发展方向。同苏州和上海的关系一样，苏州和下辖市县之间也形成了产业互补的竞合关系。二是苏州市为下辖市县对接上海提供财政、土地、人才和干部等方面的支持，与其他城市优势互补、错位发展，积极承接上海市的要素外溢。

---

① 艾蒿，洪晗. 苏州发展模式初探. 今日国土，2022（9）：26-29.

2. 以超前谋划保障发展空间

现代化进程中的另一重大变化，就是苏州城市发展所面临的背景从国内交换的农业经济变为了对外开放、国际交换的工业经济。因此，苏州城市发展中面临的一大问题就是要在既有城市格局的基础上形成一个朝向对外开放的工业区域，同时这一区域的规划和发展必须满足经济结构日益变化和经济过程日益复杂的发展需求，留足发展空间。在此过程中，苏州做对了两件事。

（1）建设园区，发展外向型经济。上海是中国发展对外贸易的桥头堡，接受上海辐射的苏州也需要转向发展外向型经济。1984 年，国家相继设立第一批沿海经济特区与经济技术开发区，其中并无苏州。但是，苏州市委、市政府敢为人先，率先抢占各类先机。1984 年 8 月，苏州市下辖昆山县在无政策支持、无资金帮扶的情况下，果断投资 50 万元，率先成立了中国首个"自费开发区"。1987 年，开发区内有 13 家企业投产，实现产值 2.78 亿元，利润 1 019 万元，上缴税金 607 万元，创汇 1 550 万美元。1988 年 7 月，《人民日报》在头版刊发报道《自费开发——记昆山经济技术开发区》，并配发评论员文章《昆山之路三评》，对昆山经济技术开发区自费开发所取得的成绩给予充分肯定。1992 年 8 月，表现亮眼的昆山经济技术开发区终于正式获得国务院批准，成为全国第一个县级国家级开发区。1994 年，中国和新加坡两国政府在北京签署《中华人民共和国政府和新加坡共和国政府关于合作开发建设苏州工业园区的协议》。同年 5 月 12 日，园区正式开始建设，从此园区开发建设快速推进，经济运行效益不断提高，主要经济指标以年均 40％以上的速度递增。工业园区成为苏州外向型经济的桥头堡。作为全国外向型经济的标杆，苏州工业园区是跨国公司青睐的投资高地，是江苏省首个且唯一的"外资总部经济集聚区"，也是苏州市的金融中心高地，集聚了超千家金融机构，外资金融机构集聚度居全省第一。

（2）超前谋划，"一张蓝图绘到底"。"规划即法、执行到底"是园区 30 年来规划建设管理取得成功的关键，也是最值得推广的园区发展理念之一，这种先进的规划理念固然受到了新加坡经验的影响，但也体现了城市规划从传承千年的《平江图》到现代园区的一脉相承。不同于中国其他城市园区

"边开发、边规划""先开发建设后补规划"的模式，苏州站在服务全市、服务长三角、服务全国、服务全球的视角和维度进行系统谋划，坚持"一张蓝图绘到底"，建立了"规划即法、执行到底"的管理制度，严格制定了园区的产业发展规划，随后 20 年几乎没做过大的改动。今天，苏州工业园区工作人员最自豪的一句话是："当初的规划是什么样，如今的苏州工业园区就是什么样。"在维持规划大格局基本不变的前提下，苏州城市建设也顺应时代要求进行优化和升级。1994 年版总规划构建了园区建设框架，确立了"先规划后建设，先地下后地上"的科学开发程序和"执法从严"的规划管理制度；2001 年版总规划提出加强住宅和设施配套，快速完善城市功能，建成集工业、商业、居住、文化教育、娱乐设施为一体的苏州市现代化新城区；2006 年版总规划提出了"转型发展"的总体策略，对产业和功能转型升级提出了对策，并积极推动苏州城市 CBD 的建设；2012 年版总规划对转型升级、内涵式发展新路径进行了探索，更加注重城市品质提升和民生改善；未来，新一轮国土空间总体规划将围绕"新时代开放创新高地、世界一流高科技园区、苏州城市新中心"的定位，形成"一主两副"新格局，引领苏州工业园区成为展示中国式现代化的"重要窗口"。

3. 以古城保护激活名城特色

工业园区建设不仅仅是苏州适应外向型经济发展的要求，也是保护苏州古城，保留历史文化名城印记的重要举措。"跳出古城，建设新区"是苏州城市发展史上的重要转折，有效缓解了保护与发展的矛盾，逐渐形成了古城保护、新城发展，新城建设反哺古城保护的发展模式。在新区建设取得成功放松了苏州城市发展空间约束的前提下，苏州通过以下两个方面的举措来奠定名城特色。

一方面，古城保护，文化传承。40 多年来，苏州古城保护始终坚持"保护古城、发展新区"的战略和"全面保护古城风貌"的方针，将古城保护作为城市发展的基本战略，并将其上升为全社会共同的意志、责任和使命。党的十八大以来，苏州进一步建立完整的城乡历史文化保护传承体系，相继出台了《苏州国家历史文化名城保护条例》《苏州市古城墙保护条例》等法规，编制完成古城 54 个街坊控制性详细规划、5 个历史文化街区保护规划，让古城保护始终在规划和法治化轨道上运行。① 2022 年，苏州结合名城保护面临的新形势、新任务和新要求，在全国率先印发了《关于进一步加强苏州历史文化名城保护工作的指导意见》，提出了强化苏州历史文化名城保护工作的重点任务：一是坚持系统保护，系统梳理历史文化要素，构建苏州名城保护内容体系。二是坚持整体保护，加强对保规"两城、多点、三带、六廊、三区"整体空间结构的整体保护，加强对苏州园林、苏州文化、革命文物、非遗特色的保护。三是坚持专业保护，加强规划引领，划定并守住保护底线，提出专业保护手段，禁止大拆大建。

另一方面，古城更新，创新发展。在强化历史文化保护的基础上，苏州还通过各种方式彰显历史文化的时代价值，推动历史文化名城发展，实现中华优秀传统文化的创造性转化和创新性发展。一是通过财政转移支付等补偿方式，加大对古城保护更新的资金支持力度，全面活化利用文化遗产，谋划文化线路，推动古城整体活化利用。二是通过历史城区微更新、市政基础设施完善、人居环境品质提升、公共空间品质营造等，提升经济能级，融入现代产业和生活，提升产业综合实力，焕发历史文化名城活力。当前，很多老厂区、老厂房、传统民居"旧瓶装新酒"，更新改造为文创园、科创园、艺术坊，新的业态在古城传统街巷中兴盛起来，古城重现青春活力，与新城相得益彰、交相辉映。在苏州古城内，32 号街坊正加速蝶变为国际文化艺术交流中心、古城苏式生活体验街区，平江历史街区已有 10 余处古建老宅被成功打造为文旅探花府·花间堂精品酒店、苏州状元博物馆、文旅会客厅等项目，实现了老宅焕新，"活"出真精彩。②

4. 以四角山水保留水乡底色

园林体现了中国人对理想的人居环境的追求，园林缩小可以为一家之所居，放大可以为一城市之所在。苏州既具有构筑园林的悠久历史和文化底蕴，又具有依靠自然山水依水筑城和引水治城的成熟经验，其实质是对天人合一的居住环境的追求和向往。在处理建成区与生态区、建成区内部关系的过程

①② 苏州市国土资源局. 苏州：规划先行穿针引线，精雕古城新韵"双面绣". 搜狐网，2023－08－18.

中，苏州一方面以四角山水契合天人合一，另一方面以公园城市彰显苏式生活。

（1）四角山水契合天人合一。"四角山水"是指苏州周边主要的山、水、林、田、湖、草等生态要素，它们发挥着重要的生态涵养功能。依托星罗棋布的湖泊水湾，苏州同样呈现多中心、组团式、网格化布局。在此过程中，苏州以水为核心，构建"山水林田湖草"生命共同体，科学划定生态保护红线，建立以自然保护区为基础、各类自然公园为补充的自然保护地体系，强化太湖、长江及内部河网之间的联系，完善水系网络，形成"江湖共济、十河引排、百湖齐蓄、万河成网"的水系总体布局，构建湿地保护体系，加强对长江、太湖、阳澄湖、入湖河口等湿地功能关键区域和重要湿地沿线等生态功能特殊区域的保护修复。① 由此，苏州老城区作为行政、商业、文旅中心，和城东金融商务中心金鸡湖片区联袂组成城市"双中心"，南、北、西分别建设太湖新城、高铁新城和太湖科学城，太湖、阳澄湖、澄湖等经由石湖、横山、虎丘、独墅湖等楔入主城，形成苏州城"四角山水"的城市格局。山水相亲、园城相融的典型江南风貌，积淀出苏州精致靓丽的生态底色和底蕴厚重的人文风情。

（2）公园城市彰显苏式生活。苏州在城市建成区内部进行规划和建设的过程中，充分结合其水乡特色和园林文化，形成"人工山水城中园，自然山水园中城"的人与自然和谐共生理念与江南水乡特色，致力于建设彰显苏式生活的公园城市。具体来讲，依托人工山水城中园的艺术空间，以及自然山水园中城的生态空间，苏州城市园林绿化从"城市公园"提升为"公园城市"，通过规划建绿、改造增绿、点上插绿，形成自然公园、森林湿地、城市绿化、城市公园、古典园林五大生态系统，建成区绿化率、绿地率均超过40%，公园绿地服务半径覆盖率超过90%，城市"处处皆景、城在园中"，居民"推窗见绿、出门进园"。② 在此基础上，苏州通过生态筑城行动、绿道连城行动、公园融城行动、园林乐城行动和文化趣城行动五大行动，使得自然

---

① 【九城规划】苏州城市空间格局和资源要素规划布局. 微信公众号"上海大都市圈规划"，2021 - 01 - 19.

② 深度 | 苏州迈过"特大城市"门槛，意味着什么?. 新浪网，2023 - 10 - 09.

公园、森林湿地、城市绿化、城市公园、古典园林五大生态系统有机串联，城乡生态环境质量整体改善，不断形成"处处皆景、城在园中"的"公园城市"形态和"苏式生活"的"公园城市"理念。[①]

三、苏州现代城市文明的人文空间秩序

面对现代化进程对城市发展提出的新要求，苏州市委、市政府推动了传统城市文明人文基因的创造性转化，始终遵从产城人融合发展的理念，立足江南水乡的独特自然环境，延承江南文化的历史脉络，应对产业发展和人口集聚的空间需求，明确苏州市的区域定位和市内各版块城市定位，不断优化市域城镇格局、城市空间结构和城乡空间结构，逐步发育形成了具有苏州特色、空间分布均衡的"多中心、组团型、网络化"城市空间形态，具有区域竞合、产城融合、宜居包容、空间活化、现代治理等人文特征的空间秩序，实现了生产空间集约高效、生活空间宜居适度、生态空间山清水秀，为描绘中华民族现代文明中的人文空间秩序提供了样板和示范。

（一）城市区域定位

苏州从中华优秀传统文化中汲取发展的理念和智慧，在"一域"和"全局"、国内和国际之间找到了自身的城市区域定位：一方面，对接世界，打造开放枢纽门户。苏州充分利用全球化的发展机遇，全方位、大规模融入全球产业链，依托以外贸加工为主的外向型经济实现跨越式发展，形成连接全球、融通全球、覆盖全球、影响全球的开放枢纽门户。另一方面，立足区域共建长三角世界级城市群。苏州积极推动沪苏同城化、苏锡常都市圈和沪苏通跨江融合发展，共建长三角世界级城市群。苏州以连接促进融合、以融合撬动红利的发展观念实现了聚天下之英才、汇全国之资源，服务百姓民生、引领经济发展。今天的苏州人心汇聚、百业兴旺。

1. 城市空间定位

城市空间定位是对城市在区域中的相对等级和空间影响尺度的确定。从

---

① 柏灵芝. 建设有苏州特色的"公园城市". 苏州园林，2023（4）.

社会文化联系、经济分工关系以及空间区位格局来看，苏州的城市空间定位主要着眼于长三角和上海都市圈的空间范畴之内。①

长三角是我国经济发展最活跃、开放程度最高、创新能力最强的区域之一。上海、江苏、浙江和安徽以 4% 的国土面积，创造了全国近四分之一的经济总量。2018 年以来，长三角区域 GDP 占全国的比重始终保持在 24% 左右。20 世纪 80—90 年代，长三角地区基本完成了经济起飞的早期和中期阶段的主要任务。② 此后，随着长三角地区的交通、经济、社会一体化进程的逐步推进，长三角的发展更具有活力。2016 年 5 月，国务院批复同意《长江三角洲城市群发展规划》，该规划提出到 2030 年全面建成全球一流品质的世界级城市群。2019 年，中共中央、国务院印发《长江三角洲区域一体化发展规划纲要》，标志着长三角区域一体化发展正式上升为国家战略。从提出长三角城市群发展规划到将长三角区域一体化发展正式上升为国家战略，彰显了长三角地区在我国经济社会发展建设中具有越来越大的影响力。③

长三角区域一体化发展正式上升为国家战略之后，作为主要经济、社会发展依托的各城市经济体扮演了更加重要的角色，如长三角区域一体化发展战略中布局的多层级城市经济圈充分彰显了苏州与上海的重要性。以上海为中心的"1+6"大都市圈规划实际上已经扩展到了"1+8"模式，包括上海及周边的苏州、无锡、常州、南通、嘉兴、湖州、宁波、舟山 8 个城市；以上海为起点的"G60 科创走廊"包括上海、嘉兴、杭州、金华、苏州、湖州、宣城、芜湖、合肥 9 个城市；苏锡常都市圈则包括苏州、无锡、常州三市，强调与上海的功能对接与互动。

改革开放以来，苏州在学习上海、对接上海的同时横向拓展、开拓创新，逐渐发展成为长三角世界级城市群中重要的中心城市。苏州与上海相互联系的格局的形成主要体现在三个方面：一是空间位置邻近，苏州是江苏省的东南门户，在空间格局上毗邻上海，具有显著的区位优势；二是交通联系紧密，苏州

---

① 刘荣增，崔功豪，冯德显. 新时期大都市周边地区城市定位研究：以苏州与上海关系为例. 地理科学，2001（2）：158-163.

② 施祖麟，白永平. 长江三角洲大都市周边地区城市定位研究：以苏州、南通为例. 中国人口·资源与环境，2002，12（3）：47-52.

③ 苏华，廖文杰. 苏州在长三角城市群中的发展定位分析. 江南论坛，2020（5）：15-17.

与上海已形成覆盖高铁、地铁、公路等多种形式的交通网，同城效应不断显现；三是经济联系密切，苏州与上海有着深厚的历史渊源和紧密的历史联系，自20世纪90年代至今上海与苏州的经济联系程度始终超越上海与长三角地区其他城市。

2. 城市产业定位

产业定位是对城市重点产业、潜力产业的确定和筛选。从主导产业来看，苏州与上海产业集群密切相关、优势互补。苏州凭借丰富的创新资源成为上海科创中心技术转移的首选地，正在着力将自身打造成国家先进制造业基地和产业科技创新中心。

上海与苏州在机械制造、电子信息、生物医药等共同的产业基础上已形成区域协同的产业集群。上海的集群组成企业多是行业领先的跨国公司或大型国企，苏州则以外向型制造业为主导。随着苏州市场环境的不断开放和完善，苏州已经从为上海配套逐步转向为国际市场配套，苏州与上海的制造业之间的关系从垂直分工贸易关系逐步变为产品差别型的水平分工协作关系，呈现双向互动发展、合作与竞争并存的格局。利用产业垂直分工和产品价值链的延伸，苏州积极把握上海在金融、物流、消费、文化等现代服务业的扩散效应带来的行业发展机遇，成为上海国际金融中心和贸易中心的延伸基地、国际航运中心和经济中心的配套基地。比如，苏州花桥国际商务城距离上海市中心不到30公里，是江苏省唯一以现代服务业为主导产业的省级开发区，逐步形成了对接上海的总部经济、物流配送和商贸服务产业集群。

苏州广泛聚集了高校、创新载体、人才团队、创新型企业等各类创新资源，建有31所大学（研究院），清华大学、北京大学、牛津大学、新加坡国立大学等200多所高校在苏州建立了产学研深度合作的大型研究机构或学术机构。[①] 依托创新资源和人才优势，苏州既是上海科技创新中心技术转移的首选地，也是以上海为核心的G60科创走廊的关键枢纽。

如今，苏州已拥有16万家工业企业，覆盖35个工业大类，是我国工业体系最完备的城市之一，是长三角地区乃至国内很多产业循环的起点和连

---

① 苏州锚定"人才友好型城市"打造一流创新生态. 新华日报，2024-07-07.

接点。①

3. 城市特色定位

城市特色定位是指综合反映城市及其腹地区域的文化、经济、地理等特性的地域化特征。以江南水乡为特色的苏州市域环境，不仅具有极大的旅游景观价值，而且作为一种延存至今的文化现象孕育着深刻的历史文化价值。苏州根据自身的人文、历史、自然资源条件以及社会经济发展情况，对自己做出了国家历史文化名城和风景旅游城市的城市特色定位，充分彰显了人居环境的优势。

苏州以深厚的历史文化底蕴和美丽的园林景观闻名于世，作为"江南文化"的代表，是同时拥有世界文化遗产（包括苏州古典园林、中国大运河苏州段）和世界非物质文化遗产（包括昆曲、古琴、苏州端午习俗、苏州宋锦、苏州缂丝、苏州香山帮传统建筑营造技艺、碧螺春制作技艺的"双遗产"城市。② 苏州是承古继今的文化空间纽带，其经济社会与环境发展承担着延续历史文化、创造苏州新文化的重任，对历史文化环境的保护、继承与发扬意义重大。

苏州作为全国开放度最高的城市之一，吸引了海内外各方的人才在此集聚，在社会和谐度、经济富裕度、环境优美度、资源承载度、生活便捷度等城市综合环境方面保持显著优势和特色，无愧于"上有天堂、下有苏杭"的美誉。③ 苏州连续数年入选全球宜居城市百强、获评中国大陆最宜居城市，是优雅、精致生活理念的积极倡导者，在全国乃至全世界树立了最佳的人居环境形象，为长三角乃至全国现代化提供了样板。

（二）市域城镇格局

经历了改革开放以来的快速工业化和城镇化，苏州市域的用地空间迅速扩大，在对外开放与国际市场的影响下，市域城镇格局不断演化。在此过程

① 中国实体经济苏州课题组. "中国制造——苏州样本"调研报告，2022.
② 徐舟涟. 长三角一体化背景下苏州城市功能定位浅析：基于东京圈发展经验. 当代经济，2020（11）：74-79.
③ 翟俊生，李三林，薛云飞，等. 苏州城市新定位与发展新策略. 宏观经济管理，2013（4）：73-74，82.

中，为了应对产业发展和人口集聚的空间需求，苏州不断优化市域城镇格局，逐步形成了空间分布均衡的"多中心、组团型、网络化"城市形态，为描绘中国式现代化的城市图景提供了示范。

1. 城镇格局的时空演化

20世纪80年代初期，苏州地区依托星罗棋布的江南市镇开启了工业化和城镇化的进程。以乡镇企业为主导的工厂沿河、沿路快速增长，遍布常熟、昆山、太仓、张家港、吴江、吴县的小城镇以"离土不离乡"的形式快速发展起来，形成了"村村点火，户户冒烟"的点状发展、布局均衡的城镇格局。

随着城镇规模逐渐扩大，城镇间的产业和人员联系日益紧密，依托铁路、公路、运河的发展轴带逐渐显现。1996年的苏州城市总体规划首次对市域城镇体系进行了梳理，提出在市域范围内构建"丰"字形（三横一纵）加一线（环太湖）的城镇空间格局。规划形成的城镇空间布局结构与产业布局高度吻合，沿江港口、基础产业轴以长江岸线、沿江高速公路、沿江铁路为轴，串联太仓市区、浏河港区、梅李常熟港区、塘桥、张家港市区等主要城镇。沿沪宁铁路、312国道高新技术产业轴东起花桥、西至望亭，串联苏州市区和昆山市区。

进入21世纪之后，苏州工业化和城镇化走向深入，出现了产业向园区集中、人口向中心城市集聚的显著态势。2011年的城市总体规划顺应产城人融合发展的新特征、新要求，提出强化中心服务功能，形成城镇分工合理、小城镇建设各具特色的城镇体系，将市域城镇格局优化为"一心两轴一带"。"一心"即苏州市域核心，包括苏州中心城区、南北组团以及周边城镇；"两轴"包括沿沪宁东西城镇聚合轴和沿苏嘉杭南北城镇聚合轴；"一带"即沿江产业带，以沿江高速公路、沿江铁路等为支撑，由张家港城区及港区、常熟临港新城、太仓城区及港区组成。

通过提质生态空间、保障农业空间、优化城镇空间，苏州形成了相对均衡的空间布局模式，有利于克服市域城镇组团间的生态隔离被侵蚀、相邻区域功能不匹配、道路不衔接、设施不共享等问题，也使得苏州市域的各级城镇均得到了充分发展。

2. 市域城镇的空间联系

苏州自 1983 年实行市管县体制以及推行县域经济发展模式以来，各县市通过比学赶超、奋勇争先，探索各具特色的发展模式，助力苏州经济腾飞。与此同时，县域经济发展模式也一度加剧了苏州各县市区之间在区位优势、招商模式、产业结构等方面的同质竞争。进入新时代，面对新的发展形势，苏州在近十年聚焦市内全域一体化，以"空间缝合、资源整合、发展聚合"为抓手，串联四市（张家港市、常熟市、太仓市和昆山市）六区（吴江区、吴中区、相城区、姑苏区、工业园区和高新区）十个板块，加强市域内的统筹，不断创新和完善制度体系，着力推动空间重构、资源重组、品质重塑，共同谋划新的发展格局。

苏州围绕国家和省的区域发展战略、主体功能区战略，着力发挥市域重大规划共统功能，以自然地理格局为基础，统筹生态、农业、城镇大空间，形成生产空间集约高效、生活空间宜居适度、生态空间山清水秀的国土空间开发保护新格局，形成"一核双轴"、多中心、组团式、网络化的全域城镇空间格局。[①] 当前，苏州网络化的城镇空间格局更加清晰和稳定。苏州城区和常熟、张家港、昆山、太仓四个县级市的城区开发强度较高，呈现出较好的非匀质集约模式，城镇间的生态和农业空间得到保留，中心城市的蔓延得到控制。各级城镇和产业园区沿东西向发展轴和南北向发展轴均衡布局，轨道交通、高快速路、航运等基础设施日益完善，城镇生活圈、一刻钟便民生活圈全面覆盖，出行更加便捷，服务更加均等。[②]

近年来，苏州市通过市域交通一体化发展引导了城镇空间布局和产业结构优化，显著加强了市域空间融合发展态势。目前，苏州已形成了集公路、铁路、水运为一体的区域综合交通运输体系，市域内铁路通车总里程达 424.3 公里；全市公路总里程达 11 472 公里，其中高速公路 620 公里，位居全省第一。[③] 苏州形成了交通基础设施互联互通、运输服务便捷顺畅、运输管理高效

① 苏州市自然资源和规划局. 苏州市国土空间总体规划 2021—2035 年，2021.
② 缪杨兵，王亚洁，张袆婧. 推动产城人深度融合：苏州城市空间结构演进与优化. 新型城镇化，2023（9）：54 - 59.
③ 苏州市政府办公室. 苏州市高质量推动市域一体化交通发展. 江苏省人民政府网站，2023 - 11 - 21.

协同的区域综合交通运输体系，有力推动了全市高质量发展和市域一体化。

（三）城市空间结构

苏州的城市空间结构经历了从改革开放初期的古城单中心扩张，到20世纪90年代的一体两翼多组团，再到21世纪以来的多中心组团的演变过程。在此过程中，苏州不断创新在历史文化保护传承中协调保护与发展之间的矛盾的实践，逐步形成了多层次的均衡发展优势。

1. 演进与优化

（1）改革开放初期：古城单中心扩张。

历史上，苏州的城市发展局限在古城及周边有限的地域范围内，呈现单中心的空间格局。改革开放以后，以国营经济为主体的苏州城市工业开始恢复性增长，推动了苏州城市空间的快速发展。生产要素不断向中心城市集聚，这在促进中心城市建成区进一步扩大的同时，也使得苏州古城的空间容量接近极限，苏州工业发展与古城保护之间的矛盾开始显现。在此背景下，"跳出古城，建设新区"成为最优的选择，部分工厂和居住社区均开始向古城外迁移和扩张，形成了以古城为单中心、逐步向外圈层扩张的城市架构。

（2）20世纪90年代：一体两翼多组团。

1986年发布的《苏州市城市总体规划（1986—2000年）》以平衡历史保护和城市发展为重点，提出了"全面保护苏州古城风貌，重点建设现代化新区"的建设方针，确定了"古城新区，东城西市"的发展格局。1990年，苏州将新区总体规划面积扩大为52平方公里，明确将新区作为"高新技术产业开发区、开放型经济集聚区、现代化新城区"三位一体的新苏州城。

1992年，苏州向西跨过运河成立高新区；1994年，苏州向东拓展建立苏州工业园区，正式开启了现代化发展之路。此后，城市建设呈现明显的轴向扩展趋势，苏州"古今双面绣"的城市风貌特征逐渐成型，形成以"古城居中、东园（工业园区）西区（苏州新区）、一体两翼、南景北廊"的城市空间结构。在《苏州市城市总体规划（1996—2010年）》的引领下，市区范围内以绿化、河流、干道、开放空间作为隔离，形成了古城、新区、工业园区、吴县市区、浒墅关新区五个组团。这一时期，新区和工业园区迅速成为苏州新的城市增长极，外向型制造业带来的大量资本投入成为苏州东西向城市扩张的主要动力。

至此，苏州从"古城新区，东城西市"到"东园西区，古城居中，一体两翼"，再到"一核四城，四角山水"，在保护古城风貌的同时构建了城市框架，逐步开创了一城多中心的城市空间架构。

（3）21 世纪以来：多中心组团。

进入 21 世纪，一体两翼格局逐渐成型，城市环境品质不断提升。苏州市于 2003 年撤销吴县市，设立苏州市吴中区和相城区。随着中心城区面积进一步扩大，苏州提出了"四角山水，十字发展"的空间发展战略。2012 年，苏州市中心城市行政区划再次进行了调整：吴江市撤市设区，成立吴江区；原平江、沧浪、金阊三区合并成姑苏区。这次行政区划调整为苏州市中心城市发展提供了新的基础。这一时期，《苏州市城市总体规划（2011—2020 年）》引导苏州结合各板块资源禀赋制定了不同的发展策略，将东部、北部作为城市主要发展方向，形成了"三心五楔，T 轴多点"① 的空间结构。

随着规划的深入实施，东部环金鸡湖中央商务区（CBD）全面建成，它集聚了商业等功能，成为城市新中心；北部高铁新城成为城市向北发展的新动力；西部生态科技城"大院大所"逐渐形成规模；南部太湖新城等片区开发建设全面推进；中部的姑苏区形成支撑人口和产业服务的城市中脊；四角山水等城市绿楔有机分隔各个城市片区。京沪高铁的建成通车、高铁新城建设，以及苏州轨道交通发展、重要站点商业综合体建设对于苏州空间结构转型也发挥了重要的推动作用。苏州中心城区逐渐形成了以古城为核心的"一核四城"新格局，苏州富有创造力的"多中心组团"的城市结构特征愈发显著。②

2. 集聚与疏散

苏州组团型城市格局能够有效避免城市向中心过度集聚，相比于单中心、

---

①　三心即三级绿心；五楔即伸入中心城区的五条生态绿楔，包括西南角绿楔、东南角绿楔、东北角绿楔、西北角绿楔和西部绿楔；T 轴即东西向和南北向发展轴线，包括城市中区、高新区城区、工业园区城区、相城片、北部组团、吴中片和南部组团；多点即中心城区周边的特色镇和特色村，包括六类特色镇和三类特色村。

②　缪杨兵，王亚洁，张祎婧. 推动产城人深度融合：苏州城市空间结构演进与优化. 新型城镇化，2023（9）：54-59.

"摊大饼"等高度集中的城市结构，有助于疏散城市功能、有效防止"大城市病"，进而形成多层次均衡发展的优势。

（1）形成多增长极，均衡公共服务。苏州多中心组团的城市空间结构有利于调动各板块积极性，形成聚力发展的多增长极，各板块在空间组团里立足自己的资源禀赋，因地制宜、错位发展、比学赶超。在历年国家级经济开发区的综合评比中，苏州工业园区、昆山经济技术开发区、吴江经济技术开发区、吴中经济技术开发区等均位于前列。同时，苏州市公共服务设施完善程度与均等化水平较高，在"市级—区级—片区—社区"四级城市公共服务设施体系的建设过程中，各个组团均拥有相对完善的服务功能。

（2）减少城市拥堵，促进产城融合。在多中心组团的城市空间结构基础上，苏州注重引导产城融合，以减少城市拥堵，促进职住平衡。从通勤人群空间活动大数据来看，苏州跨板块出行比例较低。同时，苏州在产业的培育、规划和设计过程中强调公共交通导向，构建形态紧凑、密度适当、混合用地、街道面向步行者、调适性较强建筑为主的产业空间，培育具有生活氛围、地方特色和文化气息的紧凑型邻里社区。[①]

（3）保障生态安全，彰显城市特色。苏州"四角山水"的城市自然山水格局涵盖苏州周边主要的山、水、林、田、湖、草等生态要素，城市组团间的开敞空间构成了城市通风廊道，保护了重要生态廊道和生态源地，为构建城市生态安全格局提供了保障。江南水乡特色文化景观在彰显苏州人文特色的同时，也有利于提升城市的宜居性，充分体现了人与自然和谐共生的发展理念。

3. 保护与发展

党的十八大以来，习近平总书记多次就加强历史文化保护传承、坚定文化自信做出重要论述。在习近平新时代中国特色社会主义思想指导下，苏州从价值认识、保护对象、保护手法、更新路径、实施保障等方面持续探索，形成了历史文化保护传承中协调保护与发展矛盾的创新实践和苏州经验。

新中国成立初至改革开放前，城市内部存在功能混杂、结构混乱以及工业用地比重过大、城市基础设施欠债严重等问题。由于缺少科学、可持续的

---

① 田晓明，陈启宁. 苏州城市转型. 苏州：苏州大学出版社，2014：177.

规划，城市功能和古城保护受到一定损害。^① 2000 年以来，随着"组团式"发展的规划思想的实施，以开发区为载体的各功能区块在更大的空间范围内实现了资源调配和产业结构的调整，在容纳新增和外来的经济活动的同时缓解了老城区人口过密和功能负荷过重的问题，显著推进了苏州的城市化进程。

2004 年在苏州召开的第 28 届世界遗产大会对古城的历史保护运动产生了重大影响，此后苏州出台了一系列地方性的法规条例和规划措施，加大了古城保护的力度。基础设施水平的提高与民居的改善同风貌保护的逐步结合，使此前的规模化开发转变为功能性开发。^② 随着"跳出古城，建设新区"战略的实施，苏州逐渐形成了新城建设反哺古城保护的发展模式。苏州通过财政转移支付等补偿方式，为古城保护提供了更多财政资金支持，加大了对古城基础设施、公共服务、文化产业的投入力度，使保护与发展的矛盾得到了进一步缓解。

（四）城乡融合形态

进入 21 世纪，苏州在农村集体资产、农村承包土地、农村生产经营方面推进"三大合作"改革，率先探索"三集中""三置换""片区统筹"等举措。苏州的城乡一体化改革破除了户籍、社保、就业、公共服务等影响城乡之间要素流动的制度约束，深刻推动了城乡空间格局的新一轮重构优化，实现了空间利益的再分配和生产效率的提高，使城乡之间的发展日益均衡，城市与乡村各美其美、美美与共。

1. 城镇化历程与特征

（1）1980—1990 年：内生型、村社主导的城镇化。

自 20 世纪 80 年代起，以镇村两级集体经济为主体的乡镇企业驱动苏州开始了自下而上的城镇化，这种做法也被称为"苏南模式"。这一时期，苏州将土地空间与生产资料结合，并通过乡镇企业经营实现土地增值，这部分增值构成了城镇化的主要收益。大批农村劳动力以"离土不离乡，进厂不进城"的形式

① 田晓明，陈启宁. 苏州城市转型. 苏州：苏州大学出版社，2014：20.
② 陈泳. 城市空间：形态、类型与意义：苏州古城结构形态演化研究. 南京：东南大学出版社，2006：165.

实现主动的就地城镇化，增速较快、规模较小的集镇乃至中心村成为城镇化的主要空间载体。由于乡镇工业布局分散、行政单位高度分割、生产要素缺少流动性，因此城镇化在空间上呈现出多节点分散式的特征，同时出现了用地格局破碎化和城镇建设资金分散化的倾向，这在一定程度上抑制了大中城市的发展。①

（2）1990—2000 年：外向型、市场主导的城镇化。

随着市场经济的发展，20 世纪 90 年代以后苏州地方政府积极探索新的城镇化模式，开始实施外向型经济发展战略，以开发区建设带动城市扩容增量。这一时期城镇化的收益主要来源于"以地生财"，即政府以建设开发区招商引资为手段，以土地换资金、以空间谋发展。开发区通过统一规划、集中投入、高标准建设基础设施促进各类要素集聚，有力推动了城镇化。城镇化突出表现为工业用地拓展、中心城区及县级市空间迅速向外扩张。

（3）2000 年至今：均衡型、政府主导的城镇化。

进入 21 世纪，苏州不断深化和完善城乡一体化发展，推进均衡型、政府主导的城镇化。苏州被列为"城乡一体化国家级试点城市""国家农村改革试验区""综合配套改革试点城市联系点"，以镇为基本单元设置了 23 个先导区作为城乡一体化发展综合配套改革试点区，基本建成了城乡一体化发展的政策制度框架体系。这一时期，苏州的空间生产范围由城市边缘区扩展到城乡地域，形成了日益明显的区域城镇化空间特征。

2. 城乡空间开发格局

党的十八大以来，苏州先后被列为全国农村改革试验区和国家城乡发展一体化综合改革试点城市，苏州的城乡统筹改革发展进入纵深推进、不断完善的重要时期。

按照全域一体、多规融合原则，苏州始终将城市和乡村作为一个整体，统筹谋划覆盖城乡全域的国土空间保护和开发利用规划，打破传统产业规划、城镇规划、土地利用规划和环境保护规划相互分割的局限，全面实现城镇建设、土地利用、产业发展、生态保护"四规融合"。坚持以规划为引领，发展新城镇、繁荣新市镇、改造"被撤并镇"；遵循城乡历史发展规律，严守耕地

---

① 范凌云. 社会空间视角下苏南乡村城镇化历程与特征分析：以苏州市为例. 城市规划学刊，2015（4）：27－35.

保护、开发强度、生态保护三条红线，统筹安排城镇、农业、生态三大功能区；科学确定村庄的"拆、建、留"，对自然村落按集聚提升类、特色保护类、城郊融合类、搬迁撤并类和其他一般村庄要求建设新型农村社区，充分彰显江南水乡的独特风貌。

苏州在城乡统筹改革实践中的重点之一是盘活农村土地资源，为"三农"发展提供要素支撑。一方面，推进"三优三保"改革。"三优三保"即优化建设用地空间布局保障发展、优化农业用地结构布局保护耕地、优化镇村居住用地布局保护权益，以及促进保障土地空间优化配置、促进保障土地资源集约利用、促进保障生态环境显著提升。与此相配套，苏州市级层面形成了以《关于加快土地利用方式转变、深化国土资源保护和管理的意见》为核心的"1＋N"系统化政策体系。基层板块以"三优三保"为依托，集中清理镇村级低效工业园区，实现多方共赢，有效改善区域生态环境质量，统筹资源优化乡村发展空间，优先支持农村产业发展，保障"三农"发展用地，为更好地推进乡村振兴提供了资源要素支撑。另一方面，探索集体土地入市改革。2020 年，苏州率先启动张家港和常熟的改革试点，制定了集体土地入市管理意见及调节金征缴规定、入市净收益分配办法。张家港建立了以"两确保、一增强"为核心的土地增值收益分配机制，常熟形成了以"体现价值、让利于民、助力发展"为原则的入市规范。试点改革不仅盘活了农村存量建设用地，大大缓解了农村基础设施和民生项目建设、农村公共服务设施运行及维护的资金压力，更在很大程度上保障了一二三产业融合项目的用地需求，为富民增收、乡村振兴提供了"源头活水"[①]。

3. 重塑城乡互动关系

苏州的城镇化道路是内涵式的均衡发展之路，有利于缩小城乡差距，有利于提高城乡基础设施和公共服务布局的均等化程度，有利于人居与产业和生态完美融合，有利于中心城市品质和品位的提升，有利于促进区域之间平衡发展。[②] 2023 年，苏州城乡公共服务支出为 2 124.95 亿元，占一般公共预

---

① 陈楚九. 伟大理论的创新实践：新时期苏州加强城乡统筹改革发展研究之一. 苏州太湖智库，2023，99 (1).

② 蒋宏坤，韩俊. 城乡一体化的苏州实践与创新. 北京：中国发展出版社，2013：164.

算支出的 81.1％，城乡居民人均可支配收入分别达到 8.30 万元和 4.64 万元，城乡收入比缩小至 1.79：1。

伴随着城与乡、人与地、要素与空间关系的深刻变化，村庄对城市的功能从传统的农产品供给与低成本劳动力供给逐步转向更为复合与多元的功能，包括稳定国土空间格局与延续传统地域风貌、发展现代农业与都市农业、保障生态安全与提供生态系统服务、传承文化与寄托乡愁、孕育特色产业与培植新经济要素，以及提供绿色、健康、宜居的人居空间等。[①] 在乡村振兴、生态文明建设等国家战略的实施过程中，长三角地区城与乡、人与村的关系发生了巨大而深刻的变化，传统乡村特性在新的时代语境下得到了重新诠释。

2023 年 2 月，国务院正式批复了《长三角生态绿色一体化发展示范区国土空间总体规划（2021—2035 年）》。长三角生态绿色一体化发展示范区由上海市青浦区、苏州市吴江区和嘉兴市嘉善县两区一县构成，将从生态优势转化、绿色创新发展、一体化制度创新、人与自然和谐宜居等方面进行示范性探索。乡村地区是长三角生态绿色一体化发展示范区国土空间的重要组成部分，苏州将充分把握新时期城乡关系的演化特征，并从城乡系统的整体性视角来更为准确地认识村庄的发展趋势，从而支撑总体目标的实现。

四、苏州现代城市文明的人文经济学

从苏州的经验事实来看，传统苏州的经济奇迹在产业形态上表现为发达的农业和手工业，尤其是纺织业。而这些产业的繁荣主要依赖于自然条件决定的农产品和水产丰富、运河和水系带来的便捷交通、汇通天下的市镇商贸等。从前文的分析可以得知，苏州传统城市文明进一步强化了这些有利条件，也就是说，苏州传统城市文明是苏州成为江南中心的有力支撑。当然，这些都是农业文明时代的传统产业。在现代化进程中，经济增长的逻辑发生了重大变化。现代经济增长表现为农业向工业的转型、乡村向城市的变迁、传统产业向现代产业的转型升级以及居民消费带来的城市经济的扩张，其核心动力是物质资本积累、技术创新驱动、人力资本集聚和现代治理支撑。相比于

---

① 曹子威. 城乡互动视角下的长三角地区村庄布局规划编制探索：以苏州市吴江区为例. 小城镇建设，2024，42（1）：119-126.

单中心、"摊大饼"等高度集中的城市结构，苏州现代城市文明催生了区域竞合、产城融合、宜居包容、空间盘活和现代治理等特质，这些特质诞生于传统城市文明人文基因，是以文化城的结果，它们不仅扩大了产业发展空间，为经济增长提供了创新引擎、人才和消费场景，而且提升了城市韧性，在空间秩序上对苏州现代经济增长起到了重要的支撑作用。苏州以其深厚的文化底蕴和独特的城市魅力，吸引了大量的投资和人才，成为中国的高新技术产业基地和重要的经济中心。

（一）产城融合促进了产业发展

与其他城市从中心更新和扩张不同，苏州在城市发展方面按照"跳出古城，建设新区"的思路，形成了多中心组团式发展的城市结构，有效缓解了保护与发展的矛盾，有力保障了城市的产业发展空间，从而促进了工业转型和产业投资。

（1）以用地优化保障产业空间。为了适应对外开放后涌入的国际资本对于空间生产规模和效率的要求，苏州自觉突破既有小城镇发展的思维框架，借鉴吸收新加坡等国际先进城市的空间治理经验，以城市、园区为单位进行资源配置，通过高水平规划、集中投入、高标准建设基础设施，推动"园城一体""产城融合"发展，实现了城市空间生产效率的提升和空间结构的优化，有力支撑了自身的世界工厂地位。[①] 随着结构转变的快速推进，苏州面临工业用地总量大、布局散等问题，与耕地和生态保护的矛盾也不断加大。为有效破解这些难题，苏州以产业用地更新为引领、资源利用效率为标准、提质增效政策为支撑，开展了产业用地更新"双百"行动，推动用地节约集约利用水平提升、发展空间拓展和产业转型升级。按照"产业基地—产业社区—工业区块"三级产业分区，在全市划定工业和生产性研发用地保障线，以工业保障线为依据，推动工业用地存量更新、提质增效。[②] 在此基础上，苏

---

① 江苏省城镇化和城乡规划研究中心苏州城镇空间治理研究课题组. 苏州城镇空间治理基因与未来思考. 中国江苏网，2023‐11‐03.

② 【九城规划】苏州城市空间格局和资源要素规划布局. 微信公众号"上海大都市圈规划"，2021‐01‐19.

州成为全球闻名的制造业之都，2019 年全市规模以上工业总产值接近 3.4 万亿元，位列全国第一。

（2）以亲商环境促进产业投资。用地优化从硬件上保障了苏州产业发展的空间需求，而亲商环境则为产业发展提供了"软件"支撑。苏州工业园区重要事务可直接向中央汇报，不必经过层层审批，这极大地提高了园区的行政效率，实质上突破了科层体制，真正实现了"政企分开、管办分离"，这种探索为苏州营商环境优化奠定了基础。苏州在引进新加坡园区建设经验的同时，也将"亲商理念"引入了进来，亲商理念随着不断深化的行政改革一天天成熟。1994 年，清理行政事业性收费（从 100 项减至 82 项）；1996 年，实行一站三段式服务；1997 年，推行社会服务承诺制，将所有行政审批事项透明化；1998 年，实行行政审批制度改革，将数百项审批事项压缩到 20 多项；2002 年，实行一站一段式改革，"一站式服务中心"统一代表管委会行使审批服务职能；2003 年，电子审批、网上预审成为现实，客商现场办事只需花一两分钟盖个章。园区海关实行三班 24 小时通关作业制，货物随到随报、即验即放，进口货物通关时间平均为 7.5 小时，比原来缩短 16 小时，企业平均物流成本下降 28.5%。园区从发展理念、体制机制到每个工作人员的观念和作风都与国际接轨。① 亲商理念的引入使得苏州能够保证进区企业持久享有最低成本与最佳市场竞争力的综合竞争优势，因而吸引了大量外商投资，苏州近 2 万家外资企业的经济贡献几乎占到了全市的一半。2023 年，苏州外资企业进出口额占全市进出口额的 56%，外资企业总产值占全市规模以上工业总产值的 50%。同时，苏州民营经济也在逐渐发展壮大。2019—2023 年，苏州民营企业工业总产值占比从 36.7% 提高到 46.7%，在 4 年半的时间里提升了 10 个百分点。

（二）县域竞合提供了创新引擎

江苏素有"散装江苏"之称，苏州也有类似的"散装"特征。苏州不仅坚持对外开放，而且坚持对内搞活，通过赋予下辖市县充分的自主权，保证

① 鉴证苏州｜苏州工业园区成立 30 周年回眸（二）. 苏州市地方志编纂委员会办公室（市方志馆）网站，2024 - 03 - 13.

各个板块能够按照自身的比较优势发展，在这样的情况下，就形成了苏州市域内部各市县之间的竞合关系，由此促进了县域经济的发展。

（1）以县域竞合搞活县域经济。苏州工业经济强并不像其他城市那样只是主城经济一枝独秀，苏州整体的县域经济均非常强。苏州市域十个板块在各自的空间组团里立足自己的资源禀赋，因地制宜、错位发展、比学赶超，成就了今天的苏州。苏州目前共辖 5 个市辖区、4 个县级市以及 1 个工业园区，4 个县级市均进入全国县域 GDP20 强城市名单。2023 年 10 月 28 日举办的"中国县域/市辖区高质量发展研讨会 2023"上发布了"2023 全国县域发展潜力百强县"榜单，其中太仓、昆山、张家港、常熟分别位居第二、第三、第五、第六。2023 年 11 月 7 日，赛迪顾问县域经济研究中心对外发布《2023 中国县域投资竞争力百强研究报告》，昆山、常熟、张家港包揽榜单前三名，太仓位列榜单第六名。根据 2023 年 11 月 18 日发布的《2023 年中国中小城市高质量发展指数报告》，2023 年度全国科技创新百强县市榜单中，昆山、太仓、常熟、张家港包揽前四席。尤其是昆山，靠着超强实力，连续十多年在全国科技创新百强县市榜单中排名第一。此外，苏州共有 14 个国家级开发区，是全国拥有国家级开发区数量最多、发展水平最高的城市之一。在 2021 年度国家级经济技术开发区综合评比中，苏州工业园区位列第一，实现七连冠。

（2）以县域竞合促进创新分工。随着工业化进程持续深入，创新成为决定一个地方是否能够实现产业转型升级、提升城市竞争力的关键所在。"散装"苏州的县域竞合，有力促进了苏州的创新分工，形成了苏州"中心-外围"创新空间结构。从创新分工布局来看，苏州大部分创新机构都集中分布在电子信息、装备制造、生物医药、先进材料四大主导产业，而各区县在产业分工上又是差异化发展的。高端创新要素和高端产业向中心城区集聚，沿江地区以其特有的港口禀赋，吸引制造业大企业，县级市则多聚焦于先进钢铁、有色金属等领域。同时，苏州还强调"产业创新集群融合发展"，推动中心城区和外围区县的创新协同。① 从创新布局演进来看，"产业在沿江转型、

---

① 【学术视野】城市创新空间 ｜ 苏州的创新空间是如何布局和持续突破的？微信公众号"江苏省规划设计集团"，2023－08－16.

创新在城区集聚"已然成为苏州的发展趋势。2010—2021 年间，中心城区以高精尖产业、知识创新为主，高精尖产业、基础研究型、数字文化创意、创新创业服务相关的创新活动向城区，尤其是苏州工业园区和高新区集中；外围区县则以产业应用型创新为主，传统制造业、产业应用型、需要大型中试或生产空间的创新活动则逐步向沿江县级市集中。[①] 因此，苏州在县域竞合的格局下，形成了"中心-外围"创新空间结构，也形成了"高精尖-产业应用"创新体系，有力支撑了苏州的工业转型和县域经济持续发展。2023 年，苏州全社会研发投入预计超 1 050 亿元，占地区生产总值的比重超 4.1%，国家科技型中小企业超 2.5 万家，排名全国第一；高新技术企业超 1.57 万家，排名全国第四。

（三）宜居包容实现了人才集聚

"城，所以盛民也"，城市的核心是人。习近平总书记强调，城镇建设要融入让群众生活更舒适的理念，体现在每一个细节中。苏州提出努力建设一座面向所有人、为了所有人的人民城市，让每一个在苏州的人都能享受更好的居住环境和生活环境，能够生活得更加稳定、更加幸福、更加有尊严。苏州把创造优良人居环境作为中心目标，通过蓝绿空间成网成链、构建多层次公共服务体系、保护传承苏州古城和大运河文化带等重点工作，提升城市的通透性和微循环能力，不断提升城市宜居水平。城市宜居水平的提高，不仅能够吸引人才，还能够留住人才，从而通过人才集聚推动人力资本提高。

（1）以文化空间彰显人文关怀。苏州各板块近些年都持续加大公共设施建设力度，医院、体育馆、文化馆、剧院、图书馆、博物馆等公共设施的数量和面积均得到了大幅提升，当前市区已经形成了环金鸡湖、古城和狮山三个市级公共服务中心。同时，苏州将数字化作为手段，以苏州古城作为载体，开展文化保护和古城更新计划，加快建设苏州考古博物馆、苏州科技馆、工业展览馆等项目，建成开放中国电影资料馆江南分馆、狮山艺术剧院，致力于建设"中国曲艺名城"。2023 年苏州新改建体育公园 6 个，新建健身步道

---

① 【学术视野】城市创新空间 ｜ 苏州的创新空间是如何布局和持续突破的？微信公众号"江苏省规划设计集团"，2023-08-16.

42.1公里，持续推进体育公园、社会足球场、百姓健身房、健身步道等体育设施建设，推动学校体育场地设施向社会开放。通过文化空间的构建繁荣精神文化，呈现城市底蕴。

（2）以生态空间厚植江南神韵。精神文化的繁荣，是城市底蕴的直接呈现。人居环境优化是城市可持续发展的基础，而生态空间的高效利用是人居环境优化的重要途径。生态空间的自然阻隔避免了苏州城市的连绵扩张，彰显了人与自然和谐共生的理念和苏州"城中园、园中城"的特色。根据江苏省住房和城乡建设厅的数据，截至2022年底，江苏城市（县城）的绿地面积总量为3 633.75平方公里，比半个南京城还大。其中，苏州的公园数量最多。据苏州园林官微数据，截至2023年3月，苏州共建成口袋公园570个，新增及改造绿地264万平方米。街心公园、口袋公园采用小而精巧且各不相同的苏式园林设计，不仅有利于高效利用楼宇之间的碎片化空间，而且让碎片化空间成为苏州文化的微观场景，体现了城市治理的智慧和"以人为本"的追求。①

（3）以组团结构促进职住平衡。在多中心组团的结构下，每个组团形成相对独立的功能形态与辐射范围，形成完整的城市单元，能够在组团内实现基本的职住平衡，避免长距离通勤。与典型的单中心城市北京、成都相比，苏州城市单程平均通勤时间为34分钟，而北京单程平均通勤时间达到48分钟，成都为39分钟。苏州的职住分离度为3.2公里，远小于北京的6.6公里、成都的4.9公里。从通勤人群空间活动大数据来看，跨板块出行比例较低，中心城区新区、园区、相城、吴江四个外围板块内部出行比例均在75%以上，姑苏与新区、园区跨板块出行比例在9%左右，与其他板块出行比例仅约8%。放大到整个市域也是如此，苏州全市服务人口约1 600万，机动车保有量超过500万辆，在全国城市中排第五，但全市交通拥堵情况一直保持在较低的水平。②

宜居包容、职住平衡的城市空间使苏州得以集聚大量人才。截至2024年

---

① 李婧. 苏州：体验值比肩一线，城市公共空间中的"苏式美学". 南方周末，2024 - 04 - 10.

② 缪杨兵，王亚洁，张祎婧. 推动产城人深度融合：苏州城市空间结构演进与优化. 新型城镇化，2023（9）：54 - 59.

7月，苏州全市人才总量达390万人，高层次人才总量达42万人，超760人入选国家级人才计划，超1 500人入选省"双创计划"，姑苏创新创业领军人才近3 500人。苏州已连续12年入选"魅力中国——外籍人才眼中最具吸引力的中国城市"十强榜单。同时，苏州的人才企业中，已有180家入选苏州市独角兽培育企业，占全市独角兽培育企业总数的60%；285家被认定为瞪羚企业，占全市瞪羚企业总量的17%；171家被认定为专精特新中小企业，占全市专精特新中小企业总量的14%；1 281家获高新技术企业认定，占人才企业总数的45%。

（四）空间盘活丰富了消费场景

苏州在历史上就是一个追求消费品质的城市。现代苏州时尚潮流消费和人文价值体验并行不悖，正在成为一个具有高消费品质和独特消费品位的城市。

（1）盘活苏州古城空间，激活苏州大量人文资源。苏州通过生活艺术化、艺术生态化的空间创新建设，赋予苏式消费优质内容、优质空间和优质服务，提升消费品质和消费体验。例如，姑苏区紧紧围绕"商业重回古城"的目标，在保持古城深厚历史文化底蕴的基础上，融入现代商业元素，赋予古城商业活力四射、时尚轻盈的新形象。自2023年起，一系列标志性古城商业项目，如胥江龙湖、仁恒仓街、金地广场、观前街·开元里等相继开门迎客，泰华商城也经过升级改造，焕发出新的光彩。这些新旧商业项目的结合，不仅为苏州的商业布局注入了新的血液，也为区域的经济发展提供了新的动力。苏州围绕"微旅行、慢生活"，打造了"福气平江""竹辉葑溪"等15个"吃住行游购娱"全链条文旅生态圈。同时，联合景区、文博场所推出文旅套餐，发展直播经济、网红经济，助力传统商超、老字号"触网焕新"。①

（2）建设现代购物中心，打造现代城市消费场景。近三年来，苏州共计37家商场开业，存量商业共计216家，位居全国第六；存量商业面积1 571万平方米，为全国第七。② 预计未来三年，园区商业也将迎来井喷式发

---

①② 李婧. 苏州：体验值比肩一线，城市公共空间中的"苏式美学". 南方周末，2024 - 04 - 10.

展。中环广场、环贸 ICC 锚定高端高奢，邻里中心支撑中端消费，十余家商业体在满足周边居民消费的同时，多层次提档城市消费空间。截至 2024 年 4 月，位于苏州的购物中心数量多达 998 个，仅次于上海。然而，作为江苏省会的南京，购物中心数量仅有 392 个。①

（3）改善消费服务体验，推动苏州城市消费繁荣。消费空间的质量除了取决于高端商场的数量和质量，以及消费场景的文化内涵之外，还取决于消费空间的服务水平和舒适度。据中国消费者协会发布的《2023 年 100 个城市消费者满意度测评报告》，苏州位居第四。该报告以百分制的形式反映了消费者对消费供给、消费环境和消费维权的满意度。苏州已连续多年上榜前十，曾夺得两连冠。截至 2024 年 4 月，苏州的常住人口已激增至近 1 291 万人，人口总数之庞大，遥遥领先于省内其他城市，为实现漂亮的消费数据打下了人口基础。国家统计局数据显示，2023 年苏州全体居民人均可支配收入为 74 076 元，城镇居民人均可支配收入为 82 989 元，首次突破 8 万元大关，是全国的 1.89 倍、江苏省的 1.41 倍，人均生活消费支出 46 018 元。② 因此，苏州利用城市的文化基因构造文化场景、挖掘文化价值、塑造文化体验，打造了一个具有较高消费品质的城市，促进了消费繁荣。

（五）现代治理提升了城市韧性

苏州在快速城镇化和成长为特大城市的进程中，凭着先进的理念，做出了具有前瞻性的规划和布局，形成了"多中心、组团型、网络化"的城市结构，有效避免了"大城市病"，建成了令人向往的宜居城市、韧性城市。这既得益于苏州所处江南水乡的自然环境和人与自然和谐共生的文化基因，更归功于一代代苏州人和苏州城市规划者、建设者、治理者的智慧和创造。在现代城市发展过程中，城市韧性是考量一个城市建设好坏的重要指标。城市韧性既包括防御自然灾害的韧性，也包括社会治理的韧性。一是苏州的组团型城市结构保护了重要生态廊道和生态源地，发挥了涵养水土和保护生物多样性的功能，增强了城市应对气候变化的韧性和抗风险能力，降低了自然灾害

---

①② 李婧. 苏州：体验值比肩一线，城市公共空间中的"苏式美学". 南方周末，2024 - 04 - 10.

的影响，为构建城市生态安全格局提供了保障。同时，苏州通过构建城市防御体系、"全面设防、重点防御"的综合防灾空间结构和立体化、网络化、数字化的应急管理体系，不断增强城市韧性和抗风险能力，降低灾害危险，维护城市公共安全。① 此外，苏州在对外交往、教育科研、国际运动和医疗健康等领域要加强高等级公共服务设施建设，强化住房保障和基本公共服务配置，建立租售并举的住房体系，推动老旧小区更新改造，精准构建15分钟社区生活圈。同时，推出"全科社工""智慧社区""城乡社区服务社会化""协商共治""跨界合作"五项改革试点，破解了一批困扰城乡基层治理的重点难点问题，构建了治理主体多元参与、治理过程互动合作和治理成果利益共享的包容性社会秩序，贡献了"共建、共治、共享"基层秩序的苏州样本。

---

① 【九城规划】苏州城市空间格局和资源要素规划布局. 微信公众号"上海大都市圈规划"，2021 - 01 - 19.

第十二章
苏州的现代社会治理文明

中国式现代化所追求的现代社会治理文明，是始终坚持以人民为中心、以满足人民对美好生活的向往为目标的社会治理，是人民群众"共建、共治、共享"格局下的社会治理，是以"党委领导、政府负责、社会协同、公众参与、法治保障"作为制度支撑的社会治理，也是以"社会化、法治化、智能化、专业化"作为要求的社会治理。当代苏州奇迹的产生与持续，既受惠于其历史上"良治""善治"的人文传统，亦直接得益于当代社会治理理念与模式的传承和创新。在创造经济奇迹的同时，苏州亦摸索出了一条极具中国特色、现代化价值和人文意义的社会治理之路。

一、苏州人文社会治理的特征

社会治理既是处理政府与社会之间关系的实际落脚点，也是维系和拓展良性的社会合作秩序的前提。苏州地区从古至今的社会治理，既离不开其人文特质的沉淀与延续，亦离不开现代化过程中的创造与革新，概言之，有以下几方面的特点：

（一）官方组织的主导地位

在苏州的社会治理中，官方组织始终居于主导地位。唐力行和徐茂明曾对徽州和苏州两地在明清的社会治理形态进行过对比。[①] 他们发现：徽州本质上是宗法社会，官方的社会基层组织必须借助于宗族组织才能行使其管理控制的职能，"千年之冢，不动一抔；千丁之族，未尝散出；千载谱系，丝毫不紊"是这里的社会常态；而在苏州，社会治理模式却是以官方的基层组织为主、以半官方与民间基层组织为必要辅助的多元治理模式。这种差异与苏州商品经济发达所带来的人口流动、市场开放对于宗族和乡土关系的冲击有关，也与国家对于江南地区强烈的财政需索有关。

随着现代化过程的推进，当代苏州的社会治理尤其体现出党的全面领导和政府负责的体制特征。苏州能够将"共同富裕""以人民为中心"的治理理念融入经济社会发展的全过程中，离不开总揽全局、协调各方的党委领导体制。党的理论优势、政治优势、制度优势、密切联系群众优势能够转化为社会治理的强大效能，使社会治理的各项工作在根本理念上能够达成共识，在政策取向上能够相互配合。[②] 而政府则直接履行社会治理职能、承担社会治理的主要成本。改革开放以来，苏州各级政府充分发挥了它们在资源动员与重组、政策引导、财政支持、防控风险等方面的优势和作用，在乡镇集体企业的创办与改制、外资企业的进入、工业园区的发展、产业结构的优化升级、科技研发投入的增加、市民生活质量的提高、公共设施和福利的改善，以及社会矛盾的协调化解等方面相继提供了具有引领性、前瞻性、规范性和普惠性的政府服务。

（二）多元主体的治理合作与分工

苏州的社会治理格局呈现出包容性和社会嵌入性，官方、半官方和民间多元主体的共同参与与分工合作一直是其典型特征。历史上，在"皇权不下县"的国家治理结构下，"县"以下的基层社会治理总是需要依赖"士绅"的助力。修路造桥、开河筑堤、兴修水利、修建祠庙、赈济贫民、兴办义学书院、调解纠纷、维护纲常伦纪、修造校舍贡院、修纂地方志、组织地方团练、

---

① 唐力行，徐茂明. 明清以来徽州与苏州基层社会控制方式的比较研究. 江海学刊，2006（1）：131-139.

② 郭声琨. 坚持和完善共建共治共享的社会治理制度. 人民日报，2019-11-28.

建造堡寨、赋税征收等都在士绅们的职责范围内，而他们在民间社会的威望也来自对这些公共职责的承担。苏州历史上文教的兴盛和充足的学额保证了沉淀在基层社会的本土精英的质量和供给，这些本土精英的扎根与反哺使得苏州的乡土和市镇形成了良好的治理生态。例如，明末清初，中国社会出现了一批以士绅为创建捐助主体，由官府来倡导监督的全新性质的民间慈善团体，这些团体在江浙两省分布最为密集①，其中苏州义庄尤以规模大、数量多、士绅主导等特征而闻名。据统计，清代苏州府共有义庄 179 个，其中 168 个为清代首创，近 60% 的创办者为士绅；以同城而治的吴江、长洲、元和三县为例，土地在 500 亩以上的义庄有 60 个，占总数的 86.9%。

近代以来，随着"实业救国"思想的广泛传播，江南地区内部所酝酿的世俗化趋势也逐渐影响到江南社会的治理结构，推动了"绅"与"商"角色的合流，促进了治理主体身份的多元化和与时俱进，为"贤能"的定义增添了更多现代化的内涵。一方面，太平天国后"商"通过捐纳、参加地区自治组织等途径，越来越多地跻身"绅"的行列；另一方面，"绅"通过兴办实业越来越多地进入"商"的群体。知识分子对公共事务的责任感和绅商的雄厚财力相互加持，使绅商聚集的谘议局、议会、商会、教育会等地方自治机构和法团组织在社会治理中的作用大大增强，促进了当地经济、政治、教育、财政、法律、军事、治安、公益等事务的现代化。②

及至当代，苏州的社会治理结构一方面表现为各层级政府间的适当分权与相互协作，另一方面表现为对多元社会主体的吸纳与动员。早在计划经济时期，在苏南地区权力结构中占据主导地位的、来自山东根据地的南下干部，就采取了相对分权化的社会治理方式，当时的集体经济企业，尤其是控制权在本地乡镇、村集体干部手中的社队工业的发展，就直接得益于这些南下干部向苏南本地基层干部精英的分权。③ 这种稳定的、适当分权化的治理方式，也使得当地的政府、企业、基层干部之间形成了较为制度化

① 梁其姿. 施善与教化：明清的慈善组织. 石家庄：河北教育出版社，2001.

② （美）萧邦奇. 中国精英与政治变迁：20 世纪初的浙江. 南京：江苏人民出版社，2021.

③ 章齐，刘明兴. 权力结构、政治激励和经济增长：基于浙江民营经济发展经验的政治经济学分析. 上海：格致出版社，上海三联书店，上海人民出版社，2016.

的互动合作关系，从而进一步促进了经济的平稳发展，避免了转型变革时期大的震荡和冲击。①

从财政收入在各级政府之间的分配状况也可了解到江苏省政府内部的分权状况。江苏省 2007 年的一般公共预算中，中央、省本级、市本级、县级的占比分别为 49.92%、5.15%、11.10%、33.83%，而同期全国各省份的平均水平则分别为 50.44%、12.71%、16.58%、23.27%，可见江苏省内部的财权分配表现出更强的向县一级政府倾斜的特征。税收收入的分配状况也非常类似，江苏省 2007 年的税收收入中，中央、省本级、市本级、县级的占比分别为 52.59%、4.59%、9.68%、33.14%，而全国各省份同期平均水平则分别为 55.41%、10.65%、15.24%、21.47%，江苏省县级税收分配占比也远高于全国平均水平。②

多元社会主体的参与更是让苏州形成了"共建、共治、共享"的社会治理共同体，实现了政府治理同社会调节、居民自治的良性互动。例如，为了充分发挥企业家在政策咨询和制定、制约和监督行政权力、承担社会责任方面的重要作用，苏州市政府通过鼓励各行业建立同业联盟、异业联盟、产业链联盟，制度化地推进行业协会（商会）等中介组织承接政府事务性、辅助性职能，推动行业协会（商会）参与政策制定和提供社会公共服务。③ 苏州市光电产业商会在行业质量管理、产品公平贸易、知识产权保护等领域就与相关政府部门开展了深度合作，在赋能行业高质量发展的同时，有效承接了多项政府部门职能转移，成为演绎好"党政的助手、行业的推手、企业的帮手"这一角色的"苏州样本"。苏州市工商联则积极搭建政企沟通平台，为制定实施《苏州市优化营商环境创新行动 2023》《苏州市 2024 年优化营商环境十条政策措施》等政策文件提供了来自民营企业一线的意见建议，发挥企业家在优化政策环境方面的主体性。

---

① 游五岳，李飞跃，章齐，等. 江苏省工业转型区域差异的再反思，1952—2003（上、下）. 二十一世纪，2019（174，175）：48-66，106-119.

② 吕冰洋，马光荣，胡深. 蛋糕怎么分：度量中国财政分权的核心指标. 财贸经济，2021，42（8）：20-36.

③ 详见《苏州市国民经济和社会发展第十三个五年规划纲要》。

（三）治理理念的传承延续

苏州的社会治理体现出了明显的集体主义、共同富裕的偏好，提供了以人为本、以人民为中心的治理范本。《孟子》有言："亲亲而仁民，仁民而爱物。""仁"是儒家的精神内核，在中国古代的社会治理实践中则外化为官员士绅的种种扶贫救弱之举。在苏州，扶贫救弱、体恤孤苦、兼济天下的仁德精神尤为突出。昆山人顾鼎臣在家乡居住期间有感于民生困苦，归朝后大力支持减免赋税、清查田粮，使江南赋役改革取得了实质性进展。外籍来苏的官员况锺连任苏州知府十三年，刚正廉洁，孜孜爱民，被苏州百姓称为"况青天"。他在任满离苏时赋诗道："清风两袖去朝天，不带江南一寸棉。"宋皇祐二年（1050 年），范仲淹在苏州设置义庄赡养族人，开创了宗族内部兼济普惠的典范。清中叶以后，庄塾成为义庄事业的常设部分，尤其在苏南地区风行。通过资学、助考、奖优的系统化管理，义学不拘家境，凭公心选拔读书种子，进一步促进了苏州地区的社会公平和文脉延续。

而在当代，苏州以人为本、集体主义的人文传统也为"共同富裕"这一发展理念和治理理念的落地提供了社会土壤。以苏州地区的经济发展模式为例，在改革开放开始之前，苏州地区就形成了以集体工业尤其是由乡镇（社区）政府控制的社队企业、乡镇工业为主导的经济局面；在改革开放之后，集体经济继续保持了高速增长的势头。苏州的沙洲县（后来的张家港市）在1965 年时的集体工业产值占比只有 17.28％，到了 1978 年这个比值已经达到了 75.82％，到 1994 年乡及乡以上的集体工业产值占比更是高达 84.80％；太仓县的这一占比则由 1965 年的 18.03％增长到 1978 年的 53.63％以及 1994年的 70.86％；吴县集体工业的这一占比也从 1965 年的 17.70％攀升到 1978年的 67.75％和 1994 年的 76.72％。[①] 与同一时期非国有经济发展的另一典型——"温州模式"——相比，"苏南模式"表现出了更强的政府主导性，尤其是公社、乡镇政府对集体经济的控制力和协调力：在 20 世纪 80 年代苏南

---

① 数据来源于各县县志和历年《江苏统计年鉴》。

地区乡镇企业总产值中，乡、村两级集体工业企业产值占到 90％以上[①]；而"温州模式"则以家庭工业、私人企业为基础，1984 年其产值已经占到当地总产值的 60％。[②] 苏南地区这种集体经济的主导地位和政府的协调控制能力使得集体内部的收入分配、贫富差距问题并未随着经济发展而不断恶化，相反，经济发展的成果能够不断地反哺社会，弱势群体和地区能够受到帮扶照顾。据统计，1991 年时，苏州的城乡收入比为 1.41：1，而同年温州、杭州、宁波的城乡收入比分别为 2.25：1、1.63：1 和 1.51：1，苏南的无锡和常州的城乡收入比则为 1.33：1 和 1.51：1。[③] 可以说，由政府和基层干部主导的集体经济可以被视为苏南地区探索共同富裕的实现路径的早期经验。

在 20 世纪 90 年代之后的乡镇企业改制浪潮中，苏南企业的产权变革也相对平稳。在确保经营者持大股、"能人治厂"的基础上，苏南企业在一定范围内适度保留了国有和集体股份，创造了投资主体多元化、集体资产实现形式多样化、企业组织形式多层化的现代企业格局，并且基本实现了改制期间当地就业形势未恶化，职工和集体利益未受剥夺，国家利益未受损的平稳过渡。[④] 张家港市的永联村是苏州市的首富村，在 2002 年村集体企业永联钢铁厂改制时，永联村当时的党委书记吴栋材并没有把钢铁厂全盘私有化，而是保留了 25％的集体股份，并把其分红用于村集体福利事业。据报道，2021 年春节前夕，永联村的集体分红金额高达 1 亿多元，并已经保持了多年亿元以上的分红记录，村民的医疗、教育、养老都可以获得集体补贴。

（四）治理的人文精神留存

苏州社会治理模式的背后，是以务实、担当，讲诚信、重规则的人文精神作为支撑的。"天下兴亡，匹夫有责"是苏州昆山人顾炎武留下的名言，也

---

① 罗小朋. 中国乡镇企业的等级结构和所有制//李国都. 发展研究，1990：422 - 451；萧冬连. 乡镇企业"异军突起"的历史和机制分析. 中共党史研究，2021 (5)：46 - 59.

② 刘雅灵. 自下而上的改革：中国地方经济发展的路径分歧. 台北：巨流图书股份有限公司，2017：1967 - 1968.

③ 孙覃玥，斯考特·萨姆纳，范从来. 论所有制结构的经济增长效应与收入分配效应：以苏南模式和温州模式为例的实证研究. 江海学刊，2010 (4)：73 - 80.

④ 邹宜民，戴澜，孙建设. 苏南乡镇企业改制的思考. 经济研究，1999，34 (3)：61 - 67.

塑造了一代代苏州人敢闯、敢当的精神气质；而长时期商品经济发育和市场氛围的浸染，则塑造了苏州人注重实务、讲求实际的性格和尊重规则、遵守契约、重视合作与交流的行为习惯，也使治理者达成了尊重市场、尊重企业家精神、不"竭泽而渔"的基本治理共识。这种人文精神在苏州历史上的社会治理中发挥了很大的作用。自 16 世纪起，苏州就出现了商业会馆、公所等民间结社，为成员共同议定商业契约、商议工资争议、协议营业规则或贷放团体公共捐款等搭建沟通平台，塑造了遵规守序的商业环境乃至社会氛围。政府则发挥着维护这种良好商业环境的作用，在处理商业活动中的纠纷时，政府官员不会以"抑商"态度故意打压商人权益，而是通过协调订定工资、禁革棍徒流丐胥吏的骚扰、协助执行债务"押追"、查禁仿冒字号牌记、以"把持行市"的罪名予以处罚等维护商人经营自由等公平公正的政令，巩固讲规则守信义的社会风气。会馆会所刊立的石刻碑文公开展示官员判文，既方便了商人和官员灵活援引成案处理纠纷，也增强了政府告示的实质效果，使规则落地，使秩序深入民心。[①]

而在当代，实事求是，即解决实际问题的务实精神依然是众多敢于进行制度创新、引领制度变革的苏州改革者们的精神内核。例如，苏州的吴江区与上海、浙江相接，是两省一市的交汇腹地和长三角中心地带，人员往来频繁，无形之中加大了该区域基层治理的难度。如何建立跨区域司法保障成为吴江区面临的一大难题。对此，吴江区借助长三角一体化发展的大背景，与上海青浦、浙江嘉善联合创新办案模式，打破司法壁垒，建立起高效协作、全面共享、深度交流的跨区域协作执行机制，大幅降低司法成本，为审务全国一体化提供了先行先试的典型经验。

规则秩序也是社会治理现代化过程中凝聚多元主体合力的关键所在，公众参与精神的培育需要规则的引导和保护，而规则秩序形成的根本在于政府的公信力。为加强政务诚信建设，苏州各市县不断创新行政方式，形成了一批特色治理经验，政府在这一过程中强化自身的示范引领作用，把信用手段深度应用于"放管服"改革各环节，为打造勤政务实的高效政府筑牢"诚信

---

① 邱澎生. 由苏州经商冲突事件看清代前期的官商关系. 文史哲学报，1995（43）：39-92.

根基"，有效提升了公信力。例如，苏州工业园区针对审批、监管、执法三大
环节权责不清晰、信息不对称、管理不闭环等痛点，开发上线"审管执信"
信息化交互平台，成功形成管理闭环；昆山市高新区通过制度确权，梳理 62
个许可事项的"审管执"部门对应清单，将审管联动事项接入"一网通办"
平台，实现操作细化到人、全程自动留痕、责任有效追溯。此外，苏州市及
各县区还根据自身发展情况，围绕政府采购、招标投标、招商引资等重点领
域的信用制度建设进行了一系列有益探索，多方面提升社会治理的法治化水
平，从而确保社会合作秩序的稳定。

二、历史上苏州人文社会治理的表现与绩效

（一）官方组织、官民共治组织和民间组织的并行共治

历史上，苏州基层社会治理的制度化，以及民间自治组织与官方组织的
互相渗透和配合早已开始。明清时期苏州的社会基层组织可以分为官方组织、
官民共治组织和民间组织三个子系统。苏州府是政府制度改革的先行者。据
学者考证，苏州府是创建里甲组织最早的地区之一。洪武二年（1369 年），苏
州吴江县有 530 里，平均每里 156.1 户，已经具备了洪武十四年（1381 年）
以后施行的明代里甲制的标准形式。①清代为了解决里甲制使人依附于土地而
带来的税赋不均问题，于康熙元年（1662 年）在苏松二府首先实施了"均田
均役"改革，为雍正年间推广"摊丁入亩"奠定了基础。苏州也是较早推行
保甲制度的地区。苏州自万历二十九年（1601 年）织工暴动以后，鉴于"不
逞之辈，时时窃发，盗劫之报，日闻于上官"的情况，"有司于是申保甲之
法，严栅门之防，重夜行之禁"。②。

而官民共治组织中，既有政府创办、士民资助的常平仓，也有民间首倡、
政府干预的义仓、善堂、善会等，这些组织既对政府功能起到了必要的补充
作用，也有鼓励民间仁爱互助的教化意义。道光十五年（1835 年），时任两江
总督陶澍在江宁、苏州两处筹办丰备义仓，热心公益的地方士绅纷纷解囊，

---

① （日）鹤见尚弘. 中国明清社会经济研究. 北京：学苑出版社，1989.
② 王卫平. 明清时期江南城市史研究：以苏州为中心. 北京：人民出版社，1999：149.

元和县士绅韩范捐助父遗田产 1 100 余亩，并称此举全系遵父遗命，并不敢"仰邀议叙"。陶澍和林则徐在奏章中为之请奖，道光帝认为韩范此举"实属急公好义"，下令嘉奖。官方奖励调动了地方士绅的积极性，韩范之后捐田者络绎不绝，至咸丰十年（1860 年）太平军攻占苏州时止，丰备义仓已拥有长洲、元和两县境内田产 14 900 多亩。[①]

民间组织最具代表性的是以宗族为单位创设的义庄。由于工商经济发达，苏州家庭结构以小家庭为主体，而大宗族与累世共居的大家庭则居于次要的地位。[②] 民间分产异炊的特征决定了苏州宗族的形成不能依赖人口增殖自然形成的血缘纽带，而必须通过人事努力建立契约型人际关系网络，这种努力包括维系宗族的公共财产，选出深孚众望的领袖和建立严格的规章制度，由此，苏州的宗族逐渐成为一种具有非正式政治权力的基层治理单位。如光绪年间编写的《吴县陈氏义庄记》规定："族有争讼，不得越义庄而径诉官司。"有的义庄职权甚至进入公共领域，面向乡里百姓。道光七年（1827 年），吴中乡绅潘曾沂创办了丰豫义庄，其社会救济活动包括荒年平粜赈济、弛免田租、推广区种法、建立义塾、收养弃婴等，有些活动实质上已经是在代行政府权力。事实上，丰豫义庄的活动已经不仅是一种慈善行为，而且是一种比暴力更具内聚力和持久性的社会治理手段。[③]

工商业的发达也促进了苏州行业性民间组织的兴盛。明清两朝的苏州作为东南一大都会，商人和手工业者大量云集，由此诞生了众多以地域或行业为纽带的会馆公所。这类商人自发形成的团体，实际上是一种有效地节约了交易成本的制度创新。与义庄、善堂一样，会馆公所的成员享有公产提供的种种经济或非经济服务，内部有严明的组织规范。但值得注意的是，前者的法律性质更为明显，主要表现在成立之初即向地方政府呈请"立案"保护的司法运作方面。[④] 政府权威的介入一方面保障了民间商业契约的执行，另一方

① 王卫平，黄鸿山. 清代慈善组织中的国家与社会：以苏州育婴堂、普济堂、广仁堂和丰备义仓为中心. 社会学研究，2007，22（4）：51-74，243-244.

② 王国平，唐力行. 明清以来苏州社会史碑刻集. 苏州：苏州大学出版社，1998.

③ 余新忠. 清中后期乡绅的社会救济：苏州丰豫义庄研究. 南开学报（哲学社会科学版），1997（3）：62-70.

④ 邱澎生. 市场、法律与人情：明清苏州商人团体提供"交易服务"的制度变迁. 开放时代，2004（5）：72.

面也使商人规避了一些商业竞争之外的社会干扰。现存的苏州碑刻显示，政府官员会惩罚那些随意对商人抬价，"把持行市"的脚夫，也在牙行与客商、商人与工匠的种种契约纠纷中担任仲裁。政府的处理能力随着实践逐步改良，例如康熙四十年（1701年）至五十四年（1715年）间，政府替商代定踹匠工资由"每匹纹银一分一厘"提高为"每匹纹银一分一厘三毫"，还制定了货币实物工资的兑换比率，以确保公正。地方无赖也常常威胁到工商者的经商活动，商人有时会通过联名诉讼向地方政府请求保护，苏州府元和、长洲与吴三县知县针对此种诈索商船事件做成批示："嗣后，如有无籍徒乞丐假充河快名目，在于各商船索诈钱米、生事扰害者，许即扭禀本县，以凭按律究办。"[①]苏州的官府与商人团体彼此支持，共同维护了良好的商业制度环境。

官方组织、官民共治组织和民间组织三重系统并行共治奠定了苏州在传统时期长久富足安定的基础。值得注意的是，官方基层组织始终是苏州社会治理的基本骨架，民间组织要么是在政府倡导授意下创办的，要么受到政府的直接干预。例如，康熙十五年（1676年）由长洲士绅合力创办的苏州育婴堂获得了清帝颁发的"广慈保赤"御书匾额。此时的育婴堂由士绅直接管理，政府通过表彰嘉奖促进这类民间组织的推广。自乾隆二年（1737年）起，大量政府资产涌入育婴堂，官方开始插手育婴堂管理，巡抚张渠"更令诸寮属，与在堂绅士细酌规条，申明惩劝，定为四十则"，育婴堂成为官民共治组织。至道光十六年（1836年），由于弃婴现象日繁，而育婴堂资产支绌，政府便直接委派官员经营，育婴堂成为完全的官方组织。而此种转变广泛发生在苏州形形色色的基层组织中，意味着政府主导一直是苏州社会治理的底色，从而建设起一个相对稳定且具有高度权威和统筹协调能力的治理结构。

（二）近代化转型中包容性的社会治理结构

晚清的江南社会受到太平天国运动的冲击。清政府为了镇压太平天国运动和重建战后秩序，不得不更多地放权给地方士绅与社会精英，从而打破了

---

① 邱澎生. 由苏州经商冲突事件看清代前期的官商关系. 文史哲学报，1995（43）：39-92.

传统的"官"与"绅"的关系，标志着传统治理结构的瓦解和近代化转型。①
然而，苏州在剧烈的时代转型中仍不失其治理模式和社会结构的稳定性。

　　首先，苏州的地方军事行动与慈善事业一样，遵循着政府主导、绅民协办
的规律。自咸丰三年（1853 年）江南大规模办理团练开始，团练就被定位为
"官督民办"组织。② 苏州团练局的部分核心人物由朝廷指派，如冯桂芬、程庭
桂，不少乡绅办理团练的目的是"以军功起用"，其团练组织体现出对官府的较
强向心力。咸丰十年（1860 年），太平军攻克苏州，地方武装变得较为混乱，但
官员对地方团练的督管关系仍未失效。苏州沦陷后，乡镇负责办理团练的士绅
麇集上海，说服当局与洋人合作办理"会防局"，又乞师皖军，方使清军势力两
面夹击，收复苏州。③ 在此过程中，尽管苏州绅民表现出强烈的主观能动性，但
仍未脱离政府主导的治理模式，太平天国运动的冲击并不足以摧毁苏州根深蒂
固的"正式权力"体系。战后苏州的秩序重建中，政府下放给士绅的各项工作
也具有"徭役化"性质，"官"与"绅"的关系尚未发生颠覆性变革。④

　　其次，苏州历史上的民间社会因为有了以士绅、绅商为代表的社会精英
的扎根与尽责而有了持久的组织力和生命力，并逐渐积累起相互信任的、开
放的、包容的社会资本，这种社群组织和集体行动能力的增强，在近代中国
社会的转型过程中，则成为基层民众对社会精英的有效约束，使社会精英更
多地成为担当本地责任、谋求民众福利的角色，而非以"压榨""汲取"为能
事的"土豪劣绅"。杨红运在对南京国民政府时期江苏保甲制度的研究中发
现，苏北保甲长利用职务之便横行乡里的现象极为普遍，而苏南农民却能有
效地运用国家权力制约甚至惩处保甲长，即是证明。⑤

　　更为重要的是，苏州历史上悠久的基层社会半自治经验，使其在近代中
国的地方自治运动中不但顺利地适应了环境变革，更成为探索地区自治新范

　　① （美）孔飞力. 中华帝国晚期的叛乱及其敌人：1796—1864 年的军事化与社会结构. 修订版.
北京：中国社会科学出版社，2002.
　　② 崔岷. 游移于官绅之间：清廷团练办理模式的演变（1799—1861）. 史学月刊，2019（7）：48 -
59.
　　③ 徐茂明. 江南士绅与江南社会：1368—1911 年. 北京：商务印书馆，2004.
　　④ 罗晓翔. "无益桑梓而大害切身"：太平天国时期的苏常团练及其历史意义. 太平天国及晚清社
会研究，2020（2）：63 - 87.
　　⑤ 杨红运. 复而不兴：战前江苏省保甲制度研究：1927～1937. 太原：山西人民出版社，2013.

式的先驱。早在明清之际，苏州就已经出现自治、结社的传统，并逐渐形成了相应的社会基础。明末清初苏州昆山思想家顾炎武率先提出了"乡官论"，为"清末中国的地方自治提供了思想资源"①。晚清地方自治运动中，苏州自治团体不仅成立时间全国领先，且在规模、数量上都较为可观。

众多自治团体中最引人注目者莫过于苏州商务总会。马敏、朱英率先注意到晚清苏州商会已具有市民社会的特征。以商会为核心的众多民间社团组织架构起一张市民权力网络，控制了城市中的建设、司法、民政、公益、治安、工商、文教、卫生等多方面的管理权。商会在社会治理中起到的重大作用，使"绅商"这一角色站在了苏州历史舞台的中央。据马敏统计，苏州城厢的绅商人数，有功名、职衔可考者合计在 200 人左右，主要任职于商务总会商团、各业公所，约占该城士绅总人数的 10%，占总人口的 0.04%。仅吴江、震泽、盛泽、昆山、新阳、梅里六个县、镇，有功名和职衔可考的绅商就有近 200 人。苏州总商会和八个分会几乎全部被绅商把持②，绅商势力之盛，在全国也属于特例。绅商在苏州的极度活跃，体现出苏州近代治理结构的高度包容性——通过吸纳新兴变革阶层作为治理力量的补充，顺应时代的变革，解决新的社会矛盾和问题，调动可资利用的社会资源。苏州的近代化事业也由此在相对稳定的社会环境中逐渐发展起来。

三、苏州现代社会治理文明与"苏州奇迹"

社会治理的现代化是国家治理体系和治理能力现代化的内在要求，而随着社会主要矛盾的变化与国家发展战略的调整，社会治理的目标、主体、模式和方法都会发生相应的变化。总的来看，在我国现代化的过程中，社会治理的主体从单一的行政机构转向了由行政机构、组织、群体甚至公民个体组成的多元化主体，实现了"人人有责、人人尽责、人人享有"；社会治理的目标从单纯的经济效益、物质财富，转向了"以人为本"的共同富裕、公平正义和对弱势群体的全面保障；社会治理的模式由自上而下的单方面决策与执

---

① 黄东兰. 近代中国地方自治话语试论//贺照田. 颠蹶的行走：二十世纪中国的知识与知识分子. 长春：吉林人民出版社，2004：14.

② 马敏. 官商之间：社会剧变中的近代绅商. 武汉：华中师范大学出版社，2003.

行转向了决策部门与目标群体的双向互动；社会治理的方法引入了新的数字化、智能化手段，并且数字化、智能化手段中也融入了文化、心理、情感等多种更加内化的、柔性的治理方式。[1] 在此过程中，对政府职能的转型、对政府和社会关系的重新界定和法治化程度的提高，以及对基层组织和治理方式的创新，都提出了更高的要求。苏州作为走在中国现代化前列的地区，也逐渐探索出了一条具有示范意义的社会治理现代化路径。

（一）政府职能的优化与转型

社会治理的现代化，首先意味着地方政府职能的优化与转型。早在 20 世纪 70 年代，在当时的人民公社体制下，苏州及其所属的整个苏南地区的农村社队企业就有了相当的发展，并由此奠定了此后 80 年代乡镇企业异军突起的基础。而社队企业或乡镇企业的发展，主要是在地方政府尤其是基层社区政府的强力主导下实现的。80 年代苏州以及整个苏南地区基层政府利用其组织、动员和集中当地资源的优势，像企业家一样直接参与到市场竞争中，寻找集体经济的出路，发挥重要的职能，因此也被有的学者称为 "地方法团主义"[2]。这一时期，社区居民的福利与基层干部的企业家才能有着极大的关系，社会治理的重心也较为单一，主要是最大限度解放生产力、释放和激发社会活力，提高社区居民和职工的收入水平。

从 80 年代末 90 年代初开始，乡镇企业在市场化竞争中逐渐受到其模糊的产权界定的制约而陷入困境，乡镇企业的产权制度变革由此开始，企业产权制度变革本质上是市场化过程中政府和市场、政府和社会关系的重新界定。政府产权从企业中退出后，苏南的这些乡镇企业通过与外商合资，与其他法人企业组建企业集团、建立股份制公司、上市等途径建立起了现代企业制度，成为真正的市场主体。而政府则从市场的直接参与者转变成为市场和社会提供公共服务的主体。不过，这一时期，服务于地方经济发展仍然是地方政府治理的首要目标，招商引资的规模、人均 GDP 水平和财政收入状况是地方政

---

① 文军. 深刻把握社会治理的总体特征与走向. 中国社会科学网，2023 - 05 - 16.

② Oi，Jean C. "Fiscal Reform and the Economic Foundations of Local State Corporatism in China." *World Politics*，1992，45（1）：99 - 126.

府最为关注的政府绩效指标①，各地方政府围绕着争夺制造业投资展开了激烈的区域间竞争。而以苏州为代表的苏南地区地方政府则通过大规模工业园区的建设，为制造业投资者提供低成本土地和补贴性的基础设施以及税收优惠，率先打开了招商引资的格局，并通过对外资和国外先进技术的大规模引入，将工业园区建成了"外资高地"和"产业高地"，奠定了开放型经济的基本格局。

在经济高速增长的同时，更多的社会问题也随之出现。收入分配、城乡差距、环境污染、社会福利分配、教育和医疗资源供给、社会治安与稳定等社会问题逐渐成为政府履职所关注的重点。外循环经济首先对社会财富分配产生了影响，2003 年苏州的人均 GDP 约为 4.77 万元，是同期全国人均 GDP 的 4 倍有余，但苏州的城镇人均可支配收入仅为全国平均水平的 1.5 倍左右。② 重工业化的经济也使苏州付出了沉重的生态代价，大小河流、湖泊和地下水污染严重，以至于下游的嘉兴养殖户不堪其扰，自沉水泥船阻塞两地航道，2007 年更是爆发了太湖蓝藻污染事件。此外，社会保障水平未能与经济发展水平同步，非户籍人口在居住、子女入学、医疗条件、就业机会、工资水平、社会保障等方面均与城市居民存在较大的差距，外来人口中育龄妇女较多和本地人口老龄化带来的教育养老双重困境也亟待解决。

基于这些发展中的问题，苏州开始了对社会治理重心的全面调整。首先，提出"开放再出发"，稳住外贸外资基本盘，同时发展壮大内资所有制主体③，使财富分配的天平从以外资股东为代表的企业部门向政府部门、住户部门倾斜。到 2023 年，苏州的人均 GDP 为全国平均水平的 2.1 倍，城镇人均可支配收入为全国平均水平的 1.6 倍，实现了相对平衡。同时，苏州不断调整完善社会保险制度、政策，社会保险覆盖的范围从原来的城镇职工扩展到全体社会成员，服务内容贯穿人的生命全过程。2023 年末，苏州提供住宿的各类社会服务机构 202 家，其中养老服务机构 178 家、儿童服务机构 17 家，全市

① 洪银兴. 苏南模式的新发展和地方政府的转型. 经济研究参考，2005 (72)：23 - 27.
② 数据来源于《2003 年苏州市国民经济和社会发展统计公报》。
③ 张晔. 从外循环到双循环：沿海地区经济模式的转型：以苏州地区为例. 经济学家，2022 (8)：43 - 52.

拥有各类医疗卫生机构 4 484 家，其中医院 266 家、卫生院 66 家，各级医疗机构全年完成诊疗量 1.05 亿人次，比上年增长 21.4％。① 此外，苏州全力治污攻坚，做好经济生态"双面绣"，2023 年共组建 11 个"要案突击组"，办理大案要案 46 件（全省最多），全年出动执法人员 4.9 万人次，检查企业 2.3 万余家次，做出处罚决定 1 364 件，处罚金额 1.39 亿元，太湖综合治理卓有成效，首次被生态环境部评为水质优良湖泊。②

　　对于现代社会治理而言，政府提供的一项重要公共服务是维护公平正义的制度规则和法治环境。作为法治建设先行区，苏州有许多在江苏省乃至全国具有标杆意义的法治政府建设成果。例如，在全国率先确立政府立法全流程评估制度，探索镇域相对集中行政处罚权改革；在江苏最早开展地级市依法行政考核，最早开展依法行政示范单位创建，最早开展法治政府建设第三方评议，最早探索法治政府建设责任制体系，最早探索重大行政决策程序制度建设……党的十八大以来，苏州更是率先提出"让法治成为苏州核心竞争力的重要标志"，并构建了全国首个法治化营商环境建设指数。此外，通过启动"产业链＋法律服务"联盟建设，苏州以覆盖全领域的法律服务链串联盘活产业链、创新链、人才链、资本链、政策链，着力打造纾难解困、防范风险的安商惠企环境。2017 年 1 月至 2023 年 5 月，知识产权、国际商事、破产、劳动、互联网 5 个国家级专业化法庭相继落地苏州，为市场主体从事经营活动、产权保护、科技创新等提供了全方位的行为规则和法治保障。③ 在2021 年的《中国营商环境报告》中，苏州市的营商环境被评价为"表现优异"，排名全国第 6，其中知识产权指标排名全国第 2，开办企业、保护中小投资者等指标排名全国第 5。④

（二）多元主体在社会治理中的参与

　　在优化和转变政府职能的同时，苏州大力引导社会机构、企业组织、社

---

① 数据来源于《2023 年苏州市国民经济和社会发展统计公报》。
② 全力治污攻坚，苏州精绘生态"工笔画". 新华日报，2024 - 06 - 07.
③ 推进新时代"枫桥经验"新实践　服务万千企业新发展　苏州打造社会治理新样本. 苏州市人民政府网站，2024 - 04 - 22.
④ 苏州市持续以一流营商环境推动高质量发展. 江苏省发展和改革委员会网站，2022 - 09 - 29.

区居民等多元社会力量实质性地参与到基层社会的治理中，与政府职能形成良性的互动与补充，充分发挥社会治理中社会本身的能动性和分工协作效能。

以社区治理为例，社区作为正式行政体系的"末梢"，是与老百姓最直接地发生关系的治理环节。但是，作为基层治理的核心单元与关键阵地，社区往往囿于其职能结构的限制，陷入"小马拉大车"的窘迫境地。例如，社区目前提供的主要是传统托底服务，服务范围更多是老年人等弱势人群，难以满足社区内各个群体特别是年轻群体的多元化需求，从而产生了供给单一化和需求多元化之间的矛盾，也使得社区在大多数居民心中往往缺乏存在感。同时，随着"管理重心下移""属地无限责任"等原则的提出，大量行政事务"名正言顺"地被转移至社区，社区工作呈现出碎片化、阶段性任务多的特点，导致基层社区每天围着群和报表转，消耗了大量时间和精力。此外，社区辖区范围内虽有诸多潜在资源，如机关事业单位、企业、商户、社区能人等，但社区往往缺乏整合这些资源的能力，也没有形成制度化的互动机制，因此难以真正让全社会参与到基层治理中来。

为了将社区真正从"行政末梢"打造为"治理前端"，苏州市姑苏区一方面尝试从"源头"着手，建立民意沟通反馈机制，坚持把"群众没有不满意"作为基层治理的努力方向。为此，姑苏区自2021年9月起常态化开展了"社情民意联系日"活动，将每月的第二个周日定为"社情民意联系日"，当天各级领导干部全体深入全区169个社区开展领导下访，倾听居民和企事业单位代表的意见建议，与居民们面对面交流，听取民意，解决民忧。另一方面通过制度化设计给社区赋能，将居民反映的急难愁盼问题上升到街道或区级层面加以研究，规范处置，定期反馈，形成问题化解闭环。同时，姑苏区还建立了"社情民意召集人"制度，由社区书记担任召集人，区级、街道各部门、各条线分别指定专人作为被召集人，共同深度参与社区矛盾纠纷化解，提升问题解决率，破解社区"责大权小"以及"办事力量不足、缺少平台"的难题。此外，为了突破基层服务能力的上限，姑苏区通过建立内部需求输出和外部资源导入的制度化机制，使全社会的资源向基层倾斜。截至2024年10月，姑苏区"社情民意联系日"活动已不间断运行38期，全区党员干部、人大代表、政协委员累计赴社区23 667人次，接待居民群众21 749人，收集问题诉求 9 842 件，听取意见建议 11 127 件，累计解决或答复 19 549 件，2022 年、2023 年连续两年获评"苏州十大民心工程"。通过开展"社情民意联系日"活动，姑苏区进一步夯实了推进社会治理体系和治理能力现代化的工作基础和能力。

此外，针对传统基层治理主体能力相对薄弱、人员数量相对匮乏、工作内容繁杂琐碎等实际问题，苏州市在传统的"三社联动"的治理模式基础上，将社区志愿者和社会慈善资源也纳入其中，打造了"以社区为平台、社会工作者为支撑、社会组织为载体、社区志愿者为辅助、社会慈善资源为补充"的"五社联动，多元聚合"的治理模式，大大扩充了公共服务供给的可利用资源。截至 2022 年 6 月，苏州市仅社区服务社会化项目累计投入就超过 3 亿元，先后有 100 余个专业社会组织下沉社区提供服务。截至 2022 年末，苏州全市持证社工已累计达到 2.1 万人，获评省级社工"领军人才"18 人、获评省级"最美社工"26 人，专业社工人才队伍不断发展壮大，在基本民生保障、基本社会服务供给和基层社会治理创新（基层矛盾化解）方面发挥了重要作用。在此基础上，苏州全市建成基层社工站 99 个、社工室 2 172 个，实现全覆盖；引导慈善资金 6 000 余万元，实施项目 118 个。苏州市还率先打破传统"五社"边界，将教育机构、科研院所、金融机构、医疗机构、相关科技企业、专家学者、爱心人士等多元力量纳入"五社＋"机制，全方位促进医养康养、乡村振兴等产业协同，赋能民生保障。①

而在乡村治理方面，苏州也积极探索如何让更多的社会力量参与到乡村建设中来，共同助力共同富裕、乡村振兴。位于常熟西部的一座历史文化底蕴深厚的小镇——尚湖镇，就打造了极具特色的"新乡贤＋"治理模式。尚湖镇东依十里虞山，抱千顷尚湖，环境秀丽。近年来，尚湖镇以"乡情、乡愁、乡风"为纽带，积极倡导乡贤文化和家国情怀，鼓励引导原乡人、归乡人、新乡人等群体积极参与千村美居建设和村庄长效管理。村、社区根据区域特色、实际情况，打造资源菜单、民生清单，开展村民议事活动、乡贤面对面、庭院议事会等活动，让新乡贤们在交流中了解基层所需、百姓所乐，

---

① 徐倩. 苏州：探索包容性治理模式. 群众，2023（12）：53-55.

并能够在基层资源菜单中找到与基层开展合作服务的内容或在民生菜单中找到参与合作的内容。目前"新乡贤＋"在尚湖镇已蔚然成风，形成品牌，打开了美丽家园"多方共建、多元共治"的良好局面。

位于苏州吴江区盛泽镇的黄家溪村，则通过"村企联建"的方式，大胆探索乡村共治的新模式。黄家溪村现有民营企业 70 余家，固定资产超 16 亿元，村级集体资产达到 8 278 万元，可支配收入 1 428 万元，村民人均收入超过 60 000 元。2012 年，来自黄家溪村本地户籍的 80 多名企业家，建立了黄家溪商会，商会先后成立教育、帮困、为民服务、乡村振兴、共同富裕五大基金，确保村民学有优教（教育基金）、病有良医（为民服务基金）、住有居所（共富基金）、困有帮扶（帮困基金）、村有发展（乡村振兴基金），以"小基金"撬动"大民生"。此外，商会在黄家溪村北角荡内认养了 1 250 亩水面，投入了 70 万元的鱼苗，于年底举办捕鱼节，并将捕获的鱼分发给全村村民，让老百姓有了实实在在的幸福感和收获感。在高标准农田里，商会认种了 500 亩水稻田，并于每年 10 月举办丰收节，将收割的稻谷碾成大米分发给全村百姓，根据小户、中户、大户分发 2～4 包不等，让村民们可以品尝到自己土地上生长出来的优质大米。

（三）"数字化"赋能社会治理

相比原有的"经验性"治理方法，苏州在将互联网技术、大数据等"数字治理"手段引入社会治理方面也走在了前列。借助大数据科学的分析研判，苏州进一步提高了社会治理的智能化程度，改变了以往凭经验办事的方法，解决了治理效率低下等现实问题，使社会治理向信息化和智能化程度更高的方向迈进。

姑苏区作为苏州市中心城区、老城区，基础服务设施薄弱，人口年龄结构老化，社区治理与服务任务重、压力大。2022 年 5 月以来，姑苏区根据国家九部委《关于深入推进智慧社区建设的意见》等文件要求，紧紧抓住数字化发展机遇，从基层治理的难点、痛点、堵点出发，推动数字社区项目的落地发展。首先，针对全区社区工作者缺少统一的工作和管理平台的问题，姑苏区以"平台运行一体化、业务处置联动化、信息共享智能化"为原则，建设社区综合管理服务平台，助推社区办公的信息化、智能化，帮助社区减负增效。同时，数字社区项目还建设了人口、房屋、物联网等各类数据汇集的社区基础数据库。目前，已基本建成的基础数据库汇聚了 110.6 万条人口数据、43.6 万条房屋数据、2 万台物联网感知设备、1.7 万路视频监控，实现了基层治理"一屏总览全局"。社区人房信息、物联数据信息实时反哺基层应用，极大地提高了社区对辖区态势的感知能力。此外，针对辖区古旧老宅多、特殊困难群体多的情况，姑苏区的数字社区项目还为高龄独居孤寡老人等困难群体安装了"一键通"、智能水表、智能烟感等物联设备，实现了重点人群、重点部位 24 小时响应预警、回应诉求。社区还专门拓展了线下便民服务圈，建设便民服务驿站和共享服务空间。便民服务驿站提供 24 小时服务，设置自助健康检测仪、"智能全触屏"数字互动终端等智能设备，方便没有智能手机的老人线下预约选择线上助餐、帮扶代办、第三方水电维修等惠民服务。

苏州的太仓市则探索出了将数字化治理和网格化管理相结合的基层治理新方式。太仓市网格化联动机制的主要特点可以概括为"6 个 1"。一是划分了市镇村网格。全市划分了 157 个社区网格、592 个综合网格、7 249 个微格，解决了"最后一米"问题。二是建立了一支专业网格员队伍。全市配置了专职网格员 592 人，解决了基层干部兼职网格员所引发的巡办一体问题。三是统一了行政热线 12345，取缔其他部门热线，便于民众表达诉求。四是整合了一个平台。平台搭建"数字太仓驾驶舱"，聚焦城市运行中的重点问题，赋能重点领域应用场景，构建各类功能事项及大屏数据看板，实现数字城市运营管理新模式新机制。"数字太仓驾驶舱"作为数字政府中枢和能力平台，整合全市部门除信访以外的公众诉求端口，解决了基层平台不互通、台账多等结构性问题，真正做到了统一协调、综合指挥，充分发挥数字治理效率高的优势。五是出台了一套应对机制。中心不定期召开部门研判协调会，通过会议纪要的形式，按照"法定、商定、指定"的"三定"原则，把平台上遇到的疑难问题权属定下来，然后按照明文规定的一套处理机制分析研判、处置调度、反馈情况、协调回访。六是开发了一套考核技术。"数字太仓驾驶舱"根据流转案件的处置情况和老百姓的满意度给各部门打分，客观呈现老百姓评价，量化部门服务排名，激励各部门提升服务质量。

2020 年，太仓出台了"社会工作＋社区网格化服务"实施方案，打造市级社会工作服务指导中心—镇级社工服务站—社区级社工室三级平台社会工作服务体系。其中，市级社会工作服务指导中心负责对重点和疑难个案直接开展服务，对一般性个案实行派单流转并提供督导服务；镇级社工服务站负责社区外展、定期走访重点人群、承接派单并即时开展个案服务、适时开展小组服务；社区级社工室负责统筹社区照顾，扩大社区参与，推动社区发展，参与社区矫正、戒毒、矛盾纠纷调处等服务。太仓市还建设了"志愿服务队＋社会组织"两支队伍，依托"社区综合网格＋社区组织服务体系"，将多领域的社会工作服务输送至网格末梢，全面提升社区综合网格在提供社区专业服务、解决社区家庭及个人社会问题方面的服务能力和水平，凸显了社会组织在社区治理网格中个性化、专业化、精细化服务的作用和效能。[①]

太仓市依托数字化治理和网格化管理模式，通过对数据的排查分析，采取未诉先办的服务方式，排除了许多可能的安全隐患和民事矛盾。例如，2019 年，综合服务中心对过去一年多的运行数据进行分析，发现老百姓投诉餐饮店油烟、污水、噪音、异味的案件量很大，于是追根溯源，将污水管道安装规范作为突破口，通过平台采集的全市餐饮店信息以及装修情况，上门对店主进行科普并检查店面，目前中心已经服务了将近 6 000 家小餐饮店，接到的投诉为零。2022 年度江苏省群众安全感测评榜单中，太仓市以群众安全感达 99.62％的成绩位列苏州地区第一，矛盾纠纷调解率、网格知晓率、扫黑满意度等子指标也位列苏州第一。

在苏州历史上，官、绅、商、民在社会治理中的良性互动和制度化传统为苏州的现代社会治理打下了深厚的人文基础。讲规则、重公信的政治生态为当代政策制定和执行过程中政府、社会精英、民众之间的有效沟通、协商、合作奠定了基础，为法治政府、服务型政府的建立提供了人文土壤，为改革开放过程中基层干部和精英的分权化改革实验提供了政策空间；社会精英也乐于参与到公共事业中来，愿意承担公共责任，成为政府与社会、政府与企业之间的桥梁与纽带。更为重要的是，这种制度化的基层治理传统使得苏州

---

① 张跃忠，顾群丰."社会工作＋社区网格化服务"推动矛盾纠纷源头化解：江苏太仓的实践探索. 中国社会工作，2023（6）：38－39.

本土社会自身具有了极强的结构韧性和组织能力，使社会资本得以存续并被不断激活，社会组织能够有效地参与到社会治理中来，从而形成"政府调控同社会协调互联、政府行政功能同社会自治功能互补、政府力量同社会力量互动"的现代新型社会治理模式和具有包容性的社会秩序。

后　记

　　本书受到苏州市委宣传部、苏州市社科联和中国人民大学的专项经费支持。全书由刘守英拟定纲目和写作体例，并统一修改定稿。各章分工如下：刘守英撰写总论；颜嘉楠撰写第一章；胡思捷撰写第二、五章；祝坤福撰写第三章；杨成撰写第四章；吕冰洋、邢慧晶撰写第六章；刘守英、祝坤福、林展撰写第七章；刘瑞明、徐星美撰写第八章；翟润卓撰写第九章；祝坤福、胡羽珊撰写第十章；熊雪锋、袁苑撰写第十一章；游五岳撰写第十二章。

图书在版编目（CIP）数据

苏州奇迹的人文经济学/中国人民大学人文经济学
研究课题组著. -- 北京：中国人民大学出版社，2025.
1. -- ISBN 978-7-300-33483-7

Ⅰ. F127.533

中国国家版本馆 CIP 数据核字第 2024ZB0516 号

苏州奇迹的人文经济学
中国人民大学人文经济学研究课题组　著
Suzhou Qiji de Renwen Jingjixue

出版发行	中国人民大学出版社		
社　　址	北京中关村大街 31 号	邮政编码	100080
电　　话	010 - 62511242（总编室）	010 - 62511770（质管部）
	010 - 82501766（邮购部）	010 - 62514148（门市部）
	010 - 62511173（发行公司）	010 - 62515275（盗版举报）
网　　址	http://www.crup.com.cn		
经　　销	新华书店		
印　　刷	北京瑞禾彩色印刷有限公司		
开　　本	720 mm×1000 mm　1/16	版　　次	2025 年 1 月第 1 版
印　　张	28 插页 9	印　　次	2025 年 4 月第 2 次印刷
字　　数	422 000	定　　价	138.00 元